自伝 アントニン・レーモンド

ANTONIN·RAYMOND□
AN·AUTOBIOGRAPHY

ANTONIN·RAYMOND □

ANTONIN·RAYMOND

AN·AUTOBIOGRAPHY

自伝 アントニン・レーモンド

三沢 浩訳

鹿島出版会

本書は，1970年に小社から刊行された『自伝 アントニン・レーモンド』を新装し，再版するものです。

ANTONIN RAYMOND: An Autobiography by Antonin Raymond
Copyright ©1970 by Kajima Institute Publishing Co., Ltd.
Japanese translation published by arrangement with Victor Raymond
through The English Agency (Japan) Ltd.

目 次

1 | 1888──

1. 幼なき日──── *2*
2. クラドノの町と学校──── *7*
3. プラーグへ──── *15*
4. ニューヨーク，苦難の時代──── *20*
5. 私たちの結婚──── *30*

2 | 1916──

6. タリアセンのF・L・ライト──── *40*
7. 初仕事と世界大戦──── *48*
8. ヨーロッパ参戦──── *52*
9. 帝国ホテル──── *58*
10. 東京における仕事──── *71*

3 | 1923──

11. 関東大震災──── *86*
12. 私の施主と作品──── *91*
13. 拡大する仕事──── *106*
14. 私の事務所，私の本──── *134*

4 | 1937──

15. 日本を離れてインドへ──── *144*
16. ニューホープの農場──── *154*
17. 第二次世界大戦──── *171*

5 | 1948──

18. 占領下の日本──── *184*
19. 日本の再建──── *192*
20. リーダーズ・ダイジェスト東京支社──── *197*
21. 繁忙の時代──── *207*

6 | 1954──

22. 東西の建築家──── *230*
23. 教会，学校，その他──── *239*
24. 群馬音楽センター──── *267*
25. 戦後の住宅デザイン──── *279*
26. 終りに──── *296*

1
1888——

1 幼なき日

2 クラドノの町と学校

3 プラーグへ

4 ニューヨーク、苦難の時代

5 私たちの結婚

1. 幼なき日

幼少の私　クラドノにて　1890年（2歳）

最も古い私の記憶は，幼い頃，病気のためにゆりかごの中で寝ていた時のことである。医者がよばれて，胸に鋭い注射針が刺されたのをまざまざと思い出す。私はジフテリアにかかっていた。冬の暗闇の窓の外には漆黒の屋根があって溶けかけた雪に覆われていた。私は長年の間，折にふれこの屋根を思い起こすことがあった。30年後，クラドノに帰ったとき，その部屋を探し出して，記憶の底につながる屋根が，そのままあるのを見つけた。

私は1888年5月10日，農民の血筋をひくアロイとルジーナ・レーマンの間に生まれた。祖父レーマンについての記憶はさだかではないが姓の綴りRajmanについては何ともパズルめいたものがあった。のちに私がアメリカに渡ってからわかったのだが，人びとはその姓のjをzhのように発音し，チェコ語で実際に発音するjと同じようなyではなかった。私はラジマンのようによばれるのに耐えられず，アメリカ市民権の申請の際，現在の綴りのレーモンドに変えた。

母は旧姓をトウジッグといい，私はそれに関心をもっていた。のちにわかったことなのだが，アメリカには沢山のトウジッグ姓があり，ある人びとは間違いなくチェコ人を祖先としている。第二次大戦で有名なアメリカ海軍のトウジッグ司令官の名前によって，私はいつも好奇心をそそられていた。トウジッグはボヘミアの都市の名であるから，彼はチェコ人を祖先にもつに違いない。母が生きている間，家の生活は幸福であり，和を保っていた。私は6人の子供のうち，3番目で，イルマと，エラの2人の姉がいた。つまり私は長男で，ビクター，フランク，エゴンの3人の弟が続いていた。

母は私が10歳の時死んだ。だから彼女の想い出は写真の印象と重ってしまう。端麗ですばらしい人だった。私をとりまく甘い想い出の中では，とりわけ親切であり利口な人であった。最も鮮やかな母の印象は，当然生活の中から浮かんでくる。沢山の鍵束をぶらさげた大きなエプロンをつけ，家中を歩きまわっていた母の姿。当時のヨーロッパの中産階級は，主婦がどこも戸閉まりして廻るのが習慣であり，あたかも不謹慎な召使いにかすめとられる危険があるかのように，砂糖の残りをはかってたしかめたり，注意深く洗濯物，家宝などをしまっていた。

このような用心深さが示すほど財政の余裕があったわけでもない。また，もちろん外部からおびやかされていたわけでもないが，玄関と庭の間には二重に木製扉があり，大きな錠がおりていたのを今もありありと思い起こす。悲しいことに母の記憶は朦朧の彼方にあるが，私の尊い夢として長年続いてきた。母に感じたその安らかさが，母方の祖父母への愛の中に生きていたから，多くの時期をレンチョフの彼らの広い農場で過ごせたことが，幼年から少年にいたる間，私の気持を満足させていた。

レンチョフの家は，封建時代から第二次大戦まで一般に使われていた典型的な農家であった。入口は代表的ボヘミア型。ヨーロッパのどこにもある農家であり，日本の多くの農

家とも大した違いはない。道路脇の溝にかけられた木の橋を渡り，背の高い屋根つきの門をぬける。内庭に入ると，建物が両側に並んでいる。祖父母はすでに隠居していて，庇下の回廊の左側の一室に住んでいた。そして叔父家族がその回廊の右側に住んでいた。正面入口の部屋は，厨房の付属部分でもあり，仕事場でもあった。

そこは，石で造ったパン焼き用のオランダ風オーブンのある場所でもあった。祖母は木綿の白手袋をはめ，木製の打器をもち，大きな木のねり器の前に立ってバターをこねた。パンは直径1フィート半位（45 cm），4インチ位（10 cm）の厚さがあり，上はこんがりとやけ底は白かった。適温を保つために選んだ堅木を燃料に，その石のオーブンでパンを焼くときには，匂いが村はずれまでただよっていた。ねり粉は円型の器の中に入れて用意され，頑丈な女中がかきまわし棒をふりまわしていた。厨房は暖かく楽しく常に忙しい場所であった。

厨房にはいつも少々ねり粉の塊が残され，祖母は6人の子供の年に応じて小さなパンを作った。まだ温かいうちにその上に杏ジャムをたっぷりつける。それは「ポットプラムニス」とよばれていたが，今もって何故なのかわからない。毎週月曜日には厨房で洗濯が始まる。またその長方形の木製洗濯槽の中で，家族全員と手伝いの人たちが週一度の入浴をする。湯は洗濯用に石炭ストーブにかけられた鋳鉄の大釜で沸かされた。

広がる畑の中に男女の手伝いが働くのはヨーロッパのどこも同じであり，何世紀もの間実行されてきた一つの遺産であり，たすけあいでもあった。

居間の隣には牛小屋があり，1日に2度，女たちがそこでミルクをしぼった。牛小屋は同時に手伝いの男たちの寝場所でもあった。男たちは天井に吊った木製の棚の上で眠った。時に私は牛小屋で寝ることを許されて，柔らかな家畜の匂いの中で牛が草を嚙む音を聞くのが非常に楽しみだった。

牛小屋の次には肥溜めがあった。その片隅に便所がおかれ，寒い夜には部屋から長い道のりがあった。そのため，夜寝る前には用を足しておくようにしつけられた。

さらにその先には野菜畑と花畑が延びていた。手前の納屋には乾草と穀類がたくわえてあり，納屋の下には，冬，池で切りとられた氷を夏のために保存する氷室があった。長方形の内庭の西隅には，車用の小屋と，屠殺小屋が並んでいた。庭の中央の高いポールの上には四段の鳩小屋がのっていた。納屋の向うには大きな果樹園があり，リンゴ，ナシ，アンズなどがいつもなっていた。この全域を，黄色がかった灰色の野石を石灰モルタルで覆った壁でかこっていて，まったく中世そのままであった。

この祖父母の農場は，幼少時代から私にとって重要であったが，父方のことは出生地がフリエトヴィチェであること以外知らない。

父は，老齢に達するまで生きていたから思い出も多く，はっきりしている。彼は百姓として生まれ，どうにか高等学校には通うことができた。今でいえば中学校と同程度の教育をものにすると，いわゆる技術販売員となり，収入は自分の働き次第だった。そしてある程度の社会的な地位をものにしたけれど，決して本当の成功はしなかったし，金持にもなりはしなかった。しかし私の生まれた家を買うことはできた。

彼は気楽な人間で，機知に富み感情的でもあった。当時の父がしたことは何も知らないが，経済的転機に見舞われていたに違いない。クラドノの家は貸家となったが，父の収入の多くは販売員としての努力から生まれていた。彼はボヘミア全域を旅行し，ポンプとか

私の両親　1890年

いささか原始的な農器具など，技術的な道具を売っていた。どの一つも大して技術的知識を必要とするものはなかった。彼がレンチョフからやってきた女性，つまり，私の母と結婚した当時は，おそらくかなり十分な収入があったのではないかと想像する。

当時は結婚した男女が年々子供を作り，急激に大家族となるのが一般的であった。母は2人の娘を11ヵ月違いで産み，そのあとに私たち4人の兄弟が続いた。

子供時代の10年間，家にはごく単純な生活しかなかったのを覚えている。何か日常生活の上で中産階級の色があるとすれば，気のぬけたような調度品や部屋だけだったのではなかろうか。街灯や電話がアメリカの技術に追従しても，その中世的雰囲気はそのままであったから，クラドノの生活は満足なものではなかった。

今でもクラドノ最初のアーク灯がついた時のことを思い出す。われわれはいつもローソクや，灯油がたよりであったから薄暗い室内から出てきた穴居人のようであった。街灯が初めてとりつけられると誰もが広場に集まった。皆はそのまばゆさに目がくらみ，顔をおおってしまった。オゾンの鼻をさすような匂いが今も思い起こされてくる。

現代の驚異の第2番目は，実際にわが家に舞い込んだ。小さなクランクを廻してかける大きな電話機であった。それは父の部屋の壁にとりつけられた。部屋には何時も開け放しの鋳鉄製の大金庫があった。金目のものが何一つとして入っていなかったからだ。中には大分年季がきて錆ついた拳銃があった。何とか動かせる程度の錆つきようであったが，父が村住まいをしていた子供時代からの記念品であった。祖父は泥棒よけとして持っていたが，泥棒がきたことは一度もなかった。おそらく18世紀のものに違いないその古物は，朽ち果て，錆びてしまったのである。

そのほか金庫にあって今も思い起こすほど興味の深かったのは，セルヴァンテスの「ドン・キホーテ」の大画集ぐらいであった。その豪華版にはギュスタフ・ドレの素晴らしい挿絵がつまっていた。ページを繰るたびに胸がおどったのを覚えている。何故父がこの本を金庫にしまっていたかは知る由もない。また，その本の記憶にはかっ色の薬品の刺激的な匂いを伴っている。誰かが病気の時，読みかけの本の上に薬をこぼしたからだ。かっ色の薬のしみと鼻にくる匂いが，不思議にこのわずかな記憶の中にまつわりついている。多分，それ自体は大したことではないが，これによって子供時代へのつながりができて，意味がありそうに思える。長い間私はしっくりしないので，何とかこのかっ色の薬の名をはっきりさせようとしてきた。現在これを書きながらも，その名前を思い出そうとしている。子供の頃のささいな部分なのだが。

父は，1886年に起こったオーストリア・プロシャ戦争のことを話すのが得意だった。ボヘミアへ侵入したプロシャ軍は，ケーニヒグラッツの大戦闘で，オーストリア陸軍を破った。その勝利によりプロシャ軍はプラーグを占領した。少年だった父が，ある日，近くの村道を歩いていると，プロシャの騎兵が近づき，彼を鞍の上にひっぱり上げ，プラーグへの道を教えるように強迫した。そして首都に近づくや，父は馬からほうり出され，村にもどるのに2日間も歩かねばならなかった。私は小さい時から，オーストリア・ゲルマンの権力に対抗する，熱烈なチェコへの愛国心の中で育っていた。

このような逸話は，私の子供の頃から身につけられた，チェコ人の国家愛の烈しい熱情を満足させていた。チェコ人はオーストリア・ドイツの統治下にあっても，国家の独立を再獲得する望みを決して捨てたことはない。第一次世界大戦でその機会がやってきたのだ

私と弟フランク　1894年（6歳）

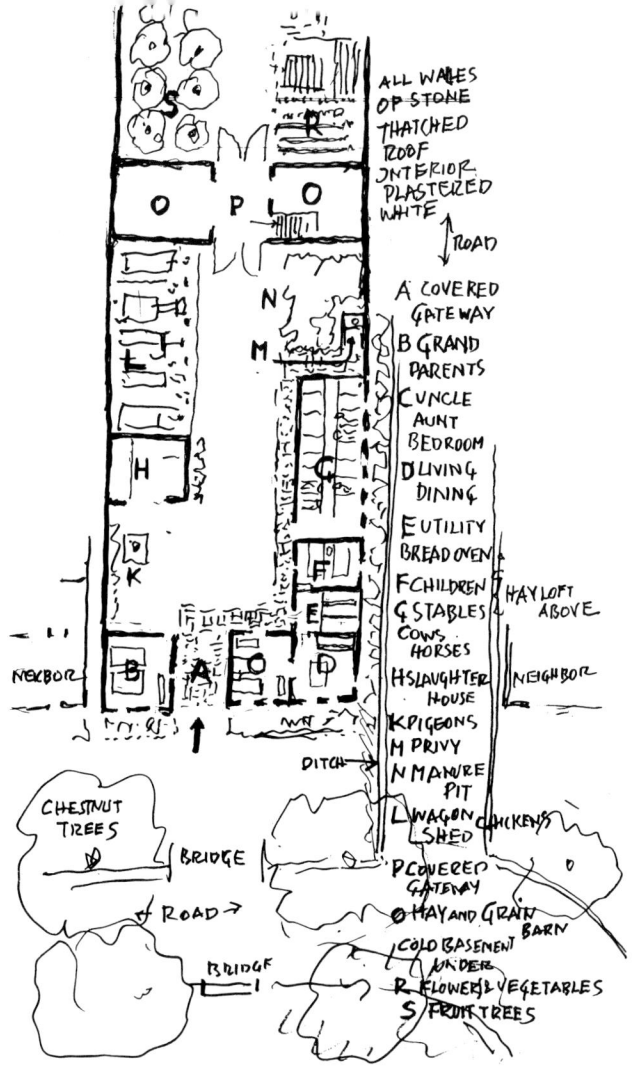

左　レンチョフの祖父母の家の平面
下　レンチョフへの道で　ジプシーの馬車と道路工夫

が，チェンバレンの裏切行為の犠牲となったに過ぎず，ナチス・ドイツが介入してきたのであった。歴史はもう一度，ヤルタ会談でくりかえされた。それによりチェコスロバキアはソヴィエトに譲り渡され，現在では解放のために必死の努力が続いている。将来にわずかの望みをかけて。

　さて，私たちはレンチョフの祖父母の農場に行くのに，なんとか2頭の馬と四輪馬車を手に入れた。馬車は屋根付きで開けることもできた。美しい林野をぬける20キロから25キロの旅は，身の震える喜びであった。今思い起こすと馬は大分年をとっていたが，足どりの割合には早かった。両側に馬車灯があり，夜はローソクがともされた。暗闇とその灯のロマンチックな雰囲気に半分は酔い，半分は怖れをいだいた道行きは，楽しくもあり冒険的でもあった。この旅で弟のフランクは，いつも不愉快な種をまいた。彼は何か計略をめぐらしては，好きなように御者の後の席をとってしまった。私はそこにすわりたかったのだが，いつもフランクがすわっていた。

　ごく幼い頃は，このクラドノとレンチョフの家の間の往復が唯一の旅であった。母の存命中，クラドノの家に幸福な生活の楽しさがあったとすれば，レンチョフの経験には，自然のすばらしさに接する喜びがあった。レンチョフはとりわけ美しい田園生活の光景や音で，私を芸術家に仕立てたのである。さらに私が，両親以上だと非難されるほど，深く愛した祖父母の親切があった。

　クラドノの家は醜悪な2階建で街の広場の角に面していた。その東側には共同井戸があり，保険会社の厳めしい建物があった。1階は二つの店に分かれ，1軒は鉄製品，もう1

軒では衣類を町や周辺の田舎の人びとに売っていた。店の地下には私たちの家族用の地下室があった。砂の中に野菜を，樽の中にはワインを貯蔵していた。

　家に入るには，車庫に似た門を抜けて入るか，どちらかの店を通り抜けねばならなかった。私たちの住まいに注意を払う人もなく，店をつきぬける不都合を感ずることもなかった。一気に階段を上ると，右に小さな寝室があり，その上にもう一つの寝室があり，厨房の続きには，家族が日常使っていた居間を兼ねた食堂があった。

　もちろん，中産階級の家はサロンがなくては完全とはいえなかった。だが窓のついたその部屋は，客がくるような特別の機会のほかは滅多に開かれたことはなかった。サロンは厳選された高級家具で埋められていて，今日では何もかも悪いと考えられるヴィクトリア時代の様式に従っていた。このみやびやかな部屋こそ，客に与えられたものであり，ビロードのカーテンに囲まれた隅の窓から通りを見下せる場所でもあった。カーテンの縁には，沢山のやわらかな綿の玉がついていて，子供の私を驚嘆させたものだ。そこにはまた，天井に吊られたまばゆいばかりのシャンデリアが輝いていた。

　上品さと文化の香りを少々いろどっていたのは書棚の類だが，どんな本があったかもはや思い出せない。部屋にはまた，大きな姿見がありその銀色の表面を着飾った母や姉たちがのぞきにきたに違いない。その他，部屋を仕上げていたおかしなものは隅に置かれた洗面台であった。おそらく客にひげ剃りの場を提供していたのだろうがとんと覚えはない。

　母の手伝いには1人女中がいて，床洗いや重労働をしていた。そして母と姉たちは料理と見事な洗濯を全部やってのけた。6人の子持ちの女性としてその仕事は大変な量であった。今でも夜明けの薄暗がりの着替えの苦労や，タイル貼りのストーブの熱い蓋におかれた丸パンの香ばしい匂いなどが思い出される。

　朝はコーヒー，パンとバター。母は例の上が焦げて底が白い，チェコの特大のパンをとりだす。厚切りにする。真中をえぐる。そこをバターでいっぱいにする。それが学校の10時の弁当だった。今ではそのようなパンはアメリカでは口にしたくてもない。アメリカのパンは私には魚の餌のように感じられる。

　昔を思い，このように考えながら，書くことは良いことだ。それが人生の詩的要素を形成する大変に重要なことであるからだ。快い記憶の幻に包まれた大地とパン，暖かく楽しい匂い，愛と喜びなどの贈りものが，わずかな時の流れの中にある私の母の記憶である。

レンチョフの農場でホップ摘み　右端にイルマ　三番目にエラ
中央はいとこで他は手伝いの人びと

2. クラドノの町と学校

クラドノでの中世的な雰囲気は長くは続かなかったが，私の幼時の記憶の中にみちみちている。1895年か97年あたり，全ヨーロッパをゆすっていた，政治と経済機構の革命的変化は，クラドノでも同様に起こっていた。

社会民主主義系の新聞「スボボダ（自由）」が発刊され二大政党となった。その一つは，反官僚機構計画をその政策の基本とし，強力な中世的組織を棄てることを目指していた。もう一つは，人びとの国民精神の換起を主調とし，オーストリアのハプスブルグ家を覆す闘争により，愛国者を吸引することを考えていた。そしてその目的は，「聖ウェンススラウスの冠」とよばれていた，ボヘミア，モラヴィア，シレジア三地方の独立要求であった。

この運動は「ソコル（たか）」体育協会に最も強くあらわれた。ソコルは各町に体育用のホールを持っていて，実際には，強力な地下組織による，積極的国民主義者のひきいる連盟であった。彼らはのちに，オーストリア・ハンガリア帝国をくつがえすのに力があった。その時代の変化は，私が8歳の時，灰色の一日として突如あらわれた。

家の屋根で数人の子供たちと遊んでいる時，広場をこえた市役所の方向の澄んだ空に黒い旗がひるがえった。オーストリアの女王，エリザベスがジュネーブで，ルチーニというイタリアの無政府主義者に暗殺されたのである。この悲しみの旗の本当の意味は，この平和な市では誰にも読みとれなかった。新時代は，政府に新しい形を求め，強力な変化を用意させて20世紀の新たな恐怖へと高められていった。

古いオーストリアの秩序が烈しいチェコ人の誇りによるものといわれようと，それは本来の秩序であった。自然の経済統一という長所があり，私には素晴らしいと考えられる。しかし大いなる時代は，オーストリア帝国の瓦解と共に死に絶えたのである。

社会構造は，急進的ではなく，自然の機能に準じていたようにみえた。のちにみられるヨーロッパを席巻した熱病的精力もなかった。たとえばドイツとかイタリアのように，国家による全個性の完全な統一という力はなかった。いずれも整然とした秩序のある一つの気分にひたっていたように思える。

多くの人びとが，社会主義のことを考えはじめてはいたが，ほとんどの人は教会の専制に疑問をもっていなかった。皇帝は神秘的人格を持ち，毎朝われわれは皇帝への祈りを求められ，一般的な祈りをも強要された。宗教は空気を吸うように自然であり，一部の人は，それ以上自然で善良なことはないと感じていた。教会の行列は素晴らしく色鮮かであった。熟練工たちは自身の組合と教会儀式とを持っていた。その教会は人間的で色も豊富であった。

クラドノは大鉱山地帯の中心地であったから，鉱山労働者を見ながら育ったのは当然である。彼らは他の組合員と同じく，祭日の儀式には制服をつけて行列した。黒と白の制服

私の描いた水彩　近所の食料品店　1902年（14歳）

による行進は，むしろ，色彩豊かな感じがあった。肩飾りをつけ，頭に階級を示すとんがり帽子をかぶり，組合記章をつけた杖を右肩にかつぎ，正装をはなやかなものとした。

肉屋は青色の制服の上に，大きなエプロンをつけ，大きな肉切包丁をあやつり，日常生活からのアイディアを少々の想像力でひけらかして行進していた。また，大工は他の職業とは違って，数え切れない祭日の度にもちだされていた，沢山の旗や楽隊を使うこともなかった。教会の祭日には，僧侶は組合の先頭にたち，聖人の像や，いろいろな祝日の聖旗をかつぎ，きわめて中世的な精神にのっとったものであった。

当時の国内には軍人たちの派手な制服も充満していた。誰もが強制的な軍隊勤務令の下にあった。だから重騎兵，軽騎兵，槍騎兵の派手な服装と同様，警察官もその派手な空気に同調していた。

まず重騎兵は，きらめく金属のヘルメットをつけ，青色の制服にあざやかな黄色の肩章，銀色の拍車のついた光る黒の乗馬靴，そして重いサーベル。軽騎兵はすべて細身で躍動的であった。高い毛帽子の上に刈りこんだ毛がなびき，ペナントは槍先にはためいていた。彼らはぴったりした紺のズボンをつけ，明るい上衣と帯をつけていた。槍騎兵も同様に色彩豊かだった。一方の肩にかけたマントが特殊で，その帽子は特に角張っていた。

1888年に人びとは戦争のことなど考えてもみなかった。1866年から1914年にわたる長い平和時代である。だから誰もが，大気取りの軍隊と警察を，あたかも喜歌劇の扮装のごとく楽しんでいたのだ。彼らをまじめにとる者とてなく，いつもきまって誰かの馬が逃げ出して，田舎の静かさをかき乱すことほど人びとの興奮をよぶものはなかった。

貴族は，町を流れる強力な底流であり，プラーグ，ウィーンまたはパリで占める彼らの地位の反映が輝いていた。ほとんどの大工業は，プラーグかウィーンにその本拠を持つオーストリアの資本家によって牛耳られていた。製鉄業は多くのチェコ人の労働者を吸収し，地方商業のみがチェコ人の手中にあった。町は，精神的にはまったくチェコ的であった。そして少数の貴族が，その地方を見おろす城に住まい，主としてその人びとは神秘的で近寄り難い領域の中の存在であった。

秩序はまさに町の本質であった。学校と病院はすぐれ，人びとはみたされていた。娯楽はほとんどなく，教会，社会的行動のソコル，そして時には地方まわりの演劇グループの公演が，いわゆる娯楽であった。

もちろん，音楽には誰もが大変夢中になって参加した。巡回楽団であれ，地元の楽団の音楽であれ，ボヘミアから音楽を欠くことはできない。そしてそれらの音楽は教会でより高く発達した。私は教会で歌うのが好きであった。

新聞と本は広く読まれていた。ある人びとは立派な図書室を持っていた。私の友人の家にもその一つがあった。彼の父親が残した大きな図書室で，私は自ら本を読むことを覚えた。すでに未亡人だった友人の母親は，粉や穀類を売る小さな店を持っていた。私はその穀類の袋などが部屋いっぱいにひろげられている中で，主として歴史書の挿絵に見入っていたことを思い出す。友人の母親の手引きもあり，その経験から，私は5歳頃からなかなかの読書家となった。

だが全体に，クラドノにはほとんど芸術の創造に必要な美的感覚を見出せなかったし，また換起させるものもなかった。このような雰囲気から，1人でも芸術家があらわれるこ

上右 クラドノの広場　隅の塔のある建物の位置に私の子供のころの家があった　気張った広場は敷石で強調されている

上左 クラドノの広場の新しい教会と新しい市役所　どちらも平凡で端麗なバロック彫刻を真中にそなえている

とは，まったく奇蹟である。この観察は正しいのであるけれど，そのクラドノで，直接私に影響を及ぼしたきわめて明瞭な二つの動機を忘れることはできない。それも多くの幼少時代を過ごした，レンチョフほど遠いところでもなかった。

　第1の大きな影響は，最初の学校教師，スーカップ先生であった。深く勇気を鼓舞してくれた彼は，私の前半生ではおそらく最大の個人的影響を与えたのである。彼は絵画や音楽を通して，私の美的感覚をかきたてた。私を芸術への道に据えた人こそスーカップ先生であり，その記憶は尊敬をこめて私の中に生きている。

　もちろん，レンチョフは，教師スーカップが大地の美に近づかせ始めた私を，さらに深めていった。季節の変り目の素晴らしさ，百姓の暖かい親切心，そして農家の永遠の美，丘や野原，そして春の耕作でひっくりかえされた土の強く素晴らしい匂い。

　クラドノの町の小さな広場は，素晴らしい場所であった。ほとんどのヨーロッパの都市の広場のように，大きな花崗岩の割栗石で，すき間もなく幾何模様を描いて舗装されていた。私は割栗の間のモルタルの白いすき間にそって，汽車ごっこをして遊ぶのが好きだった。子供なら誰もがするように，車輪の音，蒸気の音を口にしながら……。

　広場はまた，週毎に農民が産物を持ち込む市場の中心でもあった。豚や野菜，いろいろな果物。農民たちは日傘の下にすわってそれを売る。私は2階の厨房の窓に腰をかけ，グリルから足を投げ出してよく眺めていたものだ。

　広場の中央には，18世紀の彫刻家のつくった宗教的な石像の一群が置かれていた。バロック時代の聖母マリアの像が各様な聖人にとりまかれていた。鉄柵をよじのぼり，聖人たちの間で遊んだあと，彫刻を見上げては敬虔な気分に包まれたのを覚えている。古い教会がとりこわされて，そこの古い墓地が掘りかえされた時，私たち子供は物語の中の悪魔のように，しばしば頭蓋骨や骨で遊んだ。今でも，指についたあの死の匂いを思い出す。

　広場をとりまく多くの建物，ホテル，市役所，商店は，19世紀のものであった。それらは整然とはしていたが，美に価するものや，賞讃の気を起こさせるような代物とてなかった。市役所は，その大きさという点では最も印象的であったが，19世紀末にスタッコ塗りで仕上げた，ゴシック様式の模倣であった。

炭坑や製鉄所がとりまく，他のひどい環境の町と違って，全体にクラドノの町は清楚だった。ごみは見あたらず，気の滅入るような汚物もなかった。街路は真直ぐで広く，そのまま製鉄所や炭坑や駅に直結した。

町から4キロ余り離れた鉄道の駅を町の人々は利用していたが，鉄道の一方はプラーグにのび，他方はドイツ国境のカールスバッドとエゲールにのびていた。当時鉄道は，貴族の所有する広大な森林や禽獣保護領から材木を運ぶため特別に使われていたので，駅は不便な森の中にあった。そこまで人びとは乗合馬車か徒歩で行かなければならなかった。

時どき，父は日曜の外出に子供たちを連れて駅まで散歩した。クラドノ駅を通りぬける急行列車を見るためであったが，その光景は驚異と畏敬（いけい）の念で子供たちを歓喜させた。少年時代の友人が，最近手紙で知らせてくれたところによると，今でもその汽車と時刻表は1900年当時とほぼ似たものだという。

クラドノのほとんどの家は，スタッコで覆った煉瓦でつくられ，その上を白く塗っていた。窓際には花や植物をおき，装飾として加えられるのは緑や赤に塗られた小さな窓枠であった。家々は個性を欠き，象徴的に中に住む人びとの自己満足な生活を反映していた。

駅へ行く道筋，郊外の炭坑夫たちの家々も町の家に劣るものではなく，多くは垣をめぐらした小さな庭をもっていた。戸毎にポンプがあり，外に便所がついていた。しかし内部は狭く，普通一つの寝室と厨房つきの居間があるだけだった。

私が10歳のある日，家族は，母の突然の病気に強い衝激をうけた。医師たちにも，病状を完全につきとめられなかった。だが結局は糖尿病と診断されて，母は10日ほど患って死んだ。家族にとっては悲劇であり，父にしてみればおそらく再び恢復し得ない痛手であったろう。以来，彼の運は次第に下向きになっていったのである。

母の葬儀は，当時のヨーロッパのカトリックで行なわれていた綿密な，宗教行事に従った。私の家の車庫のような入口に置かれた置台にその棺が安置され，隣人たちの長い列と，たくさんの親類の列がかたわらを流れて行った。

音楽隊と共に馬のひく霊柩車は墓地に向かい，小さな6人の子供たちはみな黒の喪服をつけて行列の後に従っていった。その頃の私が，どれほどの苦痛をうけたかは覚えていない。その悲劇の結果を理解するには余りにも幼なかった。しかし母の死は強烈にひびいたことに違いない。

その頃，姉のイルマは13歳の子供であったが，彼女の感じやすい心は，悲しみにもひるまず熱心に家族の面倒をみた。彼女は，自分のこともかまわず家族のために尽したが，その年頃の娘としては本当に稀なことであった。

母の死後，どのくらいたってからであったかは思い出せないが，父は家事雑用の重労働の助けに，1人の家政婦をやとった。私たちには，決してその奇妙な立場を知らされなかったが，たちまち子供たちの眼にもはっきりしてきた。その家政婦は父自身のために選ばれた人であった。ことにこの見知らぬ女性が，かつては母が専有していた尊い場所に割り込んできた時，私たちは強く意識させられた。

おそらくそれが一つの理由でもあったろうが，私はいつもレンチョフに行こうとしていた。家の生活がくずれたので，われわれは祖父母に対してその愛と安定とを求めた。

父が弱さを見せても，私たちの父に対する感情は弱まりはしなかった。彼はいつも非常に愛情深く，親切であり，個性的であり，93歳の老齢に至ってもそうであった。

　姉のイルマは，私たちが皆，一人立ちするようになるまでの長い期間，家族の本当の中心として存在していたが，もう1人の姉エラは，優しく魅力的な娘で，姉が持っていた強固な知性とか，責任観念を持ち合わせていなかった。彼女は大変美しく，何ごともすなおにとり入れた。のちにエラは，技師と幸福な結婚をして2人の子持ちになった。

　弟のフランクは，私たちにとって，かなり問題であり，心配の種であった。彼はまったく性の悪い子の見本のようであった。魅力的でハンサムで，行動が不安定であったにもかかわらず，大変情が深かった。彼は教室では常に最低の成績と，一番きれいな女友だちとを目指していた。自分の欲しいものはいつでも手に入れるように工作していて，その個性は悪習に染まりやすかった。その後の生活では彼は最高級の服を着て，たいして働きもせず，放蕩な生き方をしていた。私は頻繁に彼を留置場からもらい下げてこなくてはならなかった。一体，幾度そうしたかも覚えがない。

　エラとフランクとは，何となく男親に似ているところがあった。内部組織を少々変えれば，フランクはおそらく父と同じになったろう。

　弟のエゴンとビクターとは，ちょうどイルマのようにフランクとは反対であった。彼らは2人共，十分な知識があり，感じやすかった。エゴンは立派な技師となり，ビクターの強い知性はプラーグでも優秀な酒場を彼にもたらすことになる。

弟のエゴンは機械技師　フランクはオーストリアの騎兵

　家族の残りの1人は，現代的な野心にかりたてられ，自己の発展を目指した。家族のある者たちには幾分芸術的才能があった。のちにビクターは詩に深く興味をもつようになり，進歩的なところを示した。私自身の美術への強い傾斜は，常に彼らにとって驚きのもとだったと見える。

　優秀な技師になったエゴンは極端に感覚的で，後年ほとんど正気でなくなってしまった。彼は醜悪なもの，不正直なものに耐えられなかった。1930年代，誰もが覚えているように，ドイツ国粋主義者がにくむべき形をとりつつあった頃，彼はある日，ベルリンで厳しくドイツを批判して留置された。彼の出獄にはおそろしく時間がかかった。エゴンは深く感じてしまうと何につけても，もとの状態にもどることができなかったのである。

　概して私は自分のことを何事も閉じ込めていられず，心にあるままをしゃべる。たとえ表面では大胆に見えても，耐え難い恥ずかしさのための装いである。たとえば電話でしゃべるのは怖い。そして自らすすんで人に逢おうとはしない。ナチスが弟や姉たち全員の死に，全面的に責任があるわけではないが，明らかに大部分は関係があった。ビクターはスウェーデンに逃れようとして，銃剣で刺されたか，あるいは撲殺され，エゴンはユダヤ人をかくまった罪で銃殺されている。残る家族の消息はあらゆる努力をはらったにもかかわらず知られてはいない。

　姉イルマは当時すでに夫の死により喪に服していた。私の調べたところでは，彼女は娘と共にポーランドの収容所に送られたが，それが最後になった。

　イルマは，私の記憶の中に，最も美しくしかも知的な人びとの1人としてよみがえってくる。弟たちもまた美しい人びととして私の記憶の中に生きている。

　母の死の前後，当時の私の生活が，家族の中で特に孤高を保っていたというわけではな

い。学校は私には大きな存在であった。私は健康な少年で、ほとんど遊びやスポーツに時間を費した。けれども当時のことについて、なにか特別に認識したようなことは思い起こせない。人生は驚くほど豊かなものであり、満足なものに思えた。若い人ならば誰もが通る、素晴らしい経験を同じように経ようとしていた。夏の日には、はだしでほこりの中を駆けぬけるスリルを、また冬はスケートを楽しんだのである。私は大変熱心に、ボヘミアの田園生活の興奮を吸い込んでいた。

ある日、レンチョフを訪れると、叔父のひとりが私を池に連れて行き、「泳げ！」と叫んで池の中につき落したのを思い出す。私は泳いだ。犬のように泳いだのだ。

そこにはいつも珍しいことが起こっていた。たとえば祖父が豚を殺す。豚はあらゆる部分まで利用される。叔父のひとりが肉屋となり、汁気の多いソーセージと、くん製の肉とを作っていた。祖母は、沢山の違った切身を皿に盛り、あとで日本の風呂敷のような、色のついた大きな布に包んだ。そして私は誇らし気にその荷を負い、近村の親類や友人たちの所へと運んだ。近隣の人びとは、常にそのような小さな贈り物を交換しあったが、それは何かしら、古い中世風な魅力を保っていた。

学校では、クラドノの少年たちと深く友情を結んだ。多くの少年たちは、その地方の商家の息子で、ほとんどが父親の後継ぎとして、食料品屋や肉屋になったと思う。その中の1人、私が読書を覚えた家の友人は教師となった。

放課後、午後4時か5時はいつも待遠しい時間であった。何か食べるものを掴み、友人たちと近所の庭のまだうれていない果物をぬすみに行ったものだった。

私の読書能力が十分に進歩していたので、5歳の時、普通は6歳になるまで生徒を入れなかった初等学校への入学を許可された。私は最初から級長の位置にすわった。それがおそらく、いつも一番になる野心を持つようにたきつけることになったのであろう。学校時代を通じて、努力する性格と、知識を吸収する能力とで、私は自分の位置を維持してきた。

当時のボヘミアの習慣では、同じ教師が初等学校の第1学年から最終学年まで通して担当していた。この接触の連続、つまり相互の完全な理解の中には、何か非常に貴重なものが含まれていた。

教師スーカッフの影響は、多分私が建築家になった主な理由でもあった。彼の手引きによって、私の芸術への力がよびさまされたからだ。われわれの教師は芸術家であった。彼はまったくバランスのとれた教師であった。

プラーグへ移る前に私の通った工業高校（レアルカ）
近所の人と立話をするのは私の父（左）

われわれのクラスは約50人。彼は、国語を教えたほか、ピアノ、ヴァイオリン、唱歌、そして普通課目に及んだ。麗筆は何にも増して大切であり、絵も図も大切であった。しかし私にとって大変重要だったのは、彼の力強い啓蒙的な芸術を教える能力であった。彼は性格的には大変なロマンチストで、深い愛国者でもあった。その強力な個性は子供たちを励ました。彼の絵はその性格のようにロマンチックであった。

彼は何でも描くようにわれわれを勇気づけ、ことに大自然を愛し、よくみることを教えた。だから私は5学年以来、クレヨンや色鉛筆で大自然を描いてきた。

3階建の石造の学校の建物は、私の判断では、19世紀の中頃に建てられたルネッサンス

様式であった。

　その教室の壁の上部には，素晴らしいゴシックやロマネスクの城の絵や，馬に乗った甲冑の騎士の絵が，モノクロームや色彩で埋められていた。そして，いつも新しい，もっと幻想的なものとおきかえられた。その教室で，われわれ子供たちは，いつも絵を描いたり，歌ったり，音楽を奏でたりした。それ以来，今日まで私は決して音楽や絵画を止めたことはない。

　音楽についてもスーカップ先生は啓蒙的であり，生徒たちにそれぞれピアノか，ヴァイオリンのような楽器を習わせた。そして子供たちが弾いている間を歩き，間違った音を聞くと，手にした木の指揮棒でその子供の指を叩いた。私は音楽が好きで，先生の家でヴァイオリンの追加教育をうけていた。

高校のフットボールのチーム 1903年頃（15歳）ボールを持っているのが私　後列中央の技師カレル・ノイマンとは1969年の今日も文通している

　私が初恋に悩んだのはちょうどその頃であった。まったく報われることのなかった恋であった。当時9歳位だったに違いない，スーカップ先生の若い娘以外は眼中になかった。私にとっては，彼女は一つの夢のように思えた。2本の長いおさげを背に下げていた小さなブロンドの女の子。私は放課後，通りの反対側で彼女がくるまで，こっそり待っていた。しゃべりかけるにはあまりに恥ずかしかった。距離をおいておとなしく彼女についていった。彼女の家には頻繁に訪れていたけれど，彼女には決して話しかけなかった。

　私の尊敬する彼女の父親は，娘に対する私の早熟な愛情を全然知らなかった。

　子供の頃の私は，非常に想像力が豊かであった。それがしばしば難しい立場に私を追いこんだ。あり得ないことを想像したり，大抵の人びとには存在しえないことが，私にとって存在していたのである。

　ある素晴らしい夕方のこと，私は通りを駆けながら市役所の建物が暗闇に向って伸び上って行くのを見た。そして，市役所を跳び超えることができたら，どんなに素晴らしいことだろうかと考えた。そのことを考えていると，私は空想の中で実際に跳び超えてしまったのである。

　まったく素晴らしいことだったので，私は家にとんで帰り，家族にそのたいした出来事を話した。この小事件は，皆にとって忘れられないこととなり，1938年に私がチェコスロヴァキアにもどった時，彼らがそのことを思い起こさせてくれた。

　しかし，6歳の時のその神がかった努力の記憶は，ことが実際に起こったかのように，はっきり残っている。その夕方の興奮状態のすべて，石だたみのまわりの白い線，空の領域への見事な跳躍，それは実に貴重である。恐らく通俗世界では私の夢の本当の詩を理解しないことであろう。

　その頃すでに私は建築家になろうとしていた。誰かに私が名を問われれば，まったく誇らしげに「建築家アントニン・レーモンド」と答えたものだ。建築家とは本当はどんな意味のことであるか，はっきりわかっていたわけではない。しかしとにかく，家を作るのだということは知っていた。

　図を書くばかりでなく，小さな家も作った。また，実際に使えるいろいろな銃砲も発明した。ジュール・ヴェルヌを知ったのは，その6歳の頃であったに違いない。その物語は強烈な刺激であった。

事実，私は紙とのりで住宅と村全体を作った。水彩絵具で色を塗り，窓に色つきのゼラチン・ペーパーをとりつけた。夜になると家の中に小さなローソクをつけ，何時間もすわって，その光景を眺めいった。

そして作りあげたという大きな安らぎと満足感とを満喫した。これもおそらくは，本当の建築家になった理由であろう。

学生の間は好きでもない課業をも，途方もなく一生懸命に勉強をしなければならなかった。今でさえ，もがいている。しかし私は建築を愛しているし，建築に伴う彫刻も絵も音楽も愛しているのである。

子供としての私の最大の満足は何を描いたのか見分けがつくものを描けるということであった。

これが，つまり建築家としての基礎なのである。すなわち，何か実際に意味のある線をひくことができるということだ。その線が大変刺激的であれば，意味ありげな線に興奮し，何度も試みる。いつでも何か性格的に本当のものにしようと試みるのだ。

その少年時代のある日，人の顔や動物を描こうと，如何に夢中になったかを思い出す。その頃はやさしくなかったが，今でも決してやさしくはない。人びとが何らかのイメージを読みとれるように，自分の手を紙の上に描くのはやさしいことではない。私はしばしば失望し，本当にうまく描くのが余りに困難で，もう止めたと誓ったりもした。けれども私の先生，家族や友人たちが常に私を勇気づけ，私のしたことに舌を巻いていた。

彼らが驚いていた沢山の絵も，私にとってはひどいものであったと思う。

私の創造への努力は，常に手，眼，そして想像力が本能的にまさぐっていたものを反映していた。

教育は型通りに進んだ。5年間の初等教育，4年間の中学校での勉強，それから3年または4年間の高等学校であった。

生徒たちのうち，技術の方に進む者は，レアルカまたは工業高等学校で3年間勉強し，古典コースに進む者は，体育協会に4年間残った。

私は，その工業高校のレアルカに入学した。ちょうどクラドノにできたばかりで，最初のクラスであった。優秀な教師のいる良い学校で，教師は生徒のしたことに興味を持ち援助してくれた。生徒は互いに賞を獲得しようと競争した。私も一生懸命勉強した。ただ単位をとろうとしたのではなく，本当にあらゆる課目に夢中であった。ソコルの組織では，スポーツとしてサッカーやアイス・ホッケー，そして体操があり，楽しいものだった。

私の強味は製図であり，立体幾何であり，体育であり，チェコ語であった。私は1910年にボヘミアを去って以来，あまり自国語を話す機会もなくなったが，少しもチェコ語を忘れてはいない。

小学校のスーカップ先生，クラドノのレアルカ，このすべての学校教育の間，私は自ら楽しんでいたと思う。

3. プラーグへ

　母の死を境に，家族の幸運は下り坂になった。父は，次から次へと家政婦といっしょになったし，母のあの強くて素晴らしい個性の欠除は，父の道義を下げてしまった。そのことが，父の実務に逆に響き子供との関係にも及んで行った。

　人間的な生活が崩れ，実際に何が起こったかというと，私たち子供だれもが祖父母の愛情と安定感にひかれ始めたことである。子供たちはみなつながっていた。

　父は不幸ではあったが，本当は大変愛されていた。子供たちは父にすがりつきはしたが，以前とは違っていたのである。結局，父の運はある程度下り，家を手離すと，それまでの成功や失敗をあとにして，皆とプラーグへ移った。

　家族のプラーグへの移動は，全員に深い感化を与えた。

　夏も冬も湧きかえるような人波が，歩道を足早やに往きかい，店は飾りたてられ，カフェも，古いビヤホールも，川もある大都市の感じに何かしら驚かされたのである。

　その上方，いくつかの丘の上の公園のどれからも，沢山の赤瓦の屋根や，沢山の教会の尖塔を見下ろせる，素晴らしい眺めがあった。街を貫いてリボンのようにくねるフルタワ川には橋がかかり，中でも最古のカールス橋はバロックの彫刻で装われていた。

　私の世代は，この世界が未だかつて知らなかった，最も慄然たる環境の中におかれていた。それは模造大理石の世界であり，三段房のついたカーテンであり，工業と機械の発展がもたらした相当な自堕落と偽のぜいたくによる世界であった。しかしすぐ外側には，素晴らしいロマネスク，ゴシック，ルネッサンス，バロックその他の建築が建っていたのである。私は学生時代，製図板の上の仕事に日を費し，夜ともなれば狭い石だたみの通りを俳徊し，橋を渡り，広場をよぎり，周囲を包む美しさを深く吸い込んでいた。

　プラーグはボヘミア王の土地であり，長いことドイツとローマ皇帝の土地でもあった。そしてこの都市は，キリスト紀元前から19世紀に至る古代の遺蹟に満ちていた。町でぬきんでているのは，壮大なフラドチャニー城であり，ヨーロッパ史のあらゆる時代の多くの宮殿，有名な橋などであった。また，百教会の都市，百尖塔の都市としても知られている。プラーグの最も優れた時代は，8世紀以後のゴシック時代であり，それはバロック時代へとつづいている。私は，ローマ時代のものよりも，もっと美しい大建築が生まれていると思う。プラーグを別としても，全国にはチェコ人，ボヘミア人，モラヴィア人，シシリア人，スロヴァキア人が住み，国じゅうが彫刻や絵画の豊富な古い建物で埋めつくされていた。

　国そのものが，山や平野や河のある美しい一つの風景なのである。学生時代の私は，機会があれば，夜と昼を問わず街を歩き，その建築の美しさに感激していた。若い私が吸収したこの街の影響は，生涯を通じてあらわれ，私のデザイン哲学の中にもあらわれた。

　心の中につよく残っている，一つの特別な事件は，私のプラーグの高校時代にオースト

マラストラナ地区とカールス橋の眺め
背後はフラドチャニー城

上右　プラーグの眺め　マラストラナ地区の外れカールス橋から見た「百塔の町」
上左　旧市の広場にあるティン・カテドラルとヤン・フスの像

リアのフランツ・ジョゼフ皇帝が訪問したことである。全プラーグの学生たちは，騎馬行列の進む道路の両側に整列した。その騎馬隊は何らかの理由からスパリエとよばれていた。私の学校の生徒たちは，チェコ国立劇場の近くに場所を占めていた。通りの建物はすべて赤と白の花で飾られ，旗が群衆の頭上にたてに吊られていた。警察官が間隔をおいて立ち，歩道の群衆に向かいあっていた。大変お祭り的であり，緊張もあった。白い制服をつけ，勲章で飾った頬ひげをはやした老人。あらゆる公共建築にその肖像がかかげられ，余りにも身近かなその老人を，一目見ようと人びとは皆まちかまえていた。石だたみをゆく，美しい馬のひずめの足早やな音を思い出す。そして，色とりどりの騎兵，重騎兵，軽騎兵。3組の白いアラブ馬に次ぐ馬車。外に乗った馭者。皇帝の退屈そうな顔。群衆の歓呼。チェコ国立劇場オーケストラの演奏する，スメタナのオペラによるトランペットのファンファーレ。

　もう何年も前のことであるが，今日のだらしなさや退屈さとは明らかな違いをもっていた。果てしない共産主義者のスローガンや，洗脳によって起こる疲労，希望もなく堕落し，惨めな環境となった同じプラーグ。

　移動当初，私たちはレアルカの向い側のアパートに住んだが，後に大分古い建物に移った。簡単な鉄の手摺りのついたバルコニーは，小さな中庭に向かっていた。そしてアパートの共同の便所。それは非常にロマンチックであったが，ひどく臭った。

　6人の子供たちと父親とは，二つのやや大きな部屋と，一つの小さな部屋の中に押し込められたが，どちらも季節によっては暑くもあり，寒くもあった。皆は石油ランプを中心にして，夜間，食卓を兼ねたテーブルのまわりで熱心に勉強した。

　学校に行くには，大変美しい鍛鉄グリルのついた14世紀の石造の井戸のわきをぬけ，有名な時計がある市役所を通りこし，ティン寺院の双子の塔を通り，狭い通りにある半ば朽ち果てた，砂岩の彫刻のある古い脇入口をぬける。

　この素晴らしい通路と，ゴシック，ルネッサンス，バロック時代の家々と，その屋根付きの歩廊をぬける毎日の通学が，後年の私の生涯に強い影響を及ぼしたのである。

　学生たちは幾つかのカフェに集まった。といっても一定の人数で，大抵午後も5時過ぎのことであった。チェコ人の学生は主として「スラヴィア」に頻繁に行き，ドイツ人学生には彼らの場所があった。夕食後集まる所は大抵ビヤホールであった。その中のあるもの

はなかなかロマンチックな古い家であり、夏は道端、時には庭先にすわった。

　夏の昼食や夕食後は、ストロモフカ公園で、普通「コルソ」とよばれる散策をした。いろいろな階層の人びとが、堂々たる木が植えられた長く広い通りを、音楽バンドの音につれて悠然と歩き、またもどる。流し目で歩くのが、若者の主な楽しみであったし、年寄りたちは噂話を好んでいた。川の堤、美しい眺めをもつ丘の上の公園、昔ながらの芝生や木立が、学生たちにとって勉強するにも、恋を囁くにも素晴らしい場所を提供していた。

　川そのものが、冬期のアイス・スケートやアイス・ホッケーの場所になり、夏期は水泳やボート遊びの場所になった。カフェで5セント（クロイカー）を出せば、1杯のコーヒーが飲め、もう5セントを出せばうまいロールパンにありつけた。ビリヤードは金のかからないスポーツであったので、四六時中ふけったことさえあった。私はスラヴィアというスポーツ・クラブに属しており、ごく稀ではあったけれどサッカーをやっていた。

　プラーグの人口は、はっきりチェコ人とドイツ人とに分かれていた。その結果チェコとドイツ側の二つのカールス大学と、二つの工業大学、二つのオペラ、二つの音楽堂があった。ドイツ人の学生は、ブルシェンシャフト（愛国主義的学生組合）を組織し、ドイツ学生帽に記章をつけて、ビールを飲む会を計画的にひらき、剣をとって闘争に参加した。すべて、よく知られたようなドイツ的な挑発の態度であった。彼らは、昼や夕方のコルソの時間に、プリコピー（グラーベン）通りを隊伍を組んで行進した。

　一方、われわれチェコ人の学生は、異なった色のリボンをつけた黒いベレーをかぶり、大きな黒のケープをまとった。建築家たちは空色だった。

　われわれもまた、隊伍を組んで他の通り、フェルディナントカを行進した。互いにしばしば両者の領分を犯すこともあり、その結果いつも争いとなった。

　奇妙な鳥の羽をそのままつけた喜劇的な帽子と、長いサーベルをつけた警官ともぶつかり、時には大変に血なまぐさくもなった。もちろん、われわれの敵、ドイツ・オーストリアに味方していたのである。このような気分が、オーストリア・ハンガリー帝国の崩壊に導いたのは間もなくのことであった。

　第一次大戦以前のプラーグの生活は、むしろ安逸な調子で過ぎていた。まれに、愛国意識を目覚ますような兆にかきまわされたが、さもなければいつもオーストリアの政治と軍隊の専制にまかせ放しであった。

　何が理由であったか覚えていないが、私たちはヴィノラディという郊外に移った。それはカールス広場にある工業大学に近かった。この学校は19世紀以来の建物で、醜悪で陰気であった。記憶では、そこで過した時間は楽しいものではなかった。ボーザール調の、インディアンインクによる数知れぬ製図。ギリシア、ローマなどの古典的オーダーの模写。それらのオーダーの構成、偏向的な芸術の歴史、建物や芸術家や、その作品の年代を記憶することだった。私は、試験に通り、学校を卒業するということを主な目的にして、かすかに見える想像力と、自由な創作の世界に向かって一心に勉強した。

　稀に暇があれば、自然の風景をスケッチすることによって気持は開放された。

　その頃、父は何の教養もない俗っぽい女性と結婚した。彼は肉体的にひきつけられたのであるが、私たち皆が一緒に住むのは、不可能になった。父の運はつきから遠ざかり、私は学校を続けるため落第学生を教え、その稼ぎと奨学金とに頼るほかはなかった。

　その頃までに、建築界ではウイーン分離派が始まっていた。それは急速にヨーロッパ全

22歳の私，1910年

自画像 1908年（20歳）

土に広まり，プラーグのアパート建築にも影響していた。

電灯，電話その他の諸改革の倒来は，中産階級の趣味を根本から混乱に陥し入れた。プラーグでは，若者たちが古いものや，凝古典主義とか，または過去様式の模擬に対する革命をくわだて，あらゆる芸術に新しい脈動が活発となっていた。われわれ学生の胸中はまったく曖昧であり，また気まぐれでもあったが，生活とデザイン界の，新しい自由の可能性に対しては目が開かれたのである。学生たちは，オットー・ワグナーと彼のウィーン分離派や，オランダのデ・スティルや，ベルギーのアール・ヌーボーを意識していた。皆，1889年のシカゴの最初の鉄骨造を知っていたが，私はグロピウスも，ル・コルビュジエもオーギュスト・ペレーも知らなかった。

1910年の私の離国の頃，ウィーンのアール・ヌーボーは，ボヘミアを含めたオーストリア・ハンガリー帝国に華々しかった。プラーグではヤン・コテラがその指導者であり，パヴェル・ヤネックや，ヨゼフ・ゴチャール，ヴラディスラフ・ホフマン，オタカー・ノボトニー等がいた。ある者は建築にキュービズムを紹介し，さながらチェコの愛国主義の生長の表現のようであり，オーストリアからの独立に対する，希望のようでもあった。

1908年頃，プラーグの建築家の中の有識者がクラブ・マネの編集する建築雑誌「スティル」を発刊した。クラブは画家，彫刻家，建築家，工芸家などによって組織されていた。そのグループの間では健康的なデザイン哲学と，技術の基礎の探求がその主要テーマであった。初期の建築雑誌「スティル」の古い号を手にすると，私はその高い文化程度と，再びは起こり得ないほどの，目的に向かう純粋さにうたれる。

当時の生活はことに面白かった。創造的行為は沸騰し，凝古典主義の伝統は破壊しつつあった。地平線は拡がり，その脈動が再び始まっていた。何が良いものであり何が悪いものであるか，何が真で，何が偽か，また何が美で，何が醜であるかを見分けるために，私は人生を捧げる必要があると感じた。われわれが一生懸命に暗記してつめこんだ，あらゆるものは無益に思われた。私はその記憶を全部放棄したいと願った。

科学の進歩と，その結論の実際の適応は新しい生活をつくりあげ，だからこそ新しい計画があり，新材料には新しい形がある。この思想を昇華させるのに，不思議に長い時間を要したのである。一般的には，その意図がまだはっきりせず，理解するためには混沌の中のもがきが何年も必要であった。

私は1909年頃出版された，小さなフランク・ロイド・ライトの作品集に，プラーグの学生たちが夢中でとびついたのを覚えている。のちにベルリンのワスムスから1910年頃だったか，ライトの大きな作品集が出された。それらの本は，まぎれもなく知識の源泉となり，いつ果てるともしれない討論の主題ともなった。

ライトは再び建物の原則をのべていた。彼は小部屋を破り，平面を解放し，空間を流れさせ，建物に人間の尺度を与え，自然と調和させた。すべてがロマンチックで，しかも刺激的，その上独創的であって，息をする間もなかった。彼はわれわれが期待していたその人であり，まことに革命そのものであった。ほかにも幾つかの早期実験が行なわれていたが，主にロマンチックであり，想像的で個性的でもあり，幻想的であって，刺激的な方向をたどった。少数の偉大なデザイナーが結論を出すまでには，10年に近い年月が必要であった。その結論と同様の永遠の原則が，あらゆる創造の時代の良い建物の基本となり支えとなってきた。もしも，われわれ自身の創造への努力が，真実と美の表現に到達するため

のものであるならば，その原則こそ，研究を必要とするものであり，従うべき原則でなくてはならない。

わずかの建築家たちが，今なおその本来の意義を理解しているのである。

多くのデザイナーたちは，過去の様式を追い，私的な好みの段階で今もなお仕事をしているが，彼らはある機会に新しい流行として，材料と技術の進歩に仕立てているのである。彼らは本来の意義，根本的なものの意味，基本的原則への再帰を見失っているのだ。そこには，たしかに美学上では個性や一時的なものが入りこむ余地はある。大いなる創造の実現時代に果されたような，不変の美を探求する芸術家だけが，その目的の実現化の途上に立ちはだかる個性や一時性を，彼自身から除こうとする熱烈な欲望を持ちうる。それでも個性からは逃れ得ないものだ。自発的にその人のサインに表われ，態度に示されてしまう。時代全体は個性を持っており，足跡はその時代のあるがまま，新しい帽子に日付けをつけるように，ある伽藍に日付けをつけることが可能である。

しかし個性は世俗であり，永遠の美とは無関係である。個人的な好みは一つの指標ではあろうが，それも確実な調査を必要とする。したがってまともな裁定は好みをもとにすることはできない。建築における基本原則の一定方向の研究と再発見は，20世紀初頭の歴史の上では，重要な要素であった。同じ方向の研究はひきつがれるべきである。

オーギュスト・ペレーと，哲学者フェネロンの言葉を引用してみよう。

ペレーはいっている。「構築は建築家の母語である。建築家は構築を通して考え，話す詩人である。建物には，単独の装飾をめざす部分を許すべきではない。しかし，常にたしかな比率を目的としつつ，建物を支えるのに不可欠なすべての部分が装飾ともなるべきである。」

フェネロンはいう。「いかなる部分の骨組をも隠す者は，その正しさを自分自身からとりあげ，建築の最も美しい装飾をもとりあげるものだ。柱を隠すのは偽りである。偽りの柱を作る者は罪を作っている。真実の輝きが，建物の美を達成するのである。」

プラーグ　カールス橋から望むマラストラナ地区　背後には巨大なフラドチャニー城と聖ヴィタス・カテドラルが見える

4. ニューヨーク，苦難の時代

1910年7月 アトランティスの船上でスケッチしたギリシアの海岸

学生時代，私はエドガー・アラン・ポー，ブレット・ハート，マーク・トウェイン，ロバート・ルイス・スチブンソン等の作品を熟読した。そして想像上のアメリカにロマンチックな思いをよせた。同時に，臆病なヨーロッパでは，当分の間は創造的建築が本当の進歩をとげることはないという確信が，私の中に育ち始めていた。

ヨーロッパはごくわずかの建設しか必要とせず，広大な新興国アメリカでは，膨大な数の新しい建設が必要とされると思われ，私の気持はますますアメリカ移住へと傾いていった。

大部分の建物は，ワスムスの出版した本で作品を知ったただ1人のアメリカの建築家フランク・ロイド・ライトの精神でデザインされているものと私は想像していた。

それに加え，家庭の事情は耐えがたくなっていった。継母との仲も次第に気まずいものとなり，遂には大っぴらに争うようにまでなった。父はひどく悲しんだが，私は家族から出て行く以外どうしようもなかった。

私は運命の星に従って，一番近い港，当時オーストリア領であったトリエステに向かった。製図工として臨時の仕事をしながら，アメリカ行きの船で私をやとってくれそうな機会がくるのを待つことにした。

運よくユーゴスラヴィア人の土木技師のところで，仕事が見つかった。トリエステの数週間は，教訓にもなり，楽しくもあった。ラテンの国々にはロマンがあった。海岸の風変りな店で，イタリア料理やブドー酒を漁り，鮫よけの鉄網の内側を泳ぎ，週末にはベニス旅行もあった。

1910年の夏のある日，小さなイタリアの不定期貨物船に，事務助手兼技術員の仕事をみつけることができ，私はニューヨークへと脱出した。船には数人の移住者が同乗していた。鉱石を使った初期のマルコニー無電送信機を実験する，イタリアの技師たちも乗り合わせた。ギリシアのパトラス，アルジェ，アルジェシラス，ジブラルタル，アゾレス，そして最後にニューヨーク。

われわれは，とあるブルックリンの小さな埠頭に上陸した。埠頭はまるで見捨てられた場所で，何の入国手続きもせず，私は小さな豚皮のカバンを手にさげてニューヨークへの道をたどっていった。そのカバンは今も，ペンシルベニアの農場においてある。

私はチェコ人街の場所を人に尋ね，マンハッタンの東72丁目にある，チェコのソコル体育協会の建物の中の大きなバーに入って行った。

そのバーで，私の隣りにいあわせた気のよさそうな，しかし声望の高い外科医は私が建築家であることを知ると，誇らし気に彼の友人について語った。その友人はチェコ生まれのアメリカ人で，当時ニューヨークでは最大の，最もすぐれた設計事務所のマネージャーだとのべた。

それがカス・ギルバートの事務所であり，当時，世界最高のウールワース・ビルの設計にとりかかっていた。かの外科医はそこのマネージャー，ロックハート，チェコ名ではロハックに紹介するといい，私はその申し入れを，もちろん喜んで受け入れた。

　事務所は，メトロポリタン保険会社のビルの別館にあり，マディソン広場にある本社の醜い塔の反対側であった。

　ロックハートは大変親切に迎え入れてくれたが，ボス，ギルバートの同意なしには雇うことはできないと説明した。しかも，ボスはスコットランドへ山鳥の狩猟に出かけ，1カ月位は帰ってこないのだという。それから，学歴ひとつ聞かず，コートを脱がせ，直ちに衣裳箪笥の詳細図を書けと命じた。セントルイス公共図書館が，早急に必要としている図面だった。その図面の出来栄えで彼は私をかったのだが，ボスがもどって決めるまで，給料は払えないというのだった。

　彼は，それまでの金を持っているかを尋ねたが，私はおろかにも多分あるだろうと返事をしてしまった。ポケットには10ドル足らずしかなかった。

　住むところもないまま，来る時の船のスチュワードを思い出し，3番街とA街の間の91丁目に面した，みすぼらしく小さな彼のアパートに逢いに行った。

　彼は親切な男で，家族をかかえ病気がちであったが，コーヒーとパンの朝食つきで，1週1ドルで一部屋開けてくれた。しかも私が1ドルの収入すら覚つかなかったから，払いは金の入るまで待ってくれるといった。

　毎朝，91丁目から24丁目まで歩き，1日中働き，昼食はとらず，また歩いて帰った。25セント食堂の皿洗いの仕事を家主がみつけてくれたが，報酬は残飯一食であった。

　3番街の安食堂からただよってくるあの魅惑的な匂いを，私は決して忘れはしないだろう。現実には片道の電車賃の5セントもなく，空腹をかかえ疲れきって毎日140ブロックも歩かざるをえなかったのだ。

　事務所の仲間たちは好意的で，何人かが私を昼食に誘った。しかし招き返すこともできないのに受けるのは，プライドが許さなかった。昼食時，私はよくマディソン広場で，人びとがリスにピーナッツをやるのを眺めていた。ある時，ピーナッツに混って10セント貨が落ちていた。私はそれをつかみ，広場の近くにいた屋台店へと走った。牛乳1本，パン1片が5セントずつ，まったくの御馳走であった。

　ニューヨークの最初の土曜日には，角のシガー・ストアのあたりまで足をのばした。そこで，最初のアメリカの友人に出会った。陽気な良い奴らであった。彼らに誘われモータ

初めて見たうらぶれた女　1910年

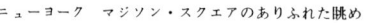
ニューヨーク　マジソン・スクエアのありふれた眺め

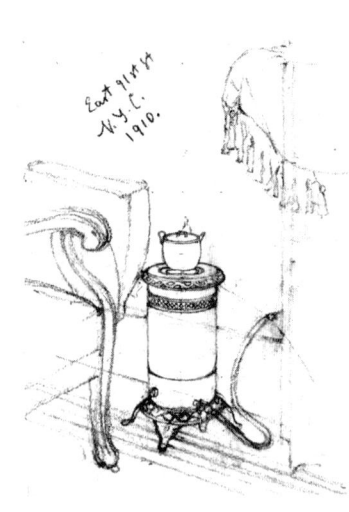

上左　ニューヨークの最初の友人たち　角の煙草屋とごろつきの一団　煙草屋の親爺は左から2番目　5番目が私
上中　石油ストーブとの最初の出会い　朝食付き1日1ドルの部屋の中で
上右　自画像　ニューヨークにて　1910年
下上　ニューヨーク東24丁目のコット氏の下宿で　撞球台のある居間
下　アメリカ生活当初の友人のひとり　F・シャープ

　ーボートで，ロング・アイランド・サウンドへ釣りに行くことになった。私はとびあがるほど嬉しかった。私はまだほとんど英語を話せなかった。
　一行4人は，いかれたモーターボートに乗り，危険きわまるヘル・ゲート（地獄門）を通りぬけ，ひらめを釣って楽しくその日を過ごした。漁は上々だった。
　夜になると，仲間は家に向かうかわりに，何の説明もせずモーターボートを走らせ，ロング・アイランドのどこか私有地の桟橋につけた。そして私には，ボートの見張りをいいつけ，音もなく暗闇の中に消えた。
　しばらくして，彼らは戦利品をかかえ，走ってきた。銀のスプーンが落ちかかっていた。ボートにとび乗るとフルスピードでニューヨークへ逃げ帰った。
　今もしばしば，私のアメリカの，一つの社会への最初の洗礼であったこの事件のことを考える。肉体的，精神的な飢えにもめげず，ギルバートの事務所の仕事にしがみつき，我慢していたことが不思議に思える。
　カス・ギルバートが，ヨーロッパからもどる頃には，私は肉体的に大部衰えていた。飢えと，日毎の長距離の徒歩，事務所のまともな仕事とに消耗し切っていた。ギルバートには私がたしかに病気だと見えたらしい。というのは彼は私を休養のため，コネチカット州イースト・ハンプトンの農場に送ったからである。そこで2週間，十分休養をとり，水彩画を描いたりしていると，私はニューヨークの仕事にもどれるまで十分回復した。
　1週7ドルという素晴らしい給料が入ることになり，他の3人のドラフトマンと一緒に，東24丁目の下宿に住むことができた。コット夫妻というフランス人の経営する下宿で，食事つきの部屋が，1日1ドル足らずであったが，その家は，中産階級の最低の雰囲気で，だらけたひどいものであった。しかし，われわれは若く，末長い友情を結び，ある者とは今もつき合っている。
　ちょうどその頃，私には文化的なものとの断絶による，苦悩がつのり始めていた。ニューヨークには文化生活があったに違いないが，明らかにわれわれの仲間の手の届くところにはなかった。下宿の3人の仲間は建築デザイン界の封建的な梯子をのぼり，ありふれた地位に昇っていった。彼らは私の知っていたような，ヨーロッパの環境の中でたきつけられた火のような熱望や，反抗の精神をまったく欠いていた。

　その仲間たちに働きかけて，週末は田園に出向き，大抵はニュー・ジャージー州のハドソン・パリセードや，パセイック川あたりで水彩の写生をすることにしていた。

　私は余暇のほとんどを費して絵を描き，ややメランコリックな主題で，淋しさや文化的なものへの渇きをまぎらせた。

　私は極度の不幸にも会ったが，時にはグンバルド・アウスのような優秀な技師と働ける幸運にも会えた。彼はスウェーデン人で，ウールワース・ビルの構造のデザイナーであった。このビルは大胆かつ才腕の人が建て得る，初めてのスカイ・スクレーパーであり，同時に弾力性への挑戦でもあった。

　けれども建築デザインの，われわれの努力のばからしさ，陳腐さ，幼稚さに私は不幸であった。図書館で本を読みあさり，ビル全体のデザインやディテールに，適当なモチーフや前例を探し出すことが主な仕事であった。

　一人二人はあいまいに反抗したり，無益さを訴えていたが，ほとんどのスタッフは一流大学出身で，そのやり方で悦に入り，むしろ当然のことと思っていた。

　若さと批判的態度にまったく欠け，精神的，哲学的思想をデザインの中に求めることも渇望することもなく，それが一般的な風潮であった。

　肩書きとか，名声とか評判による物質的成功こそ，その多くの人びとの本当の狙いであり，それ以外の場合は，われわれの領分である骨折り仕事であり，忍従を必要とした。

　痛恨，かつ，失望したのは建築デザインの状況であった。これは，私が会おうとしたドラフトマンや，建築家すべてを明らかに支配していた。平凡で面白くもない厳密な折衷派は，私にはさらに痛恨事であった。彼らがヨーロッパよりもさらに大きく，高価で，より重要な建物と取り組んでいたからである。ヨーロッパでは，その伝統はまだ本来のものであり，アメリカのように輸入したものではなかった。

　パリの美術学校エコール・デ・ボーザールは，当時のアメリカのデザインの指導者を養成してきた。大学教授たちでさえ，ボーザール出身のフランス人であり，アメリカのデザインに支配的な響影を及ぼしていた。

　夢でもあったライトの影響による自由で創造的なデザインの風潮は皆無で，本当の夢であったことを立証していた。事務所のほとんどの人びとは，ボーザールの訓練を身につけ

上左　カス・ギルバート事務所全員　メトロポリタン保険会社付属棟の屋上　ギルバートは中央　後列7人目煙草をくわえているのが私　透視図で有名になったヒュー・フェリスが前にいる
上右　カス・ギルバート事務所のデザインの首脳カナダ人のジョンソンは若くして死んだ
下　友人ヒュー・フェリスと私はニューヨークの群衆に寂寥を感じギルバート事務所に飽きていた

右　カス・ギルバート事務所内部　1910年左列の前にいるのが私
下上　ウールワース・ビル　ニューヨーク　カス・ギルバート設計　1913年
下　ウールワース・ビルの断面・立面の製図　1910年には最高を誇る900フィート80階建　その製図の苦労のおかしさ

Blifsen!

The Dackshound Type.
(Horrible effect of the new system)

た，実に素晴らしいドラフトマンであったが，少数の例外をのぞけばただそれだけのことであった。主任建築家ジョンソンは，ウールワース・ビルの全デザインを監督していた有能な建築家であった。彼は，好ましい環境にいたら，創造的建築家になったに違いない。しかし不幸にも，若くしてこの世を去った。

次にヒュー・フェリスがいる。彼はおそらく創造的野心と，変化や新しいものへの欲望をもったただ１人の人間だった。のちに透視図の名手となり，その図は沢山のうまくもないデザインが実施の運びになるのに助力した。私は彼と親友となった。しかしその後，私が自らこれと定めた道で闘っている間に，成功は彼を軟化させ，遂に現代の折衷派の流行の中に生きることで満足してしまった。

私はヨーロッパのゴシック建築を愛し，その知識もあったから，ウールワース・ビル正面のテラコッタ用の現寸図訂正をいいつけられた。それは，テラコッタが雨を流せるように，ディテールを修正する仕事であった。冬期，溜り水の凍結でテラコッタが割れぬように，どんなすき間もあってはいけなかった。明らかに私は成功しなかった。凍結による外部の破損は大きく，年間１万ドルにも及ぶと聞かされた。

チェコ料理恋しさに，私は72丁目のソコル・ビルへ出かけていった。驚いたことには，そこでクラドノ以来の古い知合いを見つけたのである。ドボルジャクの生徒で，レー

トナーという名のオルガン弾き。私と同様，自由と創造的な生活を求めて，アメリカへやって来たのだった。レートナーはチェコ合唱団を始め，そのほか，ニューヨークのチェコ人街の精神的福祉のために働いていた。のちに彼は失望し，遂に共産主義者となり，単に死ぬためにボヘミアに帰った。

そのような環境をもつ人にもう1人の音楽家ヤン・キュベリックという有名なバイオリニストがいた。それから2人のオンドリチェックス——1人は，ボストン・オーケストラの指揮者であり，もう1人はバイオリニストで，のちにロシアのバイオリニストと結婚した。そのほかチェリストのバスカ。彼は今もニューヨークに住んでいると思う。

私はウールワース・ビルの，監督助手の仕事を楽しんでいた。建物の底から鉄骨を伝わって頂上まで細部にわたって点検しては，昼食にクレーンの分銅にのって降りて来た。仕事は全般に念入りで，事務所にいるよりも多くを学んでいた。

暑い7月，8月の間は，コット家の下宿人であるわれわれの仲間は，ロッカウェイ・ビーチの小屋に移り，毎日海水浴を楽しんだ。そこの家主は，装いのおかしいインディアン女であったが，伝説にある酋長の娘ポカホンタスの直系の子孫であると主張していた。彼女はまさにそうに見えた。

1911年の秋，私はアバン・ギャルドの一員になろうと，絵描きのグループに入った。われわれは，ウインスロー・ホーマーやベイリンソンや，他の画家たちといっしょに，58丁目の6番街と7番街の間あたりのアトリエを共用した。正確な場所は忘れたが，とにかく2本の高架鉄道があり，その駅の真向いのいやに空間の多い建物にそのアトリエがあった。部屋は汚れて陰気であったが，われわれの構想は鮮明で希望に満ちていた。グループのある者は，実際に名をなした。私は今でも，そこで描いた何枚かの絵をもっている。

そこで私はシカゴのコーラー家の1人である非常に真面目な若い画家に逢った。彼とは1914年ローマで再会したが，その後の消息はまったく絶たれてしまった。惜しむべきは，彼が，稀にみる才能と確固たる人生哲学をもっていたことである。

同じ頃，2人の若者と知り合いになった。1人はトニー・ディ・ナルドといって，建築

上左　ウールワース・ビルで監督助手をしているとき現場見学に招待した有名なチェコ音楽家たちの一団　ヴァイオリニストのオンドリチェックスレートナー夫妻　セリストのヴァスカがいた　左端に私
上右　建築仲間や女友だちとロッカウェイ・ビーチで週末を遊ぶ　ボヘミアから持ってきた冬帽子をかぶったのが私
下　ウールワース・ビルの凝ゴシック調のテラコッタの縮尺　詳細は大変な仕事だった

私設美術学校におけるスケッチ この前衛画家の中心はブロードウェイ58丁目の空虚なビルの中にあった ニューヨーク最初の現代絵画「階段を降りる裸婦」を描いたマルセル・デュシャンがしばしばあらわれた

家アーノルド・ブルンナーの下で働いていた，有能な保守派建築家であった。彼は，事務所の事務的なつまらない仕事の中にも何か興味を持とうと努めていた。トニーと私とは，おそらく音楽を除いては，芸術では何一つ意見の一致をみることはなかったが，それでも忠実な生涯の友人となった。のちに私の妻の親友アリダ・クレメントと結婚し，クリーブランドで忙しく仕事をしていたが，約10年前，癌で死んだ。

もう1人は，同じ事務所の若い建築家，ビル・ゲーロンである。彼はブルンナーの死後，その事務所を引継ぎ，ペンシルベニア州で仕事をしている。

1910年から1914年の，第一次世界大戦勃発に至るまでの間，ニューヨークの建築事務所は，次々にやってきた大きな公共建築の競技設計で忙しかった。

マッキム／ミード／ホワイト，キャリア・ヘイスティング，ウオレン・ウェトモア，カス・ギルバート，その他いずれもボーザールの帰依者であるが，この競技に参加していた。数夜は徹夜で終るのが常であった。学校の製図のように，繊細なディテールと陰影をインディアン・インクで華やかに描いて仕上げをしていた。

プラーグ工科大学で受けた訓練もこの方向に沿うものであり，私は特にうまかった。このへつらった，しらじらしい偽芸術的努力を私はひどく嫌ってはいたが，正しい方向で何とかする機会を待ちながらも，生きて行かなければならなかった。

ニューヨーク市庁舎の競技設計の最後の夜の出来事は決して忘れられない。職業上「雑用」とよばれていた馬鹿げた仕事を終えるために，三日三晩働き続けてきたわれわれは，まさにつぶれかかっていた。

ギルバートは，この競技に勝とうとしていた。締切り間近かになると，彼は5番街ホテル（随分昔になくなってしまったが）にシャンペンとバンドを頼み，皆を力づけた。われわれは時間内に仕事を終えたが，競技には負けた。入賞は確か，マッキム／ミード／ホワイトであったろう。現在のあの馬鹿げたビルがその結果である。

薄給を補うために，私は他の建築家に頼まれ透視図をかいたが，ある日私は大儲けをした。これによって私は事務所をやめて金の続く限りヨーロッパに行こうと決心した。

私が有能な細密ドラフトマンであったため，スターレット＆ヴァン・ヴレックから，ニューヨークのロード＆テーラー百貨店の詳細透視図をかくように依頼されたのである。

私はそれに 2 日を費した。現在の店は正確にその時のデザインの通りに建っている。支払いは 1,000 ドル。幸いなるかな。ニューヨークの焦燥の 4 年間の後, この地を離れることができる。再びヨーロッパを見に行ける。それは驚くほどの自由な気持であった。

　船の進むに従い, 若い私の精神的経験は, 美と自由, 運よく友情をも伴った名状し難い喜びであった。最初にマデイラ, そして北アフリカ, 南スペイン, 南フランス, そしてイタリア。船では沢山の興味ある人びとに会った。その中に, ハーヴィー・ウェッツェルがいる。古いニューイングランドの家系をもち, 高い教養のあるボストンの若い男。莫然とした親近感を互いに感じ合い, この旅路の間に親友になっていった。彼は当時, ボストン美術館の管理助手であった。

　ハーヴィーの東洋での旅行の話は驚異であった。バンコックからの道は, 鉄道が敷かれる以前で, 象にのり, 湖を渡り, アンコール・ワットに到着したという。

　やがて同じ経験を, 私はずっと極東で続けることになる。彼は 1910 年頃, 現在ボストン美術館で, 彼の名をつけた部屋に陳列しているクメールの彫刻を始め, その他の全収集に成功していた。ウェッツェルとの船上の出会いは, その後, さらに親しい交友へ発展していったが, 彼は第一次世界大戦中, パリで私に抱かれて死んだ。

　この旅行で訪れた場所の中でも, アルジェとタンジェとは, 最もはっきり覚えている。1914 年には, まだアラブの性格がはっきりしていて, 生活も建築も, そこなわれていなかった。フランスとの混成が, ロマンチックな面を取り去ることもなく, むしろ多くしていた。つまり, アラブ人と同様, 南フランス人は地中海出だからである。船はフランスのリビエラに泊ってから, 最後の停泊地ナポリに到着し, そこから私は, 汽車でローマに向かった。私はアカデミーに住んでいたアメリカン・アカデミーの会員, アメリカの彫刻家スラッシャー宛の紹介状をもっていた。彼は創造的デザインに対して, 若さに溢れた欲望をもつ立派な彫刻家であった。当時では一大革命とさえいえる, 現代的な私の絵に興味をもった。スラッシャーは私の限られた所持金に合った下宿を推薦してくれた。私は, ある限りの時間を費してローマやその周辺を水彩で描くことに専念した。

　その頃, イタリア人の友人を通じて, ある外交官夫人であったオーストリアの男爵夫人に会った。彼女の, ヨーロッパ文化, 特に創造美術に関する驚くべき知識と理解とは, ローマの生活や芸術の歴史, そして関連するエトルリアやギリシアの社会について, 私の探求心をそそった。

　ローマの街や郊外を歩き, 時には馬車を走らせるロマンチックな散策は, まるで夢のようであった。ニューヨークのイースト・サイドのギャングとのつきあい, 建築事務所でのつまらない仕事のあとでは, こうした経験がまったく本当と思えなかった。

　アンティコリ・コラドにアトリエを借りるように提案したのは, スラッシャーとスラッシャー夫人であった。ビラデステから余り遠くない, 山間にあるこの小さな町は, ローマで働く美しいモデルの出身地として有名であった。典型的なアブルッチの町で, 石造の家が丘の急斜面にはりつけられていた。小径が上の広場や頂上の教会まで, 曲りくねり登っていた。町にもぶどう畑の間にも, 芸術家たちのアトリエがあった。

　1965 年に私が再び訪ねた時も, 上の広場に通ずる自動車道路を舗装した以外には, ほと

アトリエを構えたアンティコリ・コラドの村全景

大キャンバスに向かって　戦争中どれも消え失せてしまった

上左　彫刻家スラッシャー　私にアンティコリを紹介した彼は第二次大戦でアメリカ陸軍における最初の戦死者となった
上右　ローマのトレビの泉にて　左端に教師の伯爵夫人　3人のオーストリア娘とイタリアのド・ファルコ

家主チェカレリー夫妻　彼らの古い家の入口で

んど町は変っていなかった。現在では画家がモデルを必要としなくなり，ここのモデルたちも職を失ってしまった。その代わり，若い娘たちはファッション・モデルとか，映画で働くようになった。ジーナ・ロロブリジダはこの町の出身である。

　1914年，私は家主と正式に契約をしなければならなかった。小さな庭と，谷や山，向いの丘の美しい眺めをもつチャーミングなアトリエは，町にある家主の家で食べる昼食付きで月30リラであった。ただし，家主チェカレリと家族は，本当に古い家に住んでいた。ルネッサンス初期の玄関には，石彫の家紋がつき，2階の細い柱が中庭の丸屋根を支え，その屋根からは，家々の屋根や谷や，私のアトリエを越えてはるかに山々が見渡せた。

　週に一度はスパゲティであった。それも山羊のチーズ添えの大盛り，強い辛口ワインで流し込む。時々ワインの中の小さな蠅をすくい出さなくてはならなかった。だが家主は，すべて良いワインには酒蠅（モスキ・ディ・ビノ）がわくもので，気にしないようにと忠告してくれた。

　私はパイプを使い，山の冷水をアトリエの庭に引き込みシャワーを作った。家主は，私がそれを使っているのを見て仰天し，そんなことをしたら肺炎になってきっと死ぬだろうとわめいた。また彼は，アトリエの机の上の蠅とり紙を見つけてさらにいきり立った。蠅は細菌を食べるから非常に有益なのだというのである。彼はまことに，魅力のある人間であり，私は好きになった。

　イギリス人の画家が1人いたが，のちに大変有名になったエリック・ジルであった。そのほかにスチュアート・ヒルがいたが，2人共，私の絵に非常に共鳴し，同感してくれた。われわれはくつろいだ身なりで，いわばだらしがなかったが，ヒルはいつも，対称的にきちんとしていた。洗濯も自分でやり，アイロンすらかけていた。時には，洗ったものをぬれているうちに，窓ガラスへはりつけることを内緒で教えてくれた。

　真夏のある夜，バグパイプの音が魅惑的に響きわたると，村の若い男女は山に行き，月光の下で踊った。娘たちは肌もあらわな服をつけ，夜更けに及んで神をも怖れぬ底抜けの饗宴となり，異様な神秘さに包まれるのであった。

　私は，第二次大戦中に爆撃で破壊された，岩の中のサン・ベネデットの教会への数夜を

重ねる巡礼の旅にも加わった。巡礼たちは，南ヨーロッパの各所から集まってきていたが，この地はキリスト生誕以前から礼拝の対象の地となっていた。巡礼たちは夜になると，燃えさかる火で牛を丸焼きにし，饗宴で最後を飾った。巡礼たちの持つたいまつの行列が，鈴の音，祈禱の声，聖歌と共に，丘の町の曲りくねった道を教会へ登っていく眺めは，一つの幻想の世界であった。そのすべての結果は私を絵に夢中にさせた。4年間の恐るべき心の乾きのあと，緊張がほぐれ魂は満たされていった。あの頃ほど自由に絵を描いたことはそれまでなかったし，それ以後もない。

水彩や，巨大な油絵。憂鬱や幻影。やってくるものへの予感の漲り。絵の中には，きたるべき恐怖から逃げる流浪の人々が描かれている。しかし，時はまだ1914年の前半であった。何週間も新聞をみることはなかったが，セライェボでの，オーストリア皇太子暗殺のニュースは衝撃であった。漠然とした何らかの恐怖の予感から，苦悩がつのっていたのだ。ニュースを知ったその夜，私は必死の避難民の長い行列を絵にした。

まったく突然，アメリカ人以外の外国人たちは，イタリアを去った。私はひとりぼっちで，アンティコリ・コラドに残っていた。

ローマへ行き，その日に友人であるオーストリアの男爵夫人に会った。もちろん彼女は私が，政治的にはオーストリア・ハンガリー帝国の一部であった，ボヘミアの出身であることや，私がオーストリア軍隊に入隊しなかったことを知っていた。彼女は私の事情を，オーストリア大使と話し，その結果，私がオーストリア軍の士官候補生として服役すれば，法律上の脱走は許されるだろうと，嬉しそうに知らせてくれた。

チェコスロバキア人として，若く急進的なナショナリストだった私は，オーストリア陸軍に入隊する気はさらになかった。しかし，もしイタリアが連合軍に加われば，私はオーストリア人として扱われるだろう。イタリアがオーストリアの味方になるか，敵にまわるかは，誰にもはっきりわからなかった。いずれにしても，イタリアにとどまることは，立場をますます不安定にするものであった。

矛盾に苦しんで，アメリカン・アカデミーの理事であり友人でもある，スラッシャーに逢った。彼らは，アメリカ大使に面会に行ってくれたが，まったく驚いたことに，大使がアメリカ人と同格の旅券を，私に発行すると約束したのだ。そのためにまず，私はアメリカ市民権の書類を得たのである。もし，その日のナポリ行きの最終列車に乗りおくれたとしたら，ナポリを発つニューヨーク行きの最後の船にも間に合わなくなり，たとえ旅券があったところで，ローマで立往生したことだろう。

私はローマ駅前に立ってじりじりして待っていた。そしてようやく広場を急いで横切るスラッシャーが，駆けながら旅券をうち振っているのを見つけた。時間ぎりぎりでその汽車に間に合った。親愛なる友人は，大切な旅券に大使がサインをするまで，大使館を去ろうとしなかったのであった。

私がスラッシャーと再会したのは，ニューヨークで，ロングアイランドへのピクニックの時だった。その後も，私たち夫婦はニューヨークでしばしば逢った。スラッシャーは，陸軍技術部隊に籍があったのだが，まさか彼がフランス戦線で，アメリカ軍最初の戦死者になろうとは想像もしなかった。

ローマのアメリカン・アカデミーに，彼の友人がつくった，スラッシャーの等身大の胸像がある。私は1965年，彼の死後48年目にそれを見た。

アブルッチ山の聖ベネデット修道院への巡礼に出発　修道院は第二次世界大戦でひどく破壊された

5. 私たちの結婚

　アメリカ避難民をのせてイタリアを出る最後の船は、サン・ジョバンニといった。急場しのぎに客船に仕立てられた貨物船であった。それでも一応、3等までの各等の装いはしてあったが、1等船室とはいっても薄い板張りで囲っただけで、プライバシーは無いにもひとしかった。食事は簡単きわまるものだったが、誰もが、戦争の始まったヨーロッパで立往生になるという、恐怖から解放されて嬉しそうであった。

　この避難民は、社会のあらゆる階層に属しており、僧侶から旅行者、バイヤーなどで、みな家に帰りたがっている人たちだった。サン・ジョバンニの船上には、洗濯の道具がほとんどなかった。多くの客たちは、ドックで洗濯用のたらいの代わりになる容器を買い求めていた。その中に未来の妻がいたのである。

　彼女は海で最後のひと泳ぎをしてから、洗濯だらいを買いにきた。残っていたものといったら、大きなグリーンの陶製の鉢だけであった。多くの民芸品のように、美しい形と艶があった。その鉢の美しさをほめたのが、私たちの知り合うきっかけとなった。私たちの手許にはまだその鉢があり、52年後でもサラダに使っている。私は彼女に絵を見せることになったが、嬉しいことにわかってくれたようだった。

　1914年のアメリカでは、現代絵画はまだショッキングで、馬鹿気たものとされていた。インテリの間では、盛んな議論が起こっていたが、実際には誰も理解していなかった。当時、ニューヨークで展示された、マルセル・デュシャンの「階段を降りるヌード」についていっても、それが本当のことであった。

　私のスケッチや絵は、かなり進歩的なものであった。だからこそノエミの理解は私を驚嘆させ、芸術の目的や原則について、また原則の発見について、つきることなく話し合った。お互いの驚きは、何についても私たちの意見が合うことであった。

　サン・ジョバンニのニューヨーク港到着は、港内消防艇の撒水と全停泊船の汽笛で歓迎

下左　サン・ジョバンニのタラップで　大尉とその知人
下右　ニューヨークへの帰路　サン・ジョバンニの船上
　　　で船酔いの乗客をスケッチ　1914年夏

された。翌日の新聞は，この「激怒のヨーロッパ」からの最後の避難民について報じた。誰もわれわれの荷物や旅券を調べようともしなかった。ローマで，あれほどの努力をして得た旅券はないのも同然であった。

私はまたカス・ギルバートの事務所にもどった。そして今度は週35ドル。

コット家のアパートで一緒に暮した仲間たちは，リヴァーサイド・ドライブの130丁目のアパートに移っていたので，そこに加わった。

やっと私がみつけたチェコ人の家政婦は，母親のようにわれわれ全員の面倒をみてくれた。ヨーロッパの動静と，素晴らしかった経験の思い出をもつ私にとって，事務所のきまり切った仕事になれるのには大変な努力がいった。あまり仕事が退屈なので，ヒュー・フェリスと共謀して，無許可のまま3週間欠勤して，職を捨てる危険を冒してみたが，あまり大切ではない仕事のため，だれも欠勤したことさえ気付かなかったとわかって，かえって屈辱感を味わった。そして食事と部屋代のために，ふたたび単調な仕事にもどっていった。

1914年の船で知り合った，ハーヴィー・ウェッツェルとの仲は，あたたかい友情になっていた。共通して感じたのは，アメリカ東部，特にニューヨークの大衆の派手に誇張した服，おかしな靴や帽子にあらわれた俗悪な飾りたて，むしろ魂のぬけがらへの反抗であり，2人ともむきになった。この反抗はあるいは幼稚であったが，そのような一般大衆からできるだけ遠ざかろうとして，われわれはきわめて簡素な，保守的なみなりをしようとした。ブロードウェイのショウの影響による，いかり肩のパットを入れる流行とは正反対に，グレーのスーツ，白いワイシャツ，地味なネクタイ以外はつけないと決心した。

ボストン・ホリデイの際，パレードの進行中，ルイスバーク広場にあるウエッツェルの家のバルコニーで，われわれ2人は右手を胸においてたちつくした。

そのあと，まっすぐ客用の正式な食堂に戻り，銀の燭台のともされた長いマホガニーのテーブルの両端に向き合ってすわった。逸品の陶器や，グラスや銀器で，ユニフォームをつけた給仕にかしづかれて，最高に格式張った正式のディナーをとった。

むしろ子供染みた反抗であった。しかし同じように，その頃のアメリカ人の俗悪性，趣味の悪さに，はなはだ反抗の意志表示をした，ジャック・ガードナー夫人というボストンの有名な社交家がいた。夫人はウェッツェルと非常に懇意であった。だがガードナー夫人の感情的な行動を考えると，われわれの愚かな行動にはそれ以上の真実味があると思われた。

彼女は私をボストンによび昼食に招いて重要なヨーロッパの芸術品の蒐集を見せた。彼女はひどくうす汚い黒のドレスをまとっていたが，高価な真珠を幾重にもつけ，運転手つきの初期のフォードで駅まで出迎えた。

今では，ガードナー美術館となっているその邸に着くと，訪問客名簿にサインをさせられた。私が住所をニューヨークと書くと，彼女は反対して口にするのもけがらわしいニューヨークではなく，ボヘミアのプラーグにすべきだと文句をつけた。その芸術作品の蒐集は玉石混淆であった。ガードナー夫人の印象は，強情な，一方的な性格として残っている。

私にはヨーロッパにいた頃の，鮮明な芸術家のビジョンは消え失せつつあった。もう絵を描くことができなかった。心の友であるノエミと一緒にいる時だけ，光をとりもどして

結婚したころのノエミ

いた。私たちは，週末にパサイック川でボートを漕いだり，ニュージャージーを長時間ハイクした。ノエミはフランス，私はボヘミアと，2人とも精神的にも知的にも，ヨーロッパの環境で育っていた。私たちの幸福に力となった旧大陸が，ここには欠けているという大きな苦痛を2人とも感じていた。マルセイユ生まれのノエミの父はカンヌの銀行家であった。彼女の母は，ジュネーブの知的な貴族の出であった。祖先にはジャン・ジャック・ルソーや，マダム・デ・ステール，またフランス学士院の会員ビクトル・シェルブリーツ，その他，18，19世紀の著名な知識人がいた。彼女はジュネーブとフランスで，肉体的，知的，精神的には最も好ましい環境で幼少時代を過ごした。

その時代のヨーロッパの知識階級は，信じられないほど，肉体的な健全さを無視し，若いうちに結核で死亡するのも止むを得ないこととして受入れていた。

ノエミの父は，若くしてこの世を去った。賢明な彼女の母は，ノエミを戸外に出し，運動を楽しませてきた。カンヌでの水泳や，スイスでの山歩きなどが，ノエミを丈夫で健康な体と素晴らしい精神にさせていった。

彼女の継父，フランク・ブルックスはロングアイランドの聖ポール小学校の教師であった。彼は，ドイツ語とフランス語を完全にしようとして1年間ヨーロッパにいる間に，魅力あるノエミの母に逢い，結婚し，娘を連れてアメリカに戻った。しかし彼は，フランス女性と結婚したという理由で，ただちに解職されてしまった。当時の頑固な，無教養な，偏見をもった教育家たちには，フランス女性がみなふしだらに見えた。彼が他の名誉ある教職にもどるまでには，時間と忍耐が必要であった。その間彼らは，ブルックリンの，切迫した環境で暮らしていたのである。ノエミのアメリカ社会への出発は，何か私と似通っていた。私は，ニューヨークのイーストサイドのギャングにお目見得したし，ノエミは，ブルックリン第3小学校に通い，最も下層の貧しい子供たちの間で暮らした。知的，芸術的な貴族の環境から，ブルックリンの貧民窟に放り出されて，彼女は私以上に場ちがいな思いをしたに違いない。これが経験を豊富にしていた。

私は創造活動にかえりたい衝動にかられ，ひとりで画家のアトリエに移り，無気力を克服し，真面目にプロとして絵を始めようと固く決心した。ニューヨークの建築事務所の，死に絶えたような単調さと焦燥感が，どうにもやりきれなくなっていたのだ。

大きな窓が北側にある一部屋のアトリエ，その一部は例によって屋根につらなっていた。階段の踊り場に置かれた小さなガスコンロが台所であった。そのアトリエはワシントン・プレースの魅力的なコロニアル住宅の最上階にあったが，その後，醜悪なアパートにとって代わってしまった。家主はフランセス・パーキンズといって，政府や公共福祉に抜群の職歴を持った人だった。彼女は当時，ニューヨーク州の工場委員会の開発長官をしており，のちに1933年から45年まで，アメリカ労働省長官として有名になった。彼女の夫，ボール・ウィルソンは，ニューヨーク市長アルフレッド・スミス，すなわちアル・スミスの秘書であった。家主は私に洗面所を共同で使わせていたが，彼が使う前に私が入ってしまうと，彼はオウムのようにののしった。

ある日，ノエミがアトリエを訪ねてきた。私は，芸術とその背後にある哲学に対して，互いの理解が一致したのに力を得て，若い2人にあるような愛のささやきも，何の予告もなしに，その日彼女に求婚した。

翌日私たちは市役所に出向いた。事務員が何かきまり文句をつぶやき「……それで2ド

ワシントン・プレースのミス・フランセス・パーキンズの家の庭で　1914年

ルになります。……えーと次の方……」と結んだ。1914年12月15日に私たちは結婚した。

アトリエの窓に向いていた一脚の製図机が二つになった。互いに向き合い，共に忙しかった。新しいインスピレーションにかられ，また生計をたてる必要にも迫られた。

画家として身をたてようと建築事務所を去ったため，友人たちからの借金が相当かさんでいた。ノエミは，この状態に直面して勇敢であった。ニューヨークの新聞に漫画をかいたり，木版でプリントする，いわゆる24枚組の劇場の大ポスターのデザインをして，月に約100ドルを得るようになった。私たちは，ブロードウェイのショウを見に行き，あとでそのポスターを描いた。ポスターの質は，今日の劇場広告のリアリズムにくらべれば，はるかに高級であった。私自身は，自由時間のほとんどをソファで過し，失われてしまった絵のためのインスピレーションを見つけようとしていた。

その一つはブルックス家族。ノエミと彼女の継父，母，妹のジャネット，それから彼女の3人の友人と2匹の犬，女中のヘティのいる，巨大な家族の肖像画であった。皆はニュージャージーのどこかに坐り，ハドソン河と，ニューヨークのスカイラインを背景にしていた。絵はある程度進んだがそのまま放棄され未完成のまま巻かれて，55年後までペンシルベニアの農場の押入れにしまわれていた。この絵にはいい所があった。私はいつか完成したいと考えていたが，1969年，ノエミと共同で仕上げられて東京に運ばれてきている。

ノエミの3人の親友の1人，フランス系の両親をもつアリダ・クレメントは，私の友人，建築家のトニー・ディ・ナルドと結婚した。彼女は室内装飾家となり，今もペンシルベニアのバックス郡でその仕事を続けている。次は魅惑的で陽気なピアニスト，フランス娘のアンドレ・シャスキン，彼女が本当に身をもちくずしたのか，それともただそんな風に見えたのかは知る由もない。彼女はヨーロッパのどこかに行ったが，音信不通となった。

3番目はセント・クレア・ブレッコンズで，ワイオミング州の上院議員の秘書の娘であった。彼女はヨーロッパで教育を受け，いつも想像上で18世紀の世界に住んでいた。彼女はインド哲学の戒律どおりに，生活するようにつとめていた。有名な彫刻家，ブールデルは私が結婚する頃，彼女の胸像を完成していた。

みかけの完全に違ったこの3人の若い女性たちが，これほど親しくつきあい，仲間同志の幸せを喜んでいたことは，今も私の神秘の一つである。

義理の母，ブルックス夫人のフランス風作法にも，従わなければならなかった。つまり宗教上の結婚式が，牧師や，家族の友人たちによって，リバー・サイド・ドライブ・アパートの最上階で行なわれた。冬のたたずまいの河を一望におさめ，はしけを曳いてゆくタグ・ボートが氷をわけて河を上るのが見えた。私は，借り着のモーニング・コートがおくれて届いたため遅刻してしまった。黒人の女中のヘティは，私が結婚式に現われるかどうか危ぶんでいた。私がアパートの階段までかけつけると，やっと現われたとふれまわる彼女の叫び声がきこえた。二つの結婚指輪はノエミの金で購った。私は無一文であった。

アトリエの思い出は，楽しいものだった。普通，朝食は踊り場のガスコンロで私が作り，昼は大概フランス・パンとなた豆の缶詰で過ごし，夕食はイタリアン・レストランで1人50セントとおごった。週末は，ニュージャージーかロングアイランドへ，ハイキングをしたり，ボートを漕いだり，キャンプに出掛けたりした。フェリー・ボートに乗る金や，ホット・ドッグや，ラム・チョップとパンを買うぐらいの余裕はあったのだが，ニューヨーク周辺でも，旅行をするほどの汽車賃の余裕はなかった。

結婚式の翌日　私たちはアトリエの大きな窓に向って机を向き合わせデザインの仕事を始めた　55年後の今と同じである．

ワシントン・プレースの私たちのアトリエの一隅　背後に家族の肖像

右　ノエミの仕事の一つは当時流行の紙製コップ「リリーカップ」の配達車の広告デザインであった

　時には，夜，パーキンズ家で過ごし，生の哲学について議論した。フランセスは，論争で社会主義者的立場をとり，私たちは，一般的なヨーロッパの文化人の立場にいた。驚いたことには，創造芸術のアバン・ギャルドたちが，政治面ではまったく逆になった。

　何と努力をしようとも，私には絵を描くインスピレーションも力もわいてこなかった。ブルックス夫人は，ヴァン・コートランド公園にあるホレースマン学校で教えており，そこで家賃なしの，小さな木造の家をみつけてくれた。夏の暑さがやってくる頃，私たちは美しいアトリエを去り，その家に落着いた。

　近所では，ニューヨーク市の警官たちが野球をしているのが見え，他方ではバーミューダの黒人たちが，イギリス流の正式のユニフォームを着てクリケットをやっていた。この驚くべき二つの光景ほど，二種類の対照的な差異をうまく表わしたものはなかった。

　ついで私たちは，ニューヨーク州，シラキュースの近くにあるシェナンゴ湖近くの夏のコテージにいた，ブルックス夫妻および妹のジャネットたちと合流した。私たちは，ボーチで眠り冷い湖で泳いで，都市の生活に立ちむかえる状態にまで回復した。

　それから，103丁目の家に移ったが，そのアトリエはイタリア旅行以前に，ノエミがアリダ・クレメンズと住んでいた所であった。この頃からの連続した出来事は，結局私たちの日本の経歴につながる。私にとって，ある出来事や状況が，今から考えると自分たちの意志とか決定ではどうしようもない，運命の糸に結ばれていたように思えるのである。

　ちょうど日露戦争のあったころ，私はプラーグ工科大学の学生であった。一般には，チェコ人の同情はロシア側に集った。これはチェコもロシアも，同じスラブ民族だから当然であった。学生会の総会で，ロシアを支持しようという決議が提案されたが，ただ1人，私だけが反対であり，その主張が私の人気を落した。今もって自分でも不思議なほど，なぜか日本に深い関心があり，それがますます深まっていった。1914年，友人のハーヴィー・ウェッツェルが，日本で入手した乃木将軍に関する小冊子をくれた。私は今もその本を持っているが，その内容は私に日本的性格を深く敬服させ，同時に日本訪問の願いをもたせ，日本人との接触を望むようにさせた。

　さらに驚くべき偶然は1915年に起こった。ノエミの親友のセント・クレア・ブレコンズは，フランスで絵を勉強している時，ミリアム・ノエル夫人と知り合いになった。ノエル夫人はフランク・ロイド・ライトの恋人として，ウィスコンシン州のタリアセンのアトリエでライトと住んでいた。セント・クレアと，マダム・ノエルとはその頃まだ文通を続けており，その結果，私たちは研究のために，タリアセンのライトのアトリエに招待されたのである。

Painting

ローマ郊外　イタリア　1914年

グリーニッチ・ヴィレージのドラッグストア　1913年

ヴィラ・ボルゲーゼ　ローマ　1914年

ローマ郊外のヴィラ　イタリア　1914年

ウェストサイドの街　ニューヨーク　1912年

ニュージャージーの森　1912年

アンティコリ・コラド　イタリア　1914年

ロッカウェイ・ビーチの風刺画　ニューヨーク　1912年 　　　　ロングアイランドの風景　ニューヨーク　1911年 　　　　7月4日独立記念祭の風刺画　ニューヨーク　1912年

アンティコリ・コラドの取入れの季節　イタリア　1914年　　　　アンティコリ・コラド　アトリエからの眺望　イタリア　1914年

ニューヨークの空を背景に一族の肖像　二人の友人　ノエミ　私　ノエミの母　妹ジャネット　父ブルックス氏　召使いのヘティー　ニューヨーク　1912年

ローマ　イタリア　1914年

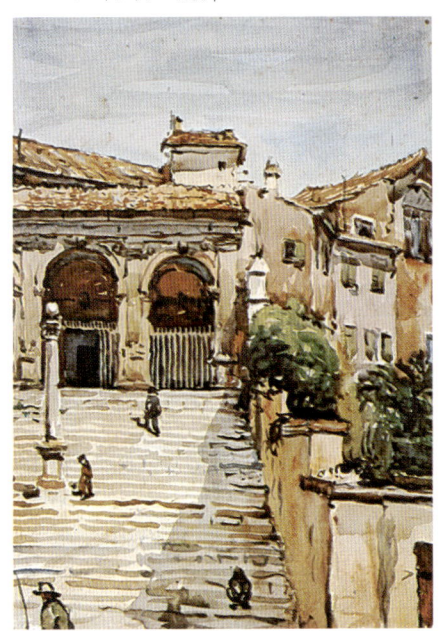

ヴィラ・ボルゲーゼの「馬の水飲み」　イタリア　1914年

ヴィラ・ボルゲーゼの噴水　イタリア　1914年

2
1916——

6 　　タリアセンのF・L・ライト

7 　　初仕事と世界大戦

8 　　ヨーロッパ参戦

9 　　帝国ホテル

10　　東京における仕事

6. タリアセンのF・L・ライト

1916年の早春，私たちはまったく突然であったが，スプリング・グリーンのタリアセンにいた。最も創造力に富み，勇気ある個性の持主，フランク・ロイド・ライトと彼の居所で会うことになった。それは私の生涯で最大の出来事の一つであった。

その時のことを私は今もはっきり覚えている。汽車でスプリング・グリーンまで行き，そこからタリアセンまで馬車にのった。2頭立ての馬車をダービーとジョーンがひき，ライトが恰好よく手綱をとった。早駆けで岡に登り，あるいはまわり，ついにタリアセンの内庭の奥まったところにある，ポルト・コシェー（車寄せ，当時ライトは絶対にフランス語を使うのを許さなかったが）に止った。

ノエミも私も，それまでは歴史的な古典建築か，さもなければ模倣の建物以外は知らなかった。数日間，私たちは夢の世界をうろついていた。そこには創作の才能がくりひろげられ，独創的な計画と優雅な調和があり，風景と建物とがぶつかり合うのでなくとけ合っている光景が，私たちを恍惚とさせた。ライトのスケッチやプロジェクトを見たり，建築やデザインについて，直接彼の話が聞けるのはまさに魅力であった。

スプリング・グリーンの人びととの間ではその頃もまだ，1914年にデザインされたシカゴのミッドウェイ・ガーデンのことや，タリアセンに起こった信じられない悲劇について，噂しあっていた。発狂した召使が，ライトの妻と2人の子供を含めた7人を殺し，最初のタリアセンのアトリエを全焼させたのであった。ライト自身も，また家の誰もこの災難について終始ふれようとしなかった。

タリアセンの再建は，私たちが着いたころはほとんど終っていた。ノエミの友人となったマダム・ノエルは，ライトの想像力の中で「精神的同類」としてのみ存在していた。

自伝の中で彼はこう述べている。「タリアセンの中に入り，休息を感ずる者はなかった。けんけんごうごうの世評の嵐の中では，ここを生涯の避難所として選ぶような1人の女性，すなわち同類がいることを誰も信じはしなかった。」

タリアセンはその頃でさえも，どう考えても尋常ではなかった。最初に住まいができ，次にドラフトマンの宿泊所を備えたアトリエができ，それから農場の建物が建った。ライト自身が農業に手をつけたことはなかった。ここでは，建物は常に変容し，常に何らかの変化が進行していた。たとえば，巨費を投じてぶどう園を始めたかと思うと，たちまちにして捨てられたこともある。

ある日，私がふと今働いている仕事場は十分光が入らないし，遠くから仕上がりを見るのには小さいともらした。たちどころにマスターから返事があった。
「なぜこれをすぐ取りこわし，もっと良い建物を造らないのか。」

2,3日ののち，誰かが上で屋根をはがし，下では新しいアトリエのデザインをはじめていた。私は1938年，再びタリアセンにライトを訪ねた折，この時のアトリエがそのまま建

ウィスコンシンのタリアセンの門

タリアセンの中庭で ショッツとシルバーにまたがる私とノエミ

っているのを見て驚いた。

　ライトが自分で「ダッド・シニョーラ（おとしより）」と名付けた80歳になる石工を，私は特によく覚えている。彼は長い腕がほとんど地につきそうな，オランウータンのようにがっちりしたチェコ人で，ライトは常にそばに置いていた。彼は石を持ち上げて据えつけ，それから後へさがって長いこと立ちつくし，じっと眺めていた。彼のつくった壁には，すべて中世的な美しさがあった。彼は絶えず腰のポケットから水筒を取り出して飲んでいたが，その中には本物のアルコールが入っていた。ダンとよばれるライトのかつての学友も，常に彼のまわりにいた。彼はいわゆる何でも屋で，混み入ったことを整理したり，馬や馬車を含む農場の面倒をみていた。この男がしゃがれ声で「フランク，フランク。」としばしば呼ぶのがよく聞こえたものである。また彼は大酒飲みで，時には数日も姿をくらましました。そんな時ライトは隣近所を探しまわり，馬車にのせてつれもどした。フランク・

私の描いた改装・増築後のタリアセン

上・右ページ　私の描いたプレファブの住宅案　1916年

ロイド・ライトはまことに誠実な人間で身近の人びとみなから敬愛されていた。

　タリアセンの水は，揚水機で揚げられていた。小川の水をせき止めて，まず丘の麓に池をつくり，その中に揚水機を備えたのであるが，時を経てときどきつまった。私ともう1人のドラフトマンが呼ばれ，蛙や泥亀のいる水中にもぐり，ふたたび動くように直したものだ。

　これはライトの周囲の機械とよべそうなもの全部にいえる特徴であった。機械道具は，常に修理や調節を必要とする状態にあった。その機械のデザインにしても，建物のデザインと同様に，彼の素晴らしい想像力がもとになったものであった。

　私たちは，馬を含め，そこにあるものは何でも実に寛大に，自由に，使用を許されていた。ウィスコンシンの田舎では無舗装の道が大部分で，所により道はなかった。自動車はごくまれで，馬は自動車をみると驚いて跳びはねた。その田園を馬か徒歩でまわるのは，素晴らしいことの一つであった。余暇をみては，なだらかに起伏した岡，肥沃な谷，ウィスコンシン川を見おろす崖などを見に行った。野生のがちょうの群や，蛇や野の花など，まったく私たちには目新しいものであった。

　町ははるかに遠く，もちろんその頃は映画などもなく，娯楽は自分たちでつくった。

　通常，馬は牧場へ行ってつかまえ，裸のまままたがり，鞍をつけに納屋へつれてくる。1頭はカイザーとよばれ，御し難く黄色の歯をむきだす大きな黒馬。経験もあり，恐れを知らぬライトがこいつを常用していた。ノエミと私が乗ったのは気性のやさしい「ショッツ」と「シルバー」であった。

　ライトを含んで私たち3人が，つんざくようなスピードで田舎をかけ廻ると，純朴な北欧系農夫の妻たちは，馬にまたがる悪魔の災いをさけるため，胸に十字を切った。その頃

のマスターの並みはずれた暮らし方のため，タリアセンに関するすべてが，人びとにとっては奇妙で，悪魔とさえ思われていた。

ライトの神経質な精神力は，何事もスムーズに運ばせなかった。彼は静かになると途端にまたかきまわしては，自分の創造的ピッチを保っていた。

私たちは母屋の居間兼食堂の真下にある，住み心地のよい個室に住んでいた。部屋は岡の急斜面にある小庭に面していた。私たちは時どきマスターに招かれて，彼の家にある居間兼食堂で，食事をともにした。彼は普通の作法で食事を始めるのだが，突然テーブルを立ち，その辺を歩きまわり，「なんということだ。どうしてこんなことを何度も何度も繰り返さなければならないのだ」と荒々しく叫ぶのだった。彼のいうのはきまりきった食事のことであった。

ライトは当時48歳の働き盛りであったが，アメリカの一般大衆には，建築家としては無名も同然であった。だが結婚問題でのショッキングな異端者として知られ，世間の標準とはへだたりがあった。国中の新聞の読者は，彼の悪口をいうことで悦に入っていた。タリアセンの生活は，一見もの静かな，調和のとれた建築となだらかな土地をもつ田舎に見えながら，一刻たりとも平和ではなかったのである。彼のやった仕事は，紙上ではものすごい量であったが，実際に建主の存在する計画は，皆無に等しかった。私たちの仕事は，小住宅のプレファブ化で，後年の多くの人が果した計画の先駆的なものであった。解決した問題は莫大であったが，実施したものから考えると，本格化には至らなかった。

ライトは，前もって切断され組立てられた，建物の部分品を現場に持ち込むことを実現しようとしていた。モデュールは3フィートだったが，このアイディアは明らかに，彼の日本旅行の際の経験と観察によるものであった。2×4インチ材，1インチ厚の板，しっ

くいとプラスターなどが基本材であった。このプレファブの計画は，ライトの芸術家とぬけ目のない実業家両方を融合した，驚ろくべき能力を示している。いくつかの型が実際にデザインされ，私はカタログの絵を描くのに忙しかった。このカタログは，のちに日本で木版により印刷された。私はかなり美しいレタリングと，タイトルとを作ったが，アメリカの大衆には当時も今日も，それを受け入れる心構えはない。アメリカではコロニアル・スタイルまがいが個人住宅にはびこり，新しい試みは途絶えていた。

これらの仕事は傑出した一つの努力であった。多くの来たるべきものの先達として，永続的なこの問題に，より経済的で美的な解決を試みたものであった。ここで「アメリカの住宅」と題して当時発表されたカタログの中から，いくつかを引用してみよう。

「人間の家は，何とかしてそこに住む人びとの生活に，最適なしかも楽しいものを，全面的に表現しなくてはならない。——つまり美しくなければならぬ。」

「だが待ってほしい。この〈美しい〉という言葉におじけづくことはないのだ。多分，美が大変な金持ちだけに縁のあるものと，考えられているのかも知れない。あなたもそう考えているのではないだろうか。」

「そうです。そう考えるには理由はある。家を建てて売る人たちは，住宅の美しさとか，その立派な仕事については述べていなかった。いつも値段のことばかりだった。——われわれもそれはみとめる。」

「考えてみればまったく恥かしい。この大きな自由の天地に住む人間，真の人間は，美しい家で生活すべきなのだ。それも，ヨーロッパの農家の美しさとは違った家の中で。」「しかし時代は変わりつつある。今やまことに偉大な才能が，アメリカの建築界にもたらされている。アメリカの最大の建築家として知られる，フランク・ロイド・ライト氏は，人びとの住宅のための偉大なアメリカン・システムの創造に，彼の全才能を注ぎ込んでいる。いろいろな型をしっかり見ていただきたい。センスのない醜悪な家を建てるのと同費用で，それよりもはるかに美しい家が建てられるように計画した，この建築家の天才を理解していただきたい。」

「ライト氏の果たしたことに対して，アメリカ人たるあなたに感謝していただこう。彼はいろいろな型の家をデザインしたが，それぞれ，信じられないほど美しく，幾とおりにも変化する。非常に実用的で，普通条件の下で，普通の労力を使い，いままで長年建ててきた醜悪な家よりも，その費用が，10パーセントから20パーセント安くできる。」

「ライト氏はいかにこれを成就したのであろうか。実に簡単である。彼は，醜い，意味のない飾りを除いたのである。世界中の住宅建築を悪くしていた，ひどくねじれたり曲ったり，あるいは気まぐれの装飾をとってしまった。彼は商業的動力を，あなたにつきつけるかわりに，あなたの利益のために使ったのである。」

「いまここに，アメリカ建築ができあがった。この国にふさわしく，勇敢かつ卒直な建築であり，パイオニアの仕事である。フランク・ロイド・ライト氏は，最初のアメリカ人が果たしたように，新しい道を切り開いたのである。彼は，長年踏みならされた古い道の古い秩序をのりこえたのだ。」

「アメリカはその建築にふさわしい国である。イギリスやドイツやフランスの家々は，その国の一部であり，家は建った場所に属し，それぞれの暮らしの型に合っている。イタリアの家は丘の傾斜面に立ち，丘から生えてその一部となっている。建物はそこの住民をよ

タリアセンにて憩う

く表わし，また国民性をもっている。

　たとえば，この国の家を考えてみよう。岩まがいに表面を飾ったコンクリート・ブロックで建て，装飾がついた，ヨーロッパの本物を単に模倣したものであったとしよう。こうした家は，われわれの国民感情を本当に表現してはいない。建物は，生活や方法や特質を反映したものでなければならない。高い壁や小さな窓や，外国のデザインの真似は不必要である。明るくて通風がよく，まとまりと簡潔なものが欲しいのである。」

「われわれは，新しいアメリカの建設のためには意図しなかった，人真似の，古い社会の家に満足しなくてもよいのだ。アメリカン・システムの家は，アメリカの感情を語る，この国の精神の表現である。新鮮で気軽で活力にみちているのだ。アメリカン・システムは，永久材で家を作る。フランク・ロイド・ライト氏は，建築家である前に技術者であった。彼の家は外観と同様，内側の強さをよくあらわしている。」

「コンクリート，永遠の木材サイプレス，防水，防火性のセメント・プラスター，高級材と最上質の材料。アメリカン・システムのデザインと材料は，住宅を最も堅実な投資にする。いつ売ろうと決められても，原価償却を無視なさって結構。維持費はごくわずかですむ。建設業者の想定よりも，上質な材料と大きさが得られる。多分あなたも150年から200年以上の使用にも平気で建ちつづける，ニュー・イングランドの立派な古い家を見たことがありましょう。」

「アメリカン・システムの建物は，古い植民地時代の建設者精神に，抗力や張力の科学的知識と，材料の力や建築方法の科学的知識とを組み合わせたものである。たとえばこのアメリカ住宅は，窓枠には小割りは使わない。間柱は土台から屋根まで通っている。外部へのドア以外に切れ目がない。建物の強さはそこなわれてはいないのである。このアメリカ住宅は，技術者の立場から見れば，大きな橋や摩天楼ほど強靱である。」

「目的達成の手段は経済と美によって統一される。フランク・ロイド・ライト氏は実用性を軽蔑はしない。彼は便利で恒久性のあるものを把握し，それ自体を美しく表現する。」

　いろいろの面で偉大なこの天才は，アメリカ初期ヴィクトリア時代の「ダイヤモンド・ジム・ブラディ」に似ていた。完全に仕立てさせた，突飛な服装，帽子からシャモア皮の下着にいたるまで。——あまり使わなかった派手な馬車，寝椅子から床，鏡，いたるところに皮を用いていた。ライトは，新鮮な物質的なぜいたくを好んだ。彼はいつも，花や葉のついた枝を，かかえ切れないほど持ってきては室内を飾ったり，天然の材料を注意深く刻み，細工をほどこして，装飾で室内を包んでしまったりした。彼は，じゅうたん，毛皮，他のエキゾチックなものなど，すべて良いものでなければならなかった。

　煉瓦の継ぎ目に金箔をのせたり，窓枠やドアですら大変な装飾をした。日本の彫刻，絵や塗器，元禄時代の大きなふすまなどを装飾としたが，ほとんどは二流品であった。ただし，日本の版画だけは別であった。その版画も，やむを得ず誰かに売らねばならない時は，自ら色鉛筆で修正することを躊躇しなかった。

　ライトのデザインは手粗く実施されていた。不完全な大工仕事で，外部はスタッコ，内部はプラスターをぬり，木製の押し縁の線が走り，ステインかクレオソートでぬった。それは日本のデザイン哲学とは全く正反対なものであった。

　昔ながらの壮観を取り戻そうと望んだライトは，野を切り開き，果樹園やぶどう畑を作

シルバーに乗るノエミ

ったがこれも，ちょうど手入れが必要な時に資金難となり，たちまちのうちに徒労となった。彼はスピードを愛し，きらびやかなヨーロッパ製のスポーツ・カーを好んだ。金のある時は，最も高級な車や素晴らしい馬を買い，湯水のように金を費して，その大うかれの直後にはもう裸になっていた。

ある日，まったく異様な人がタリアセンにあらわれた。魅力的な夫人をつれた日本の紳士である。2人とも，日本の衣装をつけていた。それが東京の帝国ホテル支配人，林愛作であった。世界旅行の途次でその目的は新しいホテルの建築家を探がすことであった。この夫婦は，私たちが出会った，最初の日本衣装をつけた日本人であった。私たちは着物のデザインの美しさや，その作法の良さに深く印象づけられた。

林が帝国ホテルの支配人になる前，ニューヨークで東洋骨董品の店を経営していた時，ライトは彼に会っていたと思う。ライトは1916年以前に日本を訪れ，ホテルの仮スケッチを作り，その交渉に入っていた。

1916年の林の訪問は，ライトがホテルの建築家になる可能性の確認のためであった。この頃までには，おびただしい建築図面，透視図，彩色画や，模型の中で，すでに新しい帝国ホテルは大分進歩した図面ができていた。

ほかにも多くの住宅その他の計画図面があったが，その大部分は実施には至らなかった。しかし，はるかに後の1953年頃，その中のあるものが彼の手で実現されたということは，大変興味深いことである。

彼自身は用語とよんでいた，ライト流の癖をのみこむある程度の能力を体得するのに，私はそう長い時間を必要としなかった。私は彼が仕事を進めていけるようにいつも一足先に準備していた。ライトとともに働いた人は誰も，自分からデザインすることは許されなかったと思う。末端の詳細にいたるまで，ライトの仕事であり誰のものでもなかった。彼の創作力と精神力はまったく異様であった。彼は惜し気なく自分の才能を分け与えた。日常生活をともにするわれわれにとっては大変な刺激であった。

タリアセンで得た経験は私にとって非常に貴重であった。特にライト独自の勇気と，彼に軽蔑や憎悪すらもっていた国に対する確固たる忠誠心の持ち方，これであった。「敗北の狭き入口から，勝利をつかみとるため……」と彼がいうように，巧妙にこれをやり遂げたのである。

私たちは，彼の私生活の悲劇にまき込まれ，若く，経験も積んでいないためもあって，極度に悩まされた。ライトの繰り返していた一般女性論は「若いうちにものにしよう。手粗く扱い，何も知らすな」であった。たとえそれが単なる冗談にすぎないとしても，私たちの神経をいらだたせた。

夏の到来とともに，ライトの娘がタリアセンを訪れた。彼女は，父親が常に乗っていた元気の良い黒馬カイザーにまたがり，周辺の田園を乗りまわした。スマートな乗馬服を着た彼女は際立っていた。ノエミはその姿を，効果的に水彩画にとらえようとして苦労していた。その絵を見たライトはまったく新しい意外な性格をあらわした。そして野卑な，侮蔑的な調子で，ノエミが彼の娘を故意に愚か者のように見せているなどといってとがめた。絵は非常に魅力的であったが，しかし現実的であったのである。

もう一つ別の出来事があった。烈しい嵐ののち，まばらな影を地上に残した太陽をこえて暗い雲が，タリアセンから周囲の谷や岡の方へ，素晴らしい勢いで飛び去っていく光景

上　ノエミの描いたライトの娘の肖像　1916年
下　下絵

タリアセンから望んだウィスコンシン川　ライトが酷評した絵　1916年

は，劇的であり刺激的であった。私は急いで水彩の道具を取り出し，自分ではその瞬間の光景をとらえたと思って，少々の強いタッチと濃い色で表現した。ライトはその絵を見て激昂し，当時，芽生えかけていた印象主義について，またすでに私がその部類に属しているといって，口汚い批判を浴びせた。

これらの二つの出来事は，ライトがそれでも現代芸術の世界にいる人なのかと，私たちにいぶかしがらせた。すべては，大衆的な感覚であり，彼は芸術を真に理解していたのだろうか。本当に現代的なのか，あるいは彼自身の世界が，まったく彼の意見とは逆に，後世それを継ぐ人がないほど素晴らしく，創造的であったのか。

日曜日に周辺をめぐり歩いていると，のちにヒルサイド・ホーム・スクールとなった一群の建物まできていた。ライトが1896年，彼の叔母であるロイド・ジョーンズ姉妹のためにデザインしたものである。1902年には，ロメオとジュリエットの風車を加えたが，私たちが見つけた頃には，両方とも補修の状態が悪く，ひどくなげやりのままであった。多くの窓はこわれ，建物の内部まで破壊が進み，貴重な本やいろいろのものが床に散らかしてあった。また，大変におろそかにされた，古臭い2階建の空家があった。私たちはそこへ移させてくれるようにライトに頼み，それをどうやら住めそうな家にした。レンガで新しく暖炉を作り，ボイラーも直した。

ライトの複雑な生活に接近しているため，仕事のあとの自分の時間は，一つの救いであった。ノエミは自分の図面や絵を描いていたが，その静かさと落着きとは，はなはだ楽しいものであった。私たちはポーチに寝て，新鮮な空気を思う存分吸うことに夢中となり，氷点下に気温が下ろうとも中に入らなかった。牛や馬は牧場に放たれていて，私たちを嗅ぎにやってきた。やがて雪がきて，深雪の中をぬけてタリアセンまで，あるいは馬車か馬の背にまたがって，食糧を求めにスプリング・グリーンへ行くのも大変な経験であった。

事務所には，ほとんど仕事らしい仕事はなかった。ハリウッドのバーンズドール邸の基本スケッチが作られてはいた。そしてライトは大抵シカゴにいた。

そこでノエミはニューヨークへ帰る決心をした。何となく迷夢から覚めたような気持で，しかしその経験を感謝しつつ，私も続いてそこを去った。

ノエミがニューヨークへ帰るのは，もう一つの理由があった。彼女の友人セント・クレア・ブレコンズと，これも私たちの古い友人のスタンレー・ラ・ドウとの結婚式に出席するためであった。

7. 初仕事と世界大戦

　1916年，ニューヨークの建築事務所は沈滞していた。私はH・ヴァン・ビューレン・マゴニグルの事務所に，何か仕事がとれるだろうと考えて協力者として入った。ボーザールで教育をうけたマゴニグルは，沢山仕事を抱え彼の妻と共同していた，献身的な建築家であった。彼は古典的様式から脱出しようと心掛け，半分は離脱しかかっていたが，それも依頼人たちの猛烈な反対に出合っていた。

　タリアセンに行くためにニューヨークを去った時，私たちは103丁目のアトリエを放棄していた。ニューヨークにもどり，コポーの劇場の仕事の間は，144丁目にアトリエを作った。大変稀な休日には，ニュージャージーやロングアイランドの東海岸あたりまでハイキングをした。ある時のハイキングの折，昔，1914年にローマで会った友人の彫刻家スラッシャーと会ったが，それが彼との最後となった。彼はアメリカ陸軍技術部隊に属し，第一次大戦の最初の戦死者となった。アメリカは才ある彫刻家を失ったのである。

　義母ブルックス夫人は，私たちを世界的に有名なフランスの演劇家で俳優のジャック・コポーに紹介してくれた。彼女は私をヨーロッパ教育を受けた，有能で野心的な若い建築家だといってほめ，コポーは両手を広げて迎えてくれた。この初めての顔合わせの会話には，互いが理解した調和のとれた雰囲気があった。コポーは，パリのビュー・コロンビエ劇場で彼が上演してきた，ほぼ同じ古典劇プログラムができるように，古いガリック劇場を改装しようとする努力は失敗したと卒直に述べた。有名な銀行家オットー・カーンの推薦による建築家は誰もコポーの意図をのみ込めず助けにならなかったともいった。

　私のフランス語の能力とヨーロッパ的思考が，彼を満足させるに違いないと私はその場で確信をもった。コポーは「喜劇であれ悲劇であれ重要なのは劇だ」といった。コポーは，公式にフランス政府の外交の一端を担っていた。アメリカ政府がフランス人民を助け，できる限り速やかに，ドイツに対して宣戦布告させようと努力していたのである。

　コポーの努力を支持する精神的リーダーは，フィリップ・リディグ夫人で，彼女は非常に美しく，精力的な社会的指導者でもあった。のちに，ズオロガによって描かれた彼女の等身大のポートレートは，ニューヨークのメトロポリタン美術館にかかげられた。

　オットー・カーンは財政援助をしていた。リディグ夫人，コポー，それに私とは，カーンが表面をよく繕っていながら，どうもドイツびいきだとにらんだ。コポーのはっきりした目的を妨げようとしているのではないかと疑っていたのである。パリの運動が大通り舞台や自然主義の作品に貢献していた時代に，コポーも劇場の商業主義化に冷酷なほど敵対した。彼は演劇を何もない舞台でやり，無言劇を復活させ，モリエール以来聞かれなかった，完全な話し方を主張した。彼の影響は，総合芸術をねらう演出家や，演技の全体効果をねらう風潮や，文学的演劇の支持などの中に今日も引きつがれている。

　今も私にはコポーが装置の中央でとび上がる姿がやきついている。動きと軽やかさは生

上左　有名な俳優兼監督のルイ・ジュベ
上右　コポー案の舞台の模型　1918年

まじめな装置の重要な一部であった。ちょうど古典歌舞伎のある動きが完全に静を破って動に入るのと同じである。フランスの田舎で弟子とともに、原則に従って農夫相手に演じた彼の後年の仕事は、「レ・コピオー」として知られている。現在の地方センターとして、野外祭でもあるビラーの国立大衆劇場の先駆であった。現在の最たる指導的フランスの劇場は、ほとんどコポーの復活させたものの影響を受けているといえよう。

コポーの感覚による、劇場の現代化のデザインは、アメリカでは最初の試みであった。その基本原則にかえろうとする姿勢に、私は特に共鳴していた。コポーの右腕であったルイ・ジュベは、後年舞台や映画で非常に有名になったが、私の援助にやってきた。

われわれは箱型の舞台をとりこわし、装飾をとりのけ、おだやかな効果の出るように照明をへらした。次いでわれわれの仕事である建設的作業に進んでいった。

オーケストラ・ピットをなくし、観客を舞台際に近付け、同時に客席は両脇のどんちょうをこえて拡大された。また舞台袖に窓をあけ、以前にはなかった動作ができるようにした。プロセニアムも取り除きたかったのだが、防火カーテンの必要があり見送られてしまった。舞台には、幾分永久的なセットであるギャラリーがつけられ、その後方に、幾つかのレベルをつくることにより、演技の動きが増加された。

演技効果を高めようとするコポーの主な工夫の中でも最大のものは、トレトウの使用であった。昔ヨーロッパで使われた、中央に据えつけられた壇で、主な動作に注意を集中させるものであった。背景は不可欠なものだけにしぼられた。この融通性は、その後日本でみた、歌舞伎の舞台を思い起こさせるものであった。

ガリック劇場はその仕事を始めるためにはガタガタな古い場所ではあったが、われわれは均整と色調の価値によって、ある程度の優雅さを作りあげることができた。若い建築家の私にとって、独立後最初の仕事であり、もちろん大変気を入れていたし、きわめて重大な企画であった。その当時の事情では、何事も容易ではなかった。連合軍の素晴らしい宣伝の成功を妨害しようとしたオットー・カーンへの懐疑を別にしても、ニューヨークにはある種のドイツ好みの傾向があった。旧ガリック劇場の持ち主シューバートらは、不満をもつ請負人たちと共謀して、劇場を自分たちの好みの様式にかえるため、資金をまわそう

と考えていた。その好みとは，当時から今日まで少なからず，ニューヨークで流行していた，ワイルド・ウエスト・バロックの蛮カラで華美な様式であった。劇場の開場の日の直後，私にも徴兵令がきた。われわれは戦争の真只中にいたのである。

私は妻帯者であるという理由で，兵役は免除されることができた。ノエミはフランス人，私はチェコ人として，当然2人とも熱狂的に連合軍側であった。しかも私は，オーストリア陸軍に3人の弟がいて，1人はロシアに渡されてしまい，他の2人はまだチェコスロバキアにいて，オーストリアの戦争参加を妨害していた。アメリカの宣戦布告という衝撃のもとで，私は感傷的な手紙を，フランク・ロイド・ライトに送ったらしい。1917年9月10日付で，彼からこんな返事があったのをファイルの中に発見した。

「タリアセンにて　アントニン――君は手紙を寄越すのにちょうど9カ月かかってしまったらしい。何という当り前な男だ。君の手紙，そしてそれを述べるのに費した時間という意味だ。（手紙のことだが）私の胸にしみた。君ら2人に愛情を覚えた。君はここで私と働いて，立派な精神を注いでくれた。君の図面は，見るたびに私を嬉しくさせる。

タリアセンは，やっとまとめられつつある問題児だが，配置は少しずつ延びている。ここの精神は進歩していると私は思っているのだが，自由を愛するパイオニアの息子にとって，雇用契約というのは複雑なのだ。消えることのない鮮明な光の中にわれわれの方法を見出すまでは〈自由〉という，こんなばかばかしい言葉はありようもない。

ミリアムは私にとって大変な救いだ。私の精神生活の盾であり，留め金でもある。

私は自分が暴君だと知っている。多分，自分でだめにしている熱情と同じような熱情が，他の熱情へ届こうとするのをだめにすることだろう。アントニンやノエミが，大きな期待と熱意をもって，外の世界から私の許にやってきて，私の性格に深く根ざした懐疑のために，かき乱されたのを知っている――これほど馬鹿なことはない。

ノエミの明るく，鋭いフランス人の知性と，少年のような健全さは，それをきまじめにうけとめてくれた。私を困らせた彼女の表面的に大げさな性格もだから救われたのだ。

それがどうしたというのだ。われわれは皆――そうだ，アントニン，君だって，うぬぼれだ――ひどくうぬぼれだ。しかし，虚栄が性格の前に何となく立ちはだかる時は――もしそれがあるなら――ぶどうの花のようなものであるかも知れない。常に私は君と，多分君の仕事に興味を持ち続けることだろう。君にしてしまった無礼は，双方の心から消え去ることはないだろうと思う。

ラッセルは去った――弱すぎて，ここの自由のようなものに我慢できない。根本的には痛々しい，彼の不遜さ。そして彼の心のいやしさが，他人にそれをいいふらしたのだ。自然の選択過程が適格性を決める。自分自身をある標準に保てるほど強い者が，小言もいわず，なだめることも，けることもなく良いものを運んでくる。さて，君は徴兵された。ノエミも行くのだろうか。

私もやったことだが，これは文明の無意味な破滅だと思う。その嫌悪と偽善が私をむかつかせるのだ。息子，デビッドも行っている――他の息子たちもすぐだろう――才能ある君はまったく別で，その辺の餌じきにしてしまうのはあまりにももったいない。

ホテル（帝国ホテル）は慎重に，むしろうまくいっている。君みたいにやってくれる人の助力が必要なのだが，私には余裕がない。経済の靴は，まだいくつかサイズが小さすぎ，足（すなわち私だ）はその中で痛々しくふくれ上っていて余計きゅうくつだ。

上・下　私とノエミ　ワシントンにて

ともあれ，君，わが若者に最善の愛を送る。

フランク・ロイド・ライト」

陸軍の生活は，ワシントン広場での私たちの生活，建築家会館の中の事務所，コボーの側近とブロードウェイの仕事にくらべると，それは実に対照的であった。

軍隊ではしばしば起こることだが，私は間違った部署に入っていた。

私は，ロングアイランドのキャンプ・アプトンの野戦通信部隊で基礎訓練をうけることを命ぜられた。電線の張り方，電柱の登り方，ブザーによるモールス信号の送信や受信，それにあらゆる通信隊の仕事を習得した。戦闘用信号を教えていたフランス人軍曹は多分ブルトン人，コニャックという名であった。何故かしらないが52年後の今でも，昨日会ったばかりのように，その顔をはっきり思い出せる。われわれは訓練のほかに，下水溝掘りを含めた多くの肉体労働もしなければならなかった。

私は自分の経歴や能力を，十分生かせる仕事にまわされる方が，もっと有用だと非常に強く感じていた。ノエミはキャンプ・アプトンで会った友人のヘルム大尉を説いて，とうとう私を転属させることに成功した。ヴァージニア州ラングレー・フィールドに新しくできた航空通信隊にうつり，その新設の飛行中隊の技術軍曹になった。

私は子供の頃作った紙製の模型の村と同じ方法で，敵の施設の彩色模型の製作をした。この模型には，爆撃と同調する電灯点滅操作がつけられて，模型の20フィート上の台から，見習飛行士が爆撃合図の練習をしたのである。他の仕事は，未経験の黒人労働者の一隊を与えられ，鉄骨の格納庫を建てることであった。鉄材は重く，われわれには最も基本的な道具以外には起重機もなく，すべては人力により果された。その結果，ほとんど毎日のように誰かが病院に入ったが，私は釘のように強く丈夫になっていった。

ヴァージニアの人びとは大変親切であった。われわれ軍人は，行ける時にはいつもポイント・カムフォート・ホテルに行こうとした。多くの市民の車には，「兵隊さん，この車はあなたのものです」という貼り紙があった。みなは喜んでこの機会を利用し，急いで目的地に行ったものだった。ニューポート・ニューズには，たしかにダーリングとよばれる家族がいた。ダーリング夫人は日曜日の午後，ミンツ入りの飲物を用意し，家を飾ってみんなに開放していた。

私は，この戦争でもっと有効に使われていいと考えていた。そしてノエミは，再び友人ヘルム大尉を通して，当時新しくアメリカ陸軍が結成した，情報機関に入るための受験の機会を獲得することに成功した。試験は，陸海軍共同司令部の建物で，戦後軍隊情報に関する本を書いたボンサル少佐によって，主としてフランス語，ドイツ語，イタリア語の外国語の試験が行なわれた。私は難なく試験をパスしたものの，士官の任命を受ける仮認可のサインをさせられた。体重が118ポンドしかなかったからである。数カ月間ラングレー・フィールドで，私の血の出ている肩が証明するようにひどい肉体労働をした後であったから，話にもならない。そうでなければ，反対に最高の状態にあったのだ。

私はワシントンの夏の暑さの中で，重い冬用の制服と戦闘帽，きゃはん，野戦靴などをつけた。そして彼らは私の折衿に二等中尉の記章をつけたが，陸軍の古参たちには変に見えたらしい。というのは，記章が上級一般士官のものとよく似た，黒い星であったからだ。ボンサル少佐を除けば，私は新設の陸軍情報部隊の最初の隊員であったろうし，記章はまだデザインされてはいなかった。

野戦通信部隊の一兵卒の私　1917年

8. ヨーロッパ参戦

とりわけ私の昇級を喜んだのは、ノエミの友人、セント・クレア・ブレコンズの母親、ワイオミングの上院議員秘書夫人、ブレコンズ夫人。軍事省のビルの出口で私をつかまえ、何とか口実を見つけてホワイト・ハウスの入口の方へ私を連れていった。私が近づくと見張りの歩哨が銃をかかげた。ブレコンズ夫人は私の背中を押して、「中尉殿に敬礼！」と叫んだ。私のアメリカ陸軍士官としての最初の敬礼は、1917年大統領官邸の歩哨と交わされたのであった。ポイント・カムフォートに向かう、ポトマック河の連絡船に乗った私のポケットには、フランスのショーモンにある、アメリカ遠征軍総司令部へ直ちに出向けという命令書が入っていた。ブロードウェイの114丁目にある、ニューヨークのブルックス家のアパートで、ノエミと一緒に過ごせたのは、たった一夜だけであった。別れはつらかったが、ブルックリンの桟橋におもむいた。ちょうどその時、アメリカ巡洋艦がアメリカ海岸近くで魚雷にやられ、われわれの出発が延期された。あらゆる命令にそむいて、私がやっと脱け出し再びアパートに現われると、とうに大西洋の彼方に行ってしまったものと信じていたノエミは驚いた。二度目の別れは、最初よりもっとつらかった。

われわれを移動させるイギリス船で部隊の指揮に当っていたのは、最も頑固な大佐であった。彼は新しく任命された士官たちを召集し、意のとおりにしなければ、みな一兵卒に引きもどすぞとおどした。われわれが任命を受けたのは特技によるのではなく、有力な友人によるのであると彼は信じていた。

私は、メキシコのパンチョ村追撃から最近もどったばかりの、テキサス部隊の一群と一緒であった。サザンプトンへの海路はほとんど船の底にいるか、さもなければ潜水艦の監視についていた。2週間のうち、着物を脱いだのは、シャワーを浴びる時だけであった。そして、二度のドイツ潜水艦の攻撃を無事切り抜けて、遂にイギリスに上陸した。

サザンプトンに停泊した時、船の支給食よりもうまいめしにありつきたいと、ひそかに抜けだしたのだが、驚いたことには、イギリスの全食糧は配給制で、私は何も得られず、前よりも空腹をかかえ港へもどった。

港の中に2隻の高速フェリー・ボートを発見したのは、もっと大きな驚きであった。ニューヨーク、ボストン間をせっせと往復していた、イェールとハーバードと名付けられたボートは、ニューヨークの時から馴染みであった。駆逐艦に守られて私たちがフランスへ渡ったのはその中の一隻で、中にすしづめにされ、波をけたてて護衛する駆逐艦のひゅうひゅういう音を聞きながら、神経質にタバコを吸っていた。

ヨーロッパ大陸への到着は、私の感情を強くゆすっていた。1917年にヨーロッパの戦争に関連した人びとの気持を、今日わかってもらうのは非常にむずかしい。

ノエミはすべてにわたりフランス人であった。彼女は10歳の時アメリカに渡っていたのであるが、ずっと、アメリカ市民になることを拒んできた。そして私たちの結婚によっ

ジュネーブの地下情報組織事務所の責任をとる　1918年

アメリカ調査隊GHQ情報大尉として

てはじめて市民になった。一方，私はチェコ人として，ドイツの野心と戦ってきた。

ショーモンにあるアメリカ陸軍総司令部に到着して，私の仕事が，チェコ人を祖先にもつアメリカ人のヴォスカ大尉の助手だと分ったときには本当に嬉しかった。

一般要員としての彼の仕事はスパイであって，チェコの避難民や，敵国にある地下組織の助けにより，反スパイ行為をすることであった。

フランス陸軍，同時にイタリアおよびその他の中に新しくできた，チェコスロバキア部隊における連絡将校としての私の任務に，私のフランス語，ドイツ語，イタリア語，もちろんチェコ語の知識が大いに役立ち，若さや無経験にもかかわらず勤務することができた。私がショーモンのパーシング元帥の司令部へ行くため，夜間，軍隊列車で到着した時のことだった。自分の宿所をたずねて暗い曲りくねった道のある，この中世の町を行った時，ＭＰが酔っぱらったアメリカの黒人兵を兵舎にもどすため，まるで沢山の丸太でも扱うように，トラックに放り込んでいるのを見た。

私はパリのボナパルト通り８番に司令部をかまえたチェコ国民会議へ，一定の日に顔を出す義務をもっていた。そこで私は，ドイツ軍と戦うためにオーストリアから逃げ，連合軍に加わった大勢のチェコ人に会った。彼らはロシア，ポーランド，ユーゴスラビア，フランス連隊などの制服を着ていた。

パリでは，ボストンの親友ハーヴィー・ウェッツェルに会う機会にめぐまれた。彼は陸軍に入隊しようとしたが，身体が勤務に不適格とされ，それでも何らかの形で必死に参加を望み，赤十字で仕事をみつけていた。彼はルーブル宮の中に美しいアパートをもち，時代がかった家具と，同時代の室内装飾の中にいたが，いつも前線に勤務していた。

当時，軍隊やヨーロッパ一般市民の間では，インフルエンザが荒れ狂っており，わが軍の間でも死者数は日ごとにふえていた。ハーヴィーは伝染病の犠牲となり，私はその死に立ち合った。陸軍の救急車を手に入れ，彼の友人の１人と私とで，棺を陸軍墓地に埋葬するために運んだ。パリを横切る道では，ドイツの大砲ベルタの，市を砲撃する音がきこえ，その悲劇をいろどっていた。墓地には長い救急車の列が順を待っていた。われわれがようやく友人を埋めた時，トランペットが高く鳴らされ，埋葬係の軍曹がまるで床屋のような調子で「つぎっ。」と順をよんだ。友人の２人目が逝った。最初は彫刻家のスラッシャーであり，今度は美術館員のウェッツェル。その他があとに続こうとしていた。

1917年10月，オーストリア・ドイツ軍が，カポレットでイタリア前戦を撃破した時，連合軍として，その被害を，なくすようにせよとの命令をうけた，数人のアメリカの情報士官のひとりに私も加わっていた。オーストリア軍による全滅からイタリア軍を救い，少なくとも，栄光ある退却を援助することが望まれていた。けれどもアメリカ遠征軍の貢献は，飛行機によるほんのわずかの弱いものであった。空しくも，本当の総敗退となり，イタリア軍はピアベ川のほとりの，ロンバルディ平原まで押された。そのピアベの戦いは，アーネスト・ヘミングウェイによって詳らかに書かれている。

私は命からがら逃れ，のちに，イタリア王冠騎士章を受けたが，ムッソリーニがヒットラーと手を結んだ時に返した。その時の駐米イタリア大使は，名門出のコロナ皇子であった。私はその手紙の中で，私が何故勲章を返すのかということを，彼が理解し，同情してくれることを確信していると述べた。

大戦中の私の情報活動は，実際には無意識の中に政治情報としては片寄ったことを認め

チェコ愛国者エマニュエル・ヴォスカ　ＧＨＱ情報大尉　ヨーロッパにおけるアメリカ調査隊として共産側に拘留され1965年釈放されたが消耗して死亡　第一次大戦では私の上官であった

私と「ユージーン」　スイスのドイツ前線におけるチェコ情報担当主任

なければならない。私のチェコへの愛国心からは，オーストリアを崩壊させてチェコを独立させることが理想であり，それがアメリカ政府に対して解決策だと納得させようと，強く望んでいたからでもある。

中央政権に関する政治および，軍事情報のほとんどは，イギリスとフランスに設置された情報機関によって，アメリカ陸軍の司令官たちにとどいていた。しかし1918年の初め，チェコ地下組織と接触し，直接情報を提供する機関をつくるため，私は中立国スイスに行くべきであるというヴォスカ大尉の提案によって，その機関を組織するため，スイスに送られた。

公式にはベルンのアメリカ公使館の軍事外交官補佐として私はスイスへ入国したが，実際はジュネーブに行き，アメリカ領事館別館という名のもとに一つの事務所を設置した。

チェコ国民会議の事務総長で，のちチェコスロバキアの首相となった，エドアルド・ベネシュ博士や，のちの駐仏チェコ大使のオスキー博士らの助力で，たやすく適格なチェコ人の要員を雇うことができた。スイスは数年間，チェコの動向をさぐる司令部の一つとなっていた。

ベルン公使館には，他に軍事外交官補佐がいたが，私の情報活動とは無関係であった。その1人は非常に有能なアメリカのピアニストで，スイスに城をもっていたが彼の名は思い出せない。他の1人はジョージ・ハウといい，フィラデルフィアにいた有名な建築家であった。ジョージはスイスの建築家ウイリアム・レスケーズと懇意になり，のちに彼をアメリカに招き，有名なフィラデルフィアの貯蓄保険会社ビルをはじめ，いくつかの初期の現代建築の設計に協働した。不幸にジョージは若くして死んだ。レスケーズはニューヨークで成功裡に実務を続け，1968年に死んだ。

私の要員たちは，即刻オーストリア，ハンガリー，ドイツなどに送られた。私は，スイスの前戦の町ベルグアルデを抜けてショーモンの総司令部へ行く，オートバイによる即日連絡機関を設置した。私の事務所が，休戦後1年近くも使われていたところをみると，その当時自分で考えていたよりもはるかに成功していたのである。

けれどもこの仕事は大変骨が折れ，私の自由時間は限られた。が，私はやりくりをつけては，スイスで多勢の芸術家に会おうとした。

なかでも一番優れていたのは，イゴール・ストラヴィンスキーで，レマン湖のほとりの魅力のある小さいモルゲの町に家族とともに住んでいた。当時彼は非常に貧しく，私は友として何とか彼を助力したいと思った。ジュネーブで，彼が自分の作品の演奏会の指揮をするとき，黒タイの礼装一式を貸したことを覚えている。

ストラヴィンスキーは大変な食通であったから，ジュネーブ近くにある湖岸のレストランへ誘い出して，彼と食事するのは楽しみだった。彼はホテルの給仕長と非常に時間をかけてメニューを組み，葡萄酒を選ぶのが常であった。

ときどき彼は，われわれをスタジオに誘った。彼の作曲は聞くのはもちろん見るのも面白かった。というのは彼の発明したおかしな楽器の収集を，かわるがわる取り出して鳴らしてみせたからである。しばしば，彼は友人にその一つを鳴らさせ，他を吹かせ，自分も加わり，最近作の一部の音として譜に書込んだ。その譜面の原稿は美しい宝石であった。まったく彼は有能な耳と有能な目をもつ稀な人間のひとりであった。彼は五線譜を書く巧妙な道具も作っていて，これを使って中世の譜面書きの達人のような譜を書き，作曲した

上　1918年11月11日終戦の日　地下組織事務所で2人のチェコ人協力者と
下　パリ市内ボナパルト通り8番のチェコ臨時政府司令部にて　1918年

上　ストラヴィンスキーの譜面　ノエミの母マリー・ブルックスに送られたもの
右　スイスのモルジエにて　イゴール・ストラヴィンスキーの子供たち　ノエミ
　　のスケッチから　1918年

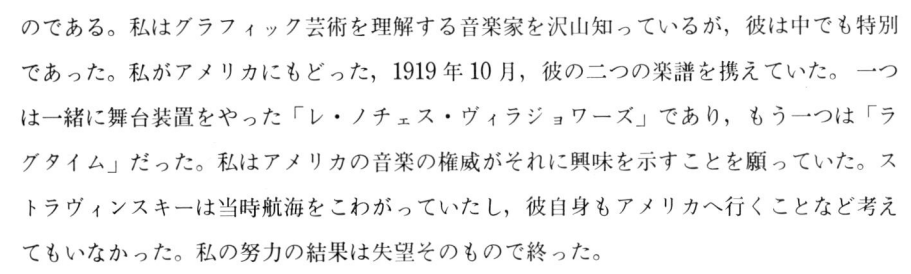

のである。私はグラフィック芸術を理解する音楽家を沢山知っているが，彼は中でも特別であった。私がアメリカにもどった，1919年10月，彼の二つの楽譜を携えていた。一つは一緒に舞台装置をやった「レ・ノチェス・ヴィラジョワーズ」であり，もう一つは「ラグタイム」だった。私はアメリカの音楽の権威がそれに興味を示すことを願っていた。ストラヴィンスキーは当時航海をこわがっていたし，彼自身もアメリカへ行くことなど考えてもいなかった。私の努力の結果は失望そのもので終った。

ニューヨークでは，ノエミの母，フランク・ブルックス夫人が献身的に，主要なオーケストラやオペラの指導者たちが，ストラヴィンスキーの作品に興味をもつように後押しをしてくれた。彼らは，楽譜を見てくれという願いも聞かず，おそらく大衆はこんな現代的な音楽を受付けないだろうと反対した。なんと1919年のことであった。事実，後年その作品があのカーネギー・ホールで演奏されたと聞いて笑ったものだ。

国際的陰謀とスパイ行為の温床であった，有名なジュネーヴのボー・リヴァージュ・ホテルに住んでいる間に，私は自分の存在とその生活がいやになってきた。それを書き落すわけにはいかない。

ローヌ川の同じ岸辺に住んでいた愛国的な旧家の間では，人びとはわれわれをマカック（短尾猿）と呼んでいたが，それは何か低級で尊敬に値しない人のことを表現していた。

ノエミの家族は，ジュネーブの知的貴族の中でも優れた方だったけれども，私自身の社会的地位は大変不安定なものであった。私は保守性の強い対岸の方へ移ることによって立場を良くしようと考え，ジュネーブの古い家の一つに住む，最も保守性の強い3人姉妹のブラン家の下宿人となった。政治情報収集のねずみ競争の後，1日のある時間を18世紀の静寂の中に逃げ込めるのは嬉しいことであった。ローザンヌでみかけるような魅力的な金持のアメリカ婦人と知り合い，旧型のロールス・ロイスを使う機会を得ると，私は大いに利用し，スイス周辺の私の餌食たちから難なく情報を引き出した。

1918年11月11日の休戦到来の頃は，その情報機関は最高潮の状態にあった。

その日われわれは，かくれみのを取り払い，事務所のあったジュネーブのプラス・ベレールのアメリカ総領事館別館の上に，アメリカ国旗をかかげた。それから私の上司，ハドソン大佐とともに，連合軍外交官全員による勝利の祝宴に出席するためベルンに向かった。

それ以来，私は軍事情報のかわりに政治情報収集に忙しくなった。それはパリの平和会議に出席したアメリカ代表，ことにハドソン大佐のために資料を集めていたのである。

ベラ・クーンにひきいられたボルシェビキ革命がハンガリーに起こり，またオーストリアにも起こった。ロシアの女王の母君や，他の貴族たちがスイスに隠れたように，そこにはギリシア王室の家族と，ホーヘンゾーレンの一族もいた。と同時に情報を必要とする疑わしい多くの重要人物がいたのである。戦後の混乱はすでに起こっていた。

休戦直後，私はアメリカのクレーン特使のために，2台のキャデラックを走らせドイツ，オーストリアを通り，プラーグまで行く愉快な経験をした。

私は軍曹と数人の兵と一緒だったが，大変な冒険であった。スイスからチロルに至るオートレル峠は，数フィートの雪に埋もれ，オーストリア軍はまだ守備についていた。彼らはイタリア軍が最初に入ることを嫌っていたから，アメリカ軍が初めてインズブルックに向かうのを知って大変喜んだ。

彼らはイタリア人に，私的な嫌悪感を抱いていた。われわれは彼らが長年見なかったタバコやチョコレートを分け，彼らは雪をどけてわれわれを通してくれたから，イタリア人の到着以前にインズブルックに着くことができた。

ババリアを真直ぐぬけたが，ドイツ人には大変敵意があり，何を聞いても返事もしなかった。チェコ国境に来ると，チェコ軍はすでに守備態勢で，われわれを見るや発砲しようとした。けれどもチェコ語でよびかけると，われわれは熱烈な歓迎をうけた。プラーグに行く道はどこも人がまわりに集り，われわれの行くのをさえぎって抱擁し，長い間見なかった車のゴムタイヤに触れた。

すでにフランスの列車で到着していたアメリカ軍事外交官にその車を届けたとき，私には時間的に新記録だと思えた。われわれはベルン出発以来眠っていなかったが，それでも遅れたことで叱責をうけた。しかし，みな大変素晴らしい時を過ごしていたから，そんなことは大したことではなかった。私は汽車でジュネーブにもどるように命令されたので，まずフランスの汽車でプラーグに旅行してからもどった。

戦争中のきびしい軍規はまだ解除されてはいなかった。だから，ノエミがフランス船でル・アーブルにくるというニュースを受けとって私は驚いた。もう何も私をひきとめることはできない。AWOLを出てル・アーブルに行き，そこの情報士官に要請して，水先案内船にのり，入港する船まで連れて行かせた。ル・アーブルでも，またパリに1週間いる間も，何人かのMPに検問されたが，私はベルンの軍事外交官であるから何の書類も不要だといって納得させてしまった。スイスにもどった私は，上司のハドソン大佐に，この脱線行為を卒直に報告した。彼の反応はきわめて人間的で，「現場をつかまえなくて残念だった。うまく逃げおおせたのだから忘れることにしよう」といった。

そのフランスへの逃避行のあと，ノエミと私は，ジュネーブのレマン湖や，有名な噴水の見える居心地の良いひとりの画家のアトリエに落着いた。

私は，中央ヨーロッパの共産主義者の活動の監視と報告という，骨の折れる仕事から解放されると，いつも絵を描いていた。私はまだ，皇室の名士たちを監視しなければならず，

オーストリア フォラールベルクのオートレル峠にて1918年11月 プラーグのアメリカ大使に2台のキャデラックを届ける途中 雪に埋れた車を掘り出してくれるオーストリア軍

左からギリシアのジョージ王 ギリシアのクリストファ皇太子 ロシアのウラジミール・オボレンスキー皇太子 私のジュネーブのスタジオにて 1918年

左　シャンゼリゼーに積まれた捕獲したドイツ銃　1918年
右　シャンゼリゼーの勝利の大行進

ジョージ皇太子(のちのジョージ王)，ギリシアのクリストファ皇太子，ロシアのオボレンスキー皇太子たちをしげしげ訪れていた。そしてかれらとの社交ができた上に，上流社会の行動を熟知していた有能なショーズ軍曹が，私の助手であった。

　ドワイト・ショーズは，私の地下工作を援助するために総司令部からショーモンにやってきた。彼はあらゆる階級の人びとと会い，彼らの信用を獲得する才能があった。しかし実際には心からの道楽者であり，冒険家であった。彼はたやすくロシアの皇太后やアナスタシア皇女等を含めた皇室の名士たちの信頼に足る友人となった。

　ショーズの面白いところは，戦前，ジェニング・ブライヤンと共に「典型的若者」の役を携えて，アメリカの中西部をくまなく回っていたが，彼がこの擬似人格者を見事にこなしていたことである。

　1919年8月，ついにジュネーブの事務所を閉鎖せよとの命令がきた時，私は休暇願いを出した。勝利の大パレードがパリで開かれることになったのは，折りしもその時であった。南フランスの親類を楽しく訪問したのち，ノエミと私はパレードのためにパリに急いだ。祝賀の3日間，天気は最高であった。

上　捕獲したドイツ豪華船レバイアサン号アメリカに帰る
下　レバイアサン号

　車は通行止となり，通りは解放された。大群衆は陽気にはしゃいで歩いた。私たちは金を出して馬車の上にすわる場所を二つ得た。大通りを行進してくる軍隊を歓迎するために，人びとは屋根に群がり，窓を埋め，街燈にからみつき，木の枝には折れるのではないかと思うくらい，大勢の人がぶらさがった。

　あとからあとから楽隊が続いた。粋なイギリス兵，馬に乗ったアラブ兵，パーシング司令官を先頭にきちんとしたアメリカ兵，黒いセネガル兵，連隊また連隊。そして最後に不恰好な空色の服装で，訓練は不行届きながら花に埋もれたフランス部隊がやってきた。その時の群衆の熱狂は，もはやつきるところをしらなかった。

　私たちはレバイアサン号に乗って，ニューヨークに帰った。以前のドイツ船，当時最大の軍隊輸送船であった。私は軍隊と一緒にされ，ノエミはアメリカ兵と結婚したフランス花嫁と同室した。妻のことをよろしくと頼んだYMCAの男は，フランス語をまったく話さず，彼女も英語が話せなかった。花嫁は寝台にすわり涙ながらに告げた。
「船で眠るなんて知らなかったから，ナイトガウンはどこかに入れてしまったのよ。」

9. 帝国ホテル

　1919年に戻ったニューヨークには，すでに戦後の経済恐慌が感じられた。見込みはなかったが，私は独立して実務を始めようと決心した。そしてパーク・アベニューの101番にあったヴァン・ビューレン・マゴニクルの事務所の中に場所を借りた。

　ノエミと私はワシントン広場3番の画家のアトリエを借り，私たちの都合に合わせて直した。窓は北に向き，見捨てられた厩舎のいわゆる「ミューズ」に面していた。天井高は少なくとも15フィートあり，ほぼ等身大の木製ライオンが暖炉廻りに彫られていた。再装飾の手初めは，このライオンたちを合板の箱で簡単にかくすことであったが，それでも大分現代的効果はあげることができた。

　ちょうどすべてが整った頃であった。輝くほどの若々しさで，フランク・ロイド・ライトがわが家に姿をあらわした。彼はポケットを上から叩き，東京の新帝国ホテルの設計料が入ったのだと告げ，条件の良い給料と交通費全額負担で，東京へ行こうと私たちを誘った。何という神の贈り物だ。ヨーロッパから帰って以来，辛うじて生きのびていたときのことだ。そこで私たちは昼食のレバーを分けてフランクと食卓を囲もうとした。

　「私は生まれてこの方，レバーは食ったことがないんだ」と彼は文句をいった。しかしそれから昼食を食いに出かけたのか，どうしたのか，私には思い出せない。

　私たちはアトリエを人に譲り，ブルックス家やその他の人びとに別れを告げた。まずタリアセンに行き，それから日本の汽船，諏訪丸の待つシアトルに赴いた。マダム・ノエルを伴ったライトは，気位の高い，聡明な道連れであった。

　偶然にも客の中に，明治日本の有名な政治家，尾崎行雄がいた。のちに，アメリカに戦争を仕掛けた帝国主義者に勇敢に反対したその人である。

　日本の島々に近づき，私たちが荷物をまとめ始めた時，突然はげしく扉をあけてライトがいった。「直ぐデッキに出てみろ，さもなければ君の名を汚すぞ」。海上に浮ぶ富士，蒼空を背に黄金色の暮色に染っていた。

　横浜への到着という出来事を，私たちは決して忘れはしないだろう。1919年12月31日の夕方であった。新年の祝いはたけなわにさしかかっていた。港町から東京に続く道は，漁村と漁村とをつなぐ連絡路がひろがった道で，曲がりくねったままであった。

　しばし思いを馳せると，何世紀も続いた街道筋の足音，古風な着物，彷徨する思想などが，今のアスファルト・ハイウェイの上にあらわれてくる。

　道路の両側には，来る年のめでたさを象徴する松竹が高いふさふさした垣をつくり，並ぶ家々を隠すほどであった。

　われわれが進むにつれ，そこここに藁葺きか瓦屋根の小さな店があり，冬の風にもめげず開け放った店頭には華やかな新年の象徴を飾り，道を行き交う人びとにも喜びを分かち合っていた。主人やおかみさんたちは火鉢をかこみ，そこへ客が入って行く。

上　F・L・ライトと日本に向う途上　諏訪丸にて
　　1919年
下　諏訪丸にて　ノエミ　1919年

いたギリシア人が上の部屋にいて，暖炉の前にすわり猫と喋舌っていたものとわかった。旧ホテルを壊滅させた1922年の火災の折，老ギリシア人は猫を助けようとして死んだ。彼は燃える建物にとびこみ，次の瞬間，猫を両腕で抱えて窓際にあらわれたが，その時，足許の床が崩れ，煙と炎の中に消え去ったという。

この目撃者は，今のウインザー侯プリンス・オブ・ウェールズである。当時国賓として滞日中であった殿下は，火災を見るために消防車でかけつけその悲劇を見た。

到着後，日なお浅く，私たちがホテルの別館に泊っていた頃，師ライトと共に，皇室園遊会の招待に出席することになった。日本では特別な名誉である。私はフロック・コート一式と山高帽子を借り，ノエミは緊急に何とか正装に見えるように服を直した。フランク・ロイド・ライトは自分でデザインした個性的な服装を着け，もったい振って見えた。その会場の庭園には，洗練と整頓をもった自然があり，絶対的な緻密さを伴っていた。私はその庭園に対する心からの賞讃とともに，いくつかのことを思い出す。

出席していた日本の紳士たちは，英国流の旧式なフロック・コートと山高帽をつけていたが，ブラシもかけず，ほこりだらけで，何かぎこちない姿で気取っていた。それは折目正しい輝く風貌の外交官や外国人とは対照的であった。

フランク・ロイド・ライトは大変ユーモアの感覚に富んでいた。それが多くの難しい立場も救っていたのであるが，時には皮肉を混えており，一般知能に対する彼の侮蔑がこめられていた。

ライトとともに庭を歩いていると，有名な渋沢子爵に会いたくはないかと彼がいいだした。もちろん私たちはそれほど名誉なことはないと考えた。ライトはすぐれてハンサムな老紳士の前で立止り，私たちを正式に紹介した。多少の挨拶をかわして別れたのであるが，当然私たちは，何時どうやって彼がこの知己を作ったか知りたかった。返事によると，驚いたことに彼は今まで会ったこともなく，新聞で顔を知っていたに過ぎなかったのである。

日本到着後，まずライトがしたことは，臨時に現場事務所をつくることであった。そこにはライト，ミュラー，私，それに一つは日本人の所員用の事務室があった。

私の主な仕事は，詳細図と内外の透視図をつくり，マスターのライトの研究用として揃えることであった。大部分の計画はタリアセンで十分ねられてきていた。したがって手元の仕事は，主として実行に移すことであった。

その上研究を要する新しい材料があった。大谷で採取された火山岩が，マスターのロマンチックな性格に訴えたのだ。緑がかり，多孔質で，不思議な表面をもったこの石は，それまでの下卑た使い方を除いて，日本人は決して使わなかった。大谷石の採石はむしろはがゆかったが，供給は十分であった。帝国ホテルにライトが大谷石を使用したことが影響して，今日ではその採石も拡大し，最も近代的な機械設備を整えている。

内外の壁の煉瓦は特にデザインされ作られた。また手作りの銅，テラコッタの照明器具も，装飾なども同様であった。ライトはデザインの想像力を無限に持ち，窓枠も，家具も木や石の彫刻も，じゅうたんもカーテンも，あらゆるもののデザインが，枯れることのない泉のように，彼の手の中からほとばしり出たのである。

当然ながら，建設工事は大変な困難に出合っていた。たとえば工事予算と見積である。これがライトと施主の間に裂け目をつくり，建設工事の障害となっていた。

皇室園遊会への正装をととのえて

左　調査した当時の大谷石採石場　1920年
右　ノエミ　若くオのあった内山隈三　2人の業者たち
　　4人乗りの軽便鉄道で宇都宮の採石場に向う

上右　帝国ホテル別館と建てる大工たちのスケッチ　1920年
上・下　有能な職人，大工，石工たちが原始的な方法と条件にも
　　かかわらず帝国ホテルの建設に驚異の力を発揮した

上　　帝国ホテルの関係者たち　遠藤新　ミュラー　林愛作が出席している　中央にライト
中左　私の描いたライトの事務所風景　左から着物姿の林愛作　シャモアの皮コートのＦ・Ｌ・ライト　シカゴから来た
　　　建設業者ドイツ人ミュラー　ミュラーの息子　忠実な助手遠藤新　向う側の自分の部屋から飛び出してくるのが私
中右　事務所風景　田上義也に話しかける遠藤新　河野傳と話すミュラー
下左　現場事務所入口前で　事務所の面々
下右　未完成作品ライト一家の肖像のスケッチから　左から内山隈三　私　渡辺己午蔵　ミュラーの息子　ミュラー
　　　Ｆ・Ｌ・ライト　林愛作　遠藤新　河野傳　田上義也　山崎　藤倉憲二郎

ミュラーは神経質な性格で，労働者にわからせようとして大声でどなり，走りまわっていた。労働者たちはおよそコンクリート打ちの経験がなく，基礎杭に至っては彼の面倒は果てるところがなかった。それも，すぐ雨期に入ってしまうととくにひどくなった。労働者がコンクリートを流し込んだ穴は，たちまち水がいっぱいになっていった。その穴の真上に立って，「ミズ！　このミズの野郎！」と叫び，絶望的に腕をふりまわしていたミュラーは忘れられない。

　シカゴのある人が，穴掘りのために電話用の柱の基礎掘索に使う動力錐をライトに売った。掘った穴をコンクリートで埋めれば，基礎用の新式の杭になるというものであった。それをライトは持参しており，用いようとした。しかし穴はたちまち満水して，単に弱いコンクリート・パイルを作るばかりであった。まことに帝国ホテルは「浮き基礎」の上に建っているといえよう。

　ライトのもとで働こうとしたほとんどの人は，芸術家タイプであった。割り切った技術と工学への志向は誰も持ち合わせていなかった。ほとんど全員がライトの芸術家気質，長髪やその恰好をまねていた。なかでも遠藤新は最も愉快で，能力があった。彼はなかなか優れたドラフトマンであり，頑丈で，背は低く，わずかに口髭をたくわえていた。目には見せなくとも重いまぶたの間に，ユーモラスな輝きがあった。彼は，できる限りライトの装いをまねるほど，非常に師に対して尊敬心をもっていたが，当然欠ける所はあった。ライトの高価な鹿皮の服や，大きなマントや，ふさふさした白いたてがみをつける，ブリューゲルの描く百姓の帽子にも似た帽子は，最高の質と技術によるものだったからだ。またライトは十分な背丈があったが，従う遠藤は歯痒くもサンチョパンツアをしのばせた。

　ライトが日本を去って後，遠藤は自由学園や神戸の甲子園ホテル，その他を設計した。すべてはライトのマンネリズムの模擬で，当然のこと，師の天才はなく計画にも細部にも独創性がなかった。

　ライトの周辺にいた若い建築家の中で，最も親密だったのは内山隈三であった。私たち夫婦，彼，石工の親方とが，大谷の石切場の調査に派遣され，大谷石の出荷手筈を整えたこともある。

　事務所の仕事や建物の監督の単調さは，ライトとノエル夫人とともに時として，湘南海岸や，箱根連峯などに遠出することで救われた。その当時まだ残っていた，本来の姿の古い日本をかいま見るのがもっとも素晴らしいことであった。

　日本にいる外国人には普通のことであったが，当時のライトも，常に気分の悪くなる病気となった。大したことではなかったが，81歳になるライトの母親が見舞いにくるのには，十分な理由となった。勇敢な彼女の初の外国旅行であった。

　滞日中，彼女も病気になった。恢復には塩気も味もないおもゆによる食餌療法で，数週間を必要とした。でも彼女は思ったより早く良くなり，人力車で外出することは許可された。その間私の妻は，しばしば1，2時間をライトの母親の部屋で過し，スケッチをしながら傍らでロイド家がウェールズからアメリカに移民してきたこと，誰が祖先であるかということなど，歴史を語るのを聞いていた。

　母親は自分の性格の強さとユーモアを継ぐフランクを誇りにしていた。彼女はまた日本の版画を好み，蒐集もあり，頻繁に版画で有名な芸術家の名を使い，自分の貪しい日本語に加えるのが常だった。たとえば「ホクサイを呼んで朝食を急げといって下さい」とか

F・L・ライトの母堂　日本人の案内者を同行　上野公園にて

小山へ旅行したノエミの母 F・ブルックス夫人　グルチャラン・シン ヴィルジー ノエミ

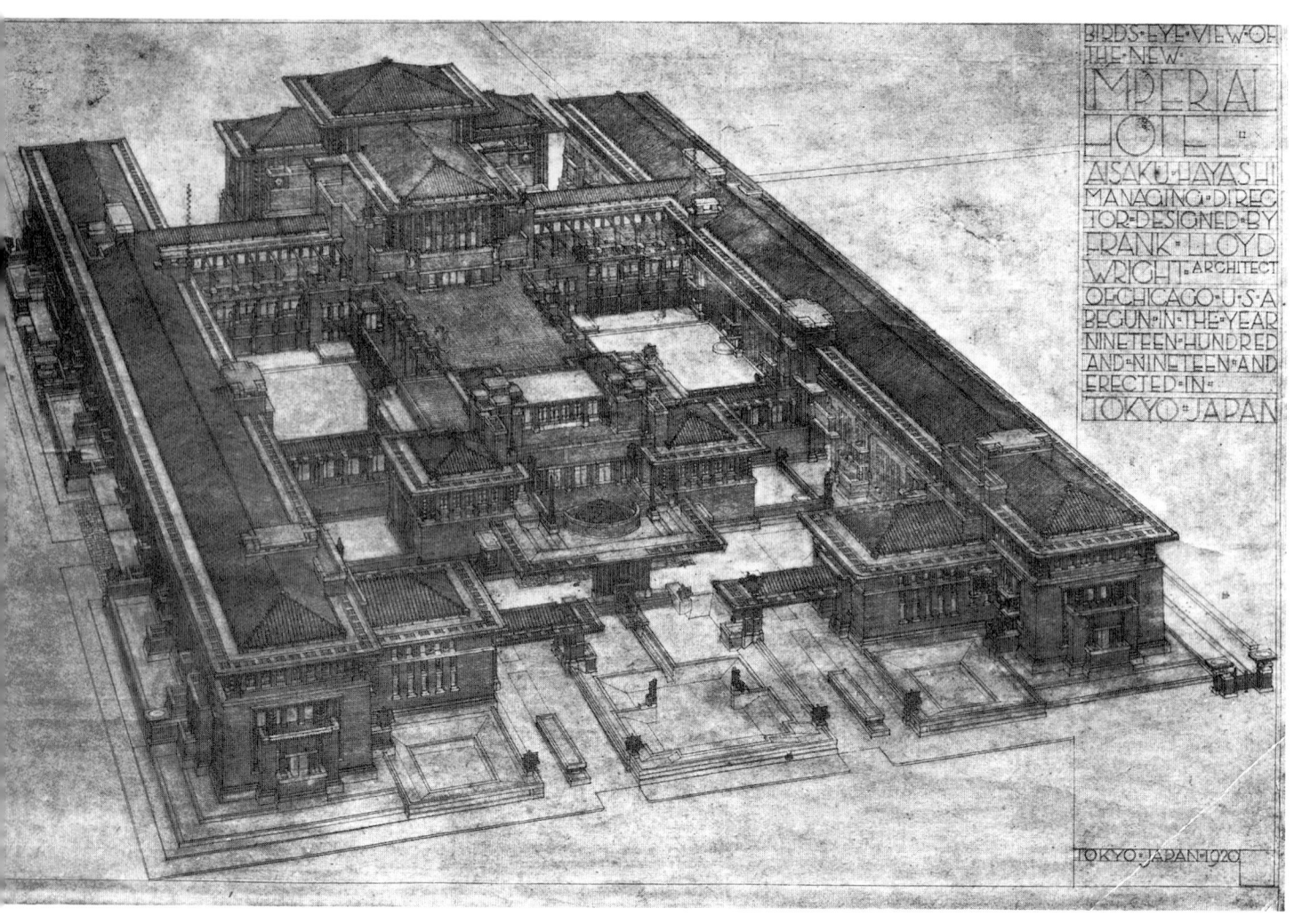

上　最終的に設計図から起こした帝国ホテルの全景図　私の辛苦の結晶であった　1920年　　下　基本設計の折に私の描いた帝国ホテルの透視全景図　1920年

「私はヒロシゲに乗って外出したい」とかのようであった。

　1920年の日本では，西欧風の給排水，衛生計画と設計設備に対する知識がまだ原始的であった。適当な大便器，浴槽なども製造業者はなく，輸入をまたなければならなかった。ライトは自分の天才を見せびらかすのを好み，小さなモザイクタイルを並べたコンクリートの浴槽をデザインした。のちにアメリカ人の客がその荒い表面で皮膚をすりむいたといって，この発明に不平をのべることにもなった。その一方，日本の建築家や業者は，今でもこの例にならっている。

　その他，ライトの天才を示す例に大便器がある。壁掛式で，腕の良い日本の鍛冶屋が銅板で美しく造った。その後どうなったか知らないが，一つは博物館に行っても良かったろう。

　そのほかには電気暖房ユニットがある。アメリカの工場で水平クレーンの操作室を暖房するための，平らな鉄製の電気抵抗器のあるのを知っていた彼は，手製で同じような銅板のユニットをつくり，建物の方々に掛けた。この方法は，当然長い距離には非効果的であったため，後に蒸気暖房による隠蔽ラジエーターに取りかえられた。

　ホテルの支配人林愛作は，知的で，美術愛好家でもあり，ライトを建築家として契約した人であった。彼は最も忠実な友人となり，建設費と施設費が次第に上昇して行き，ホテルの株主たちが心配し始めたのに対し，勇敢にライトを擁護した。

　ホテルはきわめて冷酷に批判された。大して美的理解のない平均的市民からなるアメリカ人租界ではことにひどかった。ツタン・カーメンの墓ともよばれていた。株主たちにとって，これらのことはフランク・ロイド・ライトを除名し，誰か別の人間の力で仕事を終らせることを考えさせるのに十分であった。美的見地からすれば破壊的な見解をもつ実業家犬丸徹三が引継いで，林はホテルを去り，鎌倉で引退生活をしていたが，太平洋戦争直後貧因の中で死んだ。

　このように芸術の完成への途上で無知の人びとによって積みあげられたほとんど超え難い障害，欠陥を衆目にさらす怖れ，デザインに対する私的な嫌悪感など，その困難さを知る私にとって，ライトの離日の日が来た時ホテルは形の上で，実際には終っていたことが奇跡に思える。あらゆる挿話は，ライトの驚くべき勇気，底知れぬ創造の精力，信念，開拓精神を証拠だてるものである。

　師の片腕として，私は提出用の透視図を描き，また沢山の精密な詳細図をも書かなければならなかった。建物を覆う怖るべき量の装飾が，内外にわたり極端な労力を必要としていた。ごく細部までも描かねばならなかった帝国ホテルの外部の透視図が，私の反抗の主な理由の一つになった。各表面にある個々の形が装飾で覆われていた。装飾そのものは，私や他のドラフトマンたちが，正規の図面の上に描いたでたらめの結果であったが，三角定規とT定規をもったライトが，驚くべき器用さで仕上げていった。この師の執念の結果が，きわめて能力あり信用も厚かった日本人の大工と石工によって，ホテルの内外を覆う微細な網目に翻訳されていったのである。

　この仕事にかかって1年後，私はまったく飽きてきた。主な理由は，際限もなく繰り返えされるライトのマンネリズムで，彼は文法とよんでいたが，私からは何もつけ加えることもできなかった。その文法も私には，この場所を考えると内容が場違いであるように思えた。そのデザインが日本の気候，伝統，文化，あるいは人間に，何ら共通ではないこと

完成直後の正面西側

完成直後の主食堂

完成直後の孔雀の間の一部

ライトの指示によってノエミが描いた象徴的な孔雀

ライトの想像力溢れる帝国ホテルの中庭の彫刻群

に気付き始めたのは，それほどたたぬ頃であった。こんなことが，まさかライトに起こるとは私には考えられなかった。だが彼の思想は完全に自己の想像力の表現に集中されていたのである。ホテルは，最終的には彼自身のモニュメントと化してしまったのである。

時のたつにつれて，観察も進み，私は人生の中に古来から持続する哲学の存在を知るようになり，それが建築，彫刻，絵画，詩，その他のあらゆる表現芸術の形の中で，日本的表現の各部分のデザインの根本または出発点になっているのが分った。

その日本の芸術家のデザインの裏にある動機に較べて，ライトのデザインの動機が微弱であるという，私の結論が構成されてゆくのは止むをえなかった。珍奇や驚きの形で創造の努力の背後の動機を実現するのは，単なる解放であり，同時に自己個性の主張や，かつてだれも作ったことのないものを創造する欲望は，些細な，しかもけちな動機であるということである。哲学や，人生の芸術的表現の中には，一つの絶対性というものがおそらく存在するのではないかと私は認識し始めていた。何世紀もかかり，日本人や東洋人が哲学の中では普遍性のある知識を得ようとしてその方法を追求していた。つまりそれが芸術であった。

そのほかに，私たち夫婦の上にのしかかったのはライトの私生活であった。私たちの意志に反して，関係が再びもつれ始めていた。ノエミはタリアセン以来のマダム・ノエルとの友好をのばしていたが，今や余りにも彼女の信頼を受けていた。1917年に私たちがタリアセンを抜け出した時と，同じような摩擦を起こしていたのである。

私は馬鹿げた，しかも痛ましいある出来事を思い出す。ちょうど，もとの帝国ホテル別館が1919年に火事になった直後，フランクはアネックスとして知られるホテル別館をデザインした。アメリカ式の外郭構造で，外はスタッコ，内はプラスター塗であった。もちろん客室を含んでいたが，ライトとマダム・ノエルはそのペントハウスに居室を持ち，私たちもそこに居室を得た。

ある寒い日の夜半，夜着のままのマダム・ノエルがいきなりこちらの寝室にとび込んできて，ライトが下卑た言葉で彼女の罪をあばきたてる，それはひどい仕打ちで私はもう耐えられないと泣いて悲しんだ。私たちはパジャマのまま，彼女をとにかく腰掛けさせ，ノエミはその足許にすわった。再びドアが開き，昔風の短い袖のついたナイトシャツを着たライトが大股で現われ，劇的なポーズで私を指さし，「裏切者！　師に反対し，この生き物に平穏を与え，陰謀を企て……」などというのだ。さらに彼は，私たちのベッドに入り，ムッソリーニのように芝居気たっぷりで，ベッドカバーを肩に拡げ，マダム・ノエルの泣き声を伴奏にして，私たち3人に対する非難を続けた。

私は彼に翌朝まで待つように請うて止めさせた。その時ミリアムはノエミを見て「おや，あなた震えているの，どうしたというの」と気遣い気に声を出した。しばらくしてフランクはベッドから降り，ミリアムを連れ，部屋に戻っていった。私は，それがどう幕を下したのか忘れてしまったが，翌日はすべて無事平穏，ふたたび晴れであった。私たちが考える限り，それ以後われわれの関係はきわどくなっていった。

この頃のことであった。ホテルのある部屋を検査していると，スラックという1人の若いアメリカの建築家に会った。その男は好奇心にしたがって，この仕事を見にきていたの

ノエミと私はいつも変わらず週末には海岸を探し歩いた

であった。

彼はヴォーリスという宣教師のもとで働いていた。この人は建築実務のために若いアメリカの建築家や学生を傭い，沢山の伝導組織に対して「建築家」として奉仕をしていた。彼の手をつけた学校，教会，別荘など今でも日本国内いたる所に散在している。その建物にはありきたりのアメリカ的変化があり，しかも使いよく，たとえ美的価値に欠けていてもある程度能率的であった。

第二次大戦以前には，金持の日本人の中にも彼の施主がいた。というのは，この時代の日本人建築家は，アメリカ人の生活習慣に適した建物を設計するまでに至らなかったからである。ヴォーリスはアメリカ的生活を教えたり「メンソレータム」という特殊薬を販売したり，両方に必要なつとめを果していたのであった。

スラックはプリンストン大学の卒業生で，しばらくヴォーリスで働いていた。われわれは互いに好意を持ち，初対面の数日後，彼は，2人ともそれまでの仕事をやめ，建築デザインの会社をつくろうと提案した。彼の友人のアメリカ人が資本金を出してくれるという話で，私はそれにうなづいた。

私は自分の決心をライトに話し，あまり彼の不都合にならぬように，やりかけの見取図その他は続けようと提案した。私は彼のために最善を尽そうと試みたのだが，満足させるようなことは何一つできなかった。彼が手をとってくれぬ限り私自身ではまったくどうしようもあるまいと彼は不平をいったが，彼の方が正しかった。私は絶対に彼を真似しようとはしなかったのだ。彼はその理由により私を裏切者と呼んだが，次の手紙が示すように，彼の側には後味の悪さを残さず別れたのである。

「拝啓　アントニン　　　　　　　　　　帝国ホテルにて，東京　1921.2.8.

透視図は昨日届けられた。不愉快だった。望みがないとわかった。

何か気のいい君の約束のために，1カ月以上も待たされた揚句だ。わかったのは，たかが10時間仕事程度のやにっぽい複写，何となく似通わせてはいるが，せいぜい泥水の中の糞の山みたいに何もない。

こんな〈苦役〉は，いやいやながらだということは明白だ。僅かながらでも私自身が手を入れたものでなくては，自分の仕事の彩色画には満足するものでないことが良くわかった。たとえ君が最善をつくしたとしてもだ。

だから互いに諦めよう。君の旅費は帝国ホテルにもどしてくれ。それでわれわれは終りだ。神の慈悲として，宿泊費の請求は止めてもらうよう林さんに私から頼んでみよう。

敬具

フランク・ロイド・ライト

ちょっと付け加えたいのは，今後は君のいかなる友人関係に対しても，私や私の仕事に対して正直に憎悪を持つなり，公言をする方がいいだろう。これから君は職業団体の愚かしい一員として，どこにあっても実業家の〈勢力範囲〉の中で，建築と建築家を餌食にするのだ。もしも君がそうするつもりならば，〈株主〉のリストを作って自信をもつがよろしい。株主とは，君の事務所の借り賃と給料と，君のいう〈自由〉に対して現金払いをしてくれる人びとのことだ。」

寺めぐりの旅から

伊豆半島旅行の際　谷津の温泉のスケッチ　1920年

紋付を着て

10. 東京における仕事

　さて私たちは，平凡な国際的気分の帝国ホテル住いから逃げ出して，郊外の単純な小日本住宅に移った。どうすれば純粋の日本生活に馴染み，楽しく過せるかを学ぶには，ほとんど時間を要しなかった。

　私たちは次第に友人をつくったが，なかには国籍や，言葉や，習慣や，社会的地位の違った友人がいた。まだホテルにいた頃，それはライトであったと思うが，チェレミシノフを紹介された。われわれはいつも彼女をそう呼んだが，帝政ロシアの鉄道大臣の娘で，ボルシェビキ革命を逃れ，妹と滞日していた。「革命なんか続きはしない。」といって，彼らは，1，2カ月のうちに帰るつもりでいたが，妹が帰っても，彼女は残っていた。

　貴族の背景と教育をもったチェレミシノフは，ほぼ全部のヨーロッパの言葉に通じ，すぐれたピアニストであり，彫刻家でもあった。彼女の生活の面倒を見たり，ピアノの生徒や，彫刻の依頼主を探して世話をしていたのは日本人外交官で彼女の亡父の友人であった。

　震災の折，彼女は鎌倉海岸に小さな家を借りて住んでいた。津波が予報された時，漁師と山の方に逃げようとしたが間に合わず，海岸通りで辛うじて電柱によじ登って難をのがれた。波がおさまってから，彼女は海岸の岩づたいに戻ったが，その家は消え失せていた。しかし，グランドピアノと，彼女の犬だけは忠実に待ちうけていたという。

　グルチャラン・シンは日本に陶芸を研究にきていた，若いインドの学生であった。私たちに，日本の特にすぐれたこの芸術を紹介したのは彼だったのである。彼の従弟は，彼と同様シク族でヴィルジーといい，インドの物語を聞かせてくれ，またうまいインド料理を作ってくれたりした。また，指で食べる方法も伝授してくれた。ヴィルジーは溶けたバター〈ギー〉がなくてはいられかった。それは古いスタンダードオイルの石油罐に入ってインドから送られてきていた。そのバターは容器にもかかわらず最高であった。

　私たちを平凡寺の名前でよばれる人に紹介したのはグルチャランであった。平凡寺は完全な聾唖者で，私の妻を生徒としてうけ入れた。妻はその小さな家に定時に通い，畳の上にすわり，絵画と日本語の習字を教えられた。彼の妻は時折やって来て，彼の掌に指で字を書いて話を進めた。彼は逆さに書かれた字を読み，同じ方法で彼女に返事をした。彼が口を使って無理に声を出すのは，唯一つだけ，鳥に対して「回れ！」という命令をする時であった。鳥は彼が止めというサインを出すまで，繰り返し回転した。

　平凡寺はガラクタ宗の主宰者で，創立者でもあった。そのガラクタ宗は，ありとあらゆる人間の職業，職人や芸術家や，宗匠を含めた33人の会であった。会員の職業はまちまちで，医者，音楽家，木彫家，有名な漆工芸家，木版家，貴族の一員，僧侶，芸者は唯1人の女性であった。

　毎月，寺か茶室か，会員の家に集まった。友人や家族の女，子供たちが頻繁に招かれた。一日，集まっては，書や画について話しあった。作品の交換も行なわれた。私たち

目黒の自邸にて　リュビエンスキー伯爵　グルチャラン・シン　バビトラ（フィリップ・サン・ティレール）伯爵夫人　ノエミ

ガラクタ宗の主　平凡寺　平凡寺夫人を囲んで　グルチャラン・シンとノエミ　目黒の自邸で　1920年

が，いわゆる「墨絵」を習ったのもそこであった。これこそ大自然の巧みの説明であり，人びとによく知られていない筆，墨，紙で何事をも表現する信じ難い手法なのである。筆は手と指の自然な延長で，墨絵はそれから生まれる。ガラクタ宗の全会員が絵を描き，一緒に過した当日の思い出に，会員相互に贈り合った。

ある日，ひとりの会員がこの世を去った。私たち夫婦を1人と数え，その死んだ会員の補充となるようにすすめられた。故人は馬の蒐集家であった。述べるのを忘れていたが，この会では各人それぞれが何かを蒐集していたのである。たとえば，貝殻，ボタン，錠前など。そこで，私たちは故人のあとを次いで馬を集めることになった。会員の助けを得て，その蒐集を増すように私たちはできるかぎりの努力をした。

またある日，会員の芸者が，全員を品川のすばらしい茶屋に招待した。その日の主な催しは琵琶の名手である，若い芸者の演奏であった。着物と帯を美しく着こなした彼女は，その昼さがり，数回にわたり，海を背景にした縁先にすわり，絶妙な琵琶を奏で歌ってくれた。それは忘れ得ぬ思い出であった。大震災が間もなく起こり，この年上の芸者は死んだという。大震災により，多数の会員がどうなってしまったのか，ガラクタ宗がそののち復活したのか，私は知らない。平凡寺は何とか難を逃れて家族と住んでいた。さらに後，私たちは幾人かとつきあっていたように思う。

大震災前の東京は，かなり日本色の濃い都市であった。優れた庭園，壮大な寺，美しい住宅などがあり，建築的には全体に，尺度の統一とか，建物のおさまりとか，その色がはなはだ興味深かった。また，繰り返しのリズムの単調さは，まったく独特な美しいものであった。自転車と人力車を除けば，車の交通はないにも等しく，住むには適当な静かな都市ということができた。

ある程度，ヨーロッパ風に住もうとする特定階級は，貴族のある人たちか，裕福な商人のある人びとに限られていて，彼らはアメリカか，またはヨーロッパで一定の教育を受けていた。彼らの家には，いわゆる洋式部分か，または洋室がしつらえてあった。しかしその洋式部分はむしろ情けないような，ヨーロッパ建築のヴィクトリア様式の模倣であった。しかも本来の居室ではなく，応接室として用いられていた。

ほとんどの住宅はまだ因習的な方法で建設され，ヨーロッパの建設技術は単に公共建築とか，商業建築，工業施設のみに使われていた。実際にはその全部が極端に保守的で平凡であった。少数の若い建築家たちが改革をしようとはしていたが，今世紀初めフランス，ドイツ，オーストリア，イギリスに始まっていたアール・ヌーボーを，臆病に模倣していたにすぎない。

かなりの数の建築家は，イギリスかフランスの学校を卒業し，ただ数人がアメリカの学校に行っていた。彼らはごく保守的な教育を受け，誰もその傾向にあった。1920年代の，若い日本の建築家が，現代日本建築にも，日本の伝統的建築にも興味のないことに，私もノエミも驚いた。私たちは日本の伝統的建築に魅せられ，勤勉に研究を始めていたのだ。

スラックと私は，新しい会社を「アメリカ建築合資会社」とよんだ。われわれは東京の日米貿易会社にいたスラックの友人から，適当な資本を借りうけた。しかし協同し始めてから1年後，われわれが両立し難いということと，協同しては働けないことを，意識するようになった。スラックはまったく合理的に商業主義に傾いていったけれど，私とノエミは熱心に芸術の完成を望んだ。われわれは少なくとも和解して別れ，スラックはアメリカ

上　戦後送られてきたガラクタ宗の手書きの新聞
下　平凡寺からきたはがき

にもどった。爾来彼に会ったことはない。

　私がライトと別れ，スラックがヴォーリスから退いた直後に始めたその事務所は，三菱仲21号館の日米貿易会社と同じ建物にあった。その社長フランク・シェイと，名を記憶していないがもう1人のアメリカの実業家は，主要な日本実業界，工業界の人たちと親密であった。

　彼らは当時きわめて特殊な存在であった東京クラブの会員に私を推した。私はそこで多勢の日本の社交界の人物，貴族，実業家などと会う機会をもつことになった。

　公式社会の面々がほとんどイギリスで教育をうけていたから，東京クラブも当然イギリス調で形成されていた。そのなかで外国外交官と接見する皇族は，衣裳も行動もヴィクトリア女王時代の宮廷の習慣によって統一されていた。クラブの秘書イギリス人のメドレーは，私生活では東京帝国大学法学部教授であった。会員のほとんどは日本の貴族か，政府高官か，また外国外交官であり，そのなかには優れた外国人実業家とか，専門家が入っていた。クラブは皇族によって保護され，厳格に運営されていた。

　田中次郎邸 (1920)　そのクラブで私が最初にデザインした住宅の施主，田中次郎に会った。彼は逓信省の高官だったが，工業界に進出するため職を退き，当時日本石油の専務であった。私はその住宅をデザインするにあたって，とくに日本の習慣に注意を払った。私はすべての仕事を通じて，方位の尊重に気を配ってきたが，今でも私の最も重要なデザインの原則の一つである。

　東京テニス・クラブ (1921)　東京クラブの会員になる一方，私は東京テニス・クラブ会員にもなり，そのクラブの建物も設計した。完成した建物は，その当時大変モダンであったが，デザインはフランク・ロイド・ライトの影響を決定的にうけていたと思う。

　星製薬商業学校 (1921–22)　モーガーという日米貿易会社の理事の1人の紹介によって，私は製薬業の太公，星一に会った。彼との出会いこそ語る価値のある話だろう。

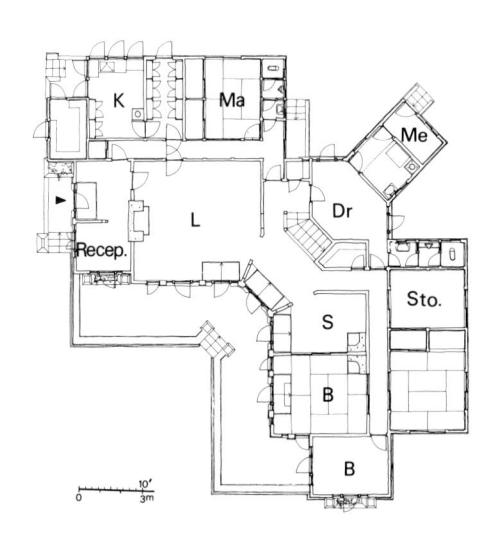

上左　東京テニスクラブ　1921年
上右　東京テニスクラブ　ロビーの暖炉
下　　田中次郎邸　1階平面と外観

星商業学校 1922年

工事中の骨組

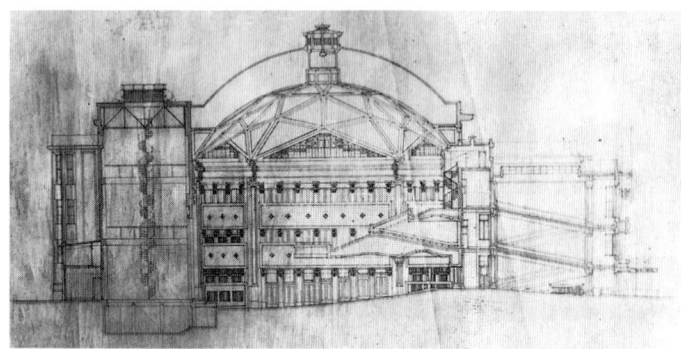

断 面
玄関の斜路

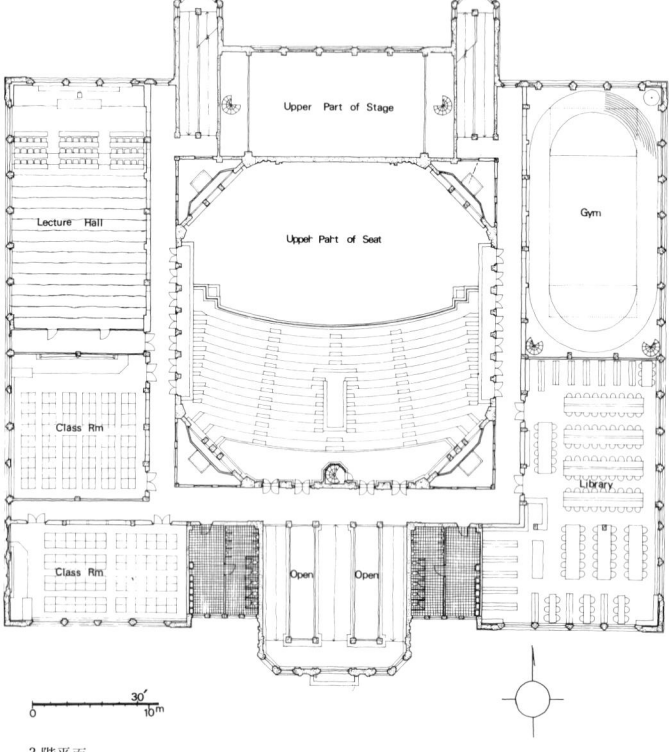

3階平面
講堂舞台側

ある日の午後，私の事務所にあらわれた星は，「星セールスマンの学校」の概要を手にしていた。それには各100人の教室，1,000人の講堂，水泳場，体育館，その他の希望条件が載っていた。明日までにデザインができるかとの彼の問いに，「できます」と私の熱意が答えてしまった。

　彼が出て行くや否や仕事にかかり，翌日の夕方デザインはできた。彼はそれに目を通し，多少の質問をしたが，驚くべきことには，それ以上の詮議もなく，即刻実施図面を私に委託したのである。星と一緒に来たのは五十嵐次之助工事長，総合請負清水組（現在の清水建設）の代表であった。彼こそ，その後の長い年月の間，多くの建物で協働してくれた人であった。

　その結果が，東京における最初の鉄筋コンクリート造の一つとなった。三角トラスで構成された，バックミンスター・フラー的な講堂を覆うドームは，構造計算なしで設計され建設された。主階段に代る広い傾斜路，鉄の螺旋階段はそれ以来随分模倣もされた。

　建物は維持不足と，占領軍による荒っぽい使用とで老朽してきたが，今もそのまま五反田に建っている。

清水家一族と　清水揚之助　ノエミと私が中央　1921年

後藤新平子爵邸（1922）　星は，当時の東京市長でその6年後に子爵となった，後藤新平男爵を私に紹介した。私はその住宅をもデザインしたが，のちに満洲国領事館となり，戦争中に爆撃をうけて破壊され，火災にあった。そして修復され今日では中華民国大使館となっている。

　後藤男爵は，ドイツで医学博士号を獲得，1904～5年の日清戦争で朝鮮の民間統治の主役の義務を果した。さらに南満洲鉄道社長となり，時には内閣にあって逓信省の切り札ともなった。私と後藤男爵とのやりとりは，あらゆる意味で興味深いものであった。私には日本の民間に広く拡がる迷信，「鬼門」への初入門であった。後藤新平はその住宅の平面を，易者に見せずには決定しなかった。だから，平面の決定はきわめて難しくなったが，それでも機能的ではあった。

　鬼門は敷地の北東の隅，鬼の精がたむろする所である。その迷信はあきらかにその方面，すなわち古代にあってはある土地を襲うのに北東方面から穴居民族の鬼どもがあらわれたということに起因している。日本人は敷地の北東の隅に決して設備部分をおかない。便所もおかなかった。これは今も広く伝わる迷信であるが，日本の建設業者たちはそれを乗り越えて，わり切った解決をしているのだ。方位の点では，気候調節などが開発され，またたとえば，北東に面して建物を配置し，主要な要素と望ましくない関係を一緒にすることもその解決だった。

　その他にも日本独特の落し穴があった。男爵の寝室の天井は梁をあらわしにしたが，首吊とあわせて考えられるため望ましくなかった。また，死体は頭を北に向けるという習慣から，ベッドは縁起の悪い方向に向けてはならなかった。だから私たちはベッドに車をつけ，意志によって動かすことで妥協した。また当初，玄関に到るのに四段の階段があった。四は漢字で「死」に通ずる不幸な数であり，三段の階段に変えざるをえなかった。

　後藤男爵は博識で，しかも即決の士であり，指導者的権力を持つ人であった。ともあれ，彼と仕事をしたという経験は大変なものであった。

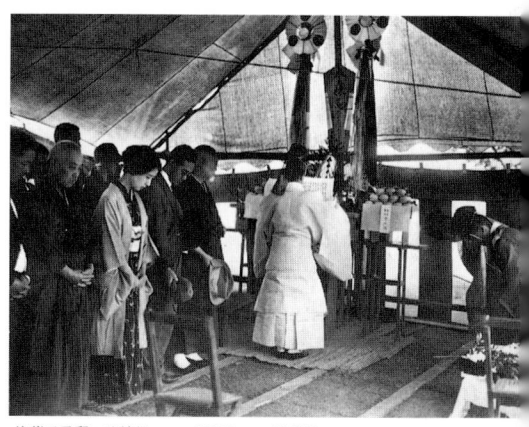

後藤子爵邸の地鎮祭にて　1922年　後藤新平子爵とその家族　清水組の五十嵐次之助　私にとって初めての地鎮祭の経験であった

上　後藤子爵邸の玄関と庭側からの外観
下　後藤子爵邸の暖炉のひとつ
右　後藤子爵邸1, 2階平面

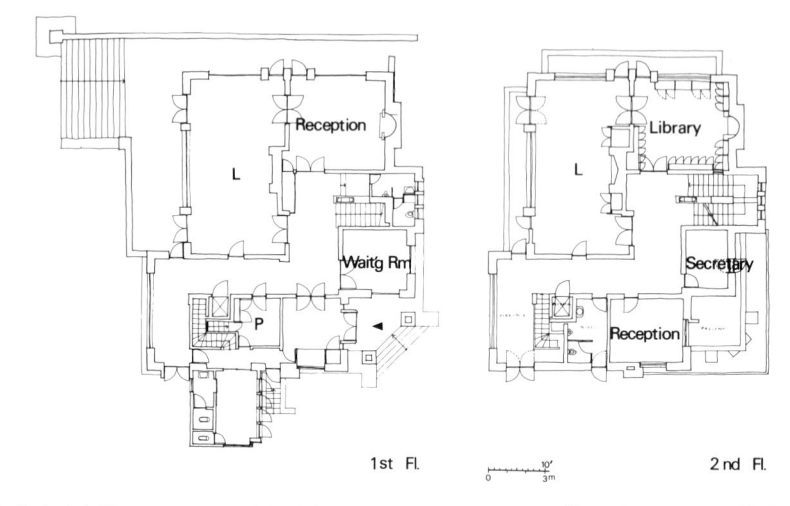

後藤子爵邸の第一次計画案

東京女子大学（1921—3）　同じ頃、カール・ライシャワー博士が、キリスト教女子大学の総合計画と、建築のデザインを委託してきた。彼は1960年に戦後日本のアメリカ大使としてきた、エドウィン・O・ライシャワー博士の父である。それはロックフェラー財団が投じた、中国、インド、日本の三キリスト教女子大学の建設の一つであった。ライシャワー博士とともに、私は適当な郊外の土地を探し、吉祥寺近くに適切な地価で2万坪（17エーカー）を決めた。当時はまったくの田舎で、静かな平隠な畑が散らばっていた。

中心の厨房、厨房機械室と水槽部分から放射する食堂、学生寮群は、考え方と効率の点で実に現代的であった。幾つかの職員住宅、教室棟、体育館も、同様に当時としてはまったく新しく、実験的な鉄筋コンクリート造であった。その全部が1923年の大地震の災害にも無事生きのびたのである。

総合計画が巧妙に解決されていたばかりか、第二次世界大戦まで、ライシャワー博士によって厳格に守られていた。しかし、戦後、学校の指導者が日本人となり、基本計画と関係なく、建物が敷地いっぱいに散らばってしまった。

日本における実務の当初は非常に困難であった。内心では反抗していたにもかかわらず、ライトの強い個性がどれほど私の考えを支配しているか、私自身認識していなかった。懸命に努力しようとも、ライト調から逃げ出すことができず、星商業学校、後藤子爵邸、当初の東京女子大学の建物、幾つかの住宅に、はっきりあらわれていた。その強い影響か

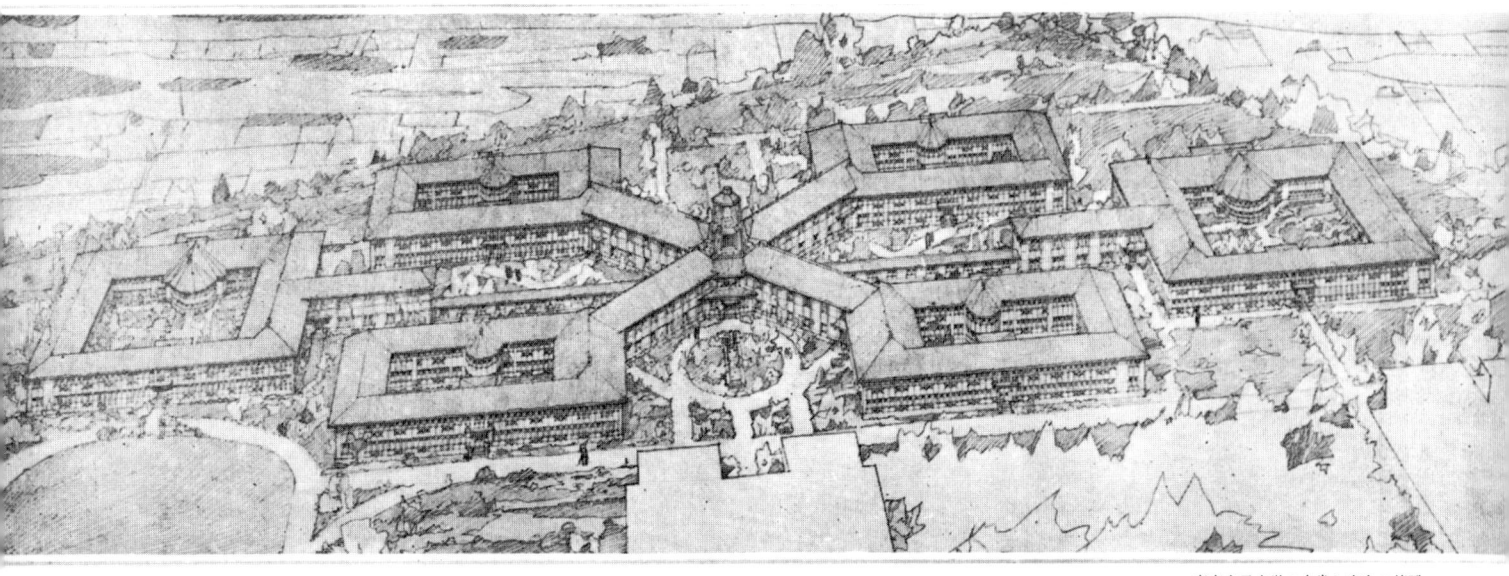

東京女子大学の食堂と宿舎の俯瞰

東京女子大学の全体計画
同大学宿舎　1921年

ら私自身を解放するために，私は集中的な努力と3年の年月を必要とした。

　主として観察から，また伝統的建築の研究により，私にはすべての日本建築，ことに住宅のデザインを支配している，決定的な根本原則がおもむろにわかり始めていた。そしてこれが，永続していた日本建築の根本原則であり，ヨーロッパの最高のデザインを支配しているものと同じであるということが，次第にはっきりしてきた。ことにゴシック時代のようにヨーロッパの絶頂期のデザインに著しくあらわれた原則であった。

　私にはまだはっきりと，その根本原則を具体化する能力はなかったのだが，総括として単純きわまりないもの，自然きわまりないもの，最も経済的なもの，最も直截的なものであり，永遠な，しかも絶対的な質をもつ良いデザインの完成には最も確実な方法であった。ライト調の一部が，まだ私のデザインに低迷していたにもかかわらず，日本の諸原則は私の概念を支配し始めていたのである。

　東京の田中次郎邸でも，また福井菊三郎邸でも，ライトの影響がよくあらわれていた。しかし星商業と東京女子大は，すでに幾分か独自の考え方を示していた。星商業のドーム，主階段に代わる斜路，体育館の構造の純粋さ。東京女子大では学生寮の自由な計画，その体育館の純粋な形は構造から導かれたものであった。

　私は次第に内外の実業家たち，また貴族の間に信用を高めることに成功し，彼らのために仕事を始めていた。この日本の両階級は何事にも頑固で，特にデザイン面では保守性が強く，私の主張するような良いデザインの何らかの成就のためには，はげしい議論を経なければならなかった。時にはがっかりするような妥協も必要であった。

　1922年に私が二つのクラブのメンバーとなったことは，のちに大いに役立っていた。私は幸運にも，そこで多くの明治時代の生き残りの大御所と会ったのである。そのなかに，日本のセメント工業の創始者として有名な浅野総一郎がいた。

　20歳の時，浅野は家をとび出し，1871年，東京での炭の行商から始めて，工業界における素晴らしい経歴の端緒をひらいた。10年後，彼はセメントの製造を始め，これが日本セメント業界に冠たる浅野セメントの出発であった。彼の実業帝国は浅野財閥とよばれ，そ

東京女子大学教官住宅　エドウィン・ライシャワー元アメリカ大使も幼少時代を過したこの家々は日本での初期鉄筋コンクリート住宅の一つであった

左　福井菊三郎邸　1922年　翌年の大震災に煉瓦造りながら生きながらえた
下　福井菊三郎邸　1，2階平面

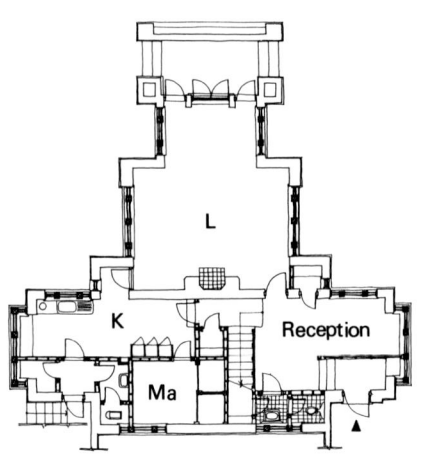

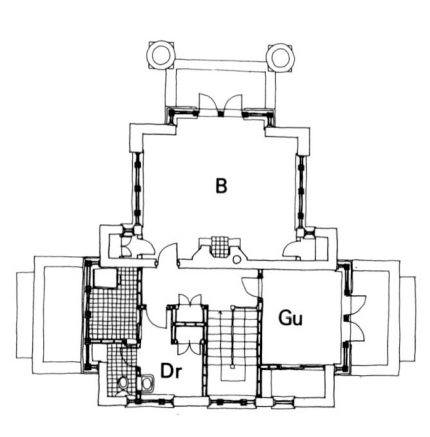

左 銀座のナショナル金銭登録機事務所 臨時の建物と本社計画 1924年
下 大阪のアンドリュース・ジョージの鉄筋コンクリートによる事務所 1924年 下から1, 2, 3階平面

の分野は郵船と造船，製鉄所，電力企業，鉄道投資と幅広いものであった。浅野は，同時に26の会社の社長と，ほかに10の重役をしたことがあるといわれ，実業界，工業界では真のパイオニア精神をもっていた。毛深い眉をもった彼はむしろハンサムだった。私が会ったのはちょうど郵船，工場などの他に吉原の芸妓屋をもち始めたころであった。私はそれに関係し，非常に面白い特殊な経験を持つことになったのである。

1923年の関東大震災の少し以前，吉原地区に大火災があった。火は浅野のもっていた芸妓屋の多くを灰にした。浅野はその時，決して再び燃えおちない芸妓屋を建て直そうと決心した。彼は私のことを，耐火コンクリート建築の知識をもった，若いアメリカ建築家として聞いていた。

かくして朝の6時，彼の品川の家によばれることとなった。彼はきわめて勤勉な人間であったため，午前6時にくるように取り計らったのである。

われわれは吉原へ車を走らせた。それはまったく驚くべき経験であった。まだ残っていた少数の家の人びとがわれわれを迎え，茶が出され，建物の配置の機能が説明されたのである。吉原の各家は美的見地からいって実に美しく，まさしく古い日本の様式によるすぐれた仕事であった。家々には少しもいぎたなさがなかったばかりか，反対に日中でも陽気で，楽しくさえあった。私は実際に，一群全部をコンクリート造でデザインしたのだが，結局建てられはしなかった。震災があらゆる条件を変えてしまったのである。

再びきっかり午前6時，別の機会に私は浅野の呼出しをうけた。彼に従って，横浜に通ずる道を大森の丘まで行ったのである。丘は東京湾を眼下に見下す位置にあった。彼は目の届く限りの湾を埋めたて，開拓地を工業用に用いようとするアイデアを説明した。そして，アメリカの会社で，人の労働に頼らず，その仕事を果す機械を供給するところがあれば，推薦してくれといった。それは世界でも最大の工業地の一つに伸びた，京浜間の土地干拓拡張の第一弾であった。

第二次大戦の直前，その計画を説明した大森の丘の上に，浅野の銅像が建てられた。それはなかなか愉快な銅像で，彼はスポーツ用スーツを着用し，山高帽子をのせていた。不幸にも銅像は戦争のため日本軍隊が徴発してしまった。おそらく原型は，いつか据え直されるとこであろう。

私とノエミは，日曜，休日，何時でも休みがとれると，小さなオープン・カーに犬のバ

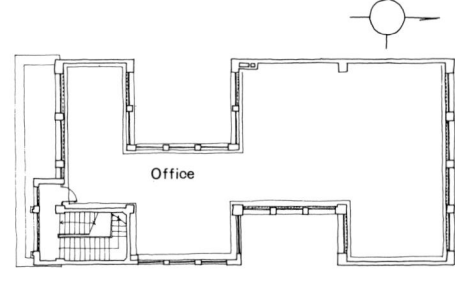

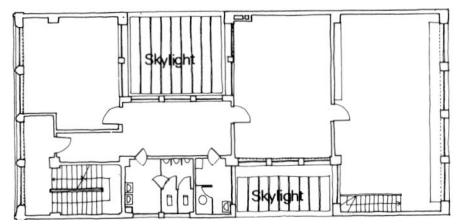

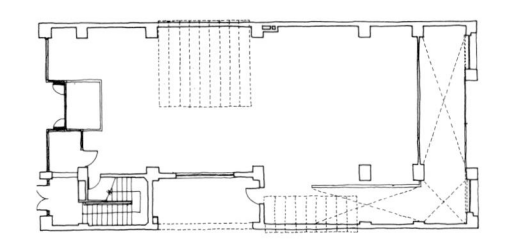

左　榛名湖にて
中　フィリップ・サン・ティレール　伯爵夫人ジーナ
　　ノエミ　リュビエンスキー伯爵　多摩川上流にて
右　週末の田舎めぐりのハイキングにて　J・F・マッ
　　シュバー　ボブ・モス　私　1922年

箱根山にて　ノエミ　J・F・マッシュバー　ボブ・モス

目黒の自宅にて　田上義也　女良己之助　使用人
私　1922年

トーをのせて観光旅行に出た。トラックは稀で，僅かな車が走っていたに過ぎず，給油所はなく，私たちはガソリンの予備タンクを積まなければならなかった。無舗装の道は狭くても，調子は良く，橋は少なかった。川を渡るには原始的な渡し船に乗る必要があったが，まことに抒情的であった。田舎は損われることなく，海岸や山にも混雑はなかった。人びとはきわめて親切で，ほとんど誰もが着物を着ていた。

時々箱根の山，軽井沢，日光，多摩川の上流地域，ある時は遠く日本アルプスへと汽車の旅をした。そして，何時間も気軽にハイキングに費したが，大部分は丘や山をめぐる，炭焼きに農民が用いた山道を抜けて行った。今では火鉢は滅多に用いられず，多くの山道は茂みに隠れハイキングも限られてしまった。

1921年の伊豆半島回りの旅行は忘れられない。今日の伊豆半島には，素晴らしい高速道路や鉄道が走り，旅館もホテルも何もかもあるが，当時は道といえば荷車を通すだけであった。小道がほとんどの連絡に役立っていて，鉄道といえば軽便とよぶ狭軌の鉄道一本だけが，小田原から熱海に通じていた。私たちは10日間位，素晴らしい風景と海の景色にみちた古い日本にいた。夜は，小さな田舎の旅館や温泉宿に泊り，昼は歩き，エメラルド・グリーンに澄んだきれいな入江で泳いだ。

とある村では大地を掘った深い石の穴のような所に温泉が湧き，上には草屋根が覆っていた。下の浴槽まで石段を下りると，湯気を通して，男や女，子供たちが湯につかっているのが見え，洗いながら話をかわしていた。片隅に骨と皮ばかりにしなびた老女が，湯口に近く身を沈めていた。彼女は私たちを見ると始めは驚いたが，外国人の男女の出現を喜んで，本当の親切さで心から迎え，「こちらへどうぞ，ここにお入り，ここが一番熱い所ですよ」と私たちをよび入れた。人びとは，どこでもきわめて親切で，丁寧であった。

ちょうどその頃，私たちは3人のヨーロッパ人に会い，ごく親密な友人になった。1人はフランスの工科大学の卒業生，技師で数学者のフィリップ・サンティレールであった。彼の生涯の目的は，宗教哲学の研究と人智の探究であった。彼は私たちの生涯で，はなはだ大切な役を演ずることになった。つまり，のちに私たちはインドに行き，重要な仕事の一つをしたのだが，彼はその仲立ちになったのである。

また，インドのパンジャブからきたシクー教徒の陶芸家グルチャラン・シンとか，彼の従弟ヴィルジーと会ったのも，その頃のことである。グルチャランは，日本の陶芸の研究のために来日したのであった。

グルチャランと芸術の世界を広げるなかに，後年私が熱をあげた朝鮮陶芸への最初の接触もあった。彼は現在，インド政府直属の陶芸家の長で，爾来ずいぶん長くなるが，今でもまだ便りをかわしている。近年，ヴィルジーの死が伝えられた。

帝国ホテルの現場で働く大工たち　東京　1920年

Painting

嵐のあとのタリアセンの風景　ライトに酷評されたもの　1916年

ノエミの描いた私　ウィスコンシン州タリアセンで　1916年

3人のブラン嬢　ジェノアでの私の下宿の女主人　1918年

職人のスケッチ　1921年

ノエミの自画像　東京　1920年

中央にライト　古いアトリエを取壊す大工と私　1916年

日比谷公園のつつじ　東京　1920年

日比谷公園の花まつり　東京　1920年

3
1923——

11　関東大震災

12　私の施主と作品

13　拡大する仕事

14　私の事務所、私の本

11. 関東大震災

　1923年9月1日，土曜日。私は星商業の請負をしていた清水組の五十嵐技師に電話をしていた。突然，強い揺れがきて「地震だ！」と彼の叫ぶのが聞こえそれきり電話は切れた。

　建物は揺れ，室内の家具がたおれ物が落ちた。一方の窓からは内庭の高い煙突が，気狂いのように揺れるのが見え，反対の窓からは，施工中の鉄筋コンクリートの10階建が雲のようにひろがる土煙の中に崩れていった。建物内にいたほとんどの労働者は死んだ。もはや床の上に立ち上ることもできず，ただ壁に身体をもたせかけているだけで，どうしようにも無力であった。大地の騒音は，通りを走る重戦車編隊の轟音のようであった。どうやって15人ほどの事務所員たちとともに1階までかけおりたか，私はまったく記憶がない。また地震の揺れで破壊した浄化槽の水をかぶった私の車フレンチ・マチスを，どうやってきれいにしたのかそれも記憶にない。とにかく大通りを皇居に向かって車を動かしていった。顔から血を流す人びとや，通りに坐ったり，寝ていた人びとのことを覚えてはいる。

　騒音と地震の激しい揺れの中でも，新築された9階建の東京会館ビルに起こったことを，私は驚きの目で見守っていた。この建物の建設には型どおりのアメリカ技術が使われていた。鉄骨に石造の耐火建築，外部はテラコッタの仕上げであった。私ははっきりと，窓下のスパンドレルに，斜めにクラックが現われるのをみたし，また，3階あたりの柱からは石が鉄骨と分離して落ちかけるのをみた。水道管はねじれ道に散水を始めていた。鉄骨は熱し，曲がり始めていた。その露出した鉄骨の上層部全部は，振子のように揺れていたが破壊はしなかった。この種の建物への地震の効果は，またとない教訓であった。

　地震が起こってから約10分が経過したとは信じ難かったが，帝国劇場はすでに炎に包まれていた。警察官が私をよびとめ，宮城広場に向かって地割れが広がり，また閉じるのを指し示した。とにかく私は，品川にある自宅に向かって進もうとしていた。通りは，真中にすわったり，横になった人びとで溢れていた。

　地震の波は，2階建の瓦屋根の上にはっきり示されており，水平方向に激しく瓦がゆり落とされていた。そして溜池近くの，開け放しの陶器店の棚からも，陶器が揺り落とされていた。建物は激しく揺り動かされ，あちこちに火災が発生していた。

　何たる奇蹟か，私は妻と品川の家の近くで会った。彼女は市の中心にある私の事務所に向かって，品川駅近くの橋の上を駆けていたが，そこで私とばったり出会ったのである。その日私は船で出かける友人を見送りに，横浜へ行くことになっていた。彼女は私が横浜へ行っていて東京の全滅から逃れていることを願っていた。私たちは知る由もなかったが，横浜の被害は東京よりも大きかった。ことに埠頭はひどく，私がそこにいたら，ほとんど命を失っていたと考えられる。

　ノエミの語るところによれば，彼女は女中室にいて，土曜日だったので週の勘定をすませようとしていた。その時，すさまじい音とともに建物が左右に揺れ，壁が口を開けた。

女中は外へとび出そうとしたが，彼女は本能的に畳に身を伏せさせた。外では物が落ち，崩れていた。平屋の女中室はトタン屋根で，母屋よりも揺れが軽く，そのまま建っていたが，皆が見守る中を，母屋の方はゆっくり湾に向かってすべり落ちていったという。

一緒に家にもどった時狭い道は瓦や破片の山であった。海は後退を始め，人びとは津波を心配していた。さし迫った状況の中でノエミは特に平静であった。きわめて暑く彼女はひと泳ぎしようとしていた。しかし，すでに海岸には死体が流れついていたのである。

今や，市の大部分の空は，巨大なカリフラワー型に上方に広がる途方もない雲に覆われていた。近所の人びとは，築地方面で火山の爆発が起こったのではないかと心配し始めていた。私たちはその夜は外で過ごし，すでに市をなめつくしていた火を怖れていた。

早朝，突然フランス人の友，フィリップ・サンティレールがあらわれ，安全だったとは考えもしなかった青山の彼の家で一緒に住もうと誘った。私たちは荷物をまとめて車に積み，次の数週間，彼らとともに過ごしたのである。その家の同居者は，避難していたポーランドの伯爵夫婦。この3人の友人たちは，高い教養があり，興味ある人びとであった。

その近所には噂が流れていた。朝鮮人たちがこの機会に東京の破壊を企てており，われわれが頼りにしている井戸の中に毒を入れて，日本人の不当な圧迫への恨みを晴らそうとしているというのである。

朝鮮は当時，まだ日本の支配下にあった。私は，相当数の朝鮮人がこの恐慌の間に，何の理由もなく殺されたことは疑わない。私ですら自警団に加わり，夜の道路を警羅した。

できる限り早く，つまり2日後の9月3日，私は帝国ホテルに向かった。そこには外国人たちが連絡をはかって集まってきていた。ホテルは一部分その前年に開館されていて，地震のあった土曜日には，その全完成を祝う正餐会が予定されていた。ホテルは地震にもめげず完璧で，差し支える被害はなかった。食堂の床は，長手方向にも，短手方向にも歪みを起こしていた。また，建物の背後の高い部分を沈下させ，裏の入口の上りを，下りに変える必要を生じていた。帝国ホテルに近接する建物は焼け落ちつつあったから，ホテルも延焼に見舞われる危険にさらされていた。しかし，外人客の援助を含めた社員たちの精力的なバケツ・リレーの努力がその火災を防ぎ，何の被害もうけることはなかった。

東京には戒厳令が敷かれ，いろいろな噂が流れていた。私が帝国ホテルに到着した時，

震災当時の東京　1923年

震災当時の東京　1923年

ホテルはまるで兵営のようであった。支配人の犬丸徹三は，日比谷公園の数千に及ぶ避難民が押し寄せてくるのに備え，やくざたちを組織して見張りにつけていた。また軍隊も駐屯していて，避難していた外交官たちを守っていた。給水はなく，電灯もなく，電話は切れ，電報など一切の通信機関は途絶え，自動車も汽車も動かなかった。厨房のレンジは働かず，ホテルでは消火栓近くに焚火をして，一切の食事を作っていた。けれども9月5日になると，多くの連絡機関が多少なり恢復していたのである。

地震後しばらくの間，ひきつづき気候は蒸し暑かった。揺れは時にひどく，また軽く，毎日頻繁に起こっていた。目覚ましい行為が英雄的な人びとによって行なわれていた。警察官は白い夏の制服を汚してはいたが，しっかりと彼らの部署についていた。東京の大部分は燃えつづけていた。市の火災地域からの避難民は，果てもなく続いていた。わずかな身の回りのものを持つ人びとはまことにあわれに見えたが，彼らの目には宿命感があり，救われていた。そこには不平もなく，恐慌の兆もなかった。

アメリカ大使館所属の軍属，バーネット大佐は実に精力的に，しかも早急にアメリカ退役軍人と予備役将校の一隊を組織した。私は予備役将校だったから，奉仕に参加することになったし，私としても満足であった。それにきわめて興味のあることでもあった。

東京のあちこちに仮住いしている外国人を，できるだけ助けるための組織であった。不通だった外国人からの連絡が，親切な日本人によってもたらされ始めた。日本人は誰もが，助けのない外国人にきわめて親切であった。

バーネット大佐は数台の車を確保し，予備役将校たちを運転手とした。ちょうどその運命の土曜日，日本に到着し，直ぐ軽井沢に行こうとして行方不明になった，2人のアメリカ婦人を救助するため，私は上野駅に送られた。上野に行くのは楽ではなかった。多くの部分がまだ燃えていて，橋は大低焼け落ち，川は死体で詰っていた。結局は，2人のことを伝えた使いの助けで見つけたのであるが，彼女らはその救援に泣き崩れた。

アメリカ極東艦隊のエドウィン・A・アンダーソン提督の道案内となった時，私は痛ましい経験をした。彼は救済のため，満洲の大連港から，その地区のすべてのアメリカ軍艦を連れ，乗艦ヒューロン号で救援物資とともに横浜に急行してきたのであった。私の小さなフランス製の車に友人の予備役将校デヴィッド・テイトが同乗した。のちの第二次大戦の日本占領軍のテイト大佐である。私は提督が上陸するはずの，築地の海軍造兵廠跡に車を運転して行った。造兵廠は，煙る残骸以外にはほとんど残っておらず，誰もいなかった。夜半，提督を運ぶモーター・ボートが，上陸地点を探しているのを見つけた。そしてその一隊の上陸を手伝い，帝国ホテルに向かった。提督が遭遇した光景は，まことに怖るべきものであった。死体の浮いている川にかかる，こわれかけの橋を渡らざるを得なかった時，提督は車のふちを握りしめていた。帝国ホテルに到着した提督の最初の質問は当然「イギリスは現われたか」であった。アメリカ艦隊が一番乗りと聞いて，彼はまったく安心したように見えた。アンダーソン提督の仕事は被害範囲を，ワシントンに知らせることであり，緊急需要が何かを報告することであった。私の仕事は東京で最も被害の激しい所に，彼を連れていって見せることであった。

われわれは本所の陸軍被服廠跡の広場に行ったが，そこでは4万人に及ぶ人びとが焼死したのである。彼らは身の回りのものをもって広場に来たが，周りに火の手が回ると荷物が火を吹き，もはや逃れる術もなかった。われわれが着いた時，まだ息をしている少数の

人が，死者の堆積の中から救い出されているところだった。広場は溶けた自転車が垣をめぐらしていた。アンダーソン提督も私と同様，その光景に胸をむかつかせたが，直ちに十分な援助要求をしようと決断した。

　悲惨さは全体に及んでいた。鉄道網，電気，水道設備，食糧補給，電車，給油などすべて数週から数カ月間，完全に，または部分的にかたわになってしまった。また鉄道はねじまげられ，のたうちまわる巨大な蛇と化した。道路には大小の陥没やひびわれができて，部分的には地辷りがおき，擁壁や，垣根の崩壊で道はふさがれた。大きな欧風の建物の周囲の歩道や道は，建物の動きに押され，隆起したり沈下したりしていた。橋は崩壊するか，大損害をうけ，また，多くの建物や煙突や構築物は，曲りくねった鉄，コンクリート，瓦礫の山以外の何物でもなかった。すべてはどかすことさえ不可能にみえた。

　地方の人々は結束して被災者ににぎり飯を提供していたが，これだけが唯一の食物であった。われわれは，避難した人びとを，東京のどこかにある彼らのもとの居住地に連れ戻すのに最善を尽した。時には，私の小さな車は踏板の上も含め，6人以上のせて走った。

　ひとりの老女に会ったのを今も思い出す。ほとんど泥まみれの繭のように，非人間的な様相で通りをよろめいていた。彼女は24時間以上川の中で火を避け水中に身を沈めていたという。老女を家に送り届けると，門の所へその息子と娘がとび出してきた。母が生きていたと分っても，彼らは感情を完全におさえ，やさしく母を迎え，手をとって家の中に導いていった。地震後数日すると，食糧，薬品，衣類，毛布を積んで，アメリカの救援物資が中国方面から届き始めた。アメリカ大使館は完全に崩壊して，そこに天幕村が作られていたが，救援物資の多くは，その天幕村の指図によるものであった。

　私は帝国ホテルの緊急部隊で10日ほど過ごしてから，再び自分の事務所で働き始めた。所員も現われ始めたが，ある者は下着以外何もつけていなかった。ある者はすべてを失い，家族にもまだ手がかりのないままであった。現在でも一緒にいる土屋重隆は，その当日私の代りに横浜埠頭に友人を送りに行ったが，地震の時，まだ到着していなかった。そして，東京にたどり着くのに3日以上かかっていた。橋も道も鉄道も，ありとあらゆる交通機関は使えず，荒廃の中を通りぬけるのに幾日も要したのであった。私はこのような状態の中で，所員たちと家族を助けるための救援物資を喜んで用意した。悲劇の直後，日本人の例にならって，われわれも再建の仕事にできる限り精を出した。

　手初めにしたのはもちろん，われわれが建てた建物や，施工中の建物の調査であった。当時の東京市長後藤子爵の家はほぼ仕上っていて，何の被害もなく完全であった。90フィートスパンの講堂をもつ星商業は，コンクリートもスチールも立ち上っていたが，とにかく何の被害もなかった。東京女子大では，寄宿舎の食堂をつなぐ暖房機械と水槽など，厨房の中心施設に軽い被害があった。体育館と住宅は，無傷で建っていた。その他東京テニス・クラブとか，田中邸など，完成していた建物にもひどい被害はないのがわかった。

　地震の直前，大資本の優秀なアメリカの総合建設会社が，日本における最大の丸の内ビルを，アメリカの技術により完成していた。すなわち鉄骨構造を，レンガとテラカッタの耐火被覆で仕上げていた。彼らは他に，日本郵船や東京会館も建てていたが，三つとも甚だしく地震の被害をうけた。それはデザイナーと施工業者に，耐震構造の経験が欠けていたからである。一方，今世紀初め，日本の施工業者がイギリスのレンガ工の指導と援助をうけた建物は，地震によく耐えていた。その理由は，石造で立体を囲む構成によって計画

震災の時活躍した小型車マチス　同乗者はデヴィッド・テイト大佐と車のセールスマン

上・下　北京旅行でのスナップ　1923年

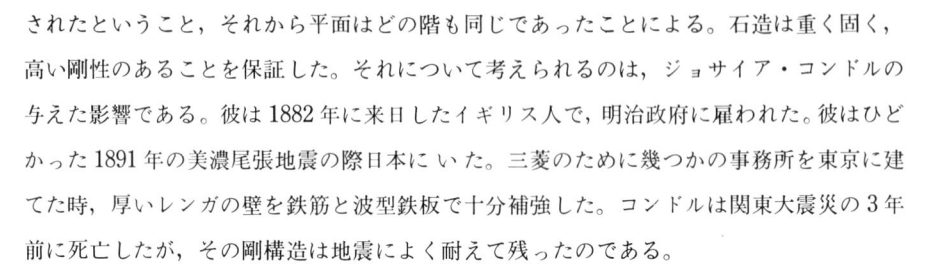

されたということ，それから平面はどの階も同じであったことによる。石造は重く固く，高い剛性のあることを保証した。それについて考えられるのは，ジョサイア・コンドルの与えた影響である。彼は1882年に来日したイギリス人で，明治政府に雇われた。彼はひどかった1891年の美濃尾張地震の際日本にいた。三菱のために幾つかの事務所を東京に建てた時，厚いレンガの壁を鉄筋と波型鉄板で十分補強した。コンドルは関東大震災の3年前に死亡したが，その剛構造は地震によく耐えて残ったのである。

　多くの悲劇，奇蹟，おかしな出来事，その上真に英雄的行為があった。総じて，日本人はきわめて落着きがあり，静かであった。朝鮮人騒動を除けば恐慌もなく，不平もなかった。各々はたちまち仕事に戻り，正常への努力を始め，修復をして，失望もなくこの大災害を呑みこんだのである。地震の中で起こったじつに驚ろくべきことの一つに，フランス人の友人が私に語った話がある。その時，彼の妻は横浜に，彼は東京にいた。数日後ようやく彼は横浜にたどりついたが，赤十字の人びとが，見分けのつかないほどの外国人の女の死体を運んでいくのに出会った。その婦人の髪の色と，着物。彼はそれが自分の妻であると信じた。衝激と悲嘆の中で彼はその身柄をひきとり，葬式の準備をした。そして，ある機会，彼の友人に会った時，彼の妻は救われて，フランス船アンドレ・ルボンに乗船し，元気であることを知った。彼の気持は察するに余りあるものがある。

　土曜日の昼は，横浜ユナイテッド・クラブの外国人たちの集会時間であった。彼らは建物から逃れ出ようとしたが，ポーチと玄関が崩れ，そのほとんどの命が失われた。

　日本で，ある工場を建設中のアメリカの会社の監督のなかに，2人の友人がいた。彼らは地震のおこった時，ハイキングで箱根の宮の下に登っていた。地こりは道を谷底に落し，その2人は岩のなだれの下に埋められ発見できなかった。

　旧フランス大使館は全焼した。時のフランス大使は有名な詩人，ポール・クローデルであった。彼が地震を知ったのは，日光中禅寺の別荘であった。東京にもどった彼をふるえあがらせたのは，忠実な使用人たちが彼の正装と剣，帽子，勲章の全部を救けだしながら，かけがえのない，貴重な原稿の救出を忘れていたことであった。

　1923年，震災の後，ノエミは地震の恐怖と苦労をいやすためにニューヨークに向けて発った。私も日本における極端な試練の状態に一息入れようとして，しばらく中国への旅に出る決心をした。わずかの間でも北京に行き，美しい記念建築，好ましい住居や芸術作品を鑑賞し，研究できたことは私にとっては幸運であった。

12. 私の施主と作品

　1923年の大震災直後，数人の外国人たちが仮の家のデザインを依頼してきた。その中のある建物は40年後でも立派に使用している。

　この最初の施主の1人にポール・クローデルがいた。彼は焼失したフランス大使館の廃墟の跡に臨時の住居と事務所とを求め，同時に大使館の中にふくまれるインドシナ政府寄付の病院をも依頼してきた。クローデルは素晴らしく物分りのいい施主であった。当時建設材は入手困難だったが，残された材料で魅力のある小住宅を建てることができた。のちに彼が語ったところでは，それ以前のどの家よりもこの小住宅は楽しかったという。

　震災前のフランス大使館は，竹橋に近く，麗しい古木と神社のある，格別に美しい庭の中にあった。震災後，この敷地は日本政府によって購われた。フランス大使館は交換として他の土地を受け，仮住居は壊わされ，そのあとに外国語学校が建てられた。これも第二次大戦で完全に破壊され，一緒に古い美しい樹木もお宮も，何もかもなくなってしまった。さらに大戦後その土地をリーダーズ・ダイジェスト社が買った。

　私は戦後，不思議な縁によって，今では取り壊されたリーダーズ・ダイジェスト東京支社の建物のデザインを委託された。したがって私は二つの異なる災害のあと，二つの建物を同一場所に建てることになった。二つとも，建築的に特にすぐれた建物であった。

　次の施主の1人は背椎療法の熟練女医レイチェル・リード博士であった。自分の家を建てようと，敷地を霊南坂の教会の近く大変良い場所に持っていた。その敷地の背後はのちにアメリカ大使館が占めることになった。下町では一番高く東京を見下す丘の一つで，そ

上　ポール・クローデル　彼の愛した皇居を背景にして「親愛なるレーモンド夫人に」と自署
下　ポール・クローデル　クローデル夫人　ノエミ　クローデルの娘　チェコ大使シュバルコウスキー　私と俳優たち　クローデルの「女と影」上演記念　代々木御殿にて　1923年春
　杵屋佐吉（作曲）七世松本幸四郎（武士）中村歌右衛門夫妻（福助の父君）笠間杲雄（外務省関係）中村福助（女）中村芝鶴（影）その他吉江喬松　川尻清潭　木村錦花氏等が出席

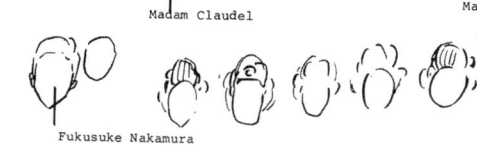

右　フランス大使クローデルの臨時住居　1923年
中　私とクローデル　1924年
下　完成したばかりの帝国ホテルで　日仏会のメンバー　1924年　クローデルの隣がノエミ　左端が私

　の昔，将軍統治の頃は大名の自邸であった。その敷地は彼女には大きすぎ，半分私に提供されたので待っていましたとばかりに買い受けた。それは素晴らしい土地であった。
　当座，私は臨時に木造の家を建てた。非常に小さい，ごく控え目なその家は，私たちの恒久の住居ができるまで役に立った。その家はのちに解体し，東京湾に注ぐ運河を，はしけにのせて葉山の海岸で荷を揚げ，1950年までそこに建っていた。

　東京の私の家は鉄筋コンクリートで造った。その住居は私の出発であり，同時にフランク・ロイド・ライトと，彼のマンネリズムからの脱出であった。また現代建築の真のはしりでもあった。当時，ヨーロッパでも現代建築は少数に限られ，おそらくアメリカには存在していなかった。
　この家のデザインに力のあったのは建築家内山隈三であった。彼は帝国ホテルのライトの事務所にいたが，ライト離日後，私のところにきた。不幸にも彼は，この時代の非常に多数の日本人のように，若く未成熟のまま結核で死んだのである。彼は自由な精神をもつ，実に天才的なデザイナーであった。おそらく日本は彼の夭折によって，真の意味の建築家を失ったといえよう。
　霊南坂の家は打放しコンクリートの耐震構造で，セメント・モルタルはおろか，何の仕上げもなかった。多分その点ではどこよりも早かったと思う。
　各部屋は個々の庭をもち，南向きで適切な方位に向いていた。窓のひさしは冬の陽を入れ，夏の直接光線を避けるようにした。唯一の装飾は構造そのもの，柱も梁も露出，現代建築の哲学でいえば，終局にあらわれるものが至る所にあった。家具，テキスタイル，電灯器具，庭も機械設備もいわば何もかも自分でデザインした。そして私たちは日本人の労働者や職人に，いかにこの現代の材料を扱うかを教えることができた。当時ではその知識のある建築家やデザイナーはごく少数であった。
　私たちは，日本の大工や石工のもっているいろいろな考えを快くまた喜んで受け入れ，彼らからも多くを学んでいた。いやおそらくは教えること以上に学んでいたろうと思う。家具の中でも最初の試みは，スチール・パイプを利用した椅子であった。私たちは若く，意欲的にこの提起された問題にぶつかった。椅子は卒直にいって大変な成功だと考えられた。だがある日，比較的肥った日本人客がすわると，重みで序々につぶれてしまった。次の試作には，さらに高度の抗張力をもったスチールを用いるべきだと悟ったのである。
　私たちの家は，1937年に日本を去る時に売り払うまで，完全な形を保っていた。第二次

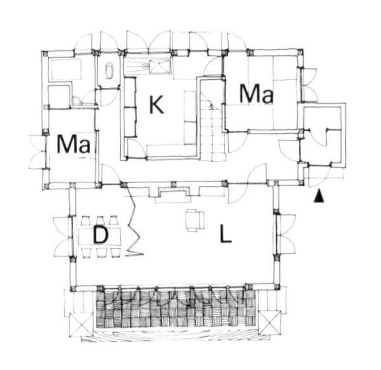

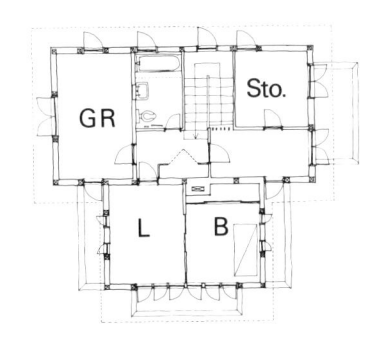

大戦中，その家は持主によって大分損われた。戦後は，その建築の真の価値の尊重も理解もない新しい所有者によって，増築され改築され，実際には駄目にされてしまった。家は現代建築史のマイル・ストーンであった。

　ポール・クローデルは霊南坂の家を賞讃し，次のような詩につづって表現した。

霊南坂のリード博士邸とその1，2階平面　1924年

　　　　アントニン・レイモンドの家　　　　　　　　山内義雄訳
　　　　　　　　　　　　　　　　　　　(1931年，洪洋社版前文，原文のまま)

世にわれらの国の方形な窓ほどなさけないものはあるまい。それは空気と光とを吸ふためといふよりは，むしろ無数な玻璃の楯(たて)と窓帷とによつて，さも空気と光とを逐ひのけやうとしてゐるやうだ。それに反して日本の家は，その庇と縁とによつて雨風のはげしい暴虐から護られ，軽い障子の変幻きはまりない戯れのまにまに，外面世界に向つてひろびろと打ち開いてゐる。

巴里におけるわれらの室は，四方を壁にかこまれ，一種地理学的の空間，一種の穴とでもいつたやう。そして抽象的な光りの注ぎかける反射光線によつて照し出され，まるで吾人が眼を閉ぢたとき，さまざまな思ひ出で一杯になる頭脳とでもいふ様に，版画，骨董品，或はまた戸棚さながらの室に更に御丁寧にも据えられた戸棚などによつて飾り立てられてゐる。これに反して日本の室は，「時」，季節，太陽などのもつその日その日の現実性を目的(あて)として作り上げられてゐる。すなはち，一の小さな庭の，つつましい天上楽園の風景の中に認められる場合に於ても，空とか自然とかは，ともに日本の室を完全に現はすために按配されてゐるやうに思はれる。惜むらくは，何故日本の室はあんなに寒いのであらう。何故あれほど燃えやすく，膝をつかなければ暮せないやうに出来てをり，また独りを楽しむやうに出来てゐないのであらう！　茲にわが友レイモンドは，日本の家から凡ゆる不自由な点を除き去り，その最も本質的なところ，その最も優雅なところを採り，家をして一個の箱たらしめる代りに，これを以て一の衣裳，生きるため，呼吸するための要具たらしめ，しかもこれに生物たるの温みを与ふると共に，一方感覚の流露をも妨げざるものを創り出さうとした。

面積の点に於て制限されていた彼は，住居を形成する室々を平面的に配列するかはりに，これを層々として上に積み重ねた。然して彼はかうした室々に一個箱(はこ)の職分を与へて満足するかはりに，これを一つの細胞として取扱ひ，即ち吾人を監禁することによつてよく吾人を護り得たりと誤解することなく，観念上の透明玻璃——透明な膜にも似たものを透し

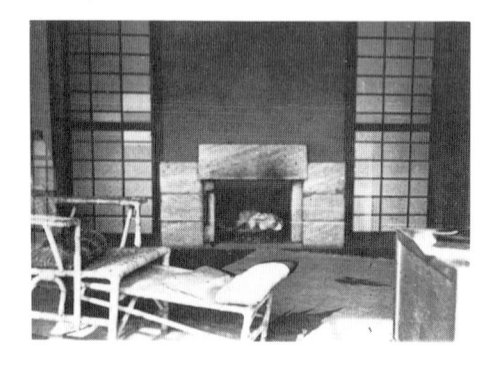

て，互ひに愛でたき均衡を保つた二つの生活，すなはち外界の生活と家の中なる生活との微妙な交感を創り出さうとしたのだつた。各々の室は家の枢軸を中心として，ただ徒らに上へ上へと重ねられることなく，丁度気管支を中心として並べられた呼吸網のやうに各々巧みに配列され，互に地平の各方面に向つてその窓を持ち，太陽の光りを傾斜の度につれてその最もよろしき角度に於いて利用してゐる。各々の室，それは事実二個のテラッスによつて形成されてゐる。その一つは，風の自由に吹き通ふ屋根の部分にあたるもの，他の一つは内部なるもの，庇によつてまもられてゐるものである。但しそこには壁のかはりに，ただ仮想の玻璃戸といつたやうなものがあつて，その間を劃つてゐるに過ぎぬ。比較的永久性をもつた野営陣とも称すべきこの家の性質を更に押進めんがために，レイモンドは，普通二つの壁を接することによつてわれらの牢獄が形作られてゐる点を打破せんとして，この牢獄を，言はゞその根元に於て裁断し，従つてそこには方形に限られた空間が存在せず，その結果として所謂室と称すべきものがなく，神を思はせ，休息と動きを思はせながら，われらが日常の必要に適はしい一個の平面が存在するばかりにしてゐる。

当然のこととしてかゝる種類の家を説明せんとするには，われらが国の厖大な家屋の場合に於けるやうに，外部より内部に向つて考ふべきものではない，即はち一個の生物——たとひ身に纏つてゐるところは硬き布，石灰の衣裳であるにしても，要するに一個の生物として，これを内部より外部に向つて考へなければならぬ。しかも生物の主たる器官，すなはち，神経，筋肉，管などの総体的連絡構成は，家の場合に於て，垂直原理の命ずるまゝに，階段すなはちこれに当る。階段は，貝殻に於ける螺旋のごとく，一途にくるくると巻き上つて行つてゐる。私はこれを，この国特有な松の木が，その枝々のつくる天蓋をあらゆる方に向つて排列してゐるあの調整ある運動に比較したい。それはどつしり根を下した一つの樹幹のごとく，すべてはその幹の上に行儀よく並び，そして幹は下の方，家中の者すべてが集る広間の中にその根を下し，そして人々は各々その工房から出て来ては，この広間の中に食卓と炉辺とを見出すのだ。

只単なる建物として考へられたのではないこの家，一つの生活にぴつたり箝つたその外皮として考へられ，創られたこの家は，当然のこととして，異様な材料を只雑然と取り集めることによつて作られたものではない。それは，質のひとしい布をとつて，これを按配し，これをひろげ，これを身に引き緊めてゐるかのやう。而も其の布に当るところのものは単なるセメントの類にあらず，艶を去つた陶器の類，若くはきめ細かく質柔かい大理石の粉末の類をもつてしてゐる。釘，不調和な家具，骨董品，重くのしかかつてくる絵画，また重厚な壁掛類などによつて，家の主人の思索と肉体とが煩はしい思ひをさせられ，引つかけられ，搔きむしられ，或ひは傷けられるやうなこともない。主人は，恰かも蛇がその穴に入るのと同じやうにわが家に身を入れることが出来るのだ。すなはち主人は，自らの体熱をもつて家を暖め，自らの燐光によつて家を照してゐるものとも言はれようか。

　北京旅行の帰途，私は上海でヤン・スワガーというチェコ人の構造技師に会つた。彼はシベリアや，ロシアのボルシェビキから逃れる，多くのチェコ避難民の1人であつた。スワガーはその年に来日し，私の組織に加わつた。彼はきわめて良心的でよく働いたが，地震の荒廃が彼に強い印象を与え，構造のデザインは常に重く剛の方に向かつていつた。そしてデザインの過剰をみちびき，耐震構造は可能なかぎり軽くすべきであると彼に納得さ

左ページ
上　葉山の森戸海岸に移築される前の霊南坂
　　の住居　1923年
下　葉山にあった古い家　暖炉のある内部
　　庭であそぶクロードと彼の友人たち
右ページ
　　霊南坂の自邸とその模型　1924年

霊南坂の自邸　1924年
左上　庭から見上げたところ　現代デザインの象徴となったコンクリートによる窓上の庇
　下　現在アメリカ大使館の敷地になっている大震災の廃墟からの眺め
　下　1，2階平面

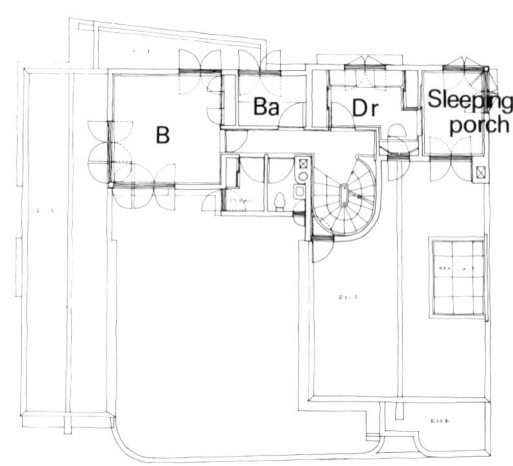

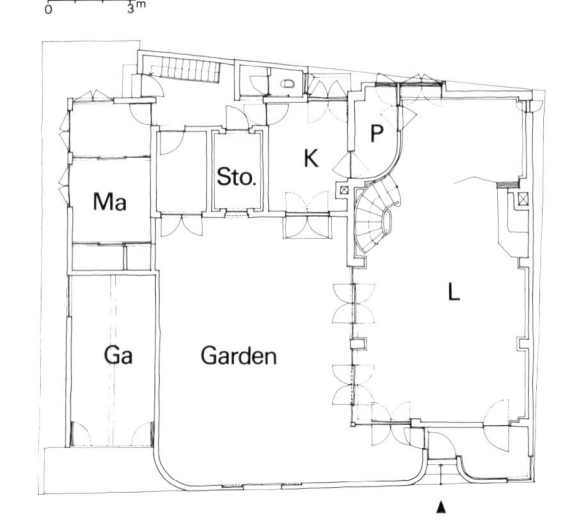

左　螺旋状のスラブ階段
右上　書斎の天窓からの北側光線
　下　暖炉とパイプ椅子

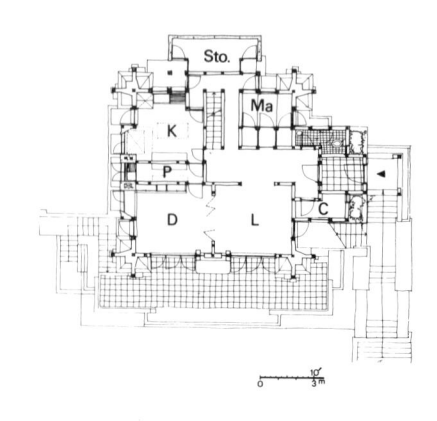

大森のテーテンス邸と1階平面　1925年

せるのに，長い時間がかかった。地震の動きからくるモーメントをできるだけ小さくおさえ，それによって早くもとにもどすようなデザインが私の考えであった。スワガーは，独立した方が大きな成功をするという幻想をもつに至るまでの長い間，特に厳格な現場監督としてよく助けてくれた。

若いイギリス人の建築家，アレック・サイクスとも知合いになった。われわれはすぐ親友となり，1924年にジュニア・パートナーとして私に加わった。アレックは第一次大戦でイギリス陸軍に勤務し，そのなかで最年少の大佐として知られていた。彼はマケドニアの惨憺たる敗戦にも無傷で生き残り，また，第二次大戦ではフランダースの徹退に功があったと聞いている。

サイクスがイギリスに帰る時われわれの間も切れたが，彼の日英を結ぶ優秀な社会的関係から，ライジング・サン石油会社（のちのシェル）の仕事を得ることができた。

テーテンス邸（1924）　私は地震に対して，きわめて意識的になっていた。そしてデザインするもの，建てるもの，すべて当時の日本的理論に公式に従っていた。耐震構造は，あたかもブラケットのように，構造体が壁から吊られたものとしてデザインされるべきであり，それによって歪みが最少になると仮定された。1924年に私は，機械設備の技師A・P・テーテンスの家をデザインしたが，剛性は外部の角にあるブレーシングでとられた。

四つの学校　新しい施主は，東京にある国際的な修道院の東京聖心学院（1924）であった。その新しい学校のデザインには，まだフランク・ロイド・ライトの影響が強く残されている。しかし適切な方位，騒音遮断，大型窓，その他現代の学校計画の特長をもっていた。だが，神戸郊外の小林にある神戸聖学院（1926）や，岡山の清心女学校（1928）のデザインでは，ライトの影響はぬぐい去られ，東京聖心学院にくらべれば構造はさらに明確になり単純になった。大阪の香里にある聖母修道院と女学校（1931）も，当時私がデザインした大きな仕事であった。なかでも体育館（1934）は，その自由度と完全な技術の点で，その頃ではきわめて優れた現代建築の一つである。

この四つの修道院と学校はいずれも大計画で，どれも修道院，女子小学校，女学校からなり鉄筋コンクリート造であった。40年間の使用後でもなお申し分のない状態である。

聖路加病院（1923—8）　地震後の2年間，われわれにはまったく忙しい時代で，あらゆる方面で再建の仕事に従事していた。地震直後の仕事の一つは，聖路加病院の臨時建築の建設で，敷地は現在の聖路加病院の向い側であった。私は，関東大震災前にすでに新病院のデザインを始めていたが，地震で古い建物がこわれてしまったから，必要性はのっぴ

きならなくなっていた。その新病院のデザインは，世界でも最初の真に合理的な現代病院の一つであったと思う。病院は区画され，あらゆる部分と部屋が適格に配置されていた。大部分の部屋は南向き，ベッドは正しい位置におかれ，全施設のデザインは現代の最高のものと大して違っていなかった。患者は最適の位置をしめ，北から南へ並び，東，南，西には大きな窓があった。

病院につながって，非常によくデザインされた外来患者の診療所と，徹底的に研究された看護婦学校があった。礼拝堂は北にあり，主屋の各階と結ばれ，ベッドに寝たままの患者が直接，礼拝堂に面したバルコニー席で礼拝に参加できるようにデザインされた。

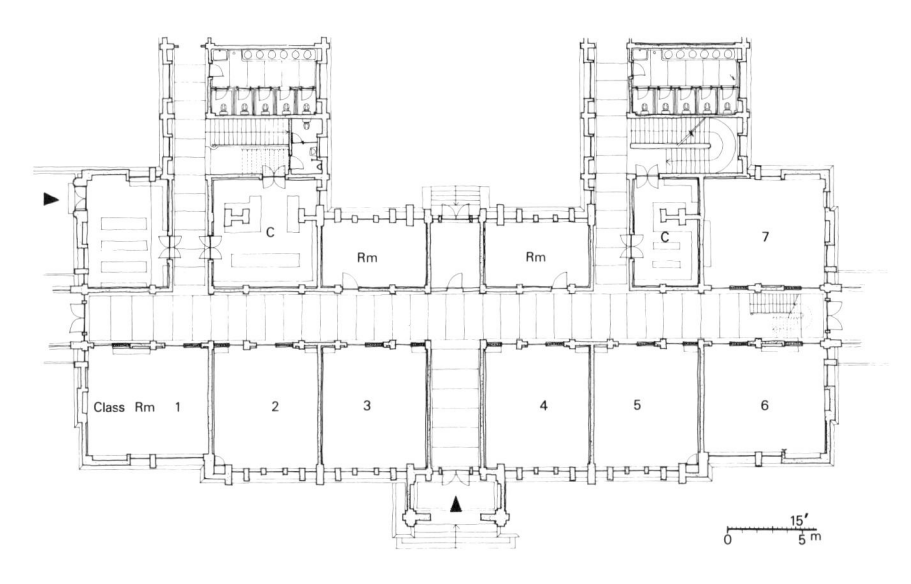

左上　東京聖心学院　1階平面
下　同学院
右上　同学院　教室への入口
下　同学院　テラスと庇

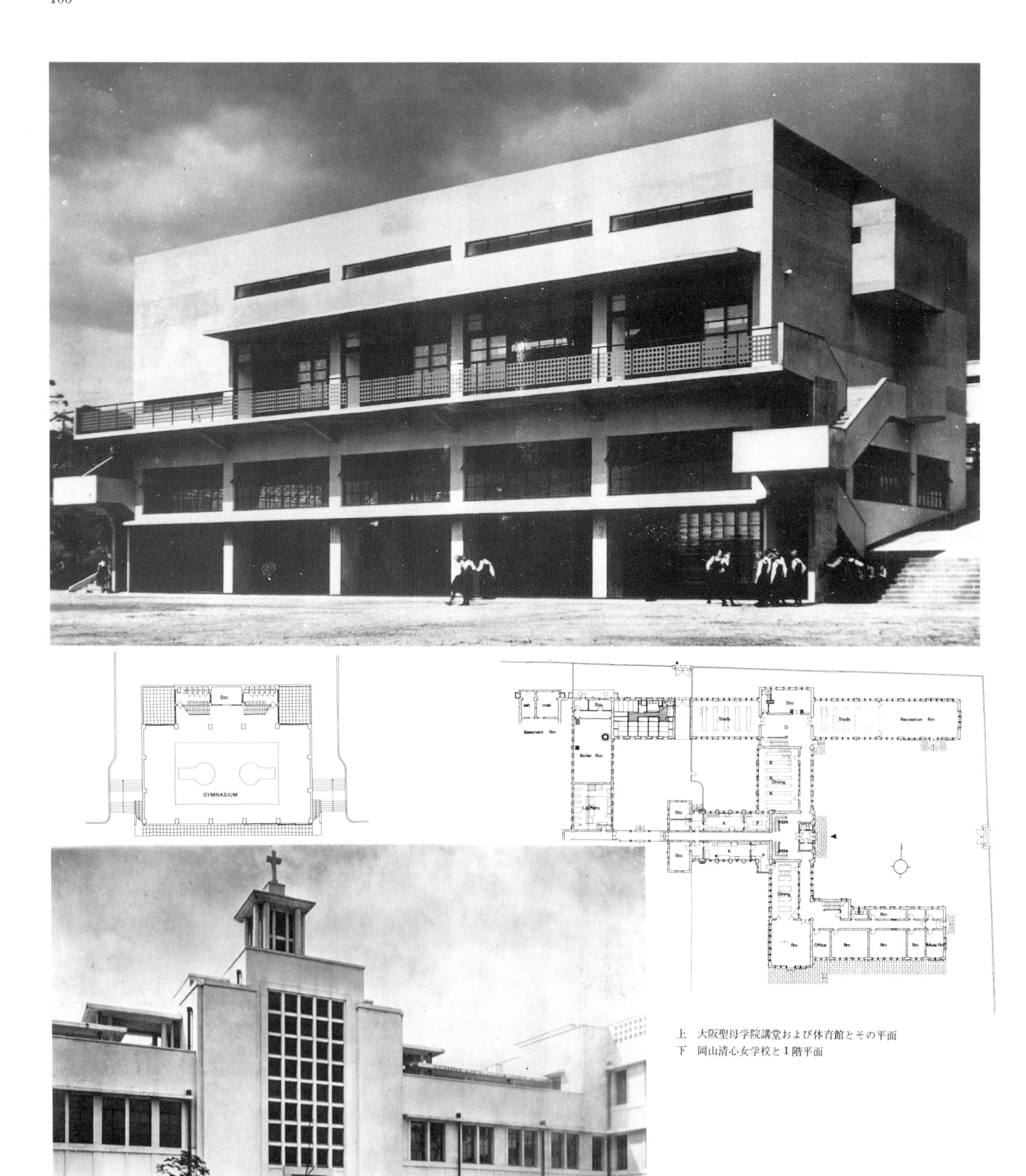

上　大阪聖母学院講堂および体育館とその平面
下　岡山清心女学校と1階平面

神戸聖心学院の俯瞰と2階平面

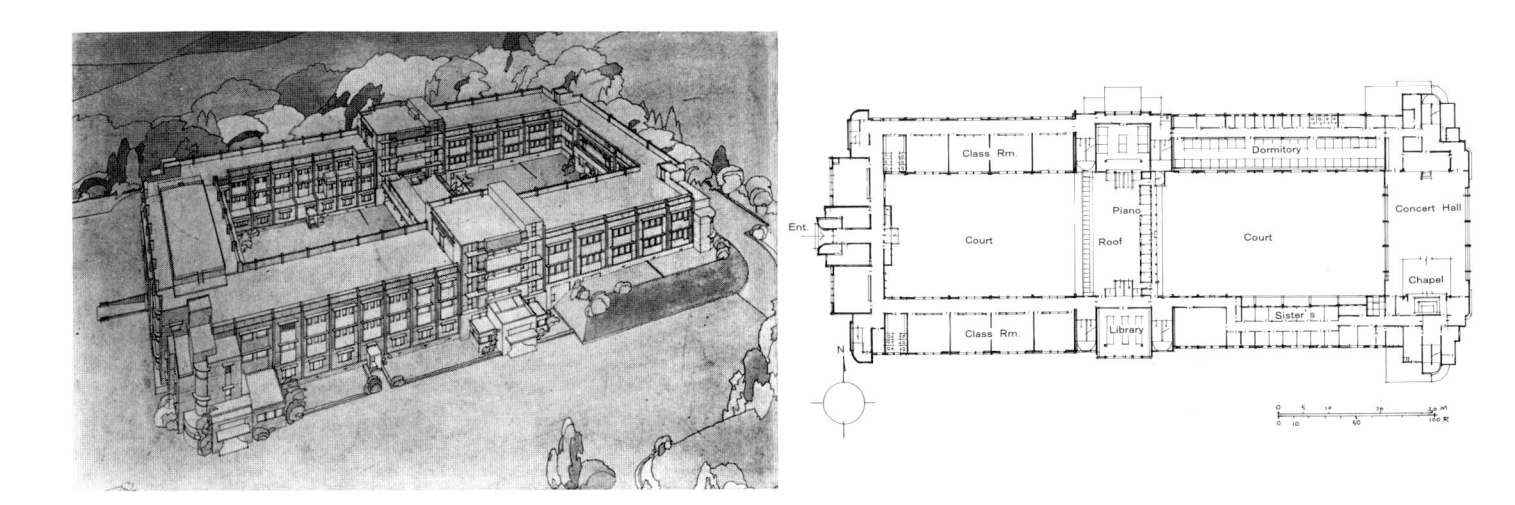

平面計画ばかりでなく，構造上でも建築のデザイン上でも，当時世界に前例のない独特のものであった。オーギュスト・ペレーの理論に従いさらに発展させ，デザインは構造自身が唯一の装飾であると，本当にいうことができた。プロポーションも美しかった。われわれの意向は，真の美の質をあらゆる永久材に吹き込むことであった。この場合材料はコンクリートであり，日本の職人，大工の驚くべき能力によって作られた型枠が生みだしたものであった。

しかし，1925年には日本の建設技術が特に進んでいたわけではなく，建設機械の欠如は普通であった。たとえば杭の打込みは一般に松丸太か，打ち込んでからコンクリートを流し込む鉄板杭であった。時には，女を交えた一群の労働者の協力作業によって打ち込まれた。原始的な，丸太による仮設の塔は移動可能で，ウインチをつけ，ハンマーを吊るロープを張って立てられた。ハンマーがロープで引っ張り上げられ，親方のかけ声で落され，杭の頭を叩くという仕掛であった。労働者たちは唄って拍子をとり，音頭をとる親方は道行く人びとの軽口をいっては皆を笑わせた。それがごく原始的であっても，全体そのままが絵に描いたようで楽しかった。井戸も同じ方法で掘られ今も続いている。

聖ロカ病院の建物の基礎は大変な問題であった。非常に重い鉄筋コンクリート構造そのものと，届く限りの湿性シルト層以外にはなかった。

私は若く，日本では経験もなく，単独で問題に当りたくはなかった。建設会社清水組，早稲田大学の内藤多仲博士，東京大学の佐野利器博士は，100フィート以上の木杭を勧告した。水位は地盤下僅かに4フィートにあった。問題は，いかにその杭を原始的な道具で打ち込むかという点にあった。

私はニューヨークのレーモンド・パイルという会社に，救援してもらうことにきめた。社長マクスウェル・アブソンとは馴染みであったし，その会社としても，日本で何か仕事を欲しいところであった。そこでアブソンは技術者，監督，最新設計の長い杭打機，スチーム・ハンマーの機械，それとレーモンド・パイルのための鉄板柱とを東京に送ってくれた。私はその会社を信用していたから，技術者が現場で試験している間は，大して気にとめていなかった。

レーモンド・パイルの連中は，日本における最初の蒸気ハンマーによる杭打ちを見せるため，多数の建築家や，構造技師，建設会社を招待しようとしていた。天幕が張られ，茶菓

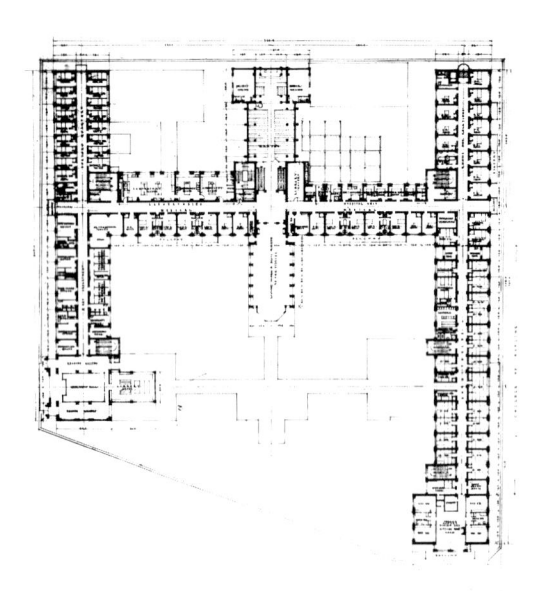

上　東京の聖路加病院　1928年
右　同病院の2階平面と教会原案　1929年

　　も用意され，大観衆が集まった。最初の杭が置かれ，監督が合図を送る。ハンマーが杭の頭をうつ。たった一撃，杭全体は完全に姿を消していた。残り蒸気のしゅうしゅういう音だけが，続く沈黙の中に聞こえていた。
　　監督は私の方を向いていった。
「青い顔をなさってますね，レーモンドさん。余り心配は無用です。以前だってあいつが消えたことはあるんですよ。ある時は，杭打機もろともにね……。」
　　客が帰ったあと，労働者たちは飲物を楽しみ，私はニューヨークのマックスウェル・アブソンに電報して，どうしたものかと問い合わせた。そして「あなたの考えどおりやってくれ。われわれはついてゆく」という返事がきた。今や効果的な杭打機があったから，私は100フィート以上のオレゴン松の杭に決めた。底なしのシルトでも表皮の摩擦が効くだ

ろうと。

　杭を発注したアメリカの材木商カイ・テイラーはシアトルで杭を調達した。彼はそのために帆船を買って載せ，6カ月後にはわれわれは杭を叩きこんでいた。基礎工事は成功した。40年後の今日の聖路加病院が証拠である。レーモンド・パイルがこの仕事で損をしたのではないかと私は心配していた。あとで聞いたところ，その仕事では大分利益をあげたということであった。テイラーもまた，帆船つきで杭を売り込んでいたのである。

　もちろん，1966年の今日では，日本の建設工業は世界の何処にも劣らず，最新の技術を採用している。

　私は聖路加病院のデザインに著しく興味をもっていたが，上部の特定の人との仕事は極端に困難であった。ルドルフ・ボーリング・トイスラー博士は，この中央医学協会の計画と建設に一身をささげてきた人で，進んだ西欧の医療診断と療法を，日本に紹介するのに心を砕いてきた。この点で彼は本格的な伝導者であった。彼について不可解なのは，1900年以来滞日していながら，日本人を理解していなかったことである。彼はあらゆる日本的性格に対して短気で，癇癖を示した。しかし彼は仕事と職業を愛し，欲すると否とにかかわらず，誰に対してもその利を授けようとしていたと私は考える。

　1926年，若いチェコ人でなかなかの才のある建築家が，私の事務所に加わった。私の弟，弁護士ビクターが推薦した彼の友人のベドリッヒ・フォイアシュタインであった。彼はオーギュスト・ペレーに学び，まことに才能のある献身的な芸術家であった。彼は劇場のデザインや，他のいくつかの建物のデザインで，1920年代初期にはボヘミアで名をなしていた。彼が私のグループに加わるのは大変嬉しくもあり，そのデザインの影響は大いに有益であった。

　影響は，ソヴィエト大使館のデザインに自然にあらわれ始めた。また，おそらく日本では最初の空気調和設備のある事務所建築だったが，1926年のライジング・サン石油横浜本社にもあらわれた。その空気調和設備のために，われわれはヨーロッパの各国からそれぞれ違う部品を輸入したのである。ことに聖路加病院のデザインは，フォイアシュタインを通してペレーの影響を受けている。彼はアメリカまで旅行し，できる限り多くの病院を見てまわり，そのデザインには数年を費した。

　フォイアシュタインは，知的にも精神的にも超越した人間であることを実証したが，不幸にもその繊細な精神的均衡は，のちに致命的となった。事務所の経営に出鱈目となり，財政的に危うくなった事務所に対する私の努力にも理解がなくなり，遂には彼の雇用に終止符を打たざるを得なかった。その後しばらくして，彼はある仕事のために，建築家土浦亀城と協力したが，彼自身，私がいなくては日本での仕事は無理だとわかり始めていた。彼はプラーグに戻ったが，やがて精神状態が悪化し，遂に自殺してしまった。

　その協同の終りに近い頃，フォイアシュタインは，構造家スワガーおよび聖路加病院のトイスラー博士と組んで私の指導に反対し，不思議な陰謀を計るようになった。このトイスラー，スワガー，フォイアシュタインのトリオは，聖ロカ病院を成功させようとする私の希望に，想像以上の困難をもちこむ原因となった。もちろん，トイスラー博士は，私の側に財政危機をつくる役割を果たした。彼は主なデザインを手に入れ，実際には何の意味もない現場監理を獲得し，それ以上私を使わないという決定をしてしまった。

　彼は，代表として来日していたアメリカの宣教師団に耳をかすべきではなかった。私は

左　霊南坂で幸福な日を過す　ノエミ　クロード　私
　　そして犬
中　霊南坂の家の3階で　ノエミの母ブルックス夫人
　　とクロード
右　霊南坂の家にて　クロード

トイスラー博士に対して，何度も私を信じさせようとした。代表らはきわめて保守的で，痴呆的態度で批評した。彼らはアメリカのどこにもある典型的な病院以外には，何の想像力もわかなかった。その人びとに考えられるのは，凝似美学的な外観であった。無意味な折衷主義と，死んだ古い様式の模倣とが，われわれの計画の絶対的真実，建築的成果の一里塚のかわりにもたらされたのであった。私はニューヨークにいたヒュー・フェリスに，われわれのデザインの透視図を描くよう頼んだ。その彩色は非常に説得力があると思えたが，建物について結論を急ぐ無知な人びとにとっては，何の意味もなかった。

ことにわれわれは，財政面その他でひどい犠牲を払っていたから，病院をデザインどおり完成させようと決心していた。しかし結局は，すべてにわたりいわゆる宣教師や，いかさま建築家たちのさもしい陰謀が続き，私は辞職させられた。宣教師団とトイスラー博士は，同派の会員しかもAIAの名誉会員で，職業上では裏切者である建築家と契約した。彼らは私の辞職を歓迎し，われわれがかく愛し，捧げ続けた創作を崩壊したのであった。

けれども彼らは，その平面と病院組織は壊すことができなかった。私の辞職の頃，礼拝堂を別にして，ほとんどが建ち上っていたからである。しかし彼らは無意味な形と，アメリカ建築の不運な時代の，悪趣味な子供じみた装飾で建物を覆いつくした。礼拝堂の最終の形はその陳腐なものの一つで，老年のやもめ男女にいとしまれる，鋳鉄製のゴシック建築となった。

その3人の男は，自分たちの野心をみたすこともなくこの世を去った。ボヘミアではフォイアシュタインが，南アメリカではスワガーが，北アメリカではトイスラーが……。

1925年，聖路加病院の仕事の最中，最初の子供がその病院で生まれた。結婚後11年目であった。誕生は非常に困難で，苦痛を伴い長かった。病院の主任と助産婦としての彼の妻は本当には適任ではなかった。赤ん坊は消化器官に障害をもって生まれ，彼らはそれを正しく診断しなかった。ある手術が彼を助けたかも知れなかったのだ。

ノエミは翌年再び身籠もった。彼女がニューヨークに行き，子供を生もうと決心したのは二つの理由があった。熟練した出生の監理と，アメリカで生んでアメリカ市民権を子供

に獲得させることであった。当時，太平洋を越える飛行機はなく，彼女はシアトル行きの日本船に乗らねばならなった。

北太平洋航路では常識であったが，彼女はひどい嵐に出合った。同乗していたのは，極東遠征から帰るアメリカの女子プロ野球のチームであった。ある嵐の激しい日，ノエミが散歩のため甲板に足を踏み出した瞬間，巨大な波が船に叩きつけようとするのを見た。辛うじて船内に後退した途端，大波は甲板にぶつかった。野球チームの1人はその波にさらわれ，体は見つからなかった。

ノエミはニューヨークのスローン病院で，帝王切開によって子供を生んだ。今回はすべて無事であった。3カ月間，ニューヨークで彼女は母親と住み，それから母と子供を伴って日本にもどってきた。

ノエミがアメリカにいる間，私は霊南坂にあった臨時の家を，葉山の海岸に移すのに忙しかった。今でも時々の訪問を楽しませてくれる庭も造っていた。

情熱的なカソリック教徒のクローデルは，ノエミを信仰に誘おうと大変な努力を払い，気のこもった手紙を書いてよこしたが，彼女の思想の自由を棄てさせることもならず，無駄に終った。

彼がフランスに発ってしばらくして，私たちの息子が生まれたのである。その子の名付親であったはずのクローデルにあやかって，私たちはクロードと呼んだ。

再度の失望にクローデルは自らを慰めて，「そうだ，私は まあとにかく 名前だけの親だ」と書いてよこしたものである。

子供がいる限り私たちの生活には新しい喜びと楽しみがもたらされた。クロードは東京のアメリカン・スクールに通い，1938年にインドとヨーロッパを経て，アメリカに帰る時までに，上手な日本語と立派なフランス語を話すようになった。

ペンシルベニアの私たちの農場から，彼はニューホープにあるソールバリー小学校に通い，さらにニュートンにある有名なクェーカー教徒の学校，ジョージ・スクールへと通った。高校を卒業するに当り，クロードはアメリカ海軍に志願した。そして海軍のキャンプ入りと同時に，ロードアイランド州のブラウン大学で，将校養成のコースをとった。こうして彼は技術と海軍科学という不思議な学士号を獲得した。

信じがたいほどの短期間に，正規の学問を修めるという負担を経たクロードは，私たちの農場の管理や，労働を好んだ。そこで彼は近所の農家の娘ドリス・ベッツに会い，恋をし，結婚をした。

戦争の終りとともに，農場を維持してゆくのに必要な働き手を見つけることは不可能となり，奮闘しても望みはなくなっていった。クロードは家族とともに日本に来て，私に加わることになり，朝鮮の駐留軍の仕事や，日本の工業関係の仕事を手伝った。

彼の妻ドリスは，東洋の生活に馴れることもなく，その結果，彼はカリフォルニアに移った。そこでクロードは，原子力工業の仕様書の熟練者として，また建設技術者として働いたが，のち，農場に舞いもどり，ニュージャージー州，プリンストンの建設業者と協同で仕事を始めた。

彼らは6人の子持で，1966年に16歳になった長男ヴィクターは，ジョージ・スクールに通っている。母方ベッツ家からいえば，彼で4代か，5代にわたって同校に通うことになる。

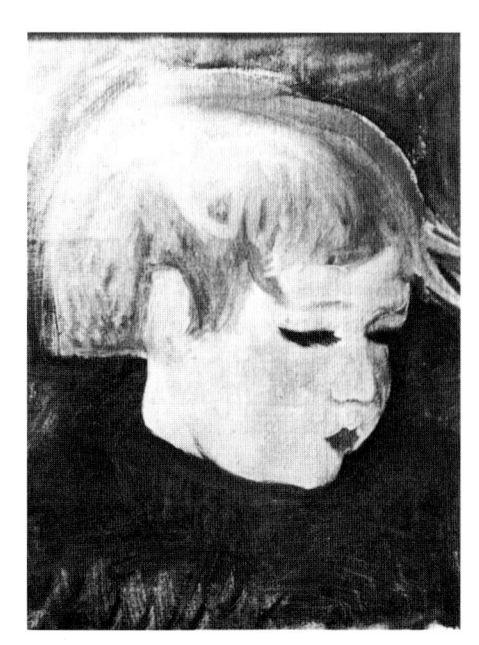

クロードの肖像 1934年

後年（1954年）カリフォルニアに住むクロードの家族たちと 左から次女とクロードの妻ドリス 長女を抱くノエミ クロード 友人

13. 拡大する仕事

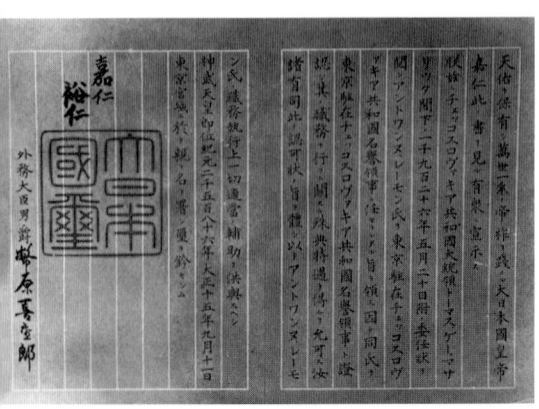

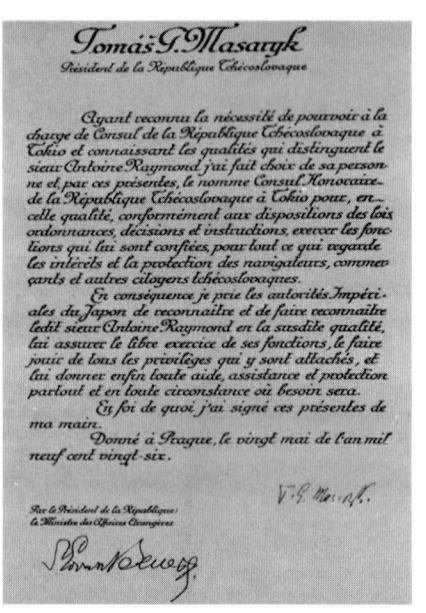

上 大正　今上両天皇のサインのあるチェコ領事の
　　任命書　1926年
中 マサリクおよびエドワード・ベネシュのサイン
　　したチェコスロヴァキア共和国領事の任命書
　　1926年
下 日本・チェコスロヴァキア協会の会合　1928年

　日本に来た当初の私たちは，第一次世界大戦が終ったあとでも，まだわれわれを支配していたあの意気揚々たる気分にひたっていた。自由を愛する民族によって成就された，勝利による意気の高揚。チェコスロヴァキア共和国の発足こそ，平和な未来の実現でもあった。たしかに勝利は，芸術においてもヨーロッパの創造運動に大きな衝撃を与えた。フランスのル・コルビュジエ，ドイツのバウハウス，その他の先駆者たちが証明したように，ことに建築にあらわれていた新しくできたチェコスロヴァキア共和国においても，あらゆる芸術には創造への大きな努力があり，真の自己批判の態度があった。日本に到着した建築と芸術の写真雑誌は，私にはまったく刺激的であった。

　1924年，私は新しくできたチェコスロヴァキア共和国の領事館を通じ，日本における共和国名誉領事の指名をうけるようにという連絡をうけとった。手紙は当時チェコスロヴァキア外務大臣をしていたベネシュからで，その領事公認はチェコスロヴァキア共和国大統領ヤン・マサリク博士のサインによるものであった。彼はおそらく，大統領の地位を得た人の中で唯一の哲学者であったろう。日本側の公認は嘉仁天皇と当時の皇太子，今の裕仁天皇の両人によってサインされた。私は外交官の肩書を得たことによって国際的に興味ある多くの人びとや，日本の国際的な生活にもふれるという大した特権をもったのである。

　チェコ領事館の実際の仕事は，オルダ・モジセクが担当した。彼は私の雇ったチェコ人で，シベリアのチェコ陸軍の一員として何年かを過ごしてから，ちょうど日本に来たばかりであった。オルダは陰になり日向となり，第二次大戦が間をさくまで私のところにいた。彼は忠実な友人となり，私の秘書のアイルランド娘と結婚し，今はシアトルで実業家として成功している。

　私は名誉領事の肩書を第二次大戦まで，つまり1937年の離日まで維持していた。ヒットラーがチェコスロヴァキア共和国に侵入した時，東京のドイツ機関は当時まだ経営していた私の事務所にふみこみ，忠実な所員がほとんどのファイルを燃やしたり隠したあとだったが，なんであれ残ったものや書類を没収していった。

　領事として外交官の仲間入りをした私は，時には宮中の園遊会や，伝統音楽の会や舞などに招待された。大震災と戦争以前の園遊会は興味深いものがあった。そこには日本貴族，特権階級の人びとのもたらす，古めかしい社会秩序と，ヴィクトリア朝風の態度があったからである。天皇，皇后はヴィクトリア時代のイギリス皇室の服装で，皇后は駝鳥の羽をつけた幅の広い帽子をかぶっていた。日本の婦人たちは着物を着て，何となく背後に控えていた。紳士たちは輝く制服か，古色蒼然としたフロック・コートと山高帽で入ってきた。それはわざとらしい，無頓着な，耐えられないにおいを放っていた。

　まったく馬鹿げたことであるが，公式の時間が過ぎると，すべての格別に威厳のある宮廷の人びとと，外交官，淑女，紳士のすべてが，シャンペンと皇室下賜の菓子のためにもみ

浜尾子爵夫人邸とその1階平面

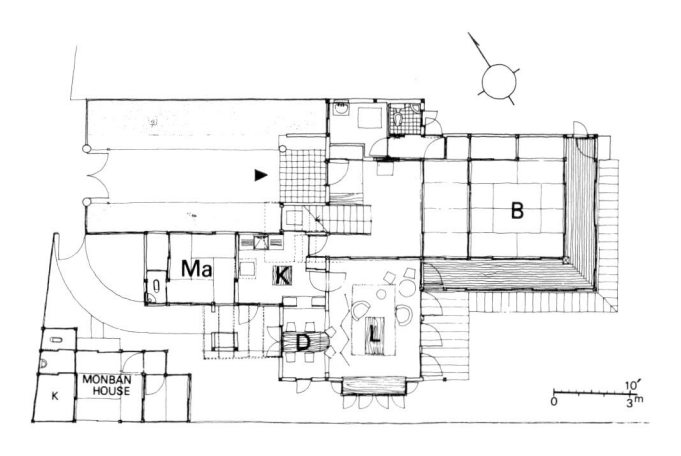

くちゃになった。その酒と菓子のための闘争は，つまり人間本来のものでもあった。

　この時期の多くの友人の中に岡田平太郎がいた。宮中の儀典主任で，最も興味深い人となりをもったひとりであり，親友のひとりであった。彼の責務には皇后の盆栽の管理も含んでいた。ノエミと私は，日本美術の研究に示された彼の指導を永く感謝しつづけることだろう。彼はすべての文化に習熟していた。小さな人で，何事もきちんとしていた。家にあるものは，庭も，蒐集品も，その他もすべて小さかったが，最高に優れた形と材質とをかね備えていた。その庭は7年かけて造られ，格別に美しかった。小さいながらも大木が移植され，巨岩は日本の各所から集められ，いたる所すばらしい技術でデザインされていた。彼の家は渓谷の中途におかれたかのように建てられ，その小さい家から庭を見る人びとは感嘆の声をあげた。

　ある機会に，有名な宗匠による，茶室の起こし絵図の見事な集成を私にくれた。私が今でも宝のようにしまっているその贈り物をくれた時，彼は素人が持つよりも建築家である私が持っている方が，遙かに有効であると説明した。

　1927年であったが，われわれは東京の浜尾子爵夫人の家をデザインした。そして初めて和洋の生活様式を調和させる解決策を発見し，その上に漸新で自然な形を与えた。このデザインは平面でもディテールにおいても，今日，現代的と考える住居の先駆であった。開放的な平面，正しい方位のとり方ばかりか，適切な材料の扱いはできる限りの自然性を維持し，しかも合板を内壁に用いもした。同じ考え方による住宅は，遅く1940年代のソーラー・ハウスとよぶ住宅に至るまで，アメリカには出現しなかった。

　永年の日本での経験の中には，自国の威厳と成功を代表する多数の全権公使たちが含まれている。フランス大使のポール・クローデルに次ぎ，何人かのヨーロッパの大使たちは素晴らしく高度な文化レベルと，常人以上に日本や東洋の国々の特質の理解と礼讚とをもっていた。大詩人のクローデルは最も有名であったが，イギリス大使のチャールス・エリオット卿も，きわめて有名な東洋宗教の研究家であった。ドイツ大使ソルフは，同時代のドイツには稀な自由思想をもっていた。ベルギー大使ド・バソンピエールは日本人の間で有名であった。

仮装舞踏会

　すべての彼らとの関係には誠意があり楽しさもあり，その友情には若い建築家として穿（うが）たれるものがあった。幾多の建築の依頼のなかにフランス大使館とその増築，ベルギー大使館の改築などがあった。のち1930年代にカナダ大使マーラー夫妻とも会い，彼らを助け，現在青山にあるカナダ大使館をも建設した。

イタリア大使館中禅寺別荘（1928）　日本で最初に出会ったイタリア大使は，デ・ラ・トーレ大使であった。軽井沢教会や，私の夏の家を建てた大工たちが，日光の中禅寺に夏期のイタリア大使館を建てた。非公式な居間と食堂の組合わせは，当時決して都市では許されることではなかった。この因習からの脱却は，当時では革命的と考えられた。この建物は10年が寿命だと思われたが，40年後でもまだ使っている。

私はイタリアとは連絡を保ち続け，戦後，新しいイタリア大使館の話が起こった時，幾つかの基本設計を作った。1960年には，イタリアの建築家フランチェスコ・ボルゲーゼ殿下と協同でイタリア政府と折衝に入った。けれどもボルゲーゼとの協同は，彼の考え方の浅さと，偽ロマンチシズムのために不可能となった。私は我慢のならないデザインに協力することを好まず，かなりの失費も覚悟で止めてしまった。ボルゲーゼは自分の考えを押し切り，その結果として現在のイタリア大使館ができ上った。

アメリカ大使館（1928）　1928年，私はアメリカ政府が，霊南坂の丘の上，私の家の向い側に土地を求め，新大使館と総領事館を建設することを知った。その仕事を手に入れるために，あらゆる努力をしようとしたのはむしろ当然であった。私は若年であり，アメリカではよく知られていなかったが，期待以上に成功した。一つの理由は，ニューヨークのH・ヴァン・マゴニグルとの協同を決心したことにあった。私は彼の事務所で1916年，ジャック・コポーの劇場のデザインをしたことがあった。

われわれが政府への提出に大成功をおさめた，大変能率的な配置は，今でもアメリカの海外外交機関の中では，最も良いものの一つであると考えられる。私は敷地計画と建物の的確な配置，それと綿密な現場監理に対して力を尽した。

その丘の上にかつて建っていた，さる侯爵の建物を壊滅したのは地震ではなく，鬼門による火災によるものだという噂が，日本人の間に流れていた。南東にあった主玄関は，北西にあるべきであったという。私はそれに対して，表通りからの道は敷地を迂廻させ，玄関を北西において解決した。これは同時に実用の目的に適い，庭に面した住居の南側を完全に開放する結果となった。

大使館の建物のデザインは現代的ではないが，しかし，どの時代の反映でもない。そのデザインはマゴニグル個人の表現であり，私は政府の高官の御婦人や奥方たちが口喧しくて，面倒な問題になったことを知っていたから，彼がそれほど成功したということが不思議でもあった。私はマゴニグルのデザインをできるだけ忠実に守ろうとして，最善を尽したが，地震を克服するため，構造デザインを完全に変えねばならなかった。仕事を得た施工業者，ニューヨークのワートン・グリーンは日本の業者に下請けさせ，自分の所の人間は1人もよこさなかった。仕事の組織も，詳細も，解釈については私が背負った。しかも日本の業者はこの種の仕事には経験がほとんどなかった。

アメリカ陸軍技術部のスタンプ大尉は，この困難な仕事で十分に，また忠実に助力してくれた。のちに私は悟ったのであるが，この仕事で実際の体験を得た彼は，経歴上かけがえのない経験をしていたのである。彼はのちに司令官となり，ウエストポイント陸軍士官学校の教官となった。

アメリカ国会の調査団は，この大使館の仕事を不当にも「フーバー大統領の道楽」となじっていた。毎日，建物の現場監督をしながら，私は庭園デザインを成功へと導いていった。

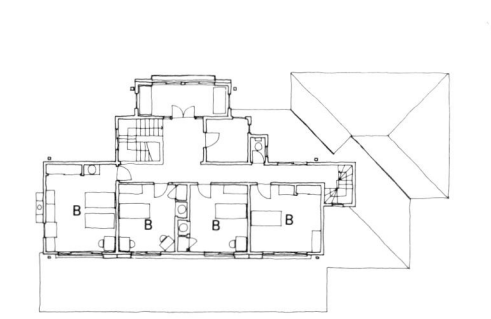

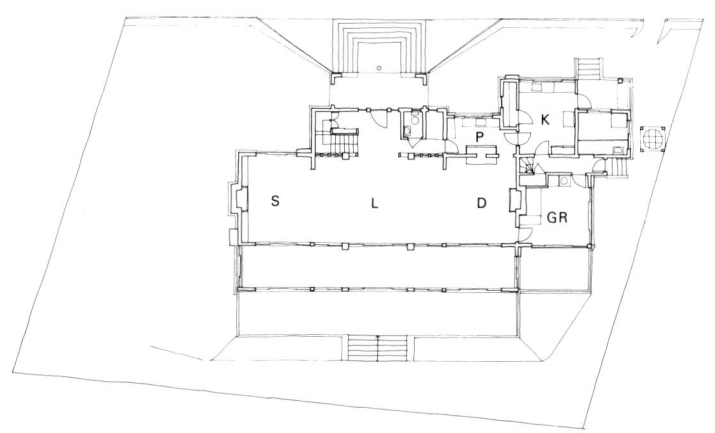

しかし例のようにこの敷地ですら，ある大使の気まぐれや，庭の踏石をセメント・モルタルに変えるような管理人によって荒らされ，また曲がった日本の植木は，ドイツ式の実直な植樹法により真直ぐにされるなどの多くの被害を蒙った。

　ある大使は私をよびつけて，客に見せるために馬を居間に連れ込めないから，この建物は住居には不適当であると述べた。彼のアメリカの家では当然行なわれていることであったからだ。同時に寝室も十分ではないと不平を述べた。8寝室，8浴室では，アメリカの本当の代表のためには不十分であった。この大使は着任直後，日米協会で話をしたが，そこで彼は日本人を原地人として引用し，協会長の樺山伯爵を辟易させた。

　建物の完成直後に入った他の大使も，また不思議な行ないをした。敷地内の全建物は，しみ一つない真白なプラスターで仕上げられていた。使用人棟の北側に大きな白い壁があり，ある日，大使がテニスのボールをバウンドさせているのに行き合わせた。その壁に向かって泥にまみれたボールを打つと，その度に丸い汚れたしみが完全な仕上げの上に残ったが，彼はこの蛮行に無頓着であった。

　これらを述べたのは，わがアメリカ政府が任官制度の許で，ある外国にどのような代表を送っているかを知るのも面白かろうと考えたからである。

左2図と上右　中禅寺のイタリア大使館別邸とその1，2階平面　1928年
中　アメリカ大使館　1928年
下　アメリカ大使館の定礎式　キャッスル大使　私　アメリカ陸軍技術部派遣のスタンプ大尉

上　東京のソヴィエト大使館入口と庭側　1929年
右　ソヴィエト大使館1階平面
下　東京のフランス大使館　庭からの眺めとプール側と
　　1，.2階平面　1930年

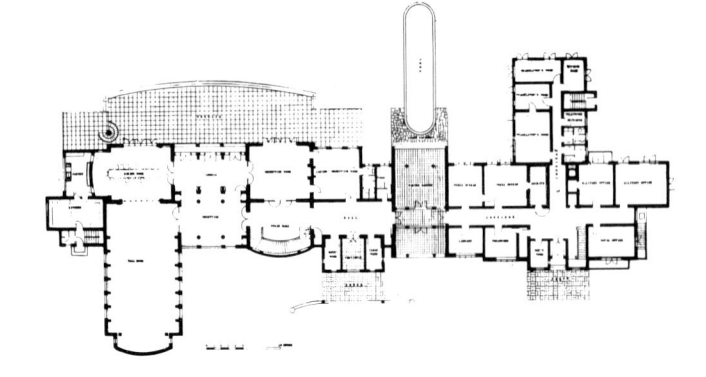

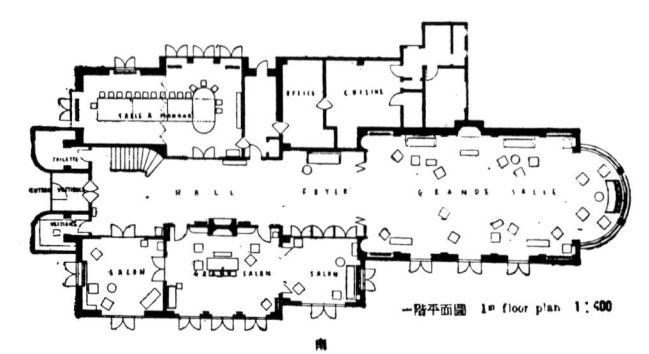

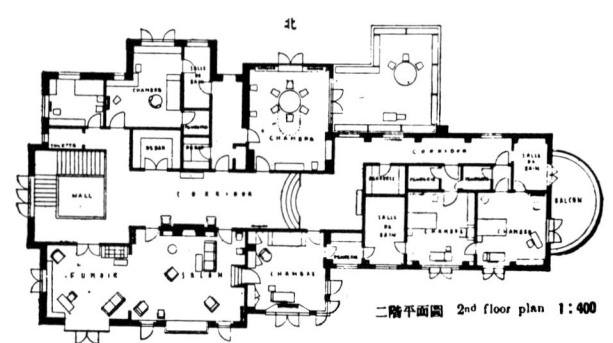

ソヴィエト大使館 (1929)　もう一つのデザインは，ソヴィエト政府が東京に設置することに決定した，大使館と領事館の建物であった。この頃のアメリカは，少なくとも表面的には，ソヴィエト連邦とうまくいっていた。ロシア人はアメリカの建築家に仕事を与えることに，躊躇しなかったのである。けれどもこの大使館のデザインの経験は，むしろ痛痛しく，失望に終った。

ソヴィエト大使と館員は，基本デザインの段階ではごく親しかった。実施設計図の作製中でも，彼らがそんなに難しいとは思えなかった。実際には，何度かのカクテルパーティーを通して，大使はわれわれの賞讃したキャビアを大量に送ってくれたりした。

しかし人民に対する彼の態度は，すべて民主的であったわけではない。彼は応接用のロビーにナポレオン調の広い階段を要求したが，それは華やかな場にのぞんで，下にいる人びとの中に壮大に降りるつもりであった。

基本デザインに対しては，直ちに支払われたが，実施設計の請求書を提出すると，がらりと性格の違う，はっきり政治執行委員と分る顔があらわれた。おそらく看板に過ぎなかった大使には，それ以後逢えなくなってしまった。私の請求書は破り捨てられたときいたが，実施設計が正確でないとか，不満足であるとかの理由によるということであった。もちろん，すでに完了していた仕事に対する不払いの口実であった。だから私は，仕事に匹敵する金額以下を受け取ることを拒絶した。正当な支払いの督促を繰り返したが，最終的には望みなしとして諦めた。ソヴィエト政府は，日本の施工業者に仕事を依頼し，われわれの監督もなく，現在見られるような混乱したものにしてしまった。

フランス大使館 (1930)　1930年には，フランス大使館をデザインした。既存の建物の改築と，一部増築であったが，私は住みやすい建物のために最善をつくした。その大使館の面白いところは，庭園と水泳プールであった。その建物は戦争中爆撃で壊されたが，庭園は残り，今も鑑賞に耐えている。

何時ものように，全家具，全調度をデザインしたが，少なくとも部分的にはフランスの家具を表現したいと思った。私はフランスへ行き，巨大な政府の倉庫からいくつかを選び，ついでに少々の絵画と，タピストリーを選んで持ち帰った。どれも余りに大きく，同時にモニュメンタルな尺度をもっていて，東京の人間的尺度をもった建物には，合わないということだけが分った。幸い，大使と夫人は物の調和ということに同調したが，彼らは第一次大戦前の外交官で，文化的で自由の精神をもっていた。彼らは北京から東京に着任した，いわゆる中国通であった。大使夫人は馬に興味があり，中国では競走馬を持っていたが，悲しいことに東京ではそれも失ってしまった。

開館の日の祝賀晩餐会は，水泳プールに浮かべた食卓の上で行なわれた。誰も着物をつけず，泳ぎながら食卓につき，水に浮べた盆を捧げる給仕たちがサービスをした。

その大使の次の仕事はインドシナの知事であった。

大使たちとの交際や，大使館の仕事は，建築家にとって独特の経験である。ある大使たちは，当然のことながらまったくの人間であり，ある大使は，推察しようにも例のないほどの人格の持主で，その国の正当な代表としての性格を離れ，その仮面をも失ってしまっていた。ある大使は自分の女を入れるために，建築家と建設業者に命じて，大使館の塀内に小さな家を作れと主張し，また他の大使は，大使館設計の連絡に要した自分の秘書の臨時公務を補う現金を要求した。

フランス大使館の門

ライジング・サン石油　　ライジング・サンのいくつかの仕事の中に，横浜の社員用住宅群18戸のデザインがあった (1928)。耐火・耐震の鉄筋コンクリート。平面上，仕事上，ともにその時代ではずば抜けていた。

　また日本では初めに近いコンクリートの給油所をもデザインした (1930)。普通敷地は角地であったが，鉄筋コンクリートの耐火壁で，給油所を近所の家から切り離した。この点は後年防火規則に取り入れられ，給油所には今でもこのような壁が建てられている。

　　東京ゴルフ・クラブ (1930)　　何かすぐれたことを果し，そのための妥協もないような機会はきわめて稀であるが，まったく逆に施主に励まされ，埼玉県朝霞にある東京ゴルフ・クラブのデザインをすることになった。木の良く茂った水平線には，ややうねる遠い山なみがあった。原案通りに完了したこの環境をもつ建物は，どこにもまして成功した現代建築の一つであった。

　ゲームのための完全な組織と，それに結びついた社会的機能。耐震コンクリート造，開放的なテラスとバルコニー，色違いのモザイク・タイル，電灯配置と家具。すべてが機能的な建築のデザインを構成し，それが造園にも延長された。ゲームとともに何時も使われる建物の一部は，近接ホールから直通の道を通り抜けて，たやすく入れるように構成された。この通り道は芝生に大きなデザインを造り，道には常緑の芝と，異なった色の芝とを用いた。高目に剪定された櫟(くぬぎ)の生垣が，駐車場とサービス・エリアを隠した。ゴルフ・コースはイギリスのコース設計家のアリソンのデザインにより完全であった。

　不幸にも第二次大戦が始まると日本陸軍は，ゴルフが勝利のための精神に反するものと断定し，ゴルフ・コースを壊し飛行場にしてしまった。クラブ・ハウスは将校クラブに転用され荒廃した。戦後同じ敷地に，アメリカの占領軍がキャンプ・ドレークを置き，その建物を雇用員専用クラブとした。彼らは建物を塗りたくり，軍隊調に改装した。構造そのものは破壊し得なかったが，ふた目と見られぬほどに俗化させてしまった。その建物も私の創った多くの建物と同じ運命をたどり，戦争と，その後の占領によって破壊的な変化を蒙ったのである。

　　神戸ダンロップ・ゴム工場 (1930)　　この工場は，構造と社会問題の研究の結果であった。労働者は神戸の古い工場地帯にすっかり住みついていたから，新しい場所に移転するのはむずかしかった。重層にしなければならず，その上少しずつ建設し，生産に差支えないようにする必要があった。そして，極端に重い積載荷重をどうすべきかが次の問題であった。この建物は，戦争中繰り返す空襲の目標とはなったが，ひどい損傷もなくすべてそのまま建ち続けた。

　　コーン・プロダクツ社宅群 (1931)　　たしか1931年か1932年のこと，シカゴのコーン・プロダクツの社宅群をデザインした。その工場はすでにアメリカでデザインされ，京城の北に建てられつつあった。私は朝鮮に渡り，朝鮮と朝鮮人について，非常に多くのことを学ぶ機会をもった。当時はもちろん，日本人が朝鮮を完全に統制していた。われわれの投宿した日本人の友人の土地には，松林の丘が数百エーカーにもわたっていた。かつて金持ちの朝鮮人が持っていたその家には，純粋の朝鮮の様式があった。加えて日本的な設備，なかでも浴室は大変誇張しておかれていた。田舎は実に美しかった。日本人とは対照的に，朝鮮人は精力が欠けているように思えた。彼らは足手まといの白い朝鮮服を着て，**蠅取器**のような誇大な帽子をかぶり，仕事で服を汚すのを嫌がるように見えた。

横浜ライジング・サン石油会社　1929年　社宅群の模型と支配人住宅

右　横浜ライジング・サン石油会社本社　1929年
下　本社事務室内部　多分日本最初の空気調和設備をもった事務室であろう

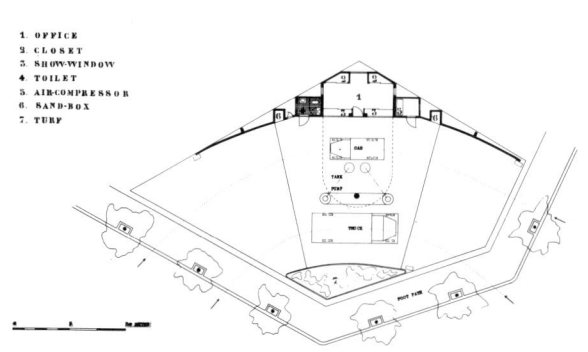

ライジング・サン石油巣鴨営業所とその平面　1930年

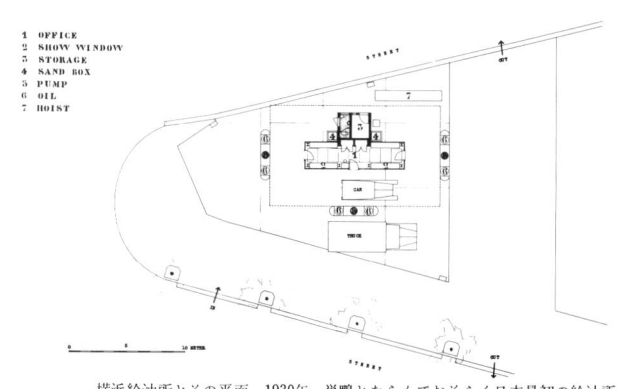

横浜給油所とその平面　1930年　巣鴨とならんでおそらく日本最初の給油所

東京ゴルフクラブ　1930年

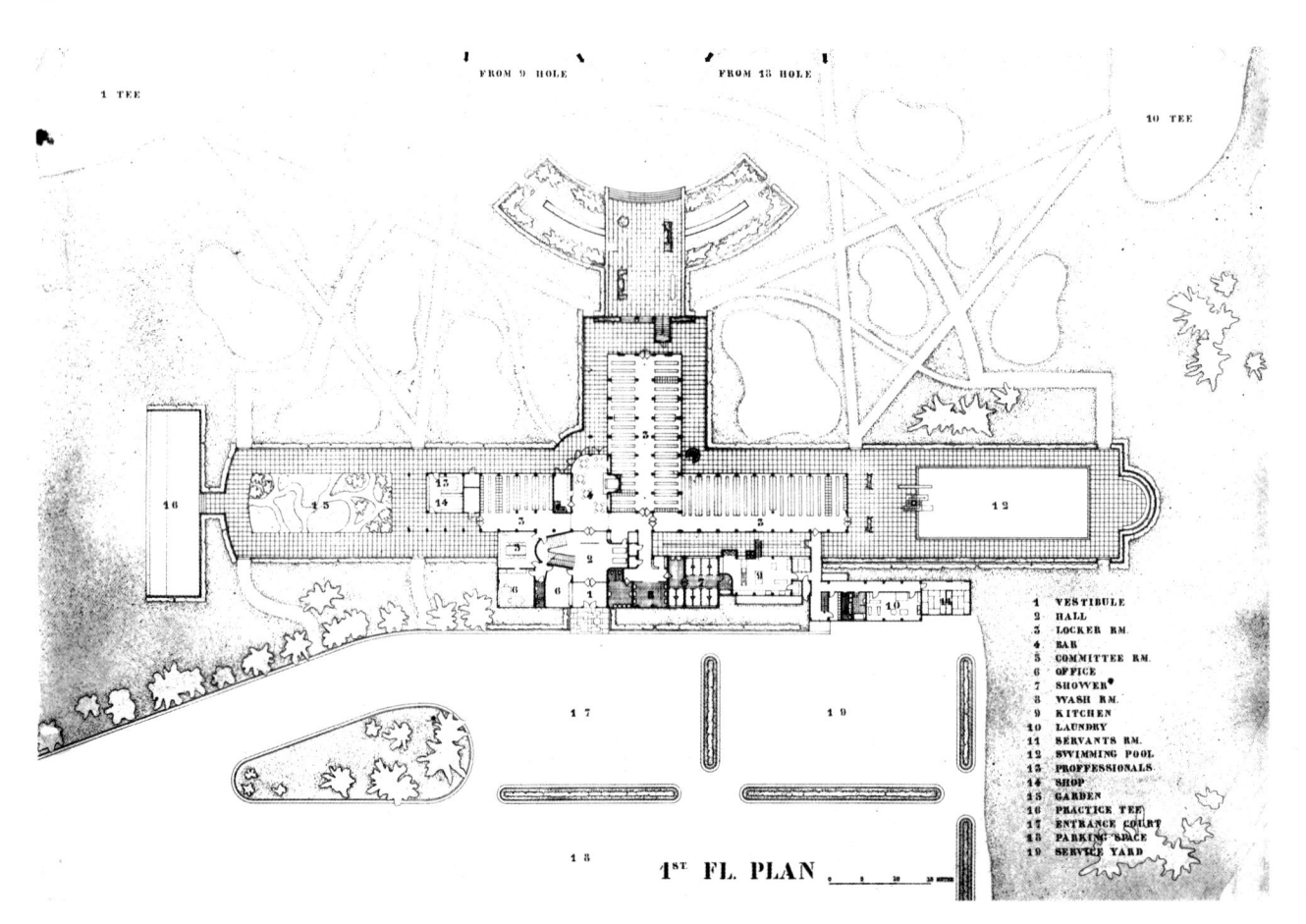

1. VESTIBULE
2. HALL
3. LOCKER RM.
4. BAR
5. COMMITTEE RM.
6. OFFICE
7. SHOWER
8. WASH RM.
9. KITCHEN
10. LAUNDRY
11. SERVANTS RM.
12. SWIMMING POOL
13. PROFESSIONALS
14. SHOP
15. GARDEN
16. PRACTICE TEE
17. ENTRANCE COURT
18. PARKING SPACE
19. SERVICE YARD

1ST FL. PLAN

東京ゴルフクラブの全景　1930年

下は1，2階平面と模型　右下は外部の螺旋階段

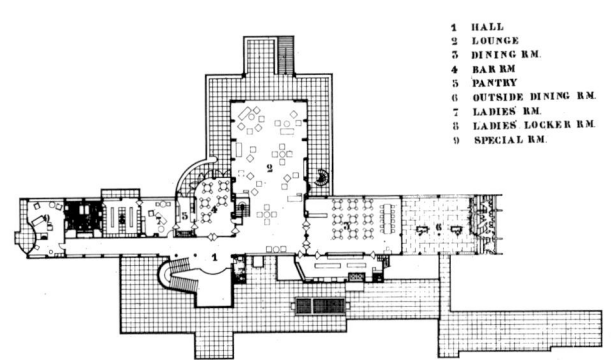

```
1  HALL
2  LOUNGE
3  DINING RM.
4  BAR RM.
5  PANTRY
6  OUTSIDE DINING RM.
7  LADIES RM.
8  LADIES LOCKER RM.
9  SPECIAL RM.
```

2ND FL. PLAN

左ページ
　　左上　東京ゴルフクラブ　クラブルーム
　　　下　ロビーから2階に通ずる階段
　　右上　階下の暖炉で　赤星四郎　浅野良三　川崎肇
　　　　　背後にX教授
　　　下　暖炉
右ページ
　　　上　東洋オーチスエレベーター工場　1階平面とカー
　　　　　テンウォール　1932年
　　　下　同工場の外観詳細と内部

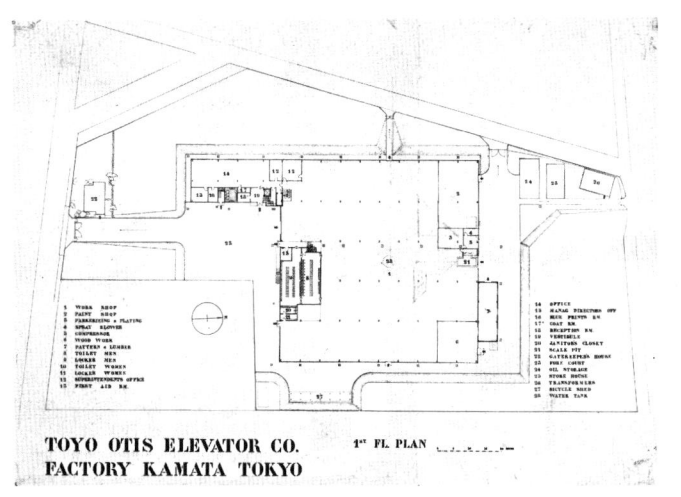

TOYO OTIS ELEVATOR CO. FACTORY KAMATA TOKYO　1ST FL. PLAN

オーチス・エレベーター工場 (1932)　この工場は理論に従って全体を軽くし，モーメントを少なくし，地震の被害に対して十分な耐力をもたせた。内部に柱をもつスチール構造で，外壁を分離させたが，多分，早期のカーテン・ウォールであった。壁は連続したスチール・サッシュで構成し，柱との接点でクリップ止めしただけであった。このサッシュは部分的にガラスが入り，その他の部分は石綿板でふさがれている。

建物全体は細かくモデュールに従い，経済性を高めていた。幾多の台風に耐え，地震にも被害はなかった。1948年に日本に戻った時，この工場の周辺は数マイルにわたり，爆撃と火災により完全に破壊されていた。このオーチス・エレベーター工場はわずかな被害を受けたにとどまり，すでに操業は可能であった。

1932年にヨーロッパを旅行した時，私はヤン・A・バチャに紹介された。彼はトーマス・バチャというチェコスロヴァキアのチュリンにあるバチャ製靴工業の創設者の息子であった。訪れたのは当時すでに世界的評価のあった製靴工場の調査のためで，私の建設的アイデアを将来の発展に向かって，提言するためでもあった。

チュリンでは，主任建築家のカルフィクとその助手ランダ，およびチペラに会い，バチャの秘書パコルニーにも会った。バチャは製靴の先駆者であったと同様，支配者と労働者間の相互扶助関係においても先駆者であった。

チュリンはすでに現代的な工業都市であり，その工場の周辺には，立派な住宅群，学校，病院，保養施設をまとめて持っていた。私はある寄宿舎のデザインを依頼され立案した。しかし，政治改革と社会不安のため，実現はしなかった。

また，本社ビルは10階建，またはそれ以上の高層にすべきであった。私はバチャが自分の机から離れることなく，異なる階にある他の部署と密接な連絡をとる方法や，彼の監査をやりやすくするために，自分の事務室内に大きなエレベーターをつけることなどを提案した。そしてそのアイデアは実行に移されていった。

軽井沢の夏の家 (1932)　私のデザインの上で新時代を画す建物が，軽井沢の自分の夏の家であった。私はその家で，丸太材によって完全な形をつくる，日本の大工の素晴らしい能力を活用できた。建物は柱と梁の構造によったが，その両方が丸太材であった。外皮をはがし，丸太を藁と砂とでこすり，そのまま自然の状態で残された。

主室は，ル・コルビュジエによる南アメリカの山荘のアイデアにヒントを得た。発表の際には彼の名をあげたが，ル・コルビュジエ作品集の一冊で彼は不必要なまでに奮慨して

軽井沢夏の家の全景　1934年

浅間山を望み　スタジオ近くでスキーに
興ずるクロードと高木健二

いる。あることの賞讃の表現としては，そのモチーフを取り込み，実行に移すこと以上に確かなことはない。彼の山荘は実施されなかったから，ことさらである。私自身のデザインとしては，とくにディテールについて多くを指摘できる。私のデザインしたものは，他の建築家によって採用されたばかりでなく，剽窃もされた。1938年出版の私の詳細図集は，すべての建築家にアイデアを分ちたいという想定から生まれたものであり，私が到達し得た内容の完全な報告書でもあり，それを使ってほしいという私の願いでもあった。

　夏の家の主室のモチーフを除き，建物は全面に独創によるものであった。非常に強い日本的な香りを持ちながら，日本の形はまったく取り入れていない。

　私はル・コルビュジエに友好的な手紙を書き，そこに使われたモチーフについては，彼の名をあげたことに注意されたいと述べた。そして彼から次のような手紙を受けとった。

　1935年5月7日　パリにて「あなたの4月8日付けの手紙は，外国旅行から帰ってから受け取りました。手紙をいただいて喜んでおります。両者の間には，たしかに悪意はありません。しかしあなたが自分でいっておられるように，そちら側に少々過ちがあります。すなわち，東京で例の家——本当になかなか良い家です——を発表された時，一言も私に言って下さらなかったことです。私は注釈をよんでいる暇がありませんでした。私の眼は写真をみるのと，また早急な反応を感ずるのでいっぱいでした。

　ちょうどその頃，私はベージガーの出版した本の解説を口述していました。その機会にちょっと一矢をはさみ，読者を目覚ませようとしました。つまり私の考えはけちなものではなく，反対に，日本の技術的能力への讃辞，賞讃でした。また，あなたの翻案の程度についても。さらにいうならば，あなたは私のアイデアの翻案にあのように成功しておられる。ベージガーの本の52ページは，おそらく全作品の中で最高のものです。

　このお世辞をさらに拡大しましょう。私の仕事はあらゆる公開の場に出してもいいので

す。私のアイデアが引出しの中に埋れて残っているからではありません。逆に、それが有効な目的に適うのです。実際には、私も模倣をしばしばされております。しかし手際も悪く、混乱し、愚かな模倣なのです。ですからこの点で私はお世辞がいえるのです。私の計画の、あなたの翻案は全面的に精神的であり、このお世辞は心からのものなのであります。あなたを喜ばせることになることをむしろ望んでおります。

どうかレーモンドさん、私の意図をお汲み取り下さい。私は何の恨みも買いたくありません。ここに書いている言葉は、よろしかったら何なりとお使い下さい。あなたの手紙の末尾に、私が何もわかっていないといって、干渉させようと私を誘っておられる。今度は私の番ですが、この手紙をどう使おうと完全に自由だと申し上げ、あなたに納得していただきましょう。私の最善の気持を信じて下さい。　　　　　　　　　　ル・コルビュジエ」

上　すだれをおろした夏の家とその東南側いっぱいに開いた
　　二つの寝室
上左　ノエミ　前川国男　吉村順三　杉山雅則　私　クロード
　　と数人の友人と
下　楽しい夏の行事　プールにつかり　木を植える

　自然への開放と閉鎖。この夏の家の鮮明な美しさ。それが始めてそこに移ったときの忘れ得ぬ事柄であった。大工の完全な理解のもとに、構造を自然のままにしようとする日本。日本を除いて、どこにもできることではなかった。擁壁や、その他のコンクリートの骨材は、その大地から掘り出された火山岩であった。木材は近くの山の日本杉。柱は栗。屋根はから松で葺かれた。外側に葦で作ったすだれを下ろすと、全体が原始的なアフリカの酋長の家のようになった。家具まで大工が残した木材を使い、そこで作った。

　私たちがアメリカにもどった1938年、この家を売った。その後、持主は数回変わり、各各が少しずつ形をこわし、ある実業関係者によって買われるまで続いた。そして増築と、例の野蛮染みた改築によって、まったく形はこわされてしまった。

　1930年代の初め、私はいくつかの夏の家を、同じ方法で方々の日本の山に建てた。有名な軽井沢の教会もその一つであるが、この章のあとの方で述べよう。

上 スタジオ東側　杉山雅則と吉村順三がバルコニーの
　　製図室にみえる
下 食事を共にするところと配置図・平面

上左　製図室のバルコニーに通ずる斜路
右　西側に面したスタジオと南側に全部開いた食堂

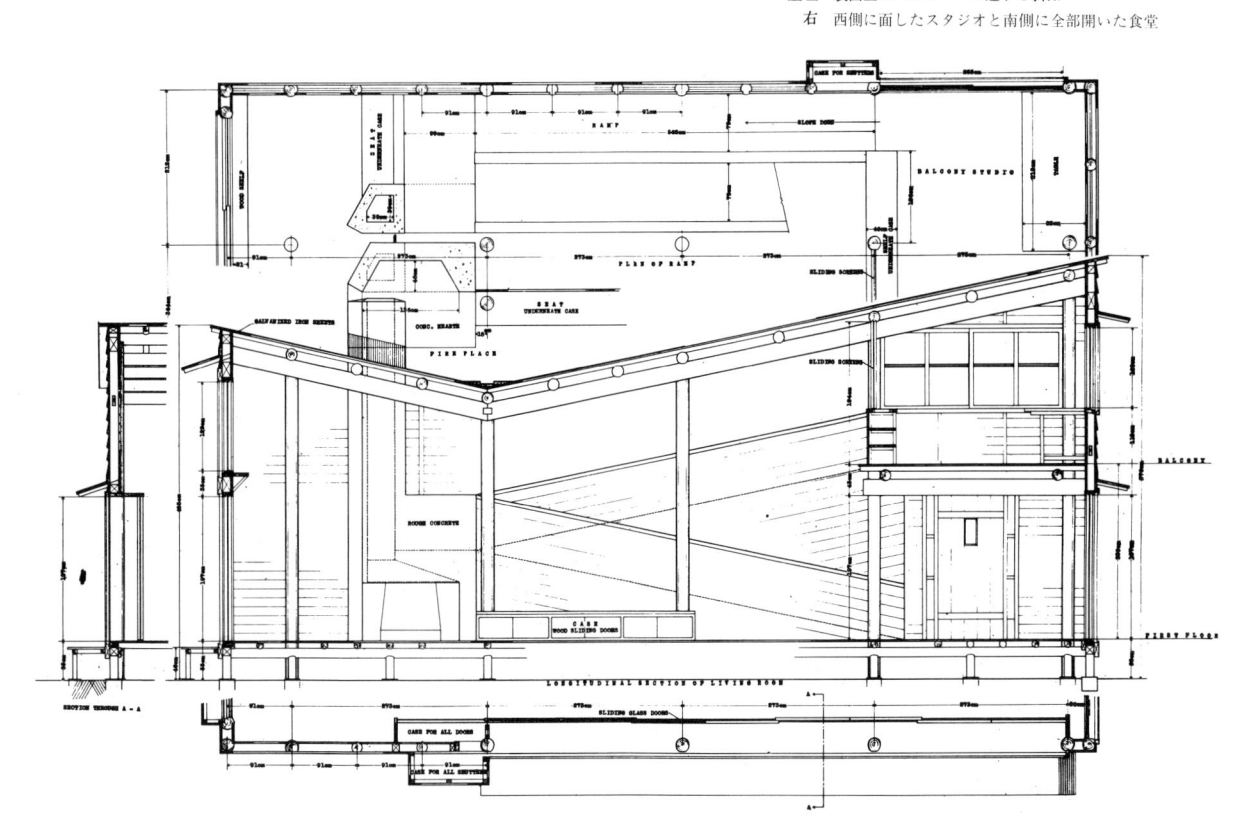

居間の詳細図

銀座教文館内のブラジルコーヒー　1934年
上は店内にある藤田嗣治の壁画　下は店内内部　家具調度は
私とノエミのデザイン

1933年頃、有名な画家の藤田嗣治を知るようになった。当時、彼は美しいパリジェンヌのモデル、マドレーヌと住んでいた。彼女は自殺したともいわれるが、人生を悲劇で終えた。自分が属す社会の中では典型的パリジェンヌで、大変陽気であった。生きている間は、彼女が入りこむどんな社会にも、陽気さと魅惑を加えた。何故彼女が厭世的になったのか、およそ私には理解できない。

私は1934年、ブラジル・コーヒーの宣伝のため、銀座の教文館ビルの事務所と、店の大壁画を藤田に依頼しようとしたことがある。今日のコーヒーは、日本人に大変好まれる普及化した一般の飲物であるが、1934年では、ブラジル大使が銀座に宣伝の場所を置き、日本に普及するために優れたコーヒーをただで飲ませた。われわれはその部屋と家具をデザインしたのであるが、注意深い研究の結果、多くの新機軸が生まれた。われわれは戦後の日本における爆発的コーヒー店の先駆をつくったのである。

藤田はフランス市民として再びパリに住み、積極的な活動を続け、1968年この世を去った。彼はカソリック教徒となり、主として宗教的な主題をとりいれていた。私たちは1963年、彼をパリのアトリエに訪ねたことがある。

四つの住宅（1932－34）　赤星喜介のためにデザインした住宅（1932）は、奇蹟的に破壊から逃れ、とにかく今も原型を保っている。それは当今の現代的手法の鍵をすべて備えた住宅である。また1934年頃、機会を得て三つのすばらしい住宅をデザインし、建てた。この3人の施主からは、彼らの要求を除き、まったくの自由が与えられた。その最初は東京の若い夫婦、川崎守之助。赤星鉄馬が郊外に一軒。福井菊三郎は熱海の温泉に近く、海に臨んだロマンチックな丘の上の別荘を一つ。

この三つの場合、デザインの問題点はいずれも本人の二重生活に必要な、入念な配置計画を作り上げることであった。客と、家族と、使用人のための分かれた玄関。その家に親しくない人をいれるための、異なった種類の応接間。管理人のために場所や、その事務室など。和洋両設備の厨房。伝統的日本間と同様に、畳のある洋式の部屋など。

その他面白い点は、泥棒除けのことであった。すべての外部の窓には、雨戸か格子をつけること。辷りまたは折りたたみ。現代的な広い開口部では難しい問題であった。内庭は外から入れなかったからその点は助かり、そこには雨戸が不要で、開口部は夜間の換気用にもなった。

どの住宅も鉄筋コンクリート造で打放し、耐震耐火。空気調和設備は当時はなかった。湿けっぽい雨季や、熱帯性の暑い夏の、壁の結露を除くため、全建物は壁を二重にした。

川崎守之助邸　1934年
完全な施工技術による打放しコンクリートが特徴である　右は
北側全景　上はアプローチの鉄製垣根　下は居間と内庭より居
間をみたところ

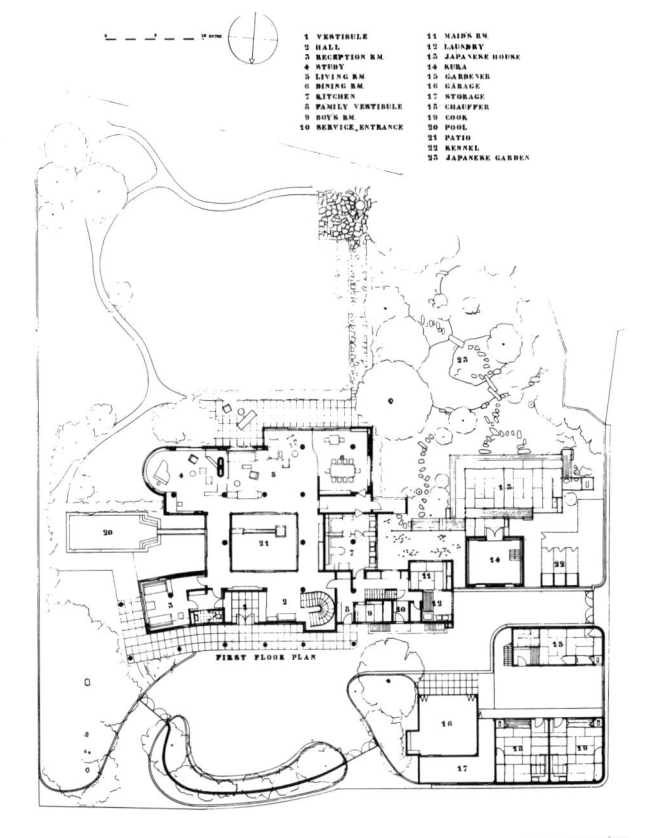

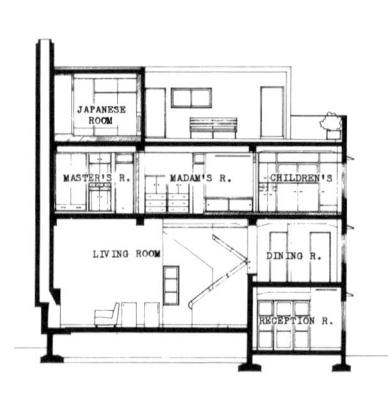

赤星喜介邸　1932年
左上は全景外観と断面　上は居間
左は食堂のバルコニー

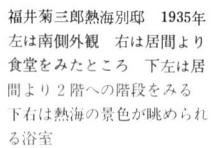

福井菊三郎熱海別邸　1935年
左は南側外観　右は居間より
食堂をみたところ　下左は居
間より2階への階段をみる
下右は熱海の景色が眺められ
る浴室

赤星鉄馬邸　1934年
右は庭園側全景　左は寝室より日本間を通し
て食堂をみる　下は食堂と居間を区切る移動
間仕切りと間仕切りを開けた子供部屋と1階
平面

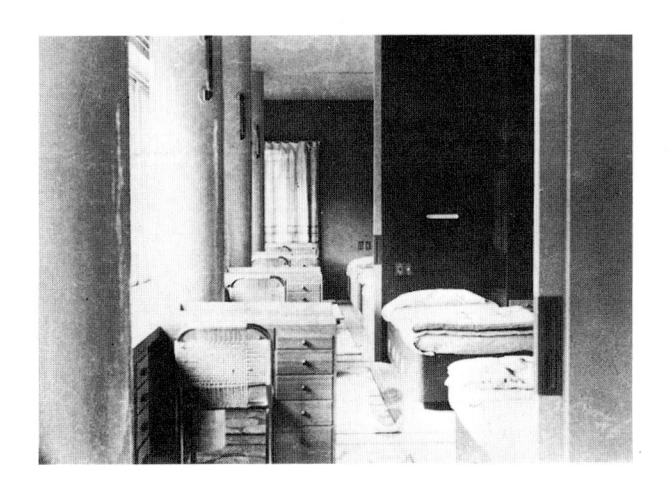

1	VESTIBULE	8	KURA	15	PANTRY
2	HALL	9	NANDO	16	KITCHEN
3	LIVING RM.	10	DRESSING	17	SERVANT'S RM.
4	DINING RM.	11	JAPANESE BATH RM.	18	LAUNDRY
5	JAPANESE RM.	12	FAMILY ENT.	19	SERVICE ENT.
6	MADAM'S BED RM.	13	RECEPTION	20	PATIO
7	CHILDREN'S RM.	14	INTENDANTS	21	TERRACE

1ST FL. PLAN

どの部屋も南を解放し、最大の窓をとり、換気をはかった。南と西の窓には庇をつけて、夏の太陽から守ったが、低い冬の陽をとり入れるように計算した。二重生活の組合わせは造園にも及んだ。庭園には西洋式の部分と、純粋な日本式の部分とがあった。

三つの住宅のためにノエミと私は、庭も家具も、じゅうたんも、テキスタイルも、電気器具もデザインした。簡単にいえば、仕事に付随するもの全部であった。だから三つとも今までどこでも成功したことのない、ごく稀な等質性と、統一性が与えられたのである。

フォードと建築家カーン　驚くべき仕事が当時持ち込まれた。日本とアメリカ間の緊張感を和らげるための、ヘンリー・フォードの努力がみのり、結果として日本に大総合工場を建てることが決定した。この仕事が実行に移されることがはっきりしてきた頃、私はアメリカに行くことにきめた。デトロイトに行き、フォードを含めてフォードの会社の重役たちに、私こそその仕事をする人間であると説き伏せようとした。なぜならば、それまでの耐震デザインの経験と、日本の建設方法と慣習を知っているからであった。

ほとんどのフォードの建築の仕事は、その頃、建築家アルバート・カーンが握り、彼はデトロイトに壮大な事務所を構えていた。だから彼を訪ね、私がデトロイトに来た目的は、さもなければ彼のところに行ってしまう仕事を、私がとるためだと打ち明けようと考えた。そして私の日本での経験は、そのデザインに大変都合のいいことだと思っていた。

カーンは非常に丁重で、私を食事に招待し、気を挫かれることはなかった。当時の彼の仕事は、どの点からいっても創造的で、現代的であった。だから私は、彼の事務所も彼の家も、まったく折衷主義の方法でデザインされていたことに驚かされた。この二つのものが、いかに一つの人格に相容れられるかということが、不可解であった。その両面は、同時に真の信念の表現にはなりえないことであるからだ。

この仕事の獲得の道順として、私はヘンリー・フォード自身に、彼の事務所で会うことになり、彼は十分な面会時間を与えてくれた。エセル・フォードも立ち会った。

日本の気候の特徴や、他の条件について話している途中、私の手がヘンリー・フォードの机の上にあった自動車のピストンに挫れた。私はその軽さに驚いて叫んだ。
「これは大変に軽い！　アルミニウムでしょう」
「いや違う。長い間研究していた鋳鉄なんだ」とフォードが答えた。
「実に美しい！」そう私がいうと、フォードはその美しいという言葉に興味を示した。

多分今まで、そのような工業生産品の部分品に、「美しい」という言葉を聞いたことがなかったのだろう。これが彼を大分喜ばせたらしく、親しげになって技師フランク・リークスに私を案内させた。彼がのちに工場のデザインのために来日した技師であった。

彼は研究用に世界のあらゆる自動車を並べたフォード博物館に私を連れて行き、その上、どうやって労働者の大部隊に、賃金を支払うか見せてくれた。これはまことに面白かった。現金や貴重品は、道具用のダイアモンドを含め、要塞のような場所に確保されていて、入口は武装した守衛が守り、緊急用の催涙弾まで用意されていた。防弾ガラスの窓を透して見えたのは、賃金の袋を受け取る労働者の延々と終りなくつながる列と、果てることなく現金を数える機械であった。常に頭上にまわるコンベヤーが、適当な支払い窓口に封筒を運んでいった。このような完全な機械化は、当時の私には大変な成功に見えた。

フォードが私を紳士として扱ってくれたこと、またおそらくは誰でも喜んで高価に買ったはずの新聞種として、私がこのフォードの財政要塞の話を売りはしないと、信じてくれ

軽井沢小寺別邸　1934年　上は北側外観　下は内部

私の描いた鶴見のフォード自動車組立工場計画　1934年

たことを感謝するものである。

　フランク・C・リークス技師は、のちに日本に来て横浜総合工場のデザインで、私に助力してくれたが、日本の運転免許証をとるのには大変苦労した。彼は世界の自動車製作の最高権威で、熟練運転手であるのはもちろんだが、続けて三度テストに失敗した。

　その理由は簡単であった。試験は英語で行なわれ、解答は志願者に与えられた印刷物の言葉の正確な反覆を要求していた。たとえば「電車を追越すときはどうするか。」という質問には「気をつけて追越す。」と答えるのが正しい。この何でもない解答ができなくて彼は落ちることになった。彼の答えは余りに知的であったのだ。

　そこで信頼できる所員の1人が横浜に行き、交通係の警察官と近づきになって、全問題の解答に少々手ごころを加えてもらうことにした。1935年では他に方法がなかった。こうしてリークスは四度目に通過したのである。

　それからというもの、フォード工場に着工するため、平面を立体化する大変な激務が日本で続いた。日本政府が介入し、その計画に断を下した時、われわれは基礎のためのケーソン工事を始めていた。だがそれも遺棄しなければならなかった。その工場が、後年の日本の経済態勢に、重要な意味を持つことは疑いもなかったが、フォード工場の場合は、理由のない禁止の手段がとられたのであった。その結果、私は日米関係が日増しに危うくなっていることを信じるようになった。

　東京女子大チャペル・講堂（1935）　東京の郊外、吉祥寺にある東京女子大の敷地調査をしてから15年後、1935年にもカール・ライシャワー博士は学長の地位を維持していた。そして彼はとうとう講堂とチャペルを建てるのに十分な資金を獲得したのである。

　オーギュスト・ペレーのデザインしたフランスのランシー教会が、私に深い印象を与えたため、チャペルのデザインを始めるに当り、それをとり入れようと決心し、大筋をペレーの線に合わせた。したがって、チャペルのデザインはオリジナルではない。

　しかしオリジナルの方は弱く、私はペレーが回避したか、または果せなかった別の道をたどった。つまり完璧なコンクリート工事であり、色違いの石の平板で覆った壁であり、繊細な鍛鉄工事であり、プロポーションの違いであった。ともあれ、チャペルが十分に目的を達したのは、日本の職人の貢献によるものであった。

　チャペルと講堂とは、あまり幸運な組合わせではない。私は貧弱な動機でこの組合わせに同意してしまった。学校が、一つのオルガンをチャペルと、講堂の両方で聞ける配置にしようと主張したからである。しかし講堂は現代的、かつ能率的で、最上の視野と音響効果を得た。1935年では東洋の最高の学校ホールの一つであった。

左ページ
上　東京女子大学　打放しとプレキャストのコンクリート
下　講堂とチャペルの平面図
右ページ
上　現場打ち打放しコンクリートによる東京女子大学チャペル鐘楼　右は講堂側よりみたチャペル内部
下　講堂とチャペルの断面図と打放しの階段　腰壁は石張りの自然色

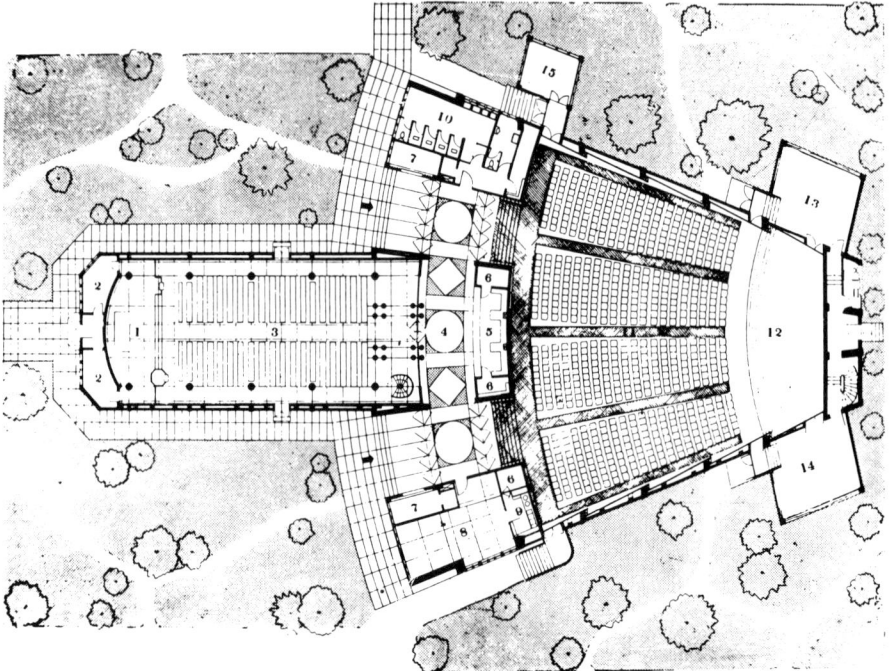

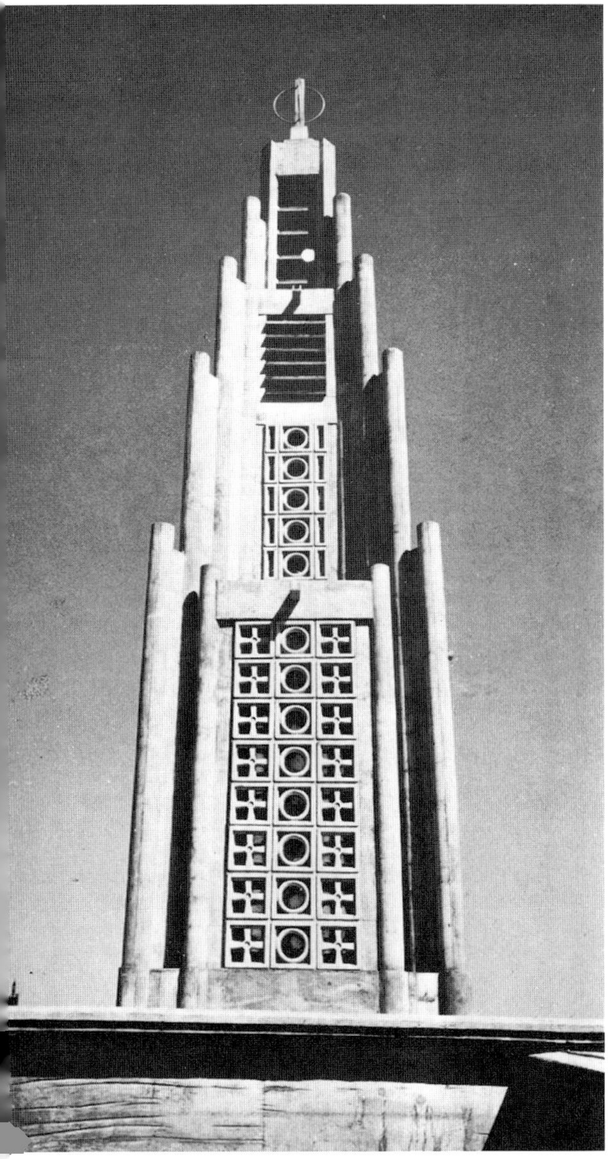
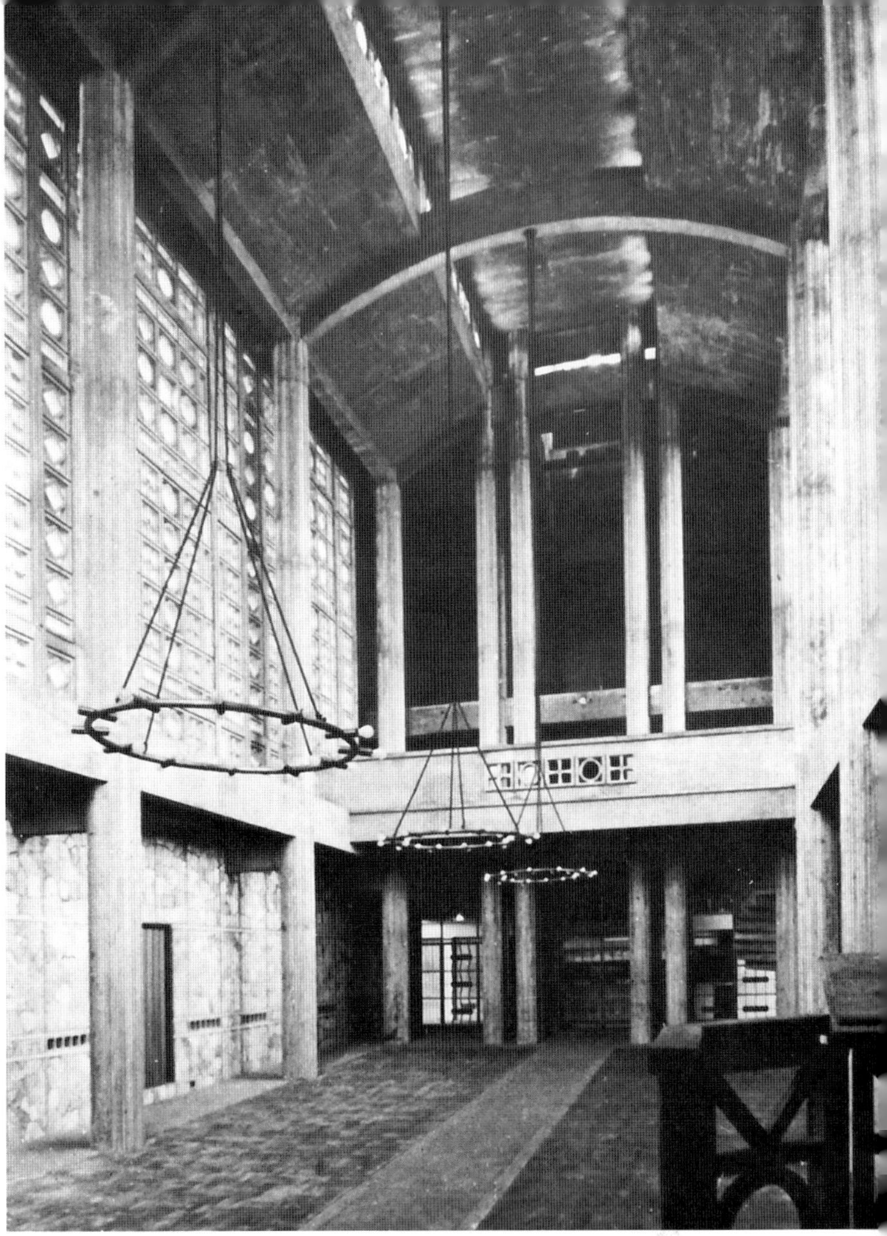
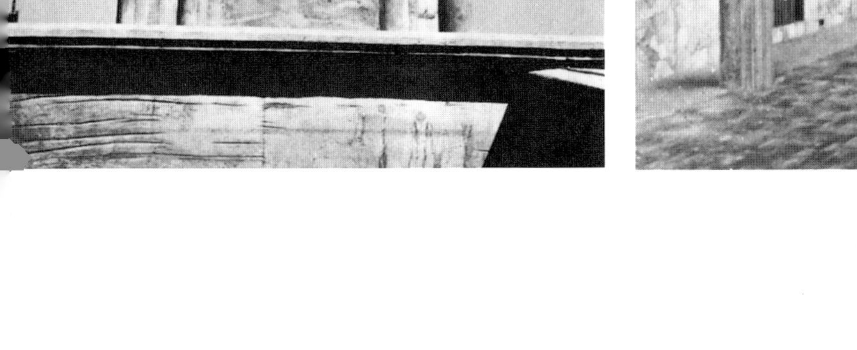
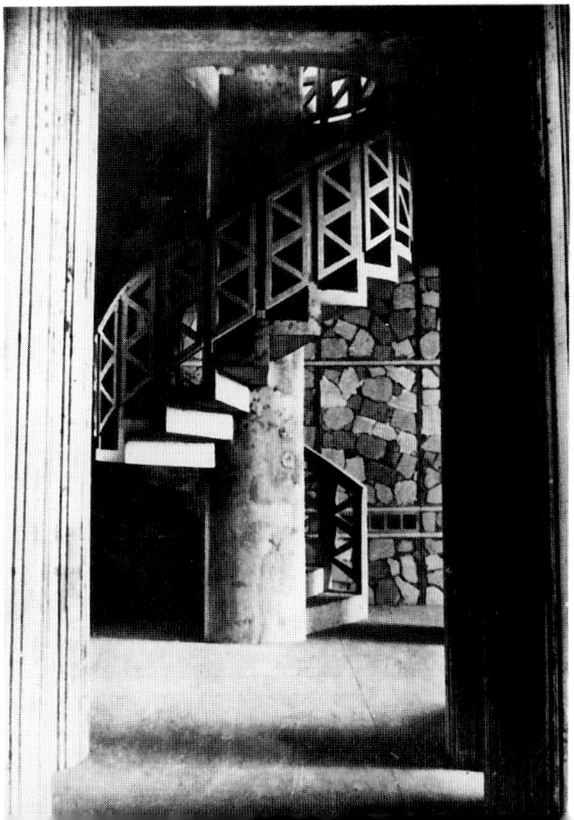

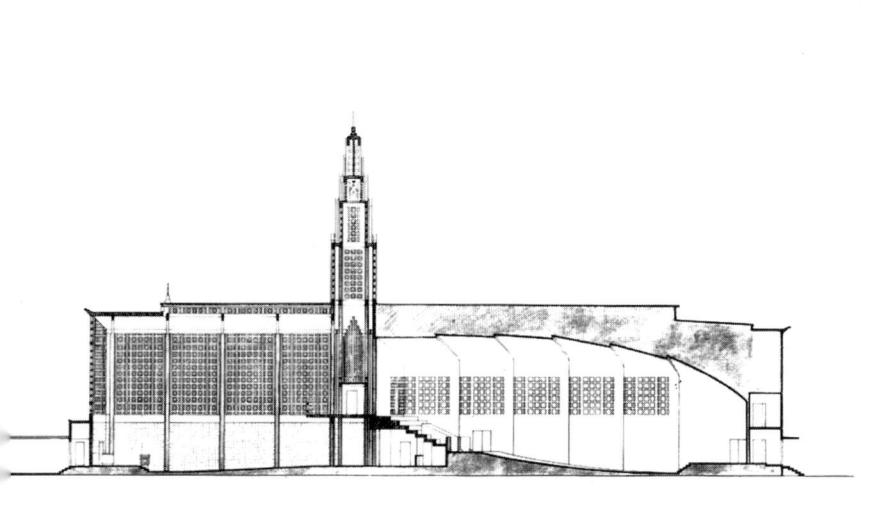

上 吉祥寺の東京女子大学図書館　正面と背面　1931年
下 図書館の読書室と 2, 3 階平面

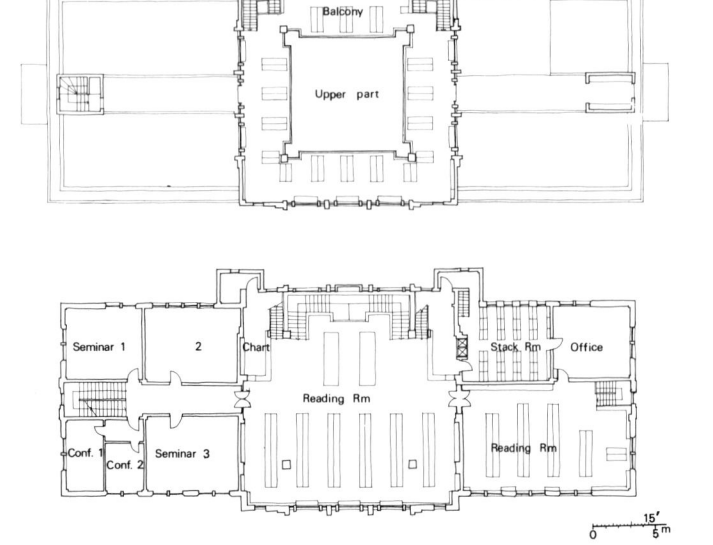

軽井沢の聖ポール教会　1934年

軽井沢の教会（1936）　　カトリックのイギリス人，ワード神父と知合いになったのは
1936年のことである。彼は小さな教会を東京の北100マイルの山地，われわれが夏の家を
建てた軽井沢に建てようとしていた。私は喜んでその教会をひきうけた。建てはじめる前
に，私は簡単なスケッチしかつくらなかった。その上，実際には何の詳細図もないまま
仕事がすすんだ。完成してから実測図を作ったが，そのプロポーションには驚かされた。

　材料には，コンクリートに代わる火山岩とか，杉と栗材のように，その教会の敷地で見
つかったものが用いられた。ノエミは，聖ポールの像を作り（のちにその教会の名前とな
った）コンクリートで固めた。そして，十字架は木でつくられた。その丸い階段と，囲い
の図面は，詳細図集に載せられて出版されたが，そのままのコピーが，遅く1960年に，
ある著名な建築家によって作られている。教会は椅子も含め，何もかも入れて，たった
3,000円に過ぎなかった。われわれはすべてにわたり教会を建てることに成功し，広く知
られるようになり，外国人，日本人の両者に愛されるようになった。のち不幸にも，改良
をはかったドイツ人の神父の手で，かなりの被害を蒙った。

　大工は近くの日光の住人たちであった。彼らは仕事の間，その現場に住んでいた。新し
い仕事場に着いたこの田舎の大工たちの最初の仕事は，持ってきた風呂桶を据えることで
あった。そして，小さな火釜に火を焚きつける。次に，丸太と，薄板と，杉皮で臨時小屋
をつくり始め，あっという間に奇跡のように仕上げてしまった。丸めてあった布団包みが
ほどかれ，そこが家となった。この仕事には非常に有能で熱心な助手，今では有名な建築
家，工芸家のジョージ・中島がついていた。

132

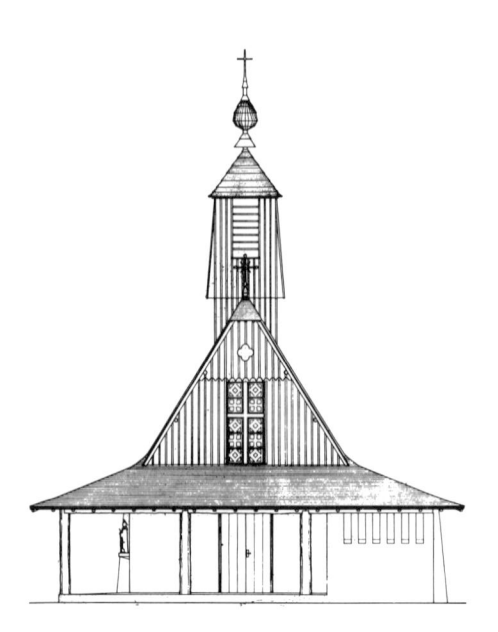

南側立面

聖ポール教会　1934年
右は背面下は道路側外観

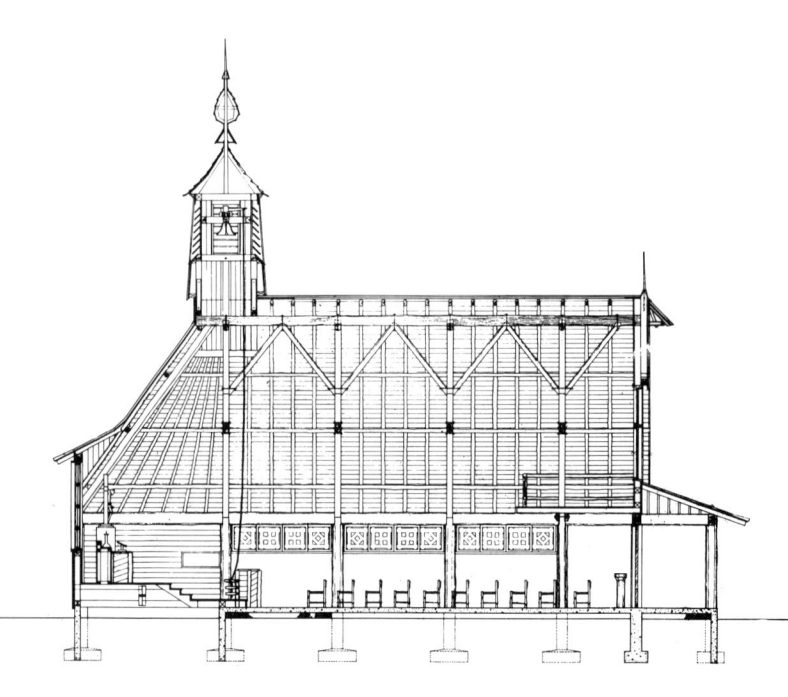

断面

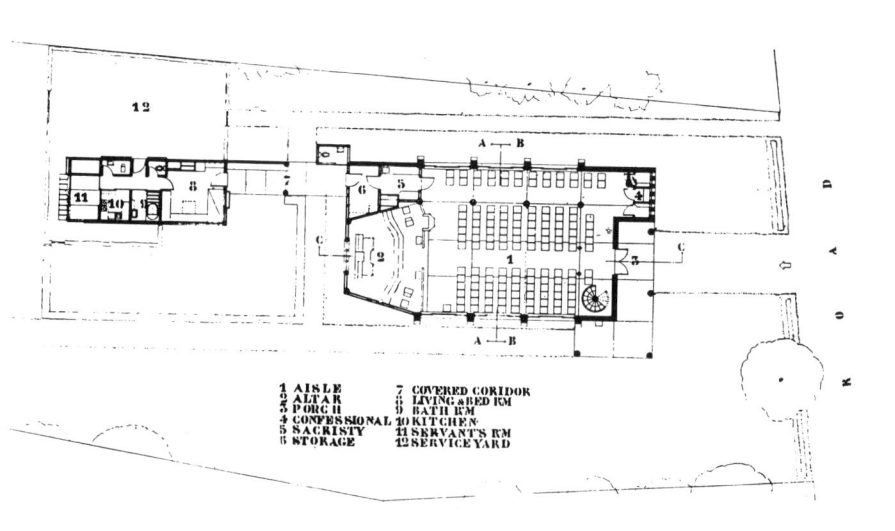

聖ポール教会　1934年
上は教会内部入口側を見る　中は平面としばしば模倣
された螺旋階段　下はノエミの造った聖ポールのコン
クリート像のあるポーチ

14. 私の事務所，私の本

上　土屋重隆　ノエミ　木村秀雄　私の東京事務所に入所した頃
下　1934年教文館屋上にて所員たちと
後列左から　小野禎三　髙木健次　ジョージ・中島　酒井勉　私　澤木英男　崎谷小三郎　天野正治　前列左から　中川帆太郎　杉山雅則　前川国男　石川恒雄　吉村順三

今でも私の東京事務所には，1921年から一緒に始めた人びとがいる。現在の総務部長の木村秀雄，監査役の土屋重隆である。当時の事務担当は遠藤正で，初めて彼らが事務所にきた時には，絣の着物を着ていた。

ライトとともに，帝国ホテルの事務所にいた若い建築家数人が，当初私についてきた。すでに述べた若くして結核で死んだ内山隈三であり，また高木健二も死亡したし，輿谷寛は現役から退いていった。また，杉山雅則は第二次大戦の始まる時まで私の所にいたが，戦争中，デザイナーとして三菱地所に入り，引き続き現在に至っている。彼は非常に優れた建築家となり，三菱地所で計画した多くの大ビルや，新宿の洋裁学校の丸い建物などでよく知られている。

聖ロカ病院の現場で，1926年頃の夏休みの間，ひとりの学生が加わった。それが吉村順三であった。彼は第二次大戦まで私の事務所にいたが，戦争勃発までの1年間は，ペンシルベニア州ニューホープの農場にきていた。彼は東京への最後の交換船，竜田丸に乗って日本にもどっていった。われわれの事務所のあらゆる建物のデザインに対する，吉村順三の貢献は大きかった。最も私をひきつけたのは，彼の日本の芸術と建築への興味とその知識であった。戦後，たびたび彼はアメリカを訪れて，ニューヨーク近代美術館に日本の家を建てたり，またハドソン川にそった丘の上のモテルや，ロックフェラーの住宅などを建てている。

その他，著名な建築家になったのは前川国男である。彼はパリのル・コルビュジエのもとで働らき，帰国直後，1930年に私の事務所にきた。彼は，その知識と勤勉と精力とで大いに貢献した。彼の沢山の仕事の中でも，東京文化会館，ベルギー世界博の日本館や，ニューヨーク博の日本館などが知られている。私の推薦により，前川と吉村は，坂倉準三と協同で東京国際文化会館を建てた。

その他にも私の事務所を出発点とする多くの日本の建築家たちがいる。その全員が，非利己的な精神と，デザインの世界で美を愛するこころを身につけた以上，私は将来さらに成長することを望んでいるのである。

1934年か5年頃，ジョージ・中島が事務所に入り，1939年まで私のもとで働いた。私はスリ・オーロビンド・ゴーズの寄宿舎の仕事で，1938年，彼をインドに同行し，現場監督としてそこに残した。それ以後，1941年まで彼からは何の音信もなかったが，中島の母校マサチューセッツ工大の部長からの手紙で，彼と家族が，ユタの沙漠のキャンプに抑留されていることを知った。その手紙は，彼が出られるように，何とか手をうてないかという依頼であった。

アメリカ陸軍の一つの条件は，もしも中島と家族をひきとって世話をするならば，近隣全体の合意を得る必要があるということであった。太平洋戦争はまさにたけなわで，アメ

1935年頃所員とともに
後列左から 小茂田半次郎 石川恒雄 崎谷小三郎 酒井勉 ジョージ・中島 寺島幸太郎 高木健二 與谷寛 田中誠 中列左から沢木英夫 前川国男 私 杉山雅則 中屋晴幾 天野正治 小野禎三 中川軌太郎 前列左から ノエミ 吉村順三

1935年 出版された「アントニン・レーモンド作品集」

リカ人は邪推深くなり，日本人をむしろ怖れていたのである。他の規定は，中島が建築家として仕事をしてはならないことであった。同時に私は，彼とその家族が周囲の人びとに迷惑をかけないという，保証をしなければならなかった。ノエミと私は喜んでこの責任を負った。中島がアメリカに対してまったく忠実な市民であることも，その信じられないほどの扱いを問題にしないことも，熟知していたからであった。

9カ月間を要したが，結局，中島と家族をキャンプから解放することに成功し，私の農場にひきとって，2年間滞在させた。彼はミルク小屋の一つに，小さな仕事場をおき，僅かながら家具をつくり始めた。戦後，彼は私たちの農場に近い所で家を借りて，本格的な仕事場を開いた。さらに後年，彼は近所に若干の土地を求め，現在の家とスタジオを建てた。今日の中島はアメリカにおける優れた工芸家兼建築家のひとりとして有名であり，高く評価されている。

1920年以来のわれわれの仕事をまとめた1冊の本が有名な歴史家エリー・フォールの序文を得て，1935年に東京で出版された。「アントニン・レーモンド作品集1920—35」である。本はアーキテクチュラル・レコードによって，アメリカ国内にも普及され，同時にヨーロッパでも良く売れた。その本が現代の世界に影響を与えたことは疑いのないところであり，今日では入手不可能に近い。

ここにそのエリー・フォールの序文の一節を引用しよう。

「フランス革命によるギルドの崩壊に最も顕著にあらわれた，無数の複雑な理由による，過去百年以上にわたるほとんど完全な暗黒時代を経た末に，建築は今ようやく再出発しようとしている。これはきわめて注目すべき社会的徴候である。もしも建築という仕事が大多数の個人の物質的，精神的必要を満足させるものならば，建築自身の責任の上から，個人主義の幻想を，絶対に無視するに違いないからである。

事実，音楽や舞踊とともに建築は優れた社会芸術である。まさしく，この建築の社会性への要求こそ，より大きなものであり，地域社会の必要による表現を自らは制限しないどころか，その社会に従うためにも戦っている。それ以上に，建築の集団的な性格は，その目的に表われるばかりではなく，使用手段でも強化される。

建築は多数の職業組合により，最も多角的に支えられている。オーケストラのようにしかし，それよりも密接に，職人の親方の当然の権威の許で協力する。最も異種な，最も矛盾した要素であろうと，重量，圧縮と耐力という物理的な力で支配されなければな

銀座資生堂における展覧会　1936年

らず，材料の質，土，気候や季節条件などにも支配され，オーケストラにはまったく不必要な力をもたなければならないからである。本来，静的な芸術でありながら，建築が諸芸術に最も劇的な情況をあたえうるのは，その特別な機能が，表現と占有と統御というその劇の全要素にあるからである。建築は各文明が残した，弾力的な力の支配，統制された精神力の最も信ずべき，また痛切な証左なのである。昨日まで誇示されたその力も，構築の無秩序な表現によっては失脚せざるを得ない。

建築は単に，人間同士に必要な連帯責任の最高の教えを構成するばかりではなく，共同責任という点では，まったく疑う余地のない結果でもある。舞踊はわれわれに共通で，かつ一致した喜びの表現なのであり，建築には動きはないが同意義の舞踊だと考えられる。最も私心のないものであるからこそ，最も人生に有用なものなのである。社会秩序から離れることは不可能であり，過去の社会秩序の条件であった神秘主義や，階級制度さえも切り離しては考えられない。

ローマ建築やルネサンス建築は壮大さばかりか，その一時代の反応でもあった。前者は行政と政治の精神であり，後者は知性であり，社会の発展と保存に必要な，従属と原則の一般的崩壊に対抗するものであった。教会は前者の感覚に応じ，科学は後者に応じた。そして教会が建物を建てたように，科学はその本来の社会組織を建てるであろう。

構造の新生をその証とした，新しい交響楽が期待されていた。それは，あらわれなければならぬものであった。前世紀を通じてなされた努力の集積は，感傷と神秘の集合体の専有に代わり，論理と経験の集合体として残されていた。偉大な建築は常に今日的建築であり，大なる一元社会を啓示するものである。また，そのなかにあらわれた最初の芸術であり，最初にその中途で消滅するものでもある。なぜならば，建築が表現するあらゆる要素が調和しないような大社会はあり得ないからである。新しい要求のないところには新しい建築はなく，あらゆる新しい必要は新しい建築を要求する。

技術者は建築家の立場にとって代わるためにあらわれたのではない。絶対に誤謬のない権威をもって，真実の道へと導くのが建築家であることを，再び示すためにあらわれたのである。あらゆる大建築を構成する調和のある組織は，その形態の概念の中から，または形態の概念そのもののためにひきだされたものではない。社会観と世界観とを，人間と精神の面から造形面へと置きかえたのである。この基礎的な原則は，模倣への試みを否定し——影響という遊びについていっているのではない——そして建築の美を比例の問題へと縮めてゆく。その表情である表面と，独占的な外部にあっては，美の大部分が，機能への建築の有機的適応性の反映なのである。建物の要求と機能が異なれば有機的に異なり，しかも変化は内部原則，すなわちその要求に正しく従う原則によって決定される。

『建築は，建築的平面から感覚まで幾何学の軌跡である。』この言葉は純粋幾何に罪があるというには十分であるが，同時に人間の精神的要求を満足させる幾何的本能に，無限にもて遊ばれることをも啓示している。

建築に不可欠なことは，建物の性格的な要素ではなくて，その要素をひとまとめにして観察した比例と律動である。これは数字の遊戯であり，詩や音楽も同様である。おそらくパスカルの次の言葉は正しい。『1人の人間の方が，多勢よりもよくまとめうる。』しかし，これは他のあらゆる要素が平等な条件においてのみ正しいのである。」

私たちもその本に序文を書いた。それは日本における経験の結論としての私の到達点の反映である。

「日本で仕事をする外国人建築家には，一つの特権がある。現代建築の目標として再発見された基本的原則が，日本建築やその文明の中で具体化されていくのを眼前に見られるからである。西欧では深く根を張る唯物主義が邪魔をして，この純粋な原則にまだ気がつかず，精神構造ばかりが追求されている。

これらの原則は，日本の古来の建築のなかにきわめてはっきりと表現されているのである。

日本人は事物を愛してもそれに溺れることはない。常に考え方の補助とするのである。事物は日本人にとって，ただ精神的真理の象徴として存在する。物事が表現している真実を，無意識に用いるのは悪趣味なのである。

実に人生とはそこにかくされた意義を求める劇であり，実景でもある。人間はその意義の探究に生き，あるいは理解できる真実を，生活に反映させようとめす。最上の居心地はその家の中にあるのではない。

建築家は気象の厳しさに対抗して家をつくり，また一方，あらゆる生活の形をはっきりうちだし，こころの巧妙さを表現したりする。われわれが問題とする建築の機能・形・素材は，正確な観点と具体的な考え方をすれば，比較にならぬ容易さで解決されてしまう。

日本の住宅は自然の形の進化に似ている。あらゆる点で，正確，かつ妥当な解決を見出す内部からの欲求にもとづいている。同時に，生命の真価を十分に理解していて，実用的であり表現的でもある。

われわれ外国人の自然に対するいつくしみは，日本人にくらべると実に表面的である。日本人にとって，自然は生命の秘密を握る鍵でもある。すなわち，多年にわたって人間を守ってきた自然を裏切るべきではなく，常に間違いのない指導者として頼りにしてきた。人は自然のよびかける材料をえらぶ。木材は生地のままで，藁は床に敷き，砂は壁にぬる。また極く最近まで，建築家といえば大工のことを指した。大工は材料を巧みに用い，その正しい質を尊んできた。

また野暮という言葉も，日本建築にはあてはまらない。偶然もなければ，18世紀の様式の模倣もなく，自然の中に自己を没しようという願いがあるばかりである。装飾的という言葉を，日本の芸術に与えるのもあやまりである。日本の芸術は，ただ全体の調和のとれた形を目指しているのである。たとえば額のようにどこにでも懸けられるものですら，その位置は常に空間の調和を念頭に決定される。ちょうどわれわれ西洋人が，応接間の壁面のある位置，すなわち長椅子の背後に牛の絵でもかけるように，動かしがたいはっきりした場所がきまるのである。

西洋人のいう装飾とは反対に，日本にあるのは必要の生み出した美である。長方形の入り混じる変化，障子の桟の陰影，畳のへりの直角の交差，庭に向かって開かれたさまざまな出入口，その幾何学的形態と自然との結びつきが日本人の心をとらえ，また日本を象徴している。

日本人は永遠の本質を解し，物にいつまでも拘泥はしない。桜花は一日の栄華に生き，兵士の鑑となっている。また世俗の脆さへの悟りが永遠を尊ぶ心となる。また，城

銀座の教文館と聖書館

教文館の最上階にあった事務所とその頃の私　1937年

の石垣を例外とすれば（城そのものは軽い構造であるが）日本人は長もちのする塀は好まない。むしろ，整った竹垣のように，庭師をよんでは何度も修復を繰り返し，その仕事を見守るのを楽しみとする。

　美しい古い家は尊敬に価しよう。だが，人が水の清さを好み，花の鮮かさを好むように，欠点のない純粋の新しさを好む。伊勢神宮は，20年ごとに建てかえられているのである。日本の気象の烈しさは格別である。強い風，ひどい雨，寒さ，焼けつく太陽，地震，台風，それらは物の脆さを人に教える。それはまた，人間の精神の不変の偉大さをも悟らせ，天に感謝させる。

　住居も物も，日本においては本質的価値はない。日本には，中国にあるようなモニュメンタルな芸術もない。あらゆるものは，はっきりした目的のためにあり，また，目的とつながってのみ意味をもつ。日本人の考える最大の満足は，思想と行動，そして物質，空間，時間を知り，その間に調和を見出すところにある。

　日本以外のどこの文明が，美しくすることがそのまま，不要なものを捨て去ることであると示したであろうか。単純化と無駄を捨てさることと，昇華させることこそ，趣味の人のいう優雅といえる。宗匠の家と，労働者の家の違いは，前者が単に構造や平面の明瞭さを十分に考えたところにある。すべては直接の必要に応じた結果であり，あるいはその精神でもある。無は常に明瞭であり，また純粋なものである。不要なものを除き，物の本質を求めようとする力によってあらわれる。そして遂には，こうして創り出された沈黙の中に，物の形，本質，空間の声を聞くことができるのである。

　西欧の建築は，それにくらべると驚くべき粗末さをはっきり示している。最も偉大な時代においても，野蛮さはかくしようもない。現代でも極端な外観上の見栄とか，行き過ぎた求め方だとかが，依然大きな対照をなしている。

　すべてを取り去った時，残る本質と原理とが日本の魅力の源である。日本の部屋は空虚である。椅子はなく，人は低い卓子を持ち出し，必要なものは必要に応じて押入れから取り出される。

　また日本の浴室は，もっと他国に宣伝されてもいいのではあるまいか。それから蔵がある。これは倉庫の高級なもので，たとえば掛軸，珍しい陶磁器，伝来の刀剣類などの家宝をしまう。蔵は二重構造。一つが他のもう一つの蔵の屋根を覆う。外部は不燃。防湿と防虫の設備が施されている。内部は木造。窓は三重。鉄扉，ガラス戸，防虫網戸がつく。内部構造は図書館等に似ている。木製の棚には，緑の紐でしばった素木の箱が並び，その中には綿と絹で包んだ家宝が入れてある。日本人はこの方法で何世紀もの間，絹や紙に描かれた絵，立派な磁器などを保存してきた。各箱には番号がつけられ，整理される。執事や家の女主人はその鍵と整理帳を預かる。その人たちは蔵の効用のためには費用を惜しまない。

　召使いは何人もいて，昔のヨーロッパのように家族の一員と考えられている。女主人は召使いとともに働き，富裕な家では忠実な執事がうちの出来事を始末する。執事は主人の送り迎え，金銭の出入りを管理する。彼はできるだけさまざまな出入口の近くに，自分の部屋がなくてはならない。客用の入口は表玄関であり，時には主人専用の特別の玄関もある。

　日本の大きな家の台所は，今なお，封建時代の台所と同じであるが，われわれには到

赤倉にてスキーをする私

底測り知れぬほど洗練されている。台所では，和風と洋風の2種の食事の用意を必要とする。日本料理は美味かつ綿密である。特殊な道具を必要とし，棚はざるや，木と馬の毛でできている裏ごし器などをおく。われわれは数え切れないほどの入れ物，漆の小皿，陶皿，盆などを入れる配膳室をつくった。これらは外国の銀器，ガラス器と同様必要である。

さて次に，方位の問題が残っている。これは気候を考えるにあたり，大変大切である。日本では突然気候が変化して，最高の湿気や乾燥がもたらされることがある。しける夏には一夜で靴がかびで覆われ，乾燥した冬には下駄がひびわれる。乾燥したひどい寒さ，焼けつく太陽，雨。主として冬は北から，夏は南から風が吹く。

日本の家は南向きで，完全に開放されている。すなわち，家には開口部と柱以外になく，夏に涼しい風をうけ入れ，冬は家を暖かくする唯一の方法，太陽をいっぱいに入れる。換気に必要な開口は北に置き，何もかもかびてしまうのを防ぐ。同時に，庭の日蔭にあたる部分の眺めをとり入れる。われわれの計画は，まったく理論ずくめのこのような伝統をたよりにしてきた。

日本人はわれわれ以上に熱心な自然の讃美者であり，そのためには自分を犠牲にしてもこれを証明しようとする。われわれ外国人にはできない相談である。庭と家とは一体であり，庭は家の中に入り込み，家は草の中の蛇のように庭にくねる。西欧風に四角な家を大地の上に建てることは日本では不可能である。

いたるところが出入口となり，西欧風に唯一つの出入口から出入りすることなど，とてもできない。日本人は二階から遠い地平線を眺めるだけでは満足はできぬ。たとえハンカチーフほどの大きさであろうと，石の据えられた，苔むす大地を持たなければ止まず，葉から雨のしたたるのを見るために幾ばくかの木を植える。これは，常に畳の部屋に坐って，遠くに思いを馳せるには，欠かせぬ点景であろう。

西洋への旅行からもどってみて，西洋人は外気に接するのをこわがっているのではないかと思うに到った。西洋人は，天気が気がかりなとき，窓に近づき外を覗くに違いない。彼らは衣服を替える時期以外に，季節を滅多に考えもしない。

夏の日，親しく訪ねてくる友をねぎらうのに，涼しい滝の絵をかける心遣いがわれわれにあるだろうか。

上　東京ゴルフクラブは日本最初のゴルフクラブで駒沢にあり9ホールのグリーンと適切なクラブハウスがあった　会員は貴族・実業家の上流階級で日本ゴルフの草分けとして威信を保っていた
朝霞に移る前　駒沢最後の日のプレーの記念撮影（1932）がこの写真である　私は唯一の外国人会員だったが会員は社交・実業・知識の上で当時の日本の中では抜群であった

中　東京ゴルフクラブで会員たちと
石井光次郎　鍋島直泰　赤星六郎　赤星四郎　岩永裕吉
私　友人一人おいて白石多士良　川崎肇

下　1930年頃那須ゴルフコースで　井上子爵　岩永裕吉　私　友人

日本人は家の模様替えをし，自然のあらゆる状態に応じてその絵を替える。

われわれが一つの仕事を始めるとき，最初にその土地の研究を進める。完全に統一体であるべき家と庭を，まず合体させることにしたのである。

川崎邸において，われわれは十分この自然との接触を得ることができた。主室は大きな日当りの良い庭との間におかれた。それからもう一つ，日本の家には特殊な，しかも重要なことがある。鬼門，これは家督の神々を宥める科学である。平面がスケッチされると，建築家と施主は，その科学に堪能な学者に相談しなければならぬ。彼は家の各部分である玄関，便所，寝室，厨房などが家の中心と関連して，縁起の良い位置にあるかどうか，また災難と厄病がその住人にとりつく可能性についても語るであろう。おそらくはある部屋を東に寄せるか，泉水は南にあってはならないとか，時には全然計画を捨てることにもなろう。家族が引越す日と同様，棟上げの日も適切な日に決められる。

現代の日本人は鬼門について語るのにユーモアを忘れぬが，易者に相談せずに人は家に住まない。われわれはそうなった理由がどうであろうと，その忠告がすぐれた感覚を基本に持っていることに注目していた。」

日本における私の初期の仕事は，フランスとチェコ（当時のボヘミア，オーストリアの一部）に相当な興味をもたらしていた。フランスの前衛（アヴァン・ギャルド）文学はガリマールのもと「新フランス批評」に集まっていた。建築の新精神はジャン・バドヴィチによる創造的で批判的な雑誌「アルシテクテュール・ヴィヴァン」に指導されていた。

1935年9月，私宛の手紙によると，バドヴィチは，ユカタンの旅行からフランスに戻った直後で，彼はフランスからは，精神的な糧を引き出すことができないということを嘆き，次のようにいっている。

「まったく気のもめることだ。ただひとりコルビュジエだけが勇気をもって，今も若々しく雄々しく，ここログーブリュンにあって胸を叩き，計画を打ち出すのみだ。彼はわれわれを驚かせて止まぬ。他の者は過去の栄光を，柔らかな枕にして眠りについてしまった。

あなたはまだ今も地球の反対側にいて，何となくわれわれの心配をなだめてくれる。今度出版された本は大変美しい。ありがとう。正確にあなたの仕事を表現している。

コルビュジエが，数日私の所にきて過ごしていったので，あなたの本を見せてやった。彼は「ユルバニズムⅡ」という大冊を書いている。その中に彼が好んでいるブルゴーニュにある，私の家の写真が数枚使われる。大分彼は気に入ったのだろう。」

最初の本の需要が非常に多かったので，1937年，私はもう1冊の本を出すことに決心した。それが「アントニン・レーモンド詳細図集　1938」である。

本は東京で，自費出版された。これもアメリカや他の国に，アーキテクチュラル・フォラムにより行きわたった。本はその使命を十分果たし，ほぼ20年後（1958年当時）の今でも引き続いている。その序文をここに繰り返したいのは，その刊行の理由が明確に述べられているからである。若い世代の出発点に際して，その将来の発展のために書かれている。

「この本は，17年間以上にわたり，日本において開発した建築の要素を提供するものである。詳細図と写真は，種々の建物で実際に施工された仕事を示している。私たちはこの本が，若い世代の興味をひき，価値を持ち，将来の発展のための出発点として用いら

アントニン・レーモンド詳細図集

れるよう望んでいる。

　同時にこの本は抽象的辞句でなく，現代人の限りない要求を充たす一つの方法として，住宅とか他の建物の形で建てられた実例を通して，それを公開するという意図を持っている。

　素人にも専門家にも，今日の建築が個性の表現を望むのではなく，新しい混乱した形を望むのでもなく，また単にデザイナーの華々しさでもないということを，常に繰り返してのべる必要がある。現代のデザイナーの仕事が，主としてその方向への努力であるとすると，作品は，捨てられた流行の堆積にただつけ加えることになろう。

　応用科学の各方面，技術や衛生，交通における人間の驚異的進歩に歩調を揃え，さらに生活の上では，人の新しい要望に足並みを合わせるため，美学を調整すべきだというのは当然過ぎるほど当然である。

　唯美主義が高いレベルに到達しようとする熱情は，あらゆる時代の真の大建築を支配している原則の，再声明を心要とする。英雄的先駆，基本原則の再発見，ル・コルビュジエのような大精神に感謝しよう。建築のデザインがあらゆる国で，前時代よりもたしかに高いレベルに到達したのだ。建築家は，その兄弟である技術者の，より健全な方法で再び創造を始めている。その理由は彼らの新しく護得した，より真実の美の理解が，知性と調和をもって協調し始めたからである。

　この本には新旧のもの，われわれが創ったもの，同じく多くの資料から拾い集めたものが入れてあり，どのように使い，なぜ使ったかを示そうとこころがけた。詳細図と建築の要素の大部分は，美的機能の点からみて日本的な性格を含み，また日本では大いに発展している職人の技術をも含んでいる。

　気候と地震という点では日本は特殊であり，その条件にあっていなければならない。その根本の問題を解決しようとしたこと，また現代の要求に合致させるため，先覚者たちの解決をも怖れるところもなく変えたことをはっきり示している。ある例では，日本の傘とか，最初の単純なスチールパイプ椅子がやりとげていたように，これ以上加えるものもなく，損失なしでは取り去るものもない，すぐれた特長の組合わせを発見していたのである。

　いわゆるインターナショナル・スタイルという名称で，現代建築家の成就を要約することは，遙かに真実から遠いことのように思える。前時代のあやまった努力が，ギリシア，ローマ，ゴシック，ルネッサンスの無意味な形を，美学的にも実質的にも，地方条件とも関係なく，アメリカや東洋に植えつけたのだが，事実これこそ本当の国際主義化に近かった。

　あらゆる大建築が教える第1の原則は，当初から人間が基本要素として知っている，地方条件を考えることであり，この地方条件に指示される，最も論理的形体をもつ建物を認めることである。つまり花も動物も，異なった気候に反応するのである。

　私たちは，日本人から物質の自然の本質と表面的な価値を学んだ。人工の仕上げを避け，非難すべき模倣を避けた。材料を選択する時，その実際的な価値ばかりでなく，自然の色や肌ざわりも考え，存続する様式として，真の調和をその方法で創造する。これはつまり，純粋でしかも完全な構造技術の上でも，本当の良い現代の建物には不可欠な優れた技量を必要とするのである。」

4

1937──

15　日本を離れてインドへ

16　ニューホープの農場

17　第二次世界大戦

15. 日本を離れてインドへ

　1936年には，すでに戦雲は急を告げ，日本はアメリカとの外交緊迫を高める軍事行動の時代に突入していた。

　1932年と36年の，日本陸軍青年将校による革命行為は，日本政府の懐柔政策を完全に変え，決定的な侵略的拡大政策に至ったのである。

　その有名な未遂の革命と，多くの日本の指導者たちの暗殺は，1936年2月26日に起こった。われわれの日常生活に関する限り，ほとんど関係もなく過ぎてしまった。いつものように，その26日の朝9時前，私は銀座の教文館にある事務所に向かって警視庁前を運転していた。通りは何事もなかった。ただ，警視庁の前にはいつもの警察官に代わって，銃剣の武装兵たちがいた。しかしそれですらことさら違っては見えなかった。

　霊南坂の家にもどって，ノエミと私は8歳になる息子を連れ，溜池を散歩した。驚いたことには，そこには陸軍の戦車が長い列を作っていたのである。砲は山王ホテルに狙いをつけていた。のちに分かったが，それが反乱将校たちの本部であった。息子が戦車の中を見たがって，じょうずに日本語をあやつったので，ユーモアを解した戦車の兵士たちは，その一つに乗せてくれた。日本に滞在中の長い年月の間，どんな緊張した時でも悲しい時でも，総じて日本人が私たちに示した沢山の親切な態度のうちの一例に過ぎない。

　私は1920年以来，有名な東京クラブの委員会の一員であった。東京クラブは，指導的日本人と外国人の接触の場を提供する目的で，19世紀の終わりに設定されていた。

　日本社会の階級性は，クラブのなかにはっきりした節度を示していた。最も優れた会員のみが，ヴィクトリア調のバー・ラウンジにあるカウンターの前の，小円卓にすわる特権を有していた。第二次世界大戦の押しせまった年，私はその円卓にすわる栄誉を得た。

　この円卓での会話はもっぱら日本語で，その内容は日本帝国の運命に関することであった。二つの思想が明白にあった。一つは，アメリカ合衆国との相違について平和的解決を提唱するものであり，他はヒットラーの到来が立場を変えたことを持ち出し，日本の拡大派の政策を固く支持し，よしんば戦争をひき起こそうとも，妥協よりは可であるとして現状を受け入れていた。

　長い間，私はこの静かな討論が理論的なものに過ぎないと思っていた。ところが突然，日本帝国の軍隊は長期にわたり，戦争準備をしていたことに気がついた。

　たとえば，ガソリンの地下貯蔵法を日本の技術者に質問されたことなどから，当然，私の疑惑が目覚めたのである。またガソリンのことでいえば，日本で生産しているすべてのガソリン・タンクは，常にボルト締めにしてあり，決して溶接しないことに私は気がついていた。移動に都合よく設計されていたのである。その二つの疑惑は，のちに事実であったことが証明された。日本は，信じ難いほどの巨大な地下倉庫施設に，膨大な量のガソリンを蓄積していた。日本軍隊が東南アジアに進撃した時，彼らはこのボルト締めタンクの

利を用いたのである。

　そのほかにも，私に去るべき時だと信じさせるような，多くの徴候があった。私たちは再びもどれるかどうか疑問に思っていたから，日本を去るのは後髪をひかれる思いであった。ともあれ，東京の家，軽井沢や葉山の家はそのすばらしい形のまま，また事務所は忙しいまま，完全に残した。私たちの所有物はすべて日本にあったのである。

　戦争直前の日本でしばしば会っていたのは，フレデリック・ムーアであった。彼は高度の知識人で，実に愛すべき個性をもっていた。彼は日本の外務省のアメリカ顧問という，きわめてむずかしい立場にあった。時はまさに両国の関係が次第に緊迫した事態にあったが，彼はその立場を守り，雇主に忠実で，しかも日本代表とともにジュネーブに出向いた。日本で国連を脱退する直前であった。ムーアはすぐれたジャーナリストであり，「ナョシナル・グラフィック」誌の設立者の1人であった。私たちは戦中，戦後を通じ，アメリカで彼との連絡を保っていた。

　私たちはS・F・マシュバー大佐を，日本で実業家として知り，30年代のはじめ，週末の幾度か，私たちや友人のボブ・モスとともに，山へハイキングに行ったものだ。彼が日本にあるアメリカの秘密機関の将校であることにいささかは気づいていた。私たちがインドに去った頃，彼はまだ東京にいた。

　戦後，マッカーサー司令官とともに日本に上陸し，最初にジープで東京のアメリカ大使館に乗りこんで，日本政府の手から取り上げたのが彼であったとのちに聞いた。

　友人のフランス人技術者で数学者の，フィリップ・サンティレール——1923年の地震直後，彼とともに避難した——はその時以来，様々な変わった経験を積んでいた。彼は東洋神秘主義に対して深く興味を示し，北方仏教の研究を押し進めるために蒙古，中国に行っていた。当然のことながら，結局インドにひかれ，そこでポンディシェリーにいる有名な哲学者スリ・オーロビンド・ゴーズの修道院に入り，門人となった。

　スリ・オーロビンド・ゴーズは長い間，積極的に生長するその修道院の門人たちのために，真に現代的な宿舎を建てようとしていた。サンティレールはその計画について，時々手紙に書いていた。彼はポンディシェリーの建物の写真をよこしたが，それは列柱と屋根付きテラスの背後に，高い天井の暗い部屋をもつ，典型的な18世紀のフランス植民地のものであった。私はこのような建築を批判し，今日の進歩した技術の時代には不向きであり，形の上でも優雅さを欠いているという旨の手紙を書いた。

　ポンディシェリーの修道院はこの見方を受け入れ，私に期待以上の信頼がよせられ，スリ・オーロビンドから私の写真が要求された。明らかに彼は，私の性格を写真から判断しようというつもりであった。そして私の妻，子供を含め，インドまでの旅費として十分な金を送ってよこしたのである。

　出掛けるに先立つ数カ月前，建築家として働いていたジョージ・中島を現地に送り，前もって状態を予測させ，東京で図面を完成するに必要な情報を送るよう手配した。

　フランソワ・サメーは若いハンサムなチェコ建築家で，シベリアのチェコ陸軍に属していた。かつてコルビュジエの門下の1人で，ロシアに同行し，シベリアを経てさらに上海に赴くことになり，1936年に東京の私の事務所にきたのである。彼は献身的な若者で，ポンディシェリーのデザインには理想的な相棒であった。

冬のハイキング　1930年　マシュバー大佐　ボブ・モス　私

インドへの途次　カンボジアのアンコール・ワットの姿

サメーは私たちとインドへ同行し、修道院で懸命に働いた。のちに中島とともにインドに残ったが、大戦がわれわれを分けてしまった。その後サメーと彼の家族について何も聞けなかったが、1966年8月、彼からチェコスロヴァキアで建築実務についているという便りがあった。

私たちは1937年12月、インドシナのサイゴンへ行くフランス船に乗った。最初の停泊地は上海であった。

ちょうど建築詳細図集を出版した頃、東京でH・S・ジェーンズと知合いになった。疲れを知らぬ精力家ジェーンズは、当時新しく開発された自動電話の分野では、まさに熟練家であった。彼はその新技術をその筋に売り込み、日本最初の自動電話を立派に設置したのである。記憶が確かであれば、それはストローガー・システムとよばれるもので、ジェーンズは上海にもこれを売り込んだ。そして移住するつもりで、上海に建てる豪華な家のデザインを私に依頼してきた。しかしその直後、日本軍隊は上海に動き、計画は御破算になってしまった。

上海はすでに日本軍によって占領されていた。一体何が起こっているのか私たちは知らなかったから、船が着くや、旅の疲れをとりにホテルに直行しようとしていた。けれども、悲惨な状態は町の至る所にあふれ、私たちは急いで船に戻ってしまった。中国人は病気と飢えで死にかけ、行くあてもなく路上にころがっていた。明らかに彼らは、中国に拡がる戦火からの避難民であった。日本以外の世界で実際に起こっていたことが、突然に私たちの前にひらけたのである。

サイゴンはまだ、灰色の将来には無関心のまま、平和で、友好的であった。私はことにフランス人がやりとげた、すばらしく現代的な鉄筋コンクリートの仕事に心をうたれた。私には、彼らが自国でしている仕事よりも良いと思えた。カンボジアの首都プノンペンでみた、農作物市場中央ホールをとくに思い起こす。私たちは自動車でそこを通り、アンコール・ワットに向かった。シャムとシンガポールへの途中で、クメール王国の遺跡を訪ねるのはかねてよりの念願だった。

道路は良く，全旅程は非常に楽しかった。道筋の大半はジャングルで，広大な無人の平原は，鳥や，名も知らぬ木で埋められていた。アンコール・ワットでは，疲れも知らず1週間ほどねばった。きわめて神秘的な800年足らずの短い生命の間に生み出された，すぐれた建築と，驚くべき彫刻に魅せられたのである。

　私たちは楽天的なフランスの踏査隊に同情した。彼らは常に蚕食しつつあるジャングルから，きわめて勇敢にその廃墟をとりかえそうとしていた。ある例では，夜な夜なやってくる象が，新たに復旧した石造の繊細な彫刻に，からだをこすりつけるために，ほとんど毎日，もとの場所に持ち上げなければならず，不成功に近かった。

　アンコール・ワットとは対照的に，バンコックとシャムは建築と芸術に関する限り通俗で，大変に派手で虚飾に満ち，鍍金と磁器のかけらで溢れ，魅力的であろうとも，むしろ浅薄遊情であった。

　バンコックでは，旧友ネヴィル夫妻の所に泊った。彼は，東京ではアメリカ大使館の顧問弁護士であった。その後，ネヴィルはアメリカ公使として赴任していた。バンコックの極端に暑い湿気のある気候は，ネヴィル夫妻の健康を害していて，私たちは彼らの駐在を懸念した。彼らがアメリカに帰国後，若くして死亡したのは，それが原因であったに違いない。シャムで起こった肉体的障害が，最後まで影響したのである。彼らは文化人で寛容で，私の多くの友人と同じく勤勉なニューイングランド人であった。

　シンガポールから南部インド方面へは汽船を利用した。セイロンは十分，訪問する価値のある場所であったのだが，その時は目的地に行き着くことが気にかかり直行したのである。海峡を渡り，フェリーで南部インドに行き，そこからポンディシェリーまで汽車に乗った。

　当時インドは，まだ大英帝国の植民地で，汽車の中でも白人が非常に特権をもち，イギリス人は1等車に乗り，食事は特別にあつらえたものであった。何事につけてもイギリス人は，伝染病の心配をするあまり，物を買うことができなかったのである。

　ポンディシェリーは，きわめて興味深い，いろいろな点で魅力をもった都市であった。建築は17, 18世紀のフランス植民地風で，よく整理された通りや，広場，立派な公共建築

上　ポンディシェリーの修道院で働く人々に教えるフランソワ・サメー
中　修道院宿舎の建設にいそしむ門人たち
下　試掘に立会う私

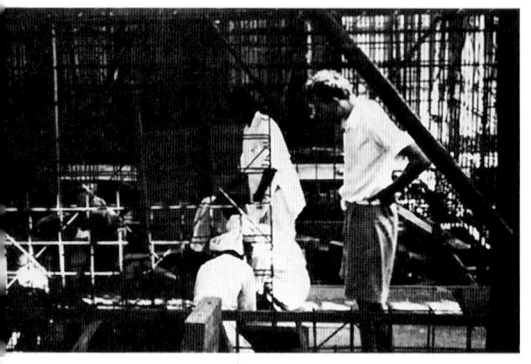

があった。たとえばある図書館には，17,18世紀の原書が棚に並び，当時の家具や設備がそのまま置かれていた。

植民地時代のフランス人建築家は，ヒンズーの労働者を非常にうまく養成してきた。建物は良質の煉瓦と，スタッコ。その明るい黄色，ピンク，ブルー，赤，緑が，塩と太陽によってとけこみ，熱帯の空に映えてまばゆい美しさとなっていた。

左官は縁飾りデザイナーとして，光と陰の抑揚をのみこんで，きわめて自在に，表面にその形をつくった。装飾は生き，エリー・フォールのいう「表面に生気を与える」ものであり，思想の卒直な表現でもあった。本からそのまま写した，気候や他の条件に無関係な装飾は，まことに醜悪で愚直なのである。

インドの都市はきれいではない。ポンディシェリーの下層民の，ある種の習慣は謎であった。海岸は彼らがまき散らした汚物の恐れがあって歩けなかった。しかし，スリ・オーロビンド修道院は，町で大きな区画を占めて独立し，実際には私の知っているどこにもまして，清潔さが保たれていたのである。多くの建物は完全な状態で維持されていて，バラ色の砂の狭い通りは注意深く掃かれ，町の他の部分とは驚くほどの違いがあった。

そのような道路に沿う家が私たちに与えられていた。海岸の普通の館で，港を望むテラスがついていて，2人の召使いの部屋があり，その召使いが必要なものをすべてまめまめしく心配してくれた。修道院の食物は完全な菜食であった。茶やコーヒーすらメニューにはのっていなかった。私たちは門人同様の生活をしようとして，まったく驚くべき経験をすることになった。

東京から来た中島やサメーを除き，私だけはスリ・オーロビンドの門人として働いた。多くは門人たちの奉仕に頼り，科学者，技術者，銀行家も，特別な教育や訓練を持たないものと同様であった。私は彼らがきわめて勤勉で有能であることを知ったのである。

胸中で決めていた建物は，すべて鉄筋コンクリートにすることであったが，インドには前例がなかった。この地方の労働力に全面的に依存せざるを得なかったが，労働者は現代的な道具を持たず，その使用法も知らなかった。だから私は，まず実際に範例をつくることにした。早速，材料試験とコンクリートの調合の強度試験のための研究室をつくった。人びとの熱意とまじめさは，仕事とは何のつながりもない門人たちをも含め，大変なものであった。最終の結果は満足以上のものとなった。

到着以来，私はスリ・オーロビンドを含む建主に対して，仕事の能率に対する印象を良くしようとしていた。その見積りの正確さについても，また，完全な仕事の工程の遵守についても同様であった。のちに分かったが，仕事はいくら長くかかっても問題ではなかったばかりか，その費用も大して構わなかったのである。スリ・オーロビンド修道院の生活の中では，習得と経験の意義をもつ，建物の建設経過が重要視されていたのである。修道院では精神的なものばかりではなく，人間性格のあらゆる面を発展させ，完成させなければならなかったのである。ここでは，技術的に複雑な現代建築の建設にかつての僧侶，インド，インドシナ，チベットからの僧侶たち，またフランス人やイギリス人を含めた，世界中からきたもと専門家とともに携わらなければならなかった。

スリ・オーロビンド・ゴーズはもと革命の士で，インド独立のために働いてきたため，イギリス側からすれば心配の種であった。彼はポンディシェリーで当時のフランス植民地

に避難し，のちに精神の追求のために政治から退いたのである。彼はインドの最前線の精神的指導者となったが，それは純粋に精神的で，マハトマ・ガンジーのように政治的ではなかった。彼はヒンズー教徒を大いに鼓舞し，全世界のあらゆる所から，多勢の人びとが次第にこの偉大な教師のもとに集まることになった。

　スリ・オーロビンド・ゴーズは長年自分の住まいを離れず，彼の「母」を除き滅多に人に会わなかった。彼はまったく閉鎖的な存在として住んでいたのであり，私のあらゆる交渉も「母」を通じて行なわれていた。

　私は，正面にすわっている彼の前に立つだけの僅か数分間の面会をした。どちらも無言。とにかく私は，彼の表情のおだやかさと美しさ，そして彼から発するおそるべき光にうたれていた。

　ここで「母」の意義を，短い言葉で語るのは難しい。修道院の門人にとって，彼女は一般に精神的指導者であり，俗界の事象の支配者でもある。彼女は各人の福祉を見守る女性であり，個々の格別な要求を満している。それは各門人が，自分自身の特殊な規則によって住むからであった。

　「母」はまことに優れた人であった。この巨大な組織に関するすべてを統率し，その集団の中の各人の義務についても指導を与え，さらには毎日の仕事や，既定の食事に至るまで指示する。沢山の仕事の中で，彼女はデザインと建設作業の会計についても気を配っていた。複雑なこの集団の，監理の末端にまで至る彼女の注意力は，しばしば私に恐れと奇蹟をすら感じさせた。

　毎日の儀式は，修道院のほとんどの門人が出席する瞑想の時間であった。私は出席するように求められてはいなかったがときどき参加した。その場所が二つの美しい庭にはさまれた開放的な広間であったのと，この時間がすべての俗界から心を切り離し，大いなる開放を得るために使われていることを知ったからでもあった。「母」はこの時間をとりしきり，われわれの頭上のバルコニーに立ち瞑想した。瞑想がすむと，門人たちは静かに夕焼の光のなかに立ち去り，花園の中，オレンジ色の砂の小道に沿って歩く。永遠に蒼い空の下，白や黄色の衣がひらひらと舞う。あらゆる特質，あらゆる色合いの複奏が表現されていた。

　仕事は順調に捗り，ほとんどが人力によりながら完全に行なわれた。ある種の仕事，たとえば4フィートと6フィートの大きな屋根板のプレキャスト工事は，鉄筋の配置，型枠の精度，砂利の選別と洗浄など，微妙な所があり，きわめて困難でもあった。仕事の出来はすばらしく，日本でもこれほど成功したことがなかった。結果として，今日30年後でも寄宿舎の建物は完全な形を保ち，訪問する人たちの賞讃のまとであると聞かされている。

　ポンディシェリーでは，最も原始的な物質文明と迷信的文明とが，進歩した知的，精神的成果と共存していることは確かであった。ポンディシェリーの人口の大多数のヒンズー教徒は，下級な迷信と，庶物崇拝によって，今も支配されているように見えた。しかし彼らは，最高の精神的レベルをもつ集団である修道院と，隣り合わせていたのである。

　インドのその特殊地帯は，膨大な量のピーナッツを輸出していた。主として貨物船に積まれていったが，そのための港はなく，船は1マイル沖に停泊した。ピーナッツの袋は海岸に出され，想像できる限り最も原始的な，はしけに積んで船まで運ばれた。チークの丸

スリ・オーロビンド・ゴーズ

ポンディシェリー郊外に出かけたジョージ中島（左端）と門人たち

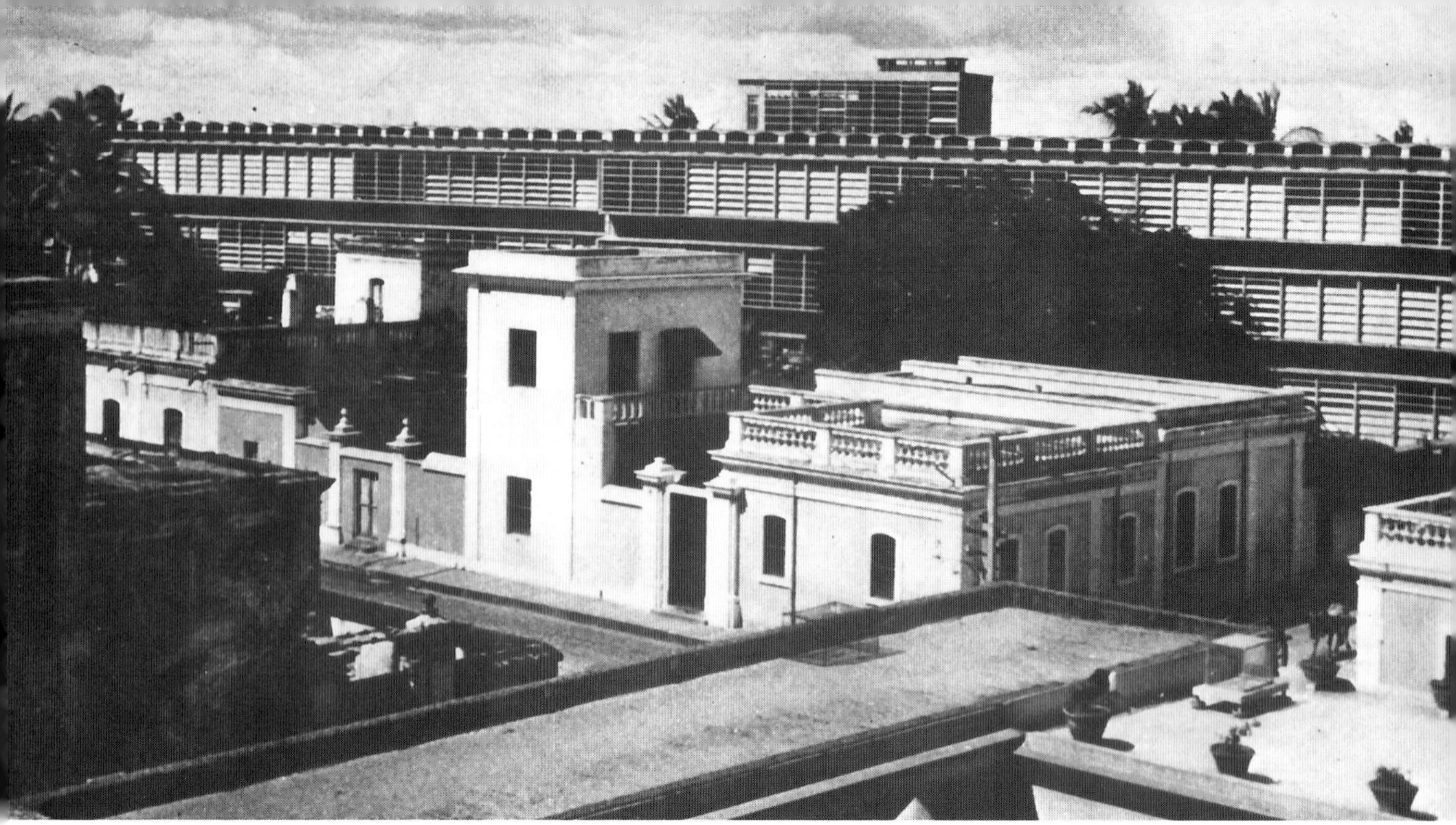

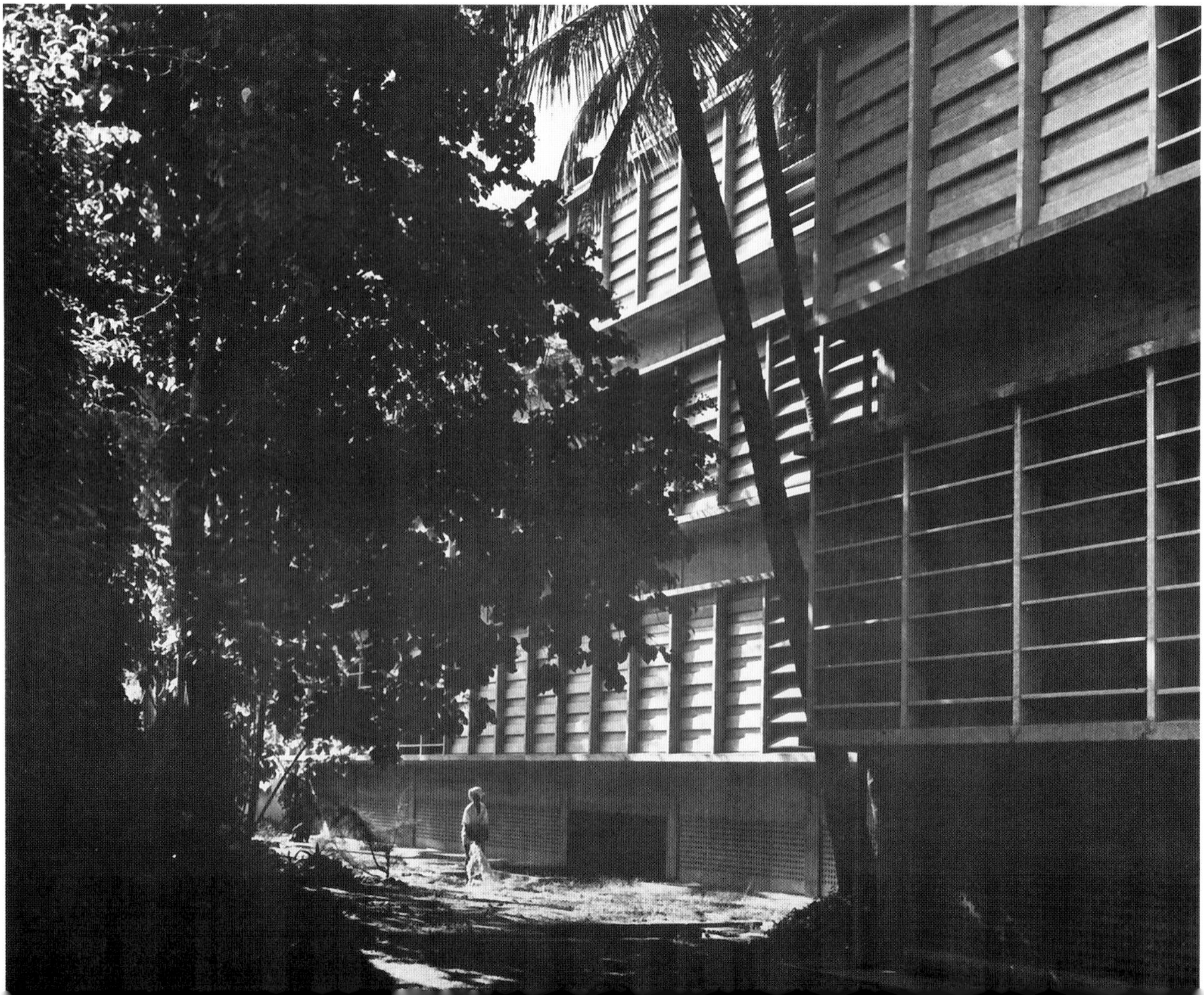

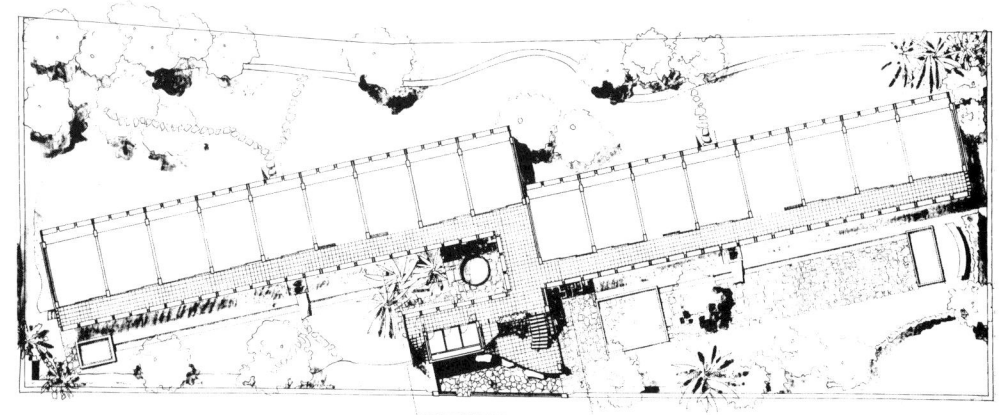

左ページと右ページ上
ポンディシェリーの寄宿舎の外観 1938年
右ページ
下　寄宿舎の内部と外観

太を，ちょうど巨大なくるみの実の形に，ロープで縛り合わせたものであった。はしけを安定させるために，端から端に渡した細い梁材の上に，居心地悪げに舵取りが乗る。彼は真黒に日に焼けて裸，ただ真紅の腰布をまとっただけ。その櫂も辛うじて櫂とよべる代物で，丸棒の端に平らな円型の木を紐でくくりつけただけのものであった。その底にピーナッツの袋を満載し，大波をかきわけるこのはしけの操縦は，驚くべき離れ技であった。彼らはその危険にさらされた止り木からときどき海に落ちた。

修道院の寄宿舎を設計し，建てるという重労働にもかかわらず，町でも村でも，私たちは沢山のスケッチや絵をかく欲望にかられ，止めることもできなかった。南インドはあまりにも色彩が強く，私には理想的な画題となり，限りない霊感の泉でもあった。インドにあまり画家がいないのが，私には不思議であった。日本ではわれわれの小使いですら絵かきであったし，その絵も良かったものだ。

居心地の良い家ではあったが，妻も，12歳になる息子クロードも，また私自身さえも耐え難い熱気と高い湿度にひどく悩まされた。

夏が来て遂に猛烈な暑さになり，もはや我慢することもできず，病いに倒れてしまった。私たちは回復するまで，ニルギリスの山地に行くべきであると決断された。途中の熱気はひどく，自動車は焼野原を走るようで，窓を閉じないわけにはいかなかった。土着民の運転手でさえも，窓があけてあると熔鉱炉から熱がふきこむようで我慢できないといった。車の金属部分は熱して，指がふれるとやけどするほどになった。

私たちの滞在した避暑の小屋は8,000フィートの山の上にあり，気温は華氏70度（21℃）に過ぎなかったが，その風土に馴れるまでの数日間は汗をかき続けた。

ニルギリスは神秘的な山で，ブラバトスキー夫人の，ある本の中に書かれている。山そのものも，そこの住民たちも，今日ですら極度に神秘的である。8,000フィートの下界を見下し，その景色を描くのは素晴らしいことであった。樹上の猿がひそかに，私たちが何をしているか見ていた。私たちが猿をみつめると奴らはたちまち落着かなくなり，耳の後をこすりはじめ，さながら困った時の人間のように振舞った。

山国は非常に美しく，野生の生活は実に面白かった。山麓レベルにはコーヒーが栽培され，その上は茶が植えられ，さらに上は香油をとる花となっていた。多くのフランス人が，その素晴らしい場所に住んでいたのにはその理由があった。

山地には3種族が住み，その生活秩序はイギリス治政下でも何の変化もなかった。永遠の質がその社会秩序の中にあるらしく，どんな状態でも何ら変りはないのである。

そのなかの1種族はトダ族で，背が高く，白い肌を持ち，古代ギリシア人のようなひげをつけ，着物は古代ローマ人の服によく似た，ひだのある木綿製であった。彼らは木造の天幕状の家に住んでいた。人は小さな扉から這い込み，その室内は牛糞で仕上げられていた。石と芝と木叢からなる魅力的な小さな庭は，日本の庭によく似ていた。その全体が一つの美で構成されていた。

食物は飼牛が供給するミルクを主とするものであったが，野菜は農業にいそしむ彼らの召使いの，ボデガ族が供給していた。不思議にもトダ族は常に800人存在していた。多くも少なくもならなかった。宣教師はもちろん子供殺しの罪にふれていたが，それが身につかなかったのは疑う余地もない。

私たちの家の内庭のスケッチ

ボデガ族は村に住み，一種のアパートを構成していた。普通は丘陵地で，チベットの構築の一つを思い出させる。

3番目はクランブ族とよばれ，同じくトダ族の召使いであり，ジャングルの野生の野菜を供給する。彼らは背が低く，猿のようにジャングルの木に住む小さな黒い種族である。彼らは黒い魔術師と思われていた。山にいる誰もが心配するのは，クランブの一瞥にあって，災いの呪文をかけられることであった。クランブはまた，野生の動物の言葉を知るといわれており，象をつかまえて馴らすことができた。彼らは象の駅者となり，象の耳のすぐ後にのり，この大猛獣に命令を下す。私もよく彼らがそのようにして象を御しているのをみた。

5月に本格的な夏の暑さがやってくるより前のことであったが，大変愉快な経験をした。私たちはミゾーレ州に遠出し，象にのってジャングルの中の旅行を楽しんだのである。招待者は，州の最高幹部のひとりで，修道院寄宿舎を建てるために金を寄付して，大いに尽力した人であった。

私たちはまず自動車に乗り，インドの広い道路を走った。巨大なバオバブの樹が蔭をつくり，その樹間には，僅かに紫がかった，橙，赤，黄色の素晴らしい色合いの南インドの乾燥した大地が覗かれた。道路の交通量は激しく，あらゆる種類の乗物があった。一昼夜走ると，次の朝早くミゾーレのジャングルに着いた。

朝まだきの靄の中，そこには沢山の象が待っていて，何か印象的であった。ジャングルを行くというのに，用意されていたのは，象の背に太い綱でしばりつけただけのある種の容れ物であった。私たちがひざまづいた巨象の背に梯子をかけて登ると，やがて動き始めた。

1人のクランブが，大きなナイフを片手にもって私たちの前を駆けてゆく。おそらく障害物をとり除くのだ。もう1人のクランブは駅者で，象の耳の後にのり，時によると大きな鉄のスパイクで象を殴る。象の反応といえば鼻を鳴らすに過ぎない。妻と息子のクロードは，象の一番上にのっていたが，私の方はカメラの全装備をもって，後の方にぶらさがっていた。

その素晴らしいジャングルの匂いと，私たち人間の気づかない野生の動物の光景を，私は決して忘れないことだろう。私たちは象の背の上にいて，まったく静かであったからである。

象はその道端の若木を食物に選んでいた。木を踏みしだき，幹をひと裂きして，皮をはいで口に運び，残りを捨ててしまう。駅者は絶え間なく象に話しかけ，彼の命令に従い，象は小さな木を抜き，なぎ倒したりした。

象はごく注意深く，自分の重さを知っていた。道案内が私たちに滝を見せようとした時，崩れ落ちそうな河の土手には近づこうとしなかった。彼らは藪を押し分けて進んで行ったが，一度ならず野獣の棲み家にふみこんだ。しかし，なにか一つだけ恐れているようにみえたが，急に走り出した時，その背の上で私たちはひどく当惑しながら，ようやくその理由を知った。蜂を見つけた象は，胴に食いつかれるのをひどく恐れていたのである。

すべてを通じ，忘れ難い経験であった。信じられぬことだが，ジャングルに入る唯一の安全な方法は，銃を持たないことで，人間が殺しにきたのではないかと思わぬ限り，野獣は人を襲わないものだと案内人はいった。

ミゾーレへのジャングル行

16. ニューホープの農場

　私たちは大変残念な思いでニルギリスを去り、修道院の仕事を完成するため、ポンディシェリーにもどっていった。しかし仕事の性質からいっても、年内に終らないことは明らかであった。基本的なデザインは完了していたし、ほとんどの詳細設計も終えていたので、私は中島を責任者として残し、ヨーロッパを回ってアメリカへ帰ることにきめた。

　その頃私は、日本の友人たちと連絡をとりつつ、戦雲が晴れて、再び日本へもどれることを願っていた。友人たちの忠告では、日本に帰るという夢を忘れ、できるだけ早くアメリカに行けということであった。1938年は夏の終わりにさしかかっていた。人びとに別れを告げ、重い心を抱いて、ヨーロッパ行きの小さなフランス船に乗ったのである。

　修道院の完全な菜食になれてしまった私たちは、船内にただよう極端な料理の匂いに吐き気をもよおした。そしてしばらくの間は、何を食べるにも苦労した。菜食がいかに素晴らしいものであったか。アルコールや、タバコの刺激から遠ざかることは、人間の味覚を良くさせ、そして大自然の与える食物を、本当に享受する能力を充実させるのである。

　マルセイユに到着すると、ヨーロッパがきわめて苛立っていることがわかった。ヒットラーの傀儡(かいらい)と、戦争に対する人びとの一般的嫌悪感のためであった。フランスで特に目立っていたのは、人びとが完全に卑屈に見えたことである。パリの雰囲気から、あまり長居は無用と思われたので、私たちはノエミの親類に会うためスイスに向かった。そこから、私は家族に会うためにプラーグに飛び、チェコスロヴァキアの芸術家たちと交流をはかったのである。

　チェコスロヴァキアは第一次大戦後、各方面にわたり華やかであった。そしてすべての芸術、特に建築は高いレベルに達していた。プラーグの人びとは、たった20年前に獲得した独立を失おうとする、大変な危機に望んでいることを、はっきり認識していた。だから彼らは、プラーグの古代宮殿の美しい環境の中で、真に芸術的なコンサートや、演劇の上演を行ない、彼らの理想主義を西欧世界に伝えようと試みていた。チェコスロヴァキアの誰もがもしも戦争が起これば、自由を守るために己れを犠牲にする用意をしていた。

　プラーグでは、スイスで陸軍諜報部の協力者であり、親友であったヴァネクに再会した。彼は当時、駐伊チェコスロヴァキア大使で、一緒にドイツ国境のチェコスロヴァキア軍の軍備を検閲した。チェコスロヴァキア軍隊には、最高の秩序と気迫があり、最後までヒットラーと戦う用意があった。

　実際にはその直後、ミュンヘンでイギリス首相ネヴィル・チェンバレンにより、英米合意の、いわゆるアメリカでいう「河の売り渡し」が行なわれてしまった。イギリス、フランス、またおそらくアメリカにとってすら、運命の出来事は連続して始まったのである。それがかかる裏切行為に対する、必然的な局面でもあったのである。

　私はプラーグの家族をあとにした。そしてその後再び彼らにめぐり会うこともなく、第

クラドノにて　私の父と弟ヴィクター　1938年

二次大戦の混乱の中で全員と死別してしまった。なかでも3人の兄弟は最初に捕えられ，プラーグでヒットラーの軍隊に処刑された。

当時，私はまだ日本のチェコ名誉領事であったから，ジュネーブの国際連盟への日本代表松岡洋右を個人的に知っていた。同時に私は，当時のチェコスロヴァキア大統領ヴェネシュを知っていた。彼は極東の事件に積極的に干渉せよと国際連盟で主張し，そして中国やその他の国への侵略の故に，日本を侵略者として非難していた。私は本能的に全世界に吹きまくる事件から日本が手をひくべきであり，それが身のためだと感じていた。私にはヴェネシュがまったく日本を理解していないか，あるいはまったく間違っているようにも感じられた。そこでジュネーブに行こうと決めた。最後のあがきとして，日本の全権大使とヴェネシュが会えば，多分仮条約への道が開けるかも知れないと考えたのである。私は両人とジュネーブで会い，彼らを茶に誘った。彼らは承諾したのだが，結局は現われなかった。国際連盟におけるなりゆきは急速で，日本は連盟脱退を宣言したのである。それが何を意味するか私は理解できたため，できるだけ早く，アメリカに行こうと心掛けた。

その途中，私たちはイギリスに立寄ったが，イギリスの友人に，彼らの国の行為が憤慨きわまるものだと口外することに躊躇しなかった。なかでも彼らの代表，イギリス人を戯画化したようなチェンバレンについては。

ニューヨークに向かって，大西洋を横断する船上で，有名なジャーナリスト，ウォルター・リップマンに会った。彼とヨーロッパの事件について討論したが，その彼から私たちはヒットラーがポーランドに侵攻したというニュースを聞いたのである。惨憺たる第二次世界大戦はこうして始まった。

1938年の秋であった。乗っていたフランス船はシャンプレンであったが，この船は，大戦中ドイツ軍によって沈められた。われわれはまた，アメリカ東海岸を大いに蹂躙したハリケーンにも襲われた。

ニューヨークに着くや，私たちは積極的であった。滞日18年間の仕事で蓄積したものを，全部捨てなければならなかったし，アメリカで再出発するため仕事を見つけねばならなかった。その手始めから，それが大変な仕事であることがわかった。予期以上に驚いたのは，日本での作品を発表した2冊の本が，私をアメリカで有名にさせ，ことに若い建築家や学生間で知られていたことである。

私の帰国したことが報道されると，沢山の若い建築家が私に参加し，雇われようとした。だがニューヨークでは，実務の再出発は困難をきわめた。建築雑誌やニューヨークの雑誌に発表することはあったが，適当な仕事を手に入れることは，ほとんど不可能のように見えた。一方，出版の代理人を雇ったり，ある指導的アメリカ建築家たちのようにPRの要員を雇うのは，私にとってうとましいことであった。

その頃，リビー・オーエンス・フォード・ガラスの人びとが私の日本における作品の中に，当時のアメリカではありえなかった，はるかに大量のガラス使用という事実を見出して衝撃をうけていた。だからガラス製造業者としては，この新見地をアメリカ一般に知らせるのが有益であったにちがいない。リビー・オーエンス・フォード・ガラスは，ロックフェラー・センターの中の大スペースを，私の滞日中の作品の写真と模型の展覧会のために提供してくれた。かくて私は展覧会をひらく機会を得たが，これはまことに素晴らしい出来事であった。今思い起こしてみても，この展覧会は非常に良くデザインされていた。

ニューヨークを背景に　シャンプレン上のクロード　1938年

タリアセンにて　F. L. ライトと私　1938年

ニューヨーク　ロックフェラー・センターでの展覧会　1939年
下はその平面図

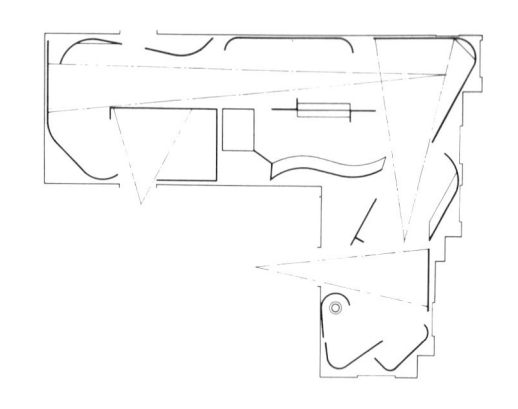

　私は全身全霊を打ち込み，ことに建築家や芸術の愛好者の中に，大きなセンセーションを生み出さなくてはならなかった。しかし何も起こらなかった。現代の発見や傾向からいえば，少なくとも20年は先駆であったのだが，ほとんど見向きもされなかった。

　展覧会は大型パネルにより，滞日中の建築作品の写真で構成された。たしかに，その当時アメリカで実際に建てられていた建築よりも遙かに進歩的であったし，ことに展示された全作品を支配していた，デザインの哲学という点では，今日よりも進んでさえいた。同時に，日本で私が作製させた布や紙貼りのふすま，障子の模型を展示し，一例として，精巧な引違いの窓も展示した。このすべては，今日広く用いられ，特に20年後には戦争によって起こった日本との接触によって，よく認識されることになった。今日では広く知られていることでも，当時では私たちの考え方に反応はなく，東洋のデザイン哲学に溢れるほどみたされてきていた私たちには，むしろはがゆくて多くの場合挫かれる思いであった。私たちは興味をもつ人があれば，いくらでも自由に提供しようとしていたのだ。

　当時のアメリカの知識層や，美術家グループは特に近代美術館に注目しており，ヨーロッパ，なかでもドイツ哲学がより以上受け入れられていた。それは，私たちが東洋で取得したものとはむしろ反対のものであった。このことについて私は，積極的に，強く，時にはやや野蛮な方法で意見をのべるのを厭わなかった。講師としてよばれた，方々の大学における講演の際でも躊躇しなかった。この態度は，新しくきたドイツ人や，ナチから逃れアメリカを求めてきた，中央ヨーロッパの建築家の間に，相当な怨みをかったのである。たしかにその怨みは，近代美術館やハーバード大学，その他の人びとの中にあった。彼らは明らかに，私たちの仕事を無視しようとした。一方私としては，自分のことにあまりにも忙しく，またいかに東洋的見地を吸収したかを説明するのに心をうばわれていた。私は，それが世界的なものであり，きわめて高度な精神的水準にあることも知っていたのである。

　1938年，ニューヨークにもどった直後，有名なロシア人の舞踊家と，ハープを弾く彼の娘と懇意になり，しばしば会った。その名も忘れてしまったが，彼らのアパートで有名な音楽家，作曲家のプロコフィエフに会った。そしてジュネーブにおけるストラヴィンスキ

ーとの出会いを話したものだった。

フィンランドの建築家アルバー・アールトは，その年ニューヨークにいた。私たちは彼と会い，彼はニューホープの農場の私たちのアトリエを訪ねてきた。だが彼のことも，その後の動きも覚えてはいない。また，ニューヨークを訪問中の，建築家エリール・サーリネンにも度々会った。私たちはその翌年，1939年にデトロイト近郊のクランブルックに彼を訪れたが，彼は実にうまの合う人物で，すぐれた社交家でもあった。彼は自分の作品，なかでも教会を誇っていた。学校と自身のためにつくりあげたその環境は，実直にヨーロッパをアメリカ的に翻訳していた。わずかに現代化しながら伝統的形態に忠実であった。

とにかく私たちは，芸術家や作家のある人びとと会った。なかでも一番優れていたのは，ジョー・デヴィドソンである。彼はヨーロッパ，アメリカを通じて著名な肖像彫刻家で，全世界の有名な人びと，たとえばフランクリン・D・ルーズベルトや，ベニト・ムッソリーニの胸像をつくっていた。ジョーは私たちの農場から遠くないソールバリーに，立派なアトリエを持っており，彼ら夫婦と訪ね交すのは，非常に楽しいことの一つであった。

知合いになった当初，ジョーは南アメリカのジョージ・ワシントンといわれた，サイモン・ボリヴァーの像をつくるのに忙殺されていた。彼は感じをつかもうと私をモデルにしたが，すでに研究していた書物や，写真や，絵の中のすべてに私が合うと考えたからであった。彼は第二次大戦直後に死んだが，生来，きわめて自由な精神の持主で，当時のように最後まで美食家であったと思う。

ニューヨークの小さなアパートは，同時に事務所にも使われていたが，完全に失望を感じていた。東京で長いこと日本家屋を享楽し，山や海にも馴染んできたその自由度にくらべると，部屋は牢獄のように思えた。私たちは単に田園と身近かであればよく，再び自然との直接のつながりを得ようと決心した。以前から私は，ロングアイランドのノースポートに30エーカーの土地を持っていたが，郊外がロングアイランド先端に向かって拡大する傾向を見せていた。その上私たちは，郊外生活には我慢がならなかった。生活は本当の都市か，または本来の田舎でなければならなかった。結論としては，ペンシルベニア州バックス郡のニューホープに，農場を求めることに決めた。

私たちの設定は，ともあれ商業主義的なものではなく，純粋に利他的動機を追求しようとしていた。もしも農場における蓄積を投資にまわし，いつでも経済的危機を生き抜けられると考えた。同時に私たちは，時には納屋の仕事や畑仕事であっても，その仕事にいそしみ，田舎での仕事を好み，自然への愛を私たちと分かち合おうという若い人びとを，十分発見できると信じていた。

バックス郡は，ニューヨークに近い他の田園地帯よりも，文化的には興味のある所のように見えた。そこのコロニアル（植民地風）建築は，ウィリアム・ペンとともにこの国に定住のためにやってきた人びとの，高い文化水準の証拠である。それが私たちのその場所を選択した主な理由の一つであり，田舎の美しさと重複して，期待を裏切ることはなかった。そして，いざ土地を買うことになっても，その気持は少しもゆるがなかった。

バックス郡のロマンチックな所は多くの芸術家を惹き付けてきていたし，また芸術家を育てもした。その結果，沢山の石造の農家——その多くはもともと，18世紀のクエーカー教徒のものであった——を保存することになり，その家々は，絵描きや彫刻家のアトリエになった。私たち自身は，そのような芸術家の一般的傾向の中には入らない。それは，彼

上　彫刻家ジョー・デヴィドソン
下　ジョー・デヴィドソン　クロード　マイケル・チャヤ（現在カリフォルニヤ大学教授）　友人の写真家夫妻

ニューホープの農場俯瞰写真

下　農場の牛たち

らがいることを，そこに移るまで知らなかったからだ。私たちの目的は，実際の農耕と，建築の実務とを共存させようとすることであり，それは成功した。いろいろな実績の中には，ジャージー牛の純血統種の育成があったり，また土壌を守る目的で，バックス郡では最初の線条（等高線）農耕の採用もあったのである。

求めた150エーカーの土地は，ペンシルベニア州のニューホープに近く，ソールバリー丘の南斜面の美しい場所であった。デラウェア川に近く，幾つもの小川が流れ，屋根付きの古い橋があり，見事な眺めであった。もとは500エーカーの土地で，ウィリアム・ペンが，彼に従ってきたロスという聖職者に譲ったものであった。ロスは1728年に主屋だけを建てた。家や納屋はもちろん変えられ，次の2世紀に幾度かにわたって増築されたが，なおも多くの魅力をそなえていた。私たちの必要を充たすために，心に深く染みた東洋的デザインで，ある程度の手を加えた際でも，私は敬意を払っていた。

農場も，すべての建物も，家も，非常にくたびれ果てた状態であった。農場は消耗し，侵蝕され，垣根は朽ち果てていた。必要に応じた主屋の再建，納屋やあらゆる建物の再計画と新しいデザイン，さらには150エーカーの農地を生産にかえるための5年計画，それはわれわれ若いグループの人間にとって，大変な仕事であった。私の主な関心は，農地を生産的にすることであった。午前中に建築計画の仕事をやり，午後は農場で働いた。それは実に楽しく，創作的な一日であった。その当初，主屋ができ上るまで，私たちは古い納屋に住み，陸軍の軽便寝台に寝た。またある若い人びとは，主屋の北の木の下に天幕をはって寝た。食物は納屋の外の焚火で料理された。ノエミは料理をしたり，皿を洗ったり，洗濯をして，あらゆる方法で農民の妻として振舞った。加えて彼女にはデザインの仕事があった。それは実に大変な努力であった。農場管理者として，また牛飼いとして，若い農夫がいたが，彼は何につけても熱心で，ただ働きに働いた。

私たちの建物の再デザインに当り何を解放しうるかは，若い建築家の手中にあった。通俗的な建築実務からまったくはなれ，過去から引継ぐ建物の中に，どんな形であろうと美を保存するのが第一義であった。完成した仕事は満足以上のものとなり，現在にいたるまで私たちは実に幸福だと考える。30年後の今日，同じ建物を使っているが，私は何も変えようとは思わない。建物は品位とともに熟し，用いた杉材は豊かにさびをもってきた。古い農家と，読みの深かった新しい部分とがよくとけあっている。今日では普通になったが，その時代には革命的とも考えられたのである。

最初の150エーカーの土地測量，境界石の設置，近隣の人との話のまとめは，工学の冴えのあった若い建築家ハーバート・スティーブンスによって行なわれた。他の者が納屋や天幕に住んでいる間，彼は臨時に自分用の小屋を建て，農場の仕事や，デザインの仕事のかたわら，優れた気圧構造の研究にとり組んでいた。おそらく彼は，そのアイデアを最初に考えた人だと思う。惜しむらくは，彼のその後については不明である。

1939年の初頭，私と働いていた，ほとんど全部の若い人びとは，今日では建築の実務につき，十分自分の道をひらき，心からの友人となった。ポーランド人の建築家ジェボンスキーは，カソリック会議の学生代表として，アメリカに来たのだが，ドイツのポーランド侵攻以後は自国に戻らず，滞米していたのであった。彼はきわめて有能な都市計画家であった。しかも祖国のために戦おうと，カナダ陸軍のポーランド部隊に加わり，やがてヨーロッパに渡って行った。彼とは今も交流を続けているが，都市計画家としてワルソーにも

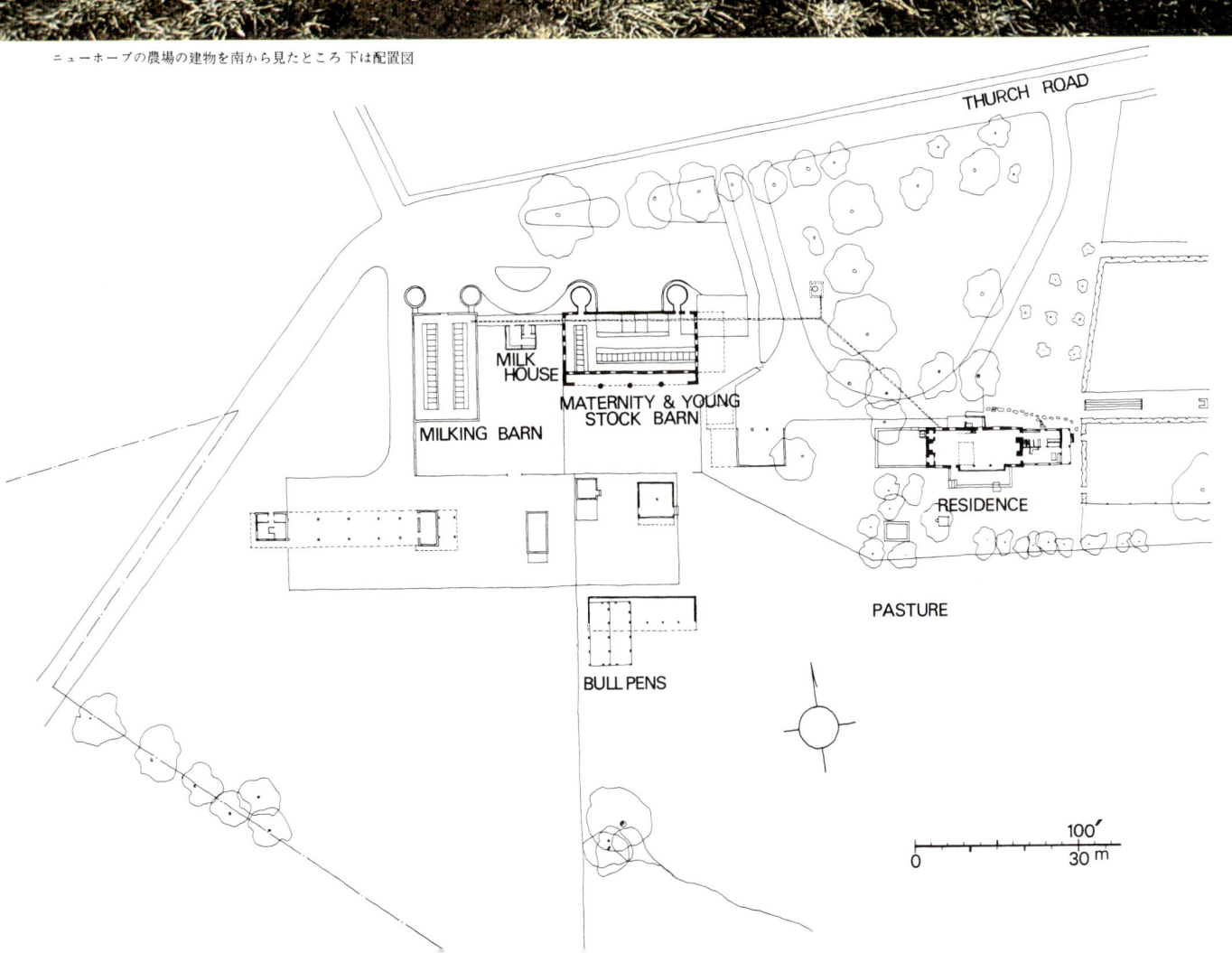

ニューホープの農場の建物を南から見たところ 下は配置図

THURCH ROAD

MILK HOUSE
MILKING BARN
MATERNITY & YOUNG STOCK BARN
RESIDENCE
PASTURE
BULL PENS

100′
0 30 m

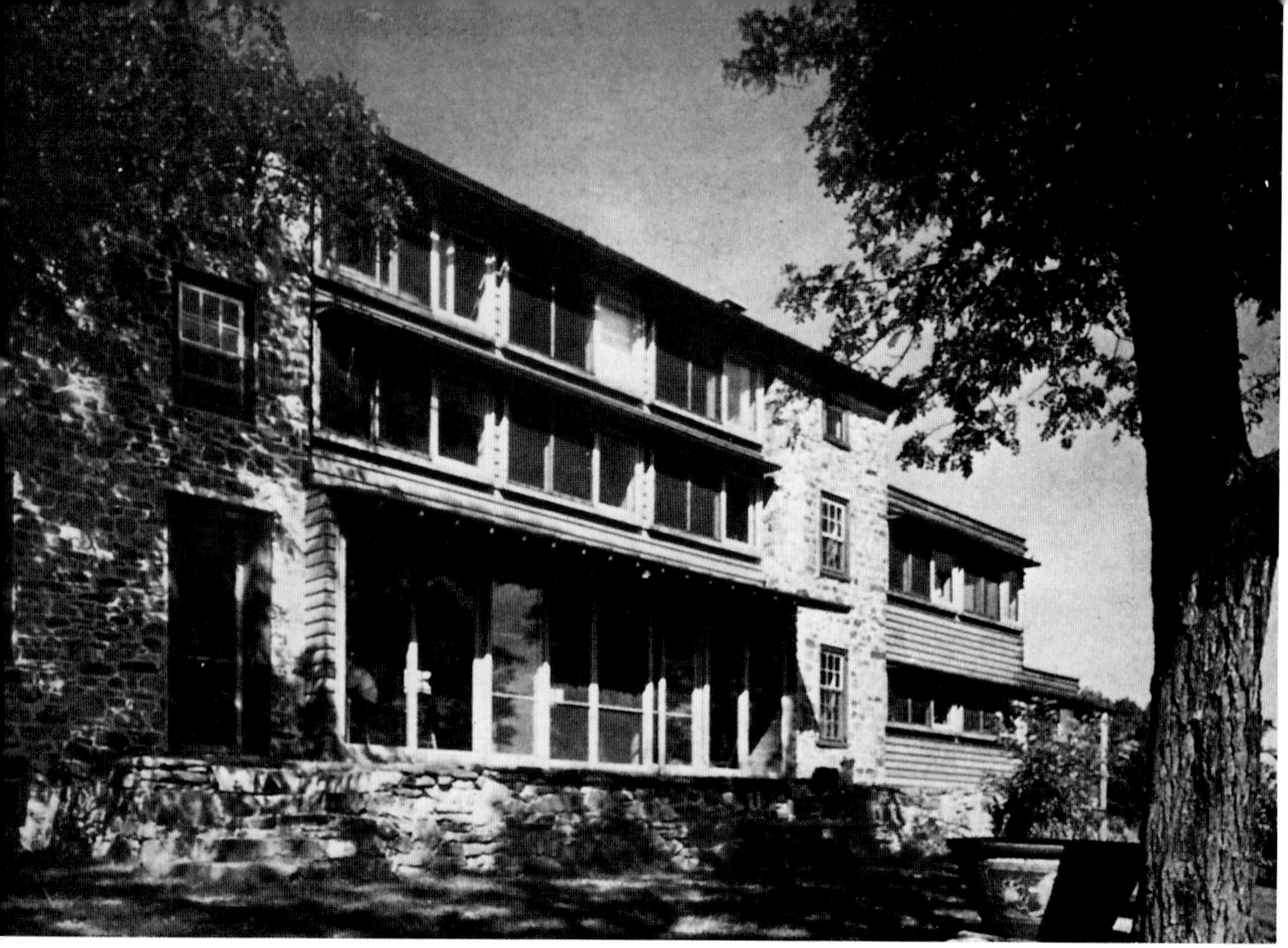

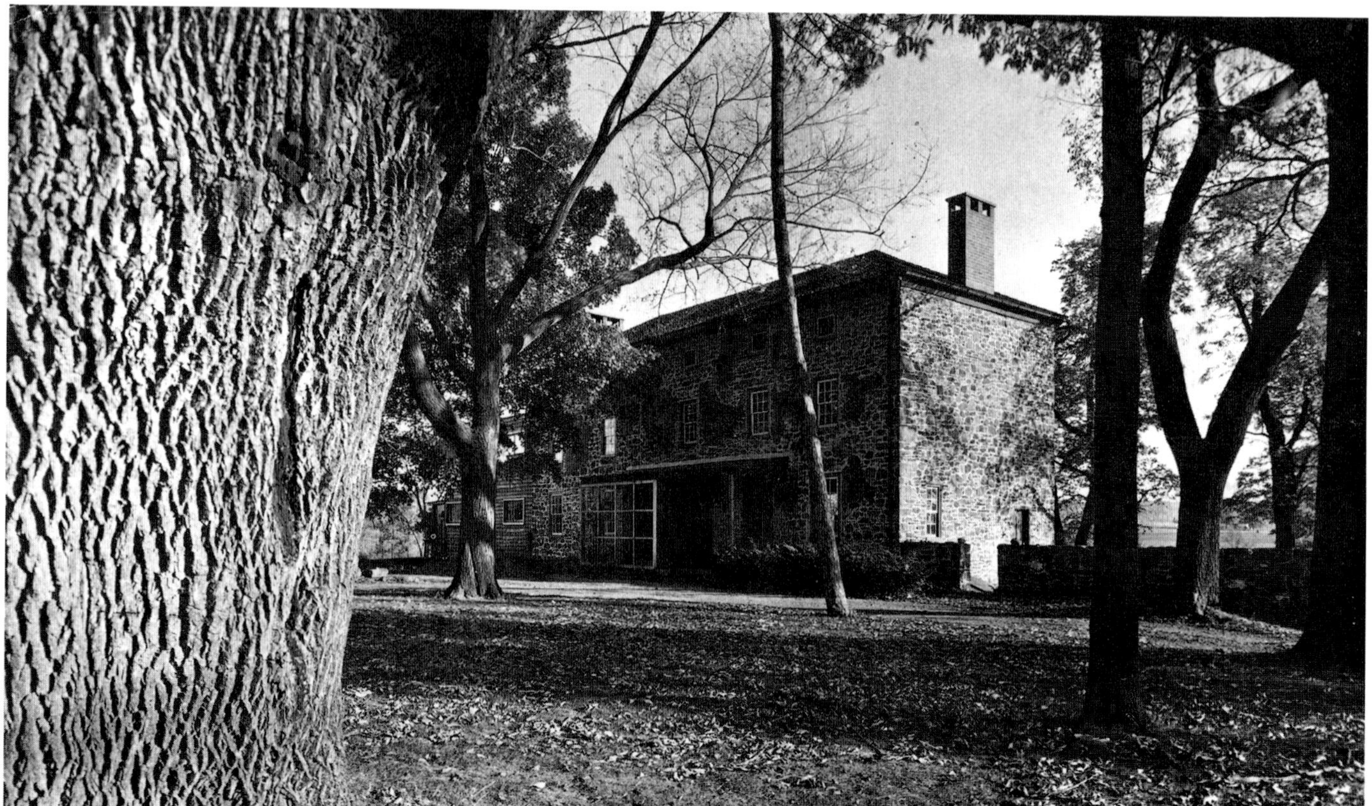

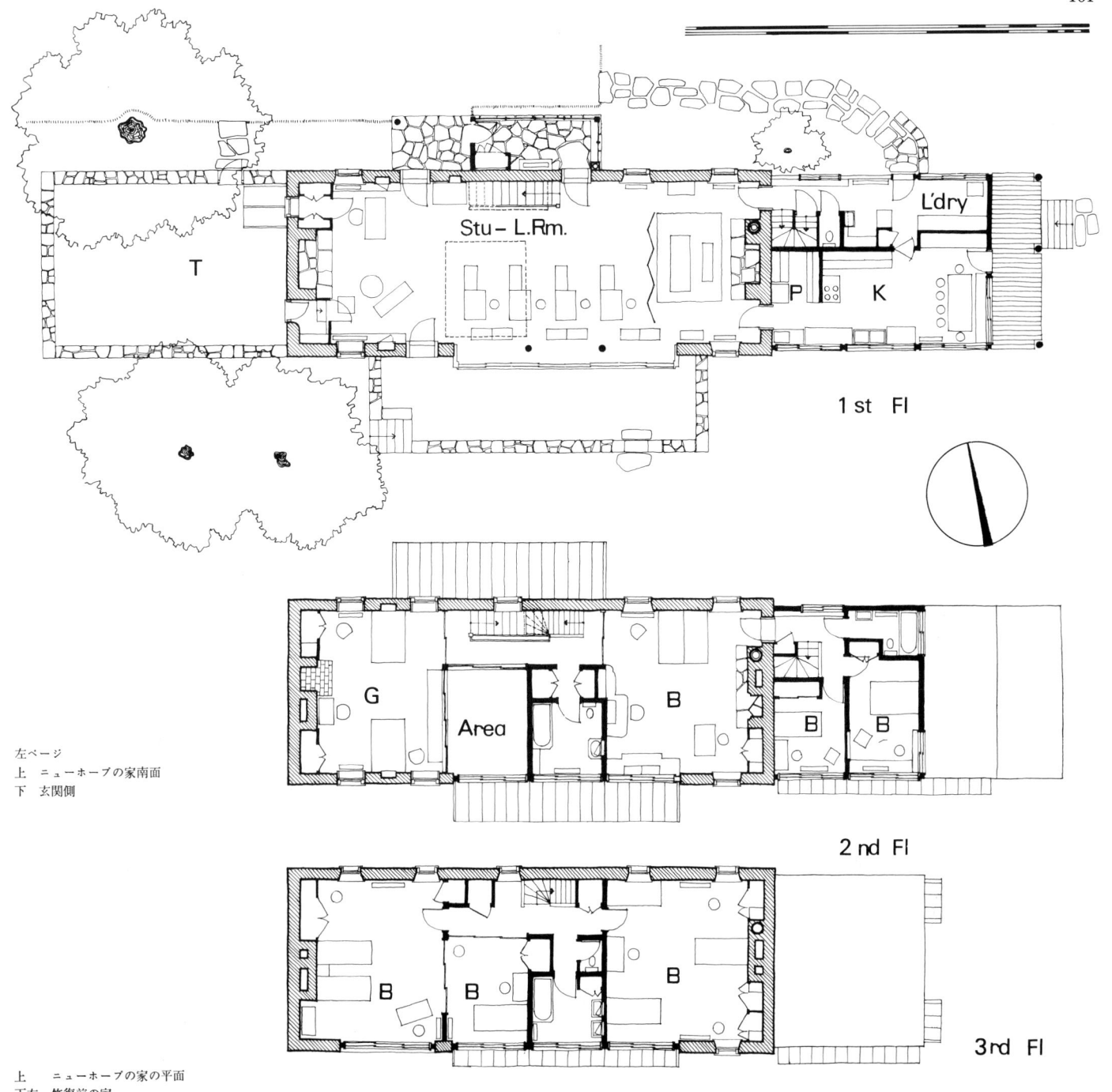

Stu- L.Rm. L'dry T P K

1 st Fl

G Area B B B

2 nd Fl

B B B

3 rd Fl

左ページ
上　ニューホープの家南面
下　玄関側

上　ニューホープの家の平面
下左　**修復前の家**
　中　納屋での食事
　右　鶏小屋に仮住い

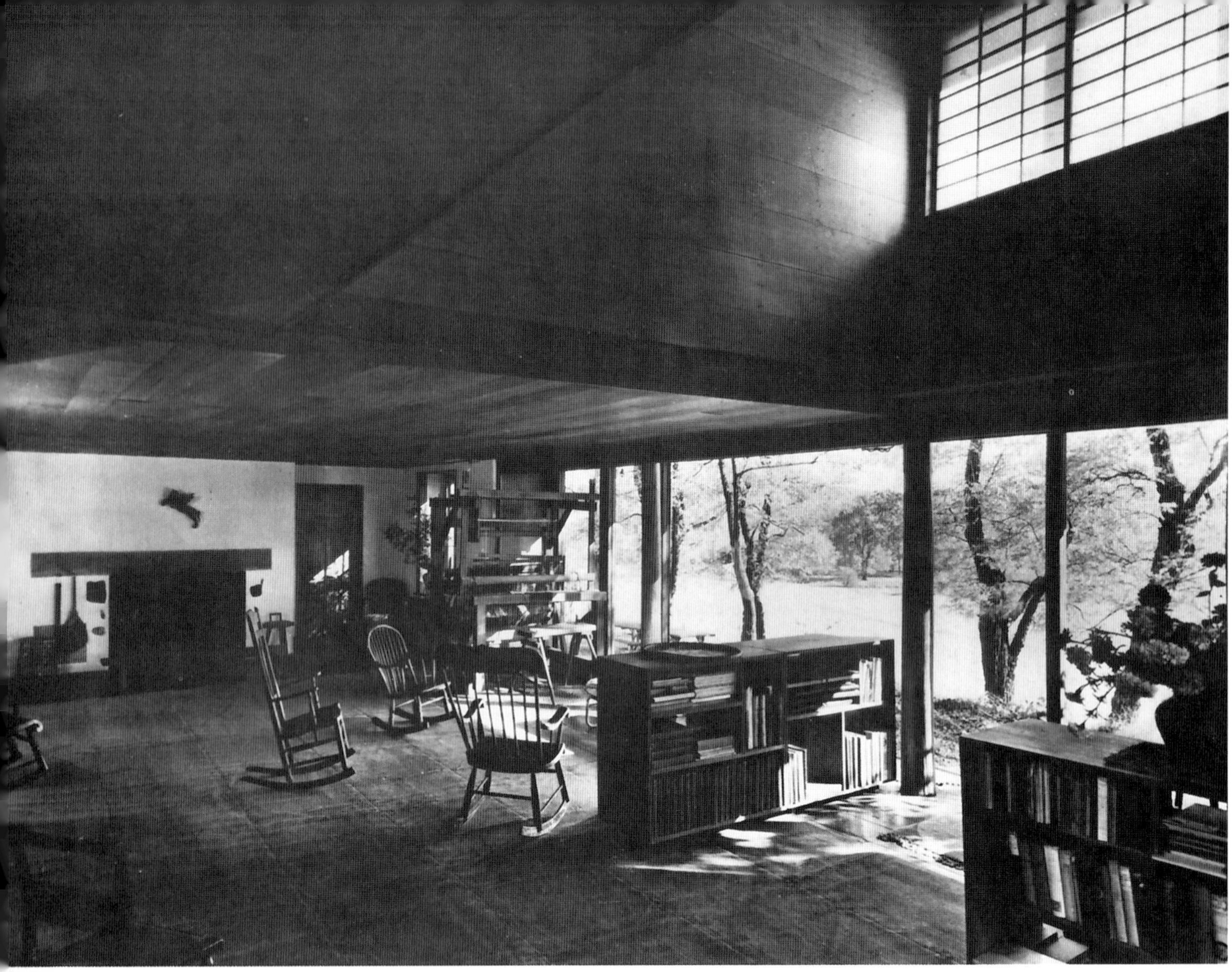

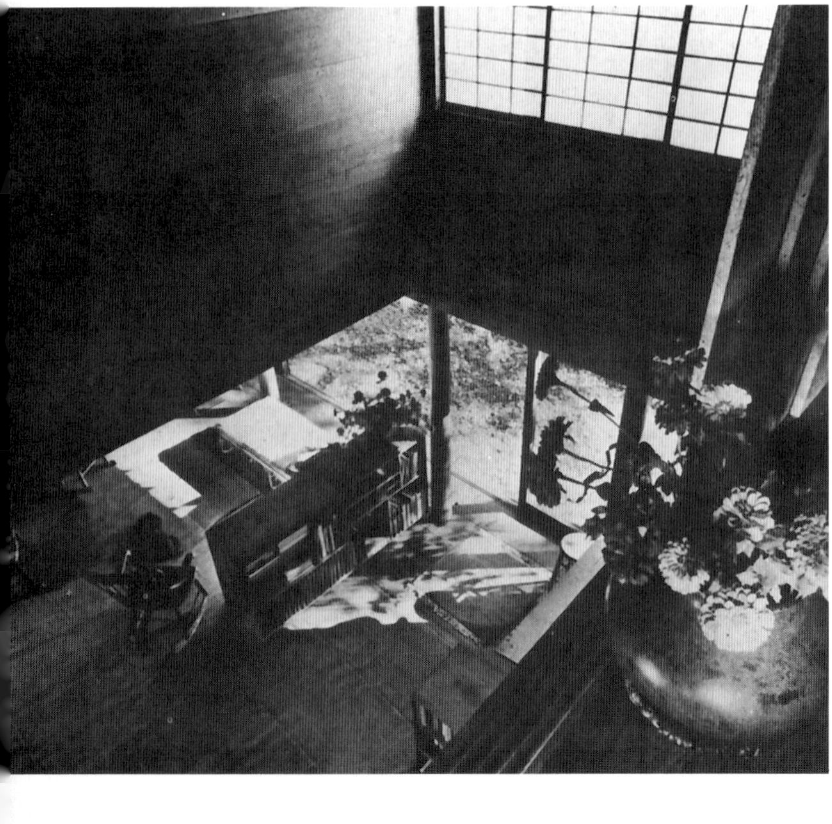

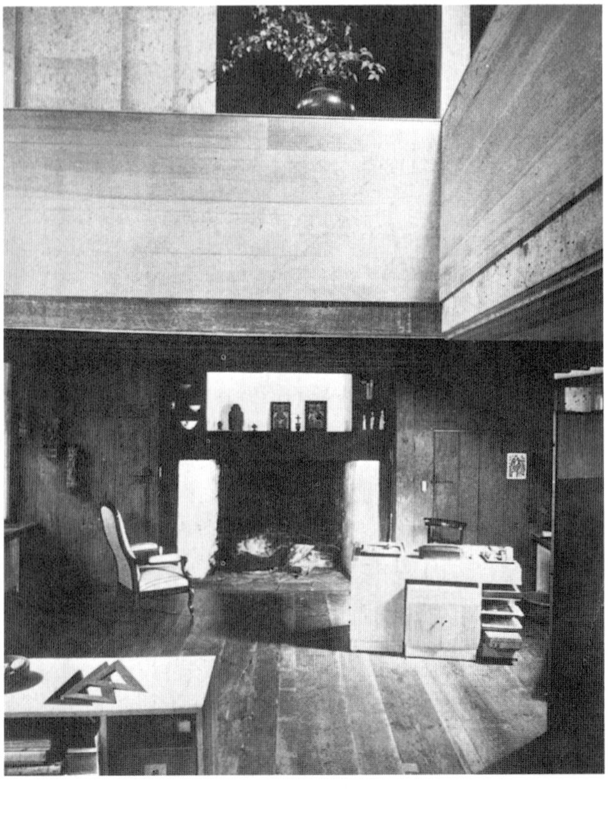

左ページ
上　南に開けた居間の全景
下左　ゲストのための寝室より居間を見下す
下右　古い煖炉のある居間の西面

上　ジャージー牛純血統種の雄牛
左　野外での食事
　　左から　雇人　アール・ストロング　クロード　吉村順三　半分かくれているのがボーマン　カシミール・ジェボンスキー　レット夫人　ダグラス・レット　テッド・ハリス
下　東に面した食堂

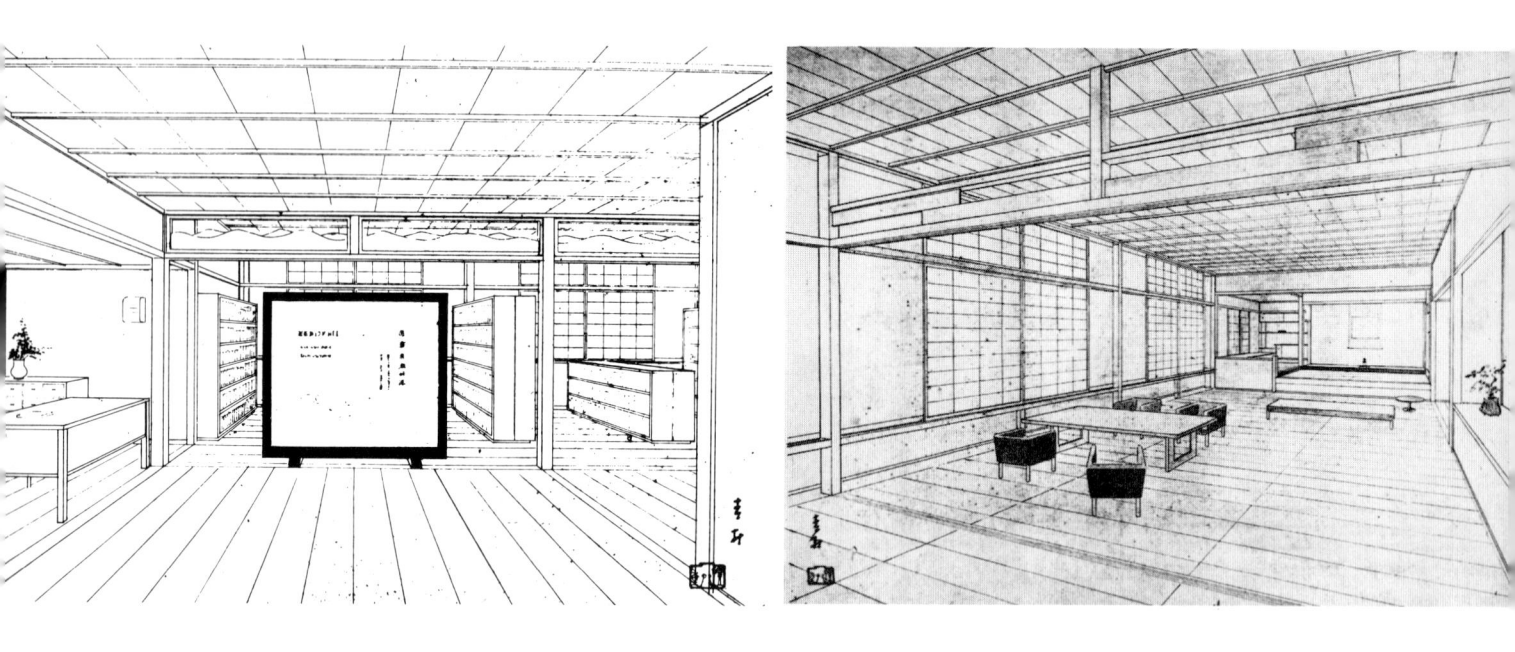

上　ワシントンD.C. 国会図書館内の斎藤大使
　　記念図書室計画案
下　農場の中にあるビドコック川の屋根つき橋にて
　　デヴィッド・レヴィット

どっている。アメリカにあって，この組織に加わり，非常に貢献をした1人に，東京事務所からきた吉村順三がいた。彼はロングアイランドのモントーク・ポイントの住宅を手伝ったが，その家は明白に日本の影響をうけていたし，しかもアメリカの条件にも的確に合った，最初の住宅の一つとなった。

　1940年の暮近く，私は駐米日本大使から依頼を受け，日本政府からアメリカに寄付された，日本と中国の稀書のコレクションをおさめる部屋を，ワシントンの国会図書館内にデザインすることになった。この寄付は，アメリカで客死した故斎藤大使の遺体をアメリカ海軍が東京に送り返した返礼として，日本から贈られたものであった。私はこの要求に応え，国会図書館の状態を調査し，幾度か館員と会議をした。そのなかの1人は有名なアメリカの詩人，アーチボルト・マクリーシュであった。

　そのあとに続いたデザインは，吉村順三と協同で日本的感覚をもって進められ実施可能のはずであった。同時に，その図書館のためにアメリカに派遣されてきた，日本代表野村吉三郎司令官とも幾度か会議をもった。ちょうどその頃，何の予告もなく日本海軍はパール・ハーバーを攻撃し，戦争が起こったのである。当然，図書館は実現に至らなかった。

　これより少し前，私はニューヨークのロックフェラー・センター内に，日本文化協会のために一部に茶室までつけた事務所をデザインしたが，その会の前田会長との打合わせはむしろ楽しいものであった。

　まさに戦争の直前，プリンストン大学からきた建築科の学生が，休暇の間，農場にきて一緒に働き始めた。彼がデヴィッド・レヴィットであった。そして卒業後，ニュヨークの私の事務所で働いた。戦争中はアメリカ海軍に参加したが，帰還するや再び事務所にもどってきた。彼は信頼に足る有能な助手となり，アメリカでもまたのちには日本でも，永い間私と密接につながっていた。

　結局デヴィッドはニューヨークで独立して仕事をすることになり，数年間自分の事務所を続けた。しかし日本の好きな彼は再び東京に舞いもどり，私の所で働きだした。彼は1965年まで助手であったが，翌年離れていった。

　農場にはその他，ミネソタにいるカール・グラフンダーがいた。テッド・ハリスはニュ

ーヨークに，ビル・ハントとハーマン・ギーマンはジャージーに，吉村順三は東京に，ジェボンスキーはポーランドにいる。その他にも多勢，いつもその古巣の訪問を望んでいるものがいる。

あまりにも私は日本の優秀な大工技術と，出来栄えとに頼ってきていたため，アメリカの状況下では考え方も，デザインも困難な時期に面していた。

その頃の最初の仕事は，ニューヨーク州バッファローにあるピット・ペトリ商店であった。小さな商店デザインの先駆の一つであり，特に照明については，何らその時代の影響も受けず，新しかった。

また二つの競技設計にも応募していた。一つはニューヨークの地下鉄の換気塔であり，他はワシントンのスミソニアン協会である。私は入賞すると信じていたのに落選してしまった。もっとよく知っておくべきであったが，ニューヨークの競技の失敗は換気塔らしく見える塔を作ったことであり，スミソニアン協会博物館の場合は，内部から外部へとデザインしていったことが失敗であった。博物館の完全な機能の解決として，その周辺の状態まで気を配っていた私は25年早過ぎたのである。入賞はイーロ・サーリネンの外からデザインした幻想的建築であったが，遂に実現しなかった。爾来，私は二度と競技には応募すまいと決心した。

ペンシルベニア鉄道の主任技師が，ハドソン川西堤防の大倉庫のデザインのために，私を採用した時のことである。倉庫はギャング団の街として悪名高い場所にあった。公式の建築許可をとるには，私も何かしなければならず，先ず市長を訪問したのである。大きな事務室の中で，膝の上につややかな猫を抱いた彼は，典型的なイタリア系アメリカギャングであった。

彼は，「何事も無事に行くよ」と微笑みを浮かべて保証したが，町の主任技師，つまり同時に町の徴税係の所へ行かなければならなかった。仕事の総額の5パーセントの手数料を払えば，面倒の起こることも，ストライキも，何もないであろうと保証したのである。その事務所から出ると，数人の本物のごろつきがたむろする，外郭事務所を通りぬけねばな

ニューヨーク バッファローのピット・ペトリ商店のガラス器の陳列 1939年 照明に重きをおいたデザインで唯一の装飾品としての備品や器具を効果的に使用した 左は平面図

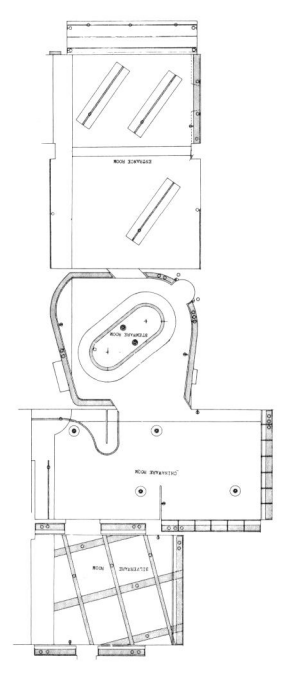

ストーン邸 ランバートビル 1940年
右は南側外観 下は平面

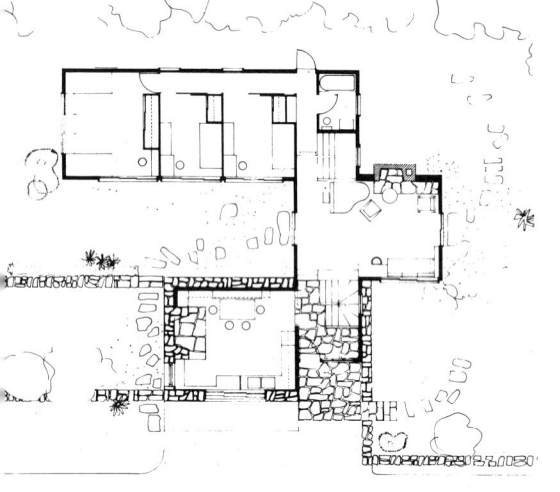

らなかった。市長は「やあ，みんな！」とにこやかに彼らに挨拶したが，まことにハリウッドのギャング映画を地で行くものであった。依頼主が金を払うと仕事は保証され，はかどることになったのである。

われわれの仕事には幾つかの住宅，たとえばランバートビルの丘のストーン邸とか，ニューホープの村の家とか，ジャージーのデラウェア川の谷を見おろす丘の上の，友人トニー・ウィリアムズの家などがあった。それらの住宅は，日本でやった仕事と同じ方法をとり，住宅とともに家具類も，テキスタイルも，周囲もデザインした。われわれが日本で開拓してきた開放的平面，引き戸や引違い窓，多くの細部，自然の仕上げと方位などの形でその技術を紹介したのである。

石と木でつくられたデラノ・ヒッチ邸（コネチカット州　1940年）の最初の案はまとまりがよく，大分面白い家になった。その両材料の組合わせは，ニューイングランドでも，日本でも，伝統的なものであるからだ。実際に建った家は，単純な木造住宅ではあったが，当時では革新的な特長を多く持っていた。たとえば引違い窓，居間と食堂の組合わせ，完全な方位などである。当時では施主にデザインを納得させるため「モダン・コロニアル」様式だといわなければならなかったのに，今日の新しい建主は，コネチカット州でも最も現代的な住宅を要求している。

1941年にデザインした大邸宅は，水と林の中，川の南岸にあった。扇形の石の壁を骨にして拡がり，南は十分開放し，北は眺めに適当なだけあけた。計画は実に自由で，レベルに変化をつけ，持主の部屋には完全なプライバシーが確認された。

トニー・ウィリアムズ邸は古い家の増築であった。土着の大工が納屋の中から使える材料を集めて建てたのである。家には借景を取り入れたが，目新しかったのは円型階段がガラスの前に置かれたこと，野石と古材がうまく調和したことであった。

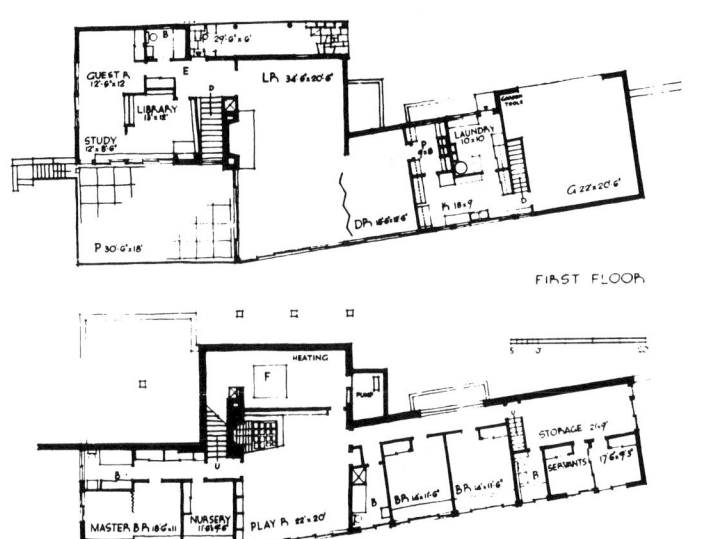

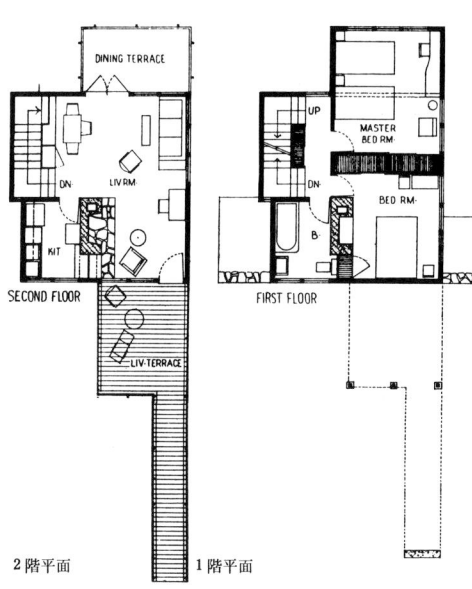

上 デラノ・ヒッチ邸 コネチカット 1940年
　南側外観と居間および1，2階平面
左 カーソン邸 ニューホープ 1943年
　外観と1，2階平面

2階平面　　1階平面

168

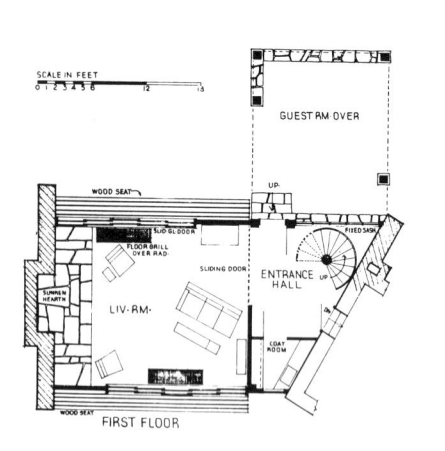

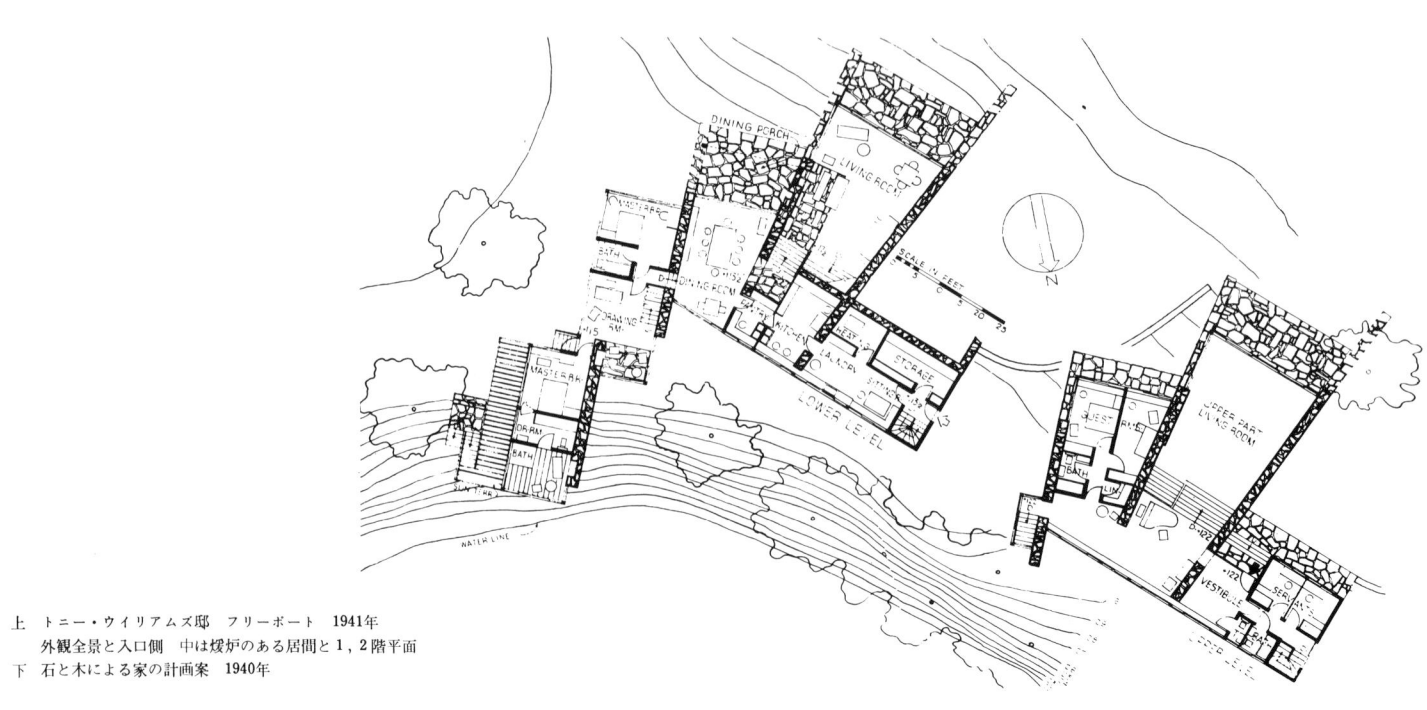

上 トニー・ウイリアムズ邸 フリーポート 1941年
　　外観全景と入口側　中は煖炉のある居間と1,2階平面
下 石と木による家の計画案 1940年

海浜に建てられたカレラ邸　モントークポイント
ロングアイルランド　1940年
上左は海辺側よりの全景　右は陸側よりの全景
左は居間と1，2階平面　下は寝室よりみた居間

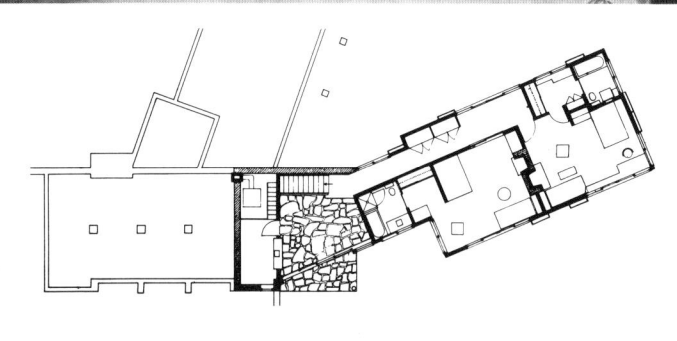

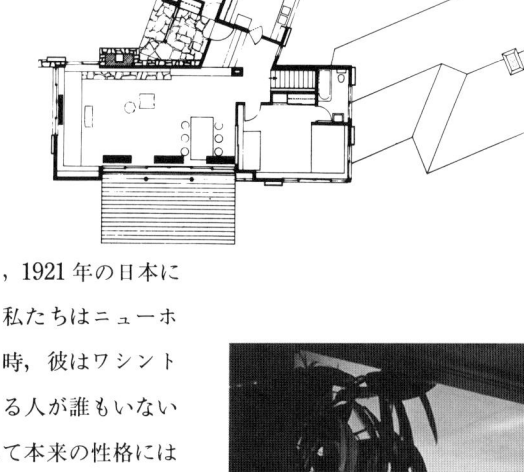

　1940年頃，ポール・クローデルはアメリカ駐在のフランス大使となり，1921年の日本に
始まるわれわれの交友が復活した。クローデルはワシントンにいたし，私たちはニューホ
ープの農場や，ニューヨークにいたから交際は頻繁ではなかった。ある時，彼はワシント
ンから電話をくれ，私を昼食に招いた。ワシントンには心から話のできる人が誰もいない
といって，彼はやや頭を悩ましていた。私は幾度か大使館に行き，決して本来の性格には
あわないが，よい聴き手となった。話の主題が大いに私の興味をひいたのである。クロー
デルはその頃，有名な「シカゴの地下の教会計画」の詩を書いていた。私の仕事は，その
内容を青写真にすることであった。彼はそれを読みあげ，今では大変に有名になったその
エッセイを説明した。美しい詩文で，彼は次のような提案をしていた。
　「ヨーロッパの教会は，しばしば近づき難い。人は多くの段を登らねばならぬ。一段と
いえど，習慣と罪をもつ重い足には 余りあるのだ。」つまり彼の提案する教会は，反対に，
罠のようであった。開口部はあたかも地下鉄の入口にも似て，穀物がサイロに落ちるよう

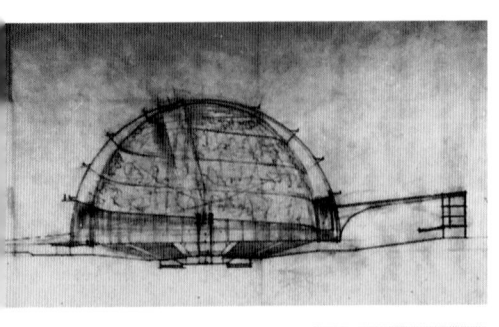

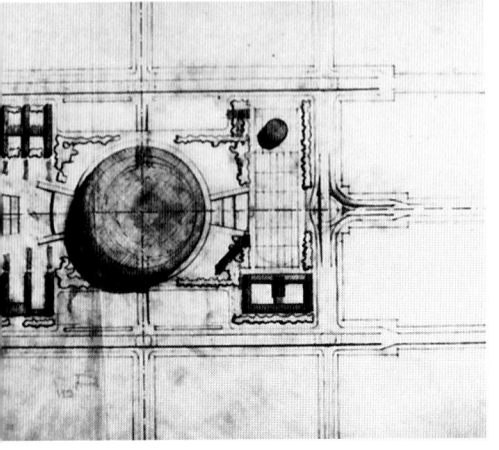

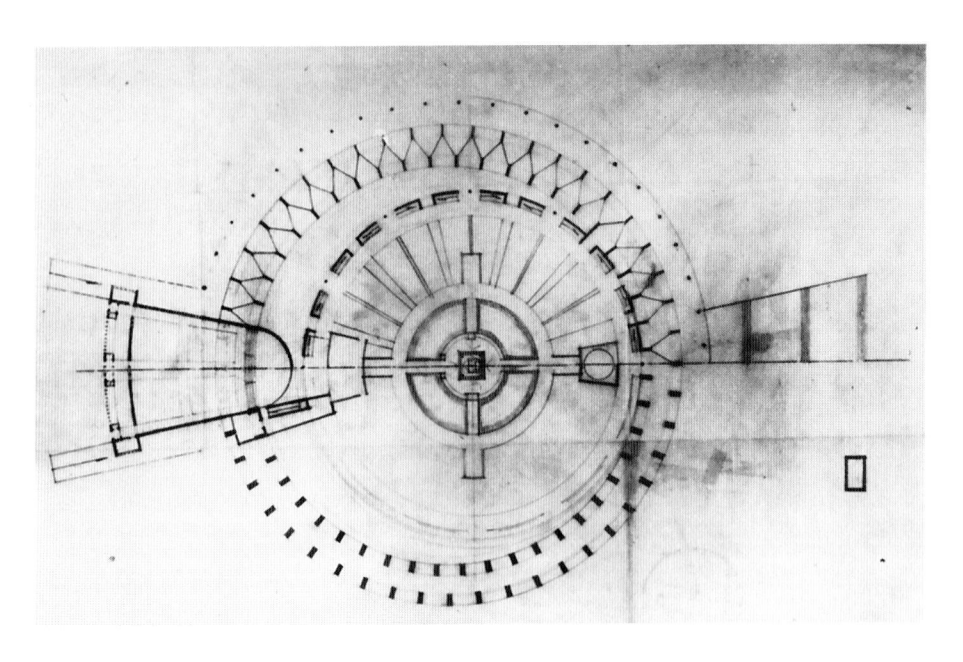

ポール・クローデルの「シカゴの地下の教会」のための大会堂計画　シカゴ　1940年　左上より断面　敷地拡張図　平面

に，教会に人びとがなだれ込んでくる。人びとは神の静かさの中でわれにかえる。

　教会はコロセアム，あるいは二重のコロセアムのような二層の扇形劇場，それは大地であり天でもある。人が地を掘れば水が湧き出す，だから彼は教会の真中に泉を求めた。祭壇はその中心にあり，聖体筐をおく。「水」には膨大な象徴性があり，主として「天」を意味する。同時に大海を超える精神，ノアの洪水，洗礼の聖水，サマリア人の井戸など，多くの意義がある。

　信者たちの大きな輪に向かって，四つの聖壇が聖餐杯のまわりに花びらのようにつながり，聖母の灯火を覆う聖体筐は，四重の十字架の光の中に，4人の聖者を浮かびあがらせる。円型のキュポラの中は，沢山のキリストのモザイクか，絵が覆う。忠実をうたい，両腕をひろげたビザンチンのキリスト。また，キュポラは，二重の螺旋が両側から立ち上り頂点でめぐり合って，二つの旧教教会の道を示す。東と西の異なる旧教が，キリストのいる頂点で出会う。キリスト像とモザイクの色は，池に落ちて映える。

　自然の光としては，彼はオカルス（眼）を考え，キュポラの一部に開いた穴から，ある時に限り，聖壇の上に太陽の光が落ちるのだ。人工の光としては，キュポラの上部に向かう強力なサーチライトがあり，その光は反射して水に色をうつす。

　クローデルはそのエッセイの中に，彼の考えをくわしく述べている。しかし，私の教会のデザインをみて彼は気持を変え，そのため記述が散文的な詩となり，多くの異なるデザインを含むようになった。私は幾度か試みて，少なくても何か軽いもの，はかないもの，または詩的なものを摑もうとした。現実的には全体が途方もない考えであったが，結果は，今日みても非常に優れたものであった。デザインは真に創造に溢れ，したがって現代的になり，伝統の誤解による偽りの感傷はなく，自由であった。当時は鋳鉄製ゴシック，小児的観念のコロニアルが，教会や国家の中で実権をにぎり，すべてに及んでいたのである。

　その計画はいろいろな点で，ポール法皇の考えに基づく，1964年の新しい教会の先駆であったばかりか，西と東との，二つの旧教の教義の再統一でもあった。

17. 第二次世界大戦

　そのうちにヨーロッパの状況は日毎にひどくなり，政府はいざという時の防御態勢を相当に強化していた。

　その頃，私はペンシルベニア州のベツレヘムにつくられる，いわゆる「国防住宅計画」という，大変興味のある仕事を獲得したのである。その計画の一部は実験的な仕事であった。当時の国家住宅局では若い建築家や技術者が，新しい形と新しい構造，住居群の自由な平面を研究していた。単に住宅を作るばかりでなく，住みよく，しかも同時にしっかりした経済性を獲得しようと考えていた。

　政府の設定した標準寸法に従わねばならず，そのユニットを住みやすくするのは実に困難で，その限度のために大局的には成功したとは思っていない。とにかく経済的に実験したのは引違い窓であり，$2''×4''$システムの代りに柱梁構造を使ったことなどである。政府がその方向の研究をさせてくれたことは，まことに素晴らしいことであった。

　ヨーロッパでは，ヒットラーの進撃と共に戦雲は濃くなり，私個人としては第一次大戦の際，ドイツが隣国に与えた教訓を忘れはしなかった。したがって近くアメリカが英仏とともに，ドイツ攻略のために戦う決意をしなければならないということを知っていた。アジアでも，日本は次第にその侵略に大胆となり，近い将来何か起こるに違いなかった。

　生来のチェコ人として，また妻は生来のフランス人として，ドイツ人との争いの中にとびこもうとしたのは，当然のなりゆきでもあった。そして私にとっては建築技師として，また妻は農場経営者として，生産をあげることだけが，何がどうあろうともただ一つの道であった。

　ベツレヘムの住居群計画の折，私はウィリアム・ヴァーカーと会った。彼は技師であ

アメリカ国家住宅局戦事住居群計画の全景　ベツレヘム　1940年

左から
キャンプ・キルマーの擬装兵舎計画の模型
キャンプ・キルマー計画地区の俯瞰全景　1942年
キャンプ・シャンクス計画地区の俯瞰　1942年
キャンプ・シャンクスの一部

り測量士であったが，あらゆる戦時中の仕事で多大に助けとなった。それは彼が驚くべき記憶力をもち，いかに土地が広かろうと，陸軍の大キャンプの敷地であろうと，土地の状態をのみこみ，それがわれわれの仕事の中で，きわめて重要なことであったからである。

　前にも述べたように，アメリカは戦争に突入すると私は察知していた。年からいっても私が参加する機会はあまりなかったが，誰か優秀な技師と協同で，陸軍か，軍関係の仕事はできると考えた。そこで，前ニューヨーク主任技師アーサー・タトルに話しかけて，彼と，建築家，技師の協同事務所を作ろうと考えた。戦争によって必要となる沢山の仕事がもうすでに待っていたからである。私の奮闘のかげで助手をしたのは，ニューホープ農場の生えぬきの一員，若い建築家テッド・ハリスであった。

　タトルは，有名な構造技師のエルウィン・シーリーと，有名な設備技師クライド・ブレースを私に紹介し，戦時中のタトル，シーリー，ブレース，レーモンド協同事務所が結成されることになった。この事務所は早速ある仕事に追われ，私はそれ以上農場にいることもできず，ニューヨークのパークアベニュー101番の，例の事務所に移らざるを得ないほどの忙しさになった。

　戦争が勃発した時，われわれは政府筋の仕事に携わっていて忙しかった。すなわち，沢山の大きな戦争用施設をデザインする，積極的な数年間が始まったのであり，私には主任建築家として，総合計画主任として絶え間のない労働となった。

　キャンプ・キルマーとかキャンプ・シャンクス，フォート・ディックスのような施設は，有効に使えることと同時に，期限内にあげる必要があって，全般にはほとんど殺人的な努力が要求された。

　それにもかかわらず，私は数日間できめられたとおりにキャンプ・キルマーをデザインしながら，その機会に都市のデザインの中にある，何か創造的なアイデアを追求しようと試みもした。おそらく部分的には成功したと考えている。

　民間の仕事でも同じく，われわれは建築デザインの踏台として，ある異種の技術の一派をつくりあげた。普通では最後になる構造，機械設備，電気，土木技術を密接に考え，われわれは都市デザインを給水，排水，排水溝，道路などから始め，これと平行して決定的な解決へのデザインを進行した。同時に住民の拡散とか，攻撃に対するカモフラージュまで，デザインの要素に入れたから，美学的にも面白いものになった。

1941年10月，ロングアイランドのキャンプ・アプトンで，対空3個中隊の住居群の技術的なデザインをした。そのキャンプこそ第一次大戦の折，野戦信号大隊の一兵卒として私が排水溝を掘ったところでもあった。

　そこには格子状配列の標準陸軍規格と，標準の可動住居があった。私はこのやり方が，空からの攻撃をうけやすい点，また不要な機械設備配置によって住みにくいという2点から，非能率的であることを知っていた。そこで可能ならば，将来のキャンプはこうすべきであると提案した。それは連隊としての能率，より自由なものの創造，最少機械設備で最大に機能的な連隊の配置，さらには，これらがあらゆる連隊機構のデザインに，互いに関連する最善のアプローチなどであった。われわれは次のようにすれば成功するであろうと提案した。

（1）　交通量の綿密な評定による総合的敷地計画
（2）　再デザインによる軍隊的配置の抹殺
（3）　可能な限りの土地造成の排除と，それによる表土と植物の損害の排除
（4）　多色の屋根材，壁材の使用と，植物の利用により，特別出費なく建物に限定された迷彩を施す

　キャンプ・キルマーのデザインには，このすべてについて多大の自由が与えられた。1941年12月，アメリカ陸軍ニューヨーク港駐屯地は，一挙に建設されることになった。この港から直ちに，全軍隊を出帆させるための，集合と点検の地としての足場であった。

　デザインは1942年1月早々に始まり，最初の軍隊が6月10日に入ってきた。それ以来キャンプ・キルマーを通ってヨーロッパに130万人が送られたのである。このニューヨーク港からの出港センターは，ヨーロッパ勝利の日（1945年5月8日）以後，逆に帰還センターとして用いられるようになり，1945年12月3日には100万人目のGIの帰還が祝われたのを思い出す。つまりキルマーには第二次大戦中を通じ250万人が住んだことになる。

　ヨーロッパ総反攻の日（1944年6月6日）に参加するニューヨーク港には，第2地区としての場所が必要になってきた。キャンプ・キルマーで得た経験から，そのキャンプ・シャンクスのデザインでは，さらに拡大した自由が与えられた。この仕事の大きさ，その問題に対する私の分析を陸軍は正確に判断していたから，敷地の選択においても私の発言力は大きかった。

左　ベルミードの陸軍供給所
右　ユタ爆撃実験地区の実験対象にされた日本家屋　1943年

　キャンプ・シャンクスの場所は、鉄道をもとにして決定されたが、キルマーほどの重い負担はなかった。また、軍隊の移動には水上交通の可能性をひろげた。それ以上にキャンプは、ニュージャージーの商業地域と、ニューヨークをつなぐハイウェイを確保しなければならなかった。

　最終的に、ニューヨーク市から25マイル離れたオレンジバーグの敷地を決めた。キルマーと異なり、敷地の大部分は樹林で、残りは果樹園とオレンジバーグの町であった。可能性があっても町の建物とキャンプはつながってはならなかった。

　キャンプ・シャンクスは、1942年9月始めに敷地を設定した。数日間で、基本的にキャンプの配置を決定しなければならず、2本の主要な道が全キャンプの建設用道路と平行した。この各旅団地域のデザインは同時に行なわれ、完成前、敷地上で調整された。時間的に多くのデザインは、正確な土地測量もなく、即決でなさねばならなかった。またほとんどの建物は、敷地内の特別工場でプレファブ生産されたものであった。

　キルマーとシャンクスに加えて、私はバウンド・ブルック陸軍駐屯基地をデザインした。膨大な倉庫群地帯は、鉄道線路と道路を横付けになった。空軍訓練センターと、飛行場を加えたフォート・ディックス・キャンプのデザインの再構成もあった。またベイヨンヌのポート・ジョンソン車輛工場を再構成した。われわれはミッチェル飛行場の病院施設も改良したが、ヨーロッパの戦場から送られてくる戦傷者の、再帰基地の飛行場に使うためのものであった。

　戦争の初期、戦前東京にいた優れたアメリカ人弁護士ジェームズ・リー・カウフマンの提案で、かつて日本に住んだことのあるアメリカ人のグループが、アメリカにおける日本協議会の名のもとに結成された。グループは小さかったが、グルー前駐日アメリカ大使とか、キャッスル前大使、「ニューズ・ウィーク」誌編集長カーンとか、優れた人びとがいた。

　われわれは私の事務所で会合し、運動をおこし立法化の促進をはかろうと試みた。たとえば無差別爆撃の禁止とか、京都、奈良または宮城の爆撃禁止、あるいは平和に関すること、天皇権の存続などであった。長くその国にいたわれわれの日本と日本人に対する知識を公言し、戦争の終了、アメリカの勝利、その後の日本との良き提携を望んでいたのである。

　私には、日本の工場や、労働者住宅のような普通建築の構法の知識が、欧米に事実上ほ

とんど知られていなかったということが信じられなかった。それは日本の工場と労働者住宅をいかに効果的に爆撃し，工業能力を壊滅できるか，という問題が起こった時のことである。私は戦時局によばれ，ニュージャージーのソコニー石油会社の研究部と協同で，そのような住居群の実物のデザインをすることになった。その住居は種々の型の焼夷弾や，爆弾の効力を調べるためのものであった。その目的は，できるだけ小型の軽量爆弾を作り，飛行機で大量に運搬ができ，それにより多くの飛行士の生命を助けることにあった。

私と妻にとって，日本を負かす意味をもつ道具をつくることは，容易な課題ではなかった。日本への私の愛情にもかかわらず，この戦争を最も早く終結させる方法は，ドイツと日本を可能な限り早く，しかも効果的に敗北させることだという結論に達した。

求められた建物に対して，私は日本で実際に建てられているものと非常に似せてデザインをした。幸いにも20年間，日本建築の熱心な学究の徒であったし，またデザインの基礎として，ことに私は細部のおさまりに興味をもっていた。

まず，日本の桧にかわる木材として，アメリカで入手できるシトカ産のスプルースを用いた。日本の漆喰にかわるものとして，壁材は南西アメリカで使われているアドビという土壁を用いた。海軍はハワイから畳を輸入した。ソコニー石油の研究所の非常に効果的な助力をうけ，日本の実状にできるだけ似通った材料を入手するのに必要なあらゆる研究がなされた。

当時，私はニュージャージーのフォート・ディックスにあって大変忙しい時であったから，われわれはその近くにプレファブ工場を建設し，そこからユタの実験場までトラック路線を設定し，何千マイルもはなれて，プレファブの部材を送り出したのである。その部材は実験場で組み立てられ，爆撃の目標とされた。

破壊されるや否や，満足な結果を得るまで次々に新しく建てられた。建物は布団，座布団，その他すべてを含み，いつも完全な1軒の日本の家に見えるような状態に仕上げられた。雨戸も取りつけられ，開けたり閉めたりして，爆撃は夜となく昼となく試みられた。

私の事務所では，連合軍爆撃委員会が何度か会合を開いていた。そしてイギリス軍も，またイギリスで，実験の目的で日本の建物をデザインしているのを見て大変おかしかった。彼らがその会合に図面をもってきた時，私は直ぐさま，そのデザイナーは日本に行ったことがないと分った。彼らは明白に何かの本の模写をしていたが，巨木を用いて寺のようなデザインをしながら，その誤りも分っていなかった。

1940年代，戦争の仕事に没頭している間，私はパークアベニュー101番の事務所近くのアパートに住み，間をあけてごくまれに農場に行った。ちょうどその頃，頻繁に2人のフランスの大画家フェルナン・レジェと，アメデ・オザンファンの両人に会った。どちらもドイツ占領前に，フランスを去っていたのである。

レジェに会ったのは1942年，ニューヨークである。彼はマダム・ルーを伴い，自分の絵でいっぱいのマンハッタン中心部にあるアトリエに住んでいた。オザンファンの顔と恰好は典型的な知識人であったが，レジェの剛気さはフランスの百姓に似ていた。大地に親しみ，その日そのものを楽しみ，その生活と仕事は中産階級や，労働者，農民の苦楽と接していた。彼はペンシルベニアの農場にきて，手際よく食事をつくるのが好きであったが，私は彼のニューヨークのアトリエに行き，彼の強い指導をうけて絵がかけることが喜

アメデ・オザンファンの絵

ロングアイランド鉄道のグレート・リバー駅 1945年

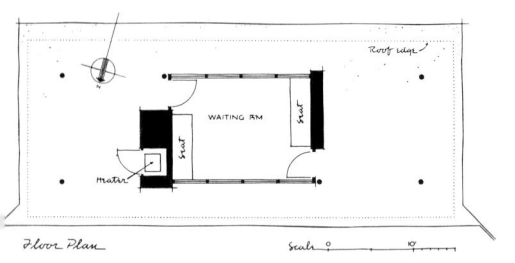

ニューヨーク市衛生局ガレージ 1944年

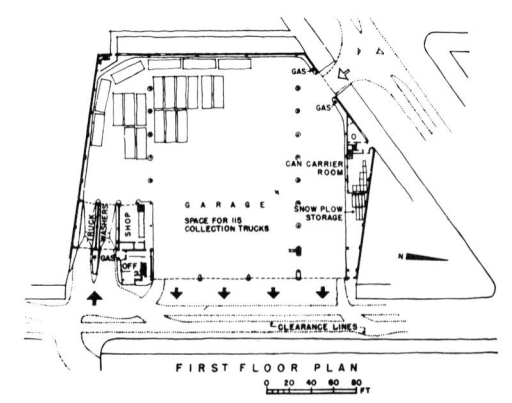

びであった。戦争が終ると，わがフランス芸術家の友人たちはヨーロッパに，私たちは日本にもどったのである。

オザンファンに会ったのも1942年であった。彼もフランスを逃れ，アメリカでその芸術活動を続行しようと望んでいた。ヨーロッパでは，戦争にもかかわらず自分の絵を少々持ち出すことができ，ニューヨークのイースト・サイドに，いささか老朽したアパートの1室を得ることができた。そしてあっという間に，その見棄てられた面白くもない建物を，素晴らしいアトリエと美術学校に変え，彼が優れた建築家であることを実証した。彼はまた，優秀な教師でもあった。仕事は独特であり，技術的には完全であった。彼の周辺には鋭い知性がはっきり表現されていた。彼の妻は，陰になり日向になり，よく夫を支えてきた。私たちは親友となり，思想を交換しあったのである。

もちろん私は，1928年に出版された，彼の有名な「ラール（芸術）」という本を知っていたし，その初期，コルビュジエと協同したことも知っていた。コルビュジエは最初の仕事としてオザンファンのアトリエを作っていた。コルビュジエが，いかにその名を得たかという話を最初に聞いたのも彼からであった。オザンファンが要求し，ジャンヌレのかわりにル・コルビュジエという名をつけたのであった。この要求が2人の疎遠のもととなり，後年の捩れた関係ともなった。私は，オザンファンがくれた，署名入りの初版本の著書を宝にしている。

1963年，カンヌで彼に会ったのが最後であった。彼は元気で，アトリエでよく働いていた。もちろん，その整理された完全に組織的なアトリエは，模範的で，普通，画家のアトリエが混乱しているのとはまったく対照的であった。彼は1965年に死んだが，私たちはいまも未亡人と交信を続けている。

私はニューヨーク市長顧問委員会の1人となり，公共の仕事をする資格を得た。その結果，私が得たのは，市衛生局清掃用トラックのブルックリン・ガレージとその施設（1944）であった。余り冴えない仕事であったが，とにかく効用と単純性と経済性へ向かって一生懸命努力した。実現したかどうか知らない。

同年，デトロイトのストラン・スチール会社——第二次大戦のクォンセット・ハウスの製造元——が，農業用のスチール製プレファブ建築（1944）のデザインを依頼してきた。仕事は興味深く，標準化への努力を必要としたが，商業的には成功しなかった。

ロングアイランド鉄道の主任技師に私の友人がいた。だからアメリカでも最も保守的な会社，すなわち鉄道が駅舎の現代化をさせたのである。結果としては成功であったが，全体としては，鉄道組織に与える影響力は何もなかった（1944）。

カンサス市のキース・ストアの現代化は最高の知的婦人であり親友であるサリー・キース夫人によるところが大きい。同様2番目の仕事も，さらに自由な新しい店であった。これらの仕事は，カンサス市に現代デザインを紹介することになったのである。

戦時中の組織に参加していたひとりに，ハーマン・H・フィールドがいた。彼は主として新材料の研究と，検討を援け，さらにコロンビア大学のタルボット・ハムリンの書「20世紀の建築の形と機能」の1章のために，私の協力者となった。われわれの担当した章は，主に娯楽，農業，工業用宿舎，寮の発展と基準を扱かった。フィールドはクリーブランドの大学の建築協力者として去っていったが，のちにポーランドやロシアに監禁され，

カンサス市のエドワード・キース商店　1945年

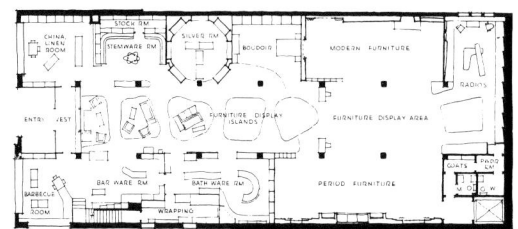

悪評が高くなった。その理由は彼の兄弟が，鉄のカーテンの背後に興味を抱いたためであった。

　戦争最後の年のこと，ラディスラフ・L・ラドが参加した。ラドはプラーグで私と同じ工業大学を卒業し，ヒットラーがチェコに侵入した頃，アメリカ入国に成功した。到着直後，彼はハーバード大学に入り，そこで建築修士の学位を得た。彼はベル・ゲデスのところで，種々な計画のためしばらく働いていたが，結局私といっしょに，さらにしっかりした仕事をすることを望み，当初は助手として，それからジュニア・パートナーとして，そして最後には，ニューヨーク事務所の統括と責任をとるパートナーとなった。

　われわれが理想的なパートナーの態勢をとっていることは，何ら誇張のないところである。互いに尊敬しあい，各々の努力と各々の特別な知識が，ごく普通に補いあっているからである。全般にわれわれはデザインの哲学では完全に一致してるのであるが，個々の表現方法はどちらの仕事なのか，簡単に区別できるほど異なっている。

　日本で仕事を再開するまでには，アジア，アメリカを通じて，何年か仕事が続いた。

　戦争から平和への転換期には面白い仕事は稀であった。だからコマーシャル・パシフィック・ケーブル会社のグァム島中継基地のデザインのような，平和時代の仕事を再びやり始める機会を得られることは，大いに歓迎であった。アメリカ軍が奪還したグァム島に建てられた臨時施設が，台風で吹きとばされてしまい，ケーブル会社のフリン社長は至急に仕事の再開を願っていたのである。

　ポール・ワイドリンガーはその頃からアメリカのわれわれの仕事の構造のほとんどを担当してきた，知識豊かな構造家であった。彼からもこの課題の合理的な解決が得られていた。残念にも，ケーブル会社が解体したため実施には至らなかった。その会社の有益性が，極東の戦後の状態の変化とともに終りを告げたからである。

　また，マートル・ビーチの開発計画に対しても，われわれは大変熱心であったが，請負業者に現代的手法を教えるという不可能な事態に災いされて，ひろげた手も閉じなければならなかった。

　1947年に，ケネス・パターソンという極端な，しかも愛すべき人間に出会った。ケネス

パートナーのラディスラフ・L・ラド

左 パシフィック・ケーブル会社の中継基地 1946年
右ページ
上 マートルビーチ開発計画とその模型 1947年
中 グリニッチのエレクトロラックス・リクリエーション施設
下 マヨーダンのワシントン製材のピクニック・シェルター

の家族も，彼の妻の家族も社交界で優れ，富の上でも恵まれていた。ケネスはクリスチャン・サイエンティストであったが，彼の妻はインド哲学の神秘を探り，実際にはアメリカにあって，精神生活の一面の拡大を求めていた，1人のインド人スワミを支えていた。彼女はそのインド人に，ノース・カロライナの大きな美しい土地を与えたりしていた。当然，ケネスはその情勢の中での生活が可能だとは考えてはいなかった。

彼のいう所によれば，ニューヨークの自分のアパートに帰ると，いつも今まで会ったこともない見知らぬ人たちがいっぱいで，彼は料理人のいる厨房にコーヒーを求めて逃げこむのが常であったという。そこで彼は，90歳半ば過ぎてなお元気な母親と，一緒に住もうと決心したのである。彼女は私たちの招きに応じてニューホープ農場の屋根付きの橋でひらかれたダンス・パーティにきたが，私よりもはるかに上手にダンスを踊った。

ケネスは習ったこともなく，音譜も読めなかったが，驚くべき方法で好んでピアノを弾いた。一度音楽を聞くと，ジャズでもバッハでも，記憶によって始めから終りまで，恐れ気もなく弾くことができた。

彼は何かしないわけには行かなくなって，ニューヨークの大建設業の代表となった。そして彼とのつながりから，私はサウス・カロライナ州のマートル・ビーチのナイト・クラブ，ダンス・ホール，レストラン等のすべてを含む，一つの開発のデザインの仕事を得たのであった。その目的は，最も人をひきつけることで，われわれは大変な努力を傾注した。だが何たることか，建主はその課題に対するわれわれの自由な提案がわからなかった。彼らはただ一つだけ，コロニアル・スタイルを頭に描き，現代建築には何の知識もなかった。われわれの努力は中途で終ったが，収入の面では成功であった。

ケネスとは親友となり，彼は兄弟を私に紹介した。当時アメリカのユーゴスラビア大使で，のちにニューヨーク市の社交界代表でもあった。両人とも若くて死んだのは，われわれにとって損失でもあり，悲しみでもあった。

その他，1948年，娯楽施設計画家のアレン・オーガニゼーションと協力して，二つのコミュニティー・センターをデザインした。ニュージャージーのサミットとノース・カロライナのヒッコリーである。

また，エレクトロラックス会社のために，ブロンクスの工場と，グリニッチのリクリエーション・センターをつくった。これはのちに，労働組合のものとなったが，労働者たちの健康と娯楽とを管理する，今日の行き方に歩調を合わせたものである。

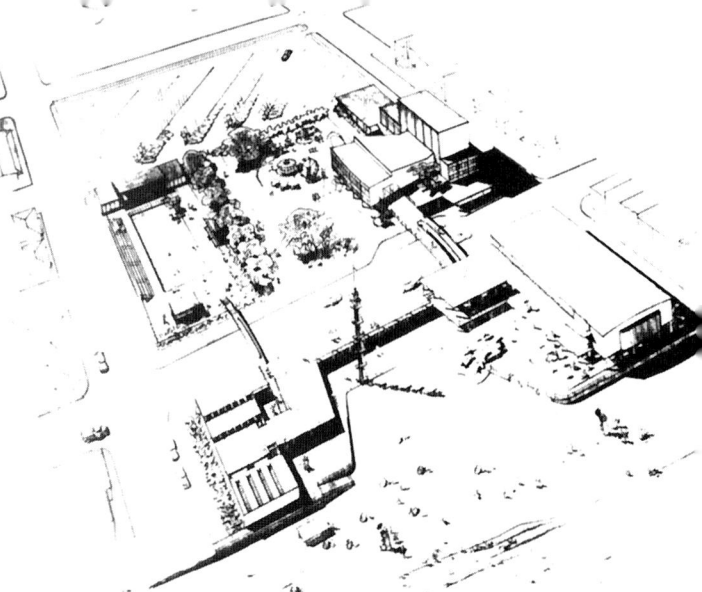

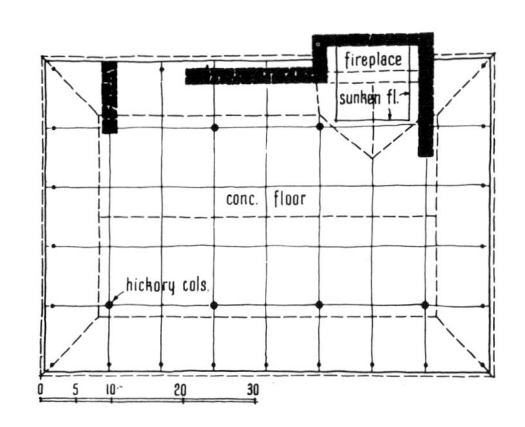

fireplace
sunken fl.
conc. floor
hickory cols.

0 5 10 20 30

ニルギリス山地にて　インド　1938年

ポンディシェリー情緒にひたって　インド　1939年

ポンディシェリーのわが家からみえるテラスと海　インド　1938年

ニルギリス山地から平原を望む　インド　1938年

ニルギリス山地のモンスーン　インド　1938年

ジュネーブのホテルで子供連れの夫婦　1938年

アパートの屋上のベンチレーター　ニューヨーク　1940年

ニューホープにて　詩人の気分で　ペンシルバニア　1940年

ポンディシェリー付近の水田　インド　1938年

5
1948—

18 占領下の日本

19 日本の再建

20 リーダーズ・ダイジェスト東京支社

21 繁忙の時代

18. 占領下の日本

　戦争が終ったことを知って，私たちは深い安堵感にひたった。しかし，戦後の意義のある仕事への参加は，長い間，実現しなかった。

　私は日本を再び訪問できるのを，おおいに願っていた。海の彼方の状態がどうなっているか見たいのと，かの破壊的な戦争の間，私の忠実な協力者や，友人たちに，何が起こっているかを知ろうとしたのは当然のことであった。

　戦前，私は建築のほかに，日本の土木工学にも興味をもっていた。というのは，親友のひとり，優秀な技師白石多士良や，他の人びとが道路建設，地下鉄，ダムなどによって，日本の土木技術の水準をあげようとしていた。

　だから白石が手紙で，私が日本に来られるかを尋ねてきた時にも，たいして驚くことはなかった。彼は，水力発電のダムを作り，電源を供給するために何とかしなければならないと信じていた。大部分の日本の電力供給源は，火力によるものか，単に河川利用の水力発電によるものであった。日本は，満洲からきていた良質の石炭源を失い，国を活き返らせるには，ダムを建設しなければならないと指摘していた。

　その頃，民間人が日本に渡るのはあまりにも困難で，私はアメリカで，どうしたら日本に行けるかという情報を，誰からも聞くことができなかった。そこで私は，直接ダグラス・マッカーサー総司令官に手紙を書こうと決心し，建築技師としての能力内で援助するために日本に行きたいと述べた。

　驚くべきことに司令官から，おおいに希望の溢れた手紙を受け取ったのである。私の日本における仕事は歴史的なものであり，早速来るようにというのであった。

　戦時中，仕事を通して，サンフランシスコで当時有名な建設業者であった，ポメロイ家の人びとと知合いになった。ビル・ポメロイはそのひとりで，日本への調査旅行に私と同行することになり，軍事郵便が半分以上塔載されたDC4に乗り込んだ。飛行機はハワイとミッドウェイ，ウェーク島を経由した。

　日本へ発つ直前，そのビル・ポメロイとサンフランシスコのセント・フランシス・ホテル支配人のロンドンという若い彼の友人と3人で，サンフランシスコから小さな水陸両用機で旅行した。3人はポメロイの父親がアンガス種の黒牛を飼っている牧場に向かい，州境のシャスタ・ダムを超えた。その小型飛行機が十分安全だとは感じられなかったが，その怖れは現実となった。われわれを降ろした飛行機が，サンフランシスコへの帰路，墜落したのである。パイロットは無傷であった。

　日本の島々，そして本州を機上から眺めた時の，あの胸をついて溢れ出る感情をのべることは，ほとんど不可能に近い。その島々の美しさ，空から眺めた日本の海岸と山や谷はあまりにも想像を絶するものであった。そこには平和そのものがあった。海岸に沿ったい

1948年羽田空港の歓迎　赤星四郎　白石多士良　樺山忠二
白石宗城　リーダーズ・ダイジェストのマッケヴォイ夫人等

くつかの舟の群，自然の中で茸のように育った家々，平野からそのまま立ち上った丘や山，平野を細かく分割した田畑，そして川が曲がりくねって海に注いでいた。

飛行機は羽田の軍事飛行場に着陸した。羽田はもちろん，占領軍が能率的に組織していて，われわれを待つ車に乗り込むのには何の気苦労もなかった。

1937年に私がインドから出した手紙への返事で，アメリカにもどるようにと警告してくれた日本の友人らが，羽田に出迎えていた。彼らは誰も精魂つき，やせ衰え，疲れているように見えた。車は都心に向かって出発した。

途端に何マイルにもわたる完全な荒廃が私の目を射た。まったく無秩序な廃墟以外に何もなかったのである。派手な着物や，祭のような賑やかな人の群れがいた，1919年の日本到着の最初の日に代わるのは，幽鬼のような人びとの姿であった。人びとは廃墟のあちこちで灰にまみれ，やせ衰え，凄惨な姿をしていた。あまりのことに私は心が動転し，誇張ではなく，泣くのをこらえきれなかった。考えていたよりも，はるかにひどいものであった。

東京に帰って陸軍用のホテルに住むのは，どうにも妙なことであったが，占領軍は貿易業者のために一定のホテルを決めていたから，そこしか行く場所はなかった。彼らは軍隊に関係のない者は，誰をも貿易業者とよんでいた。

丸の内付近の事務所街を除けば，全市があきらかに爆撃をうけていた。丸の内は恒久的な事務所ビル，ホテルなどで構成され，明確に意図して残されていた。多くの美しい社や寺，庭園，高尚なすぐれた住宅，皇族たちの住居などはなくなってしまった。宮城前の大広場は非常になおざりに見えた。見事に手入れをされていた樹木や芝生は秩序を失い，宮城の石垣は雑草に覆われ，濠は水草で埋まっていた。広場の大部分には，占領軍首脳部と将校たちの閲兵用の雛段がつくられていた。

アメリカの新聞は，宮城は意図して爆撃目標から除かれたと述べたが，実際には爆撃され，天皇は大変慎しみ深く，小さな御文庫に住んでいた。どの門にも門衛は見当らず，誰でも出入りできた。

政府所有地はどこも同じ状態におかれていた。神社に対する政府の補助が止まり，残されたものは無秩序であった。止むを得ないことであったかも知れないが，美しいかの貴重な遺産が廃墟となっている，大きな被害を思わざるを得なかった。

戦争の最終段階で，日本陸軍はあらゆる公共物，私有物にわたり，金属と名付けられるすべてのものを徴発した。橋の手摺，銅像，街灯やその柱，ほとんどの建物の中のボイラーやラジエーターも徴発された。その結果，どの建物からもセントラル・ヒーティングは姿を消し，恒久的な建物でさえ，窓から無数のストーブの煙突を突き出し，実に異様な眺めであった。

あらゆる金属の徴発による被害はかなりなものであったが，大半の金属は結局徴発されたままで使われずに終った。相当数の美術品が，こうして壊されてしまった。また日本の多くの富裕階級や，権力階級は，日本政府により相当な金額を戦争税として多くの場合強制的に徴収され，貧困に窮するようになった。

もちろん過度の食糧難のため占領軍当局は，アメリカ軍，連合国占領軍の全員に，日本人の食糧をへらすことを厳禁していた。彼らは全員，クラブや食堂で占領軍が給与するものを食べなければならなった。

左　アメリカ大使館館員アパートの建つ前
　　三井家の敷地から眺めた東京の町　1948年
右　完全に荒廃した東京の眺め　1948年

　私は自動車を獲得する特権を持つと，直ちに日本人の友人と田舎に出掛け，彼の家族のために農民から手に入るものをなんでも持ちがえった。日本の警察官は，おそらくこのような車を停めなければならなかったのだが，私に対しては何の権限もなかった。

　道路，電車路線，鉄道路線ははなはだ悪い状態にあった。ほとんどの道路が，事実上，車では通行不可能であった。ガソリンもなかったから，占領軍以外車は使えなかった。そして日本人の唯一の交通機関は，戦後まで残っていた粗末な車に，木炭エンジンを背負わせたものであった。しかし，その類いでもタクシーに乗ることは困難であった。少数の路面電車と，わずかのバスが走っていたに過ぎず，大多数の列車の窓にガラスはなく，もちろん暖房もなかった。

　交通機関はすべてあまりにも混み合い，人びとはさながら葡萄のように出入口にぶらさがり，したがって多くの事故が起きた。列車には1・2等があり，占領軍や，連合軍の一般人のためには特別車があって，超満員の汚れた3等車とひどい差があった。

　日本の売笑婦を連れたアメリカ軍将校や軍人を，その特権車両の中に見かけるのはありふれた光景で，生粋の日本女性のある人びとは，違う車両で心からの侮蔑をあらわにしていた。どの駅にも，占領軍と連合国の人びとのための特別入口があった。被征服民族への辱しめは完全であった。

　占領軍と貿易業者は，当時日本へ自分の妻を同伴することは許されていなかった。彼らの多くは自分の住いや，業者のホテルで売笑婦と住んでいた。これは当時の日本の最悪の一面であった。過去のあらゆる敗戦国にも，道徳の低下があっただろうと私は考える。戦前，私は街娼の存在を意識したことはなかったし，あまりいなかったと思う。戦後，生きるための必要が女をかりたてたのだ。

　上流階級の人びとまでも家族や自分たちのために，そのようにして金を得ようとしていた。占領軍が根城をもった所ではどこでも，彼女らを見かけるということは実に情けないことであった。

　暗くなるとたちまち，外出は危険を伴った。通りにはほとんど街灯がなく，しかも日本人とアメリカ人の，両方の徘徊者が待ち伏せしている可能性があった。いっぱいに開かれ

た商店にひろげられていたかつての陽気さはなく，色彩豊かな着物や，うきうきする人混みもなかった。売るものはほとんどなく，開いている店はないに等しかった。

　占領状態の解除後，世の中はたちまち正常になり，この国の道徳は再び最高の一つになった。その当時，誰も日本の着物をつけていなかったことは面白い。男はいろいろな種類のみすぼらしい洋服をまとい，女は和服でも洋服でもない，戦争用のユニフォームのたぐいのものをつけていた。今日では着物が再びあらわれ，われわれの目をおおいに楽しませ，情操の一つともなりつつある。

　終戦前は社会的に地位の高い，誇りをもった人びとや，貴族たちでさえも，当時は商売に取り憑かれたり，実務に入りかけていた。いかがわしく，不真面目な，驚くような種類のことがしばしば考えられていて，時には実行されもした。どうしたらこのおそろしい病いが治せるのだろうかと私は真険に考えたものだ。それからたった8年後の1956年において振り返ってみても，そんなことがあったとはほとんど信じられないほどであった。

　私は大分以前から「カーペット・バッガー」という名称が何かは知ってはいたが，その役割がアメリカの市民戦争以後どのようなものであったか，またその「カーペット・バッガー」がアメリカ南部の人びととの間で，なぜそれほど嫌われたか，はっきり認識したことはなかった。手段の如何を問わず，「カーペット・バッガー」の大群が日本に押し寄せたのは，戦争直後であった。

　はなはだしく困窮していた日本人から，彼らは非常に価値のあるものを，ただ同様に買漁り始めていた。国際的禿鷹が，敗戦国という死体の骨を漁るこの事実を，私はこの眼で確認した。それはまことに吐き気をもよおす行為であった。

　旅券交付に価いする人びとが，しばしば取り消されていたにもかかわらず，どうやってこの禿鷹が日本に入国したか，なぜ彼らが旅券を入手できたか，そこに一つだけ弁明の余地がある。苦く，酷いその敵に対する占領軍政策と実行が，徹底して甘いにもかかわらず，日本人にとって，忘れようにも忘れられない事実が起こっていたのである。

　1947年から48年にかけて，日本人すべての気持に，またその指導者に多くの怖れがあった。日本の製鉄，製鋼工業に対する負担限定の可能性，重工業の賦課制限，織物工業の遅遅とした回復，また中小工場の破壊による輸出の低減，8000トン以下への船舶の排水量の制限の心配があり，同時に元陸海軍将校の雇用制限によって彼らは随分面倒にまきこまれた。ある人びとは，占領状態延長の擁護すらしていたが，それは日本の特定の要素が，他の国に対して非常に危険性があるということを怖れていたからである。

　このすべての怖れが根も葉もないと実証された。日本はその逆境にあって最善をつくし，大多数の人びとは必要とあれば努力と勤勉の成果を示した。事実，日本はアメリカおよび他の国々の友好的な政策に支持され，驚くべき再生力で西欧世界を驚かせた。

　私はかつての日本の海軍基地横須賀を1948年10月訪れたが，その印象を次のようにノエミに書き送った。

「アメリカ海軍が，例の見なれた装備で警戒に当っている姿はいつ見ても驚かされる。典型的なオフィスビルは，アメリカ水兵と将校でいっぱいだ。

　アメリカ軍司令官デッカー大尉は大変親切であった。彼の事務室の壁には，海軍基地になって以来の日本海軍司令官全員の名を刻む，大きな真鍮板がかかっている。彼は自分の

名をもつけ加えていた。基地の大きな地図の上で，彼はこの基地の運営という任務が，いかに大仕事であるかを説明した。彼は破壊物を除去し，ドック設備を直し，クレーンや工場，その他を修理する立派な仕事をしていた。病院，住宅群，店舗，娯楽施設を設置し，町を片付け，道を舗装し，新しい工業を始めさせていた。

彼は日本人のクリスチャン化に熱心なひとりで，その町でカソリックや，他の教派の布教を始めていた。日本の家も，松の木をも含めてどこもかしこも白く塗り，庭の花を軍隊式に整然と植えている。いやはや立派な人間だ。」

続いて11月3日には次のように書き送っている。

「皇室の園遊会に出席した。霧雨が降っていたが，庭は美しく，久しく昔を思い起こさせた。そこには，天ぷらや，焼鳥の楽しい天幕張りの屋台がおかれ，太鼓や笛による踊りがあった。

私は唯ひとり民間人だった。他は政府，軍隊，外交畑の人びとであった。しかし戦前からの知人たちがいて，閣僚や，財界人等に紹介された。松平恒雄伯爵は今でも参議院議長で，松平夫人は私たちを覚えていた。荻原もいた。荻原夫人は亡くなり，家は壊されたという。彼は何でも助けになろうといってくれた。外務省の鈴木。磯野。それからお前がダニエルとよんでいた生徒が，私に会えたことを大変喜んでいた。ノルウェー領事館のラウシュ，ベルギー人のバチカンのヌンチオ，彼は軽井沢教会の開場の折にいた人だ。テイトとテイト新夫人も。」

石油，木材，石炭，ガス，その他の燃料の欠乏が，あらゆる木造物の破壊をよんだ。寺の一部であれ，橋の手摺であれ，欠乏した人びとは暖をとるのに燃やした。町の至るところで，人びとは自分の家の廃墟を探り，何かをさがし求めていたし，土地という土地はどこも，道路際であろうと，野菜畑になり始めていた。

人口は戦前の一部に過ぎなかったが，すでに人びとは得られるもの，入手できるものを何でも集め，バラックを作りあげていた。食糧はまったく不足し米は貴重品であった。米は実際には配給品であったが，当然のこと配給品すべてに闇行為があった。人びとは村へ買出しに行き，農民から何らかの食糧を得ようとしていた。

日本に到着した時，最も驚いたことの一つは，あの懐かしい事務所が明らかに再編成されていて，私の名のもとに仕事のできる態勢にあるとわかったことである。その事務所は内幸町にあり，昔の所員の建築事務所が独占する，ある建物の中にあった。

彼は実務を再開し，アメリカ技術部の仕事をしていたが，そこにたくさんの図面類をのせた私の机があった。それは1937年に私が日本に残したもので，ほとんど完全なかけがえのない書類と，戦前の仕事の全図面であった。戦争が始まるや所員が全書類をトラックに積み，葉山の別荘に運び込み，そのまま終戦まで，誰の手も触れることなく置かれてあった。組織に残った所員が，ある日私が帰ってくると信じ切っていたからこそ，すべてを保管するように心をつかっていたのである。昔からの人びとが多数いたが，ある人びとはいなかった。

土屋重隆，木村秀雄，中川軌太郎，天野正治，石川恒雄たちがいた。他の人びとも探さねばならなかったが，結局，最も重要な人びとが一緒になって，再び忙しくなった。

当然のことだが，私のデザインした建物がどうなってしまったか心配であった。1924年アメリカ大使館の裏，霊南坂に建てた私自身の家は，南側にあった生け垣が消え失せていたのを除き，とにかく完全であった。樹木は石油代りになってしまっていた。庭はこわされ，醜い舗装がなされていた。不幸にも，その時の所有者がある日本人に売り，次の所有者は不合理かつ醜悪な増築で，この現代建築の一里塚ともいえる重要作品に，あらゆる方法の蛮行を働き，完全な廃墟にした。

マゴニグルと協同で1930年に建てたアメリカ大使館は，事務館屋根の爆撃を除いては損害はなかった。マッカーサー司令官は大使住宅に住み，アパートは彼の補佐官らが使い，事務館には彼の名誉衛兵が住んでいた。そこはなかなか維持も秩序もよく，もと銅板の事務館屋根は，間に合わせの屋根で補修してあった。数年前，政府機関が入ったが，まだどうやら同じ形を保っていた。1948年当時は，戦争という歳月を経たこれらの建物のすべての外壁が，維持不足からややみすぼらしく見えた。

そのことを私は10月29日付けで次のようにノエミに書き綴っている。
「ちょうど今，マッカーサー夫人から招待をうけて，大使館の茶の会からもどったところだ。私の感慨と感情とを察してくれ。昔馴染みの老いた下僕。庭はよく手入れをされていたが，本来の魅力をほとんど失っていた。水蓮のない水蓮の池に，マッカーサーの息子が小さなカヌーで遊んでいた。

全体がのっぺりして，細かな手入れはされてはいなかった。何という手際だろう。おそらくは決して再び，あのような仕事を達し得ることはないのだろう。大使館には何か以前は見たこともない大味なところがあった。

女房役のハフ大佐は，私をホテルに迎えにきた。例の霊南坂の丘に着くと，名誉衛兵の敬礼をうけた。マッカーサー夫人，大佐と大佐夫人とで2時間あまり会話を交した。彼らがきた時，大使館がどんな風であったかとか，召使のことや他のゴシップなど。私は夫人にお前にも送った本を差し上げた。日本の庭園の本，それをくれた堂本氏に代って。よろこばれると良いと思っている。」

魚を放ち，反射を楽しんだその池は，もちろん，底は泥のままで，水蓮を浮かべるとなかなか魅力的であった。陸軍はそれが不衛生だといって魚と水蓮をとり除き，底にはコンクリートを打ち，マッカーサー司令官の若い息子に，小さなカヌーの水遊びができるように直したのである。

ロマンチックな自然石の踏石の小径が，コンクリートに変わり，詩的な叢(くさむら)をつくっていた藪と木とは，軍隊調の直線に直されてしまった。

1966年には，大使館は素晴らしい容姿となり，アパートの屋根も銅板にもどった。けれどもおさまりは荒く，残った部分との調和を欠いていた。政府直属の建築家たちは，仕事をする時に私に声をかけ，何らかの美的水準を保たせればよかったのだ。私に聞くかわりに，彼らはものの価値もわからずに補修する。建物の内部についても同じであった。またその他，私がデザインした庭や住居なども，政府が手に入れたものは，同じ結果をもたらしていた。

10月24日，東京にて 「エスター・クレーンとシルビアがやってきて，ホテルから私

を連れ出し，フランス大使館のビュッフェ・ディナーに出かけた。大使館の焼けあとにコンクリート部分だけが建っていた。庭は完全な状態で，この夏，大使はそこで園遊会を開いた。彼は現在，醜い洋館に住んでいる。

大使のペチュコフ司令官は，彼が片腕を失ったヴェルダンや，マダカスカルで勇名を馳せた人で，なかなかの文化人で優れた人である。私のことをよく知っていて，友人以上であった。最初に会ったのは，夫人を同伴したシュバリエで，ベルギー宣教団の代表であり主任であった。彼も大変に友好的で，27日に行なわれる晩餐会に招かれた。」

アメリカ陸軍は，必要とあれば何でも命令して，個人の住宅，事務所，ホテル，クラブ，劇場，バラック，日本の陸海空軍の使用していたものすべて，ゴルフ・コース，旅行者用ホテル等どこでも，いささかまともなものや，修理可能なあらゆる施設を使っていた。

彼らは日本政府の賠償対象になると考えれば，そう命令して手に入れたが，それは無償を意味した。すなわち，あらゆる建物の徴発では，暖房，衛生，電気を含め，考えられるものすべてが，その新入居者の身に合わなければならなかった。多くの場合，非常にひどい方法で身にあうよう実行に移され，経済的抑制も存在せず，敵への屈辱行為の一部であったから，大変な無駄があった。

代々木の元練兵場は，将校住宅群で覆われ，学校，教会，ガス・タンク，消防署，クラブ等の付属施設があった。すべてが賠償として建てられ，アメリカ軍技術部の指揮によって，日本の建設業者と建築家がデザインした。忘れ難いのはアメリカ技術官が，日本人のあの素晴らしい技術的長所を，まったくとり入れていない事実で，その上，自分たちのやり方で押しまくっていたから，良い結果を生むはずがなかった。陸軍の技師は，僅かな知識を教える反面，軽構造の知識を含めて，多くを日本人に学ぶべきだったと気づくまでに，数年を要したのである。

占領後間もなく，日本の建設業者，特に大工は，みすぼらしい未知な方法によって仕事をするように強制された。多数の腕効きの大工はそんな扱いをよしとせず，飢えを承知で都を離れていった。

陸軍がデザインした建物は，アメリカのどこにでもある実用タイプのものであった。つまり，面白くもない平面と，2″×4″を使った木造，外壁はスタッコ，中はプラスター，屋根に瓦。これは高度な技術能力をもつ日本の全建設業者にとって，かつ地震の危険のある日本ではすべきことではなかった。

赤星邸や川崎邸，他にも多く私の手がけた優れた住宅はすべて陸軍にとられ，ほとんどが将軍や大佐たちの家になっていた。陸軍の政策では，彼らの入居前に，すべて衛生的であるように技師が建物を調査することになっていた。このことが不幸にも最も残念な破壊行為を導いたのである。これらの建物の改築の担当者たちは，その芸術性と美の価値については全然無理解で，いささかも感じていなかった。

彼らは内外を塗りたくり，材料に無関心，美にも無関心，とどのつまり家を破滅させてしまったのである。彼らは，暖房や他の近代設備を，工場同様に荒っぽい方法でとりつけた。彼らに残されていた仕事は，ラジエーターとボイラーとを取り換えることだけであった。他のことは彼らの知っているどのデザインよりも，遙かに進歩していたし，もっと優れていたからである。

以前の葉山の別荘を見に行った時の私と留守番をしていた漁師

彼らが庭園を破滅させてしまったのは，自然の木の幹，苔など，日本庭園の要素であるすべての自然状態が，非衛生的であると見たからであった。きわめて芸術的に，美しく手入れされている木を，真直ぐにのばしてクリスマス・ツリーのようにつくり，時には幹を白く塗りさえした。さらに自然のままが最も大切な岩石をもペンキで塗り，また，蚊が発生する心配があるという理由で，池をコンクリートでつぶしたりしたのである。

　彼らは，私の建てた建物に大損害を与えばかりではない。ぬきんでて芸術的な美しさを持つ多くの建物，日本国内のあらゆる場所にある，古い建物にも大きな被害を与えていた。彼らは良心的ではあったが，莫大な文化的価値をもつものに，無知であったこともたしかで，不必要に破滅させてしまった。たとえば，かえがたい茶室などの，仕上げのない木材や自然の状態が，彼らには貧弱に見え，手入れをしてないものに見えたのである。そして母家の将校用住居に付属する茶室は常に衛兵用に使われ，彼らの好きなようにさせていた。ほとんどの場合，中央にストーブを置き，煙突が屋根の真中を貫いていた。何にもましてそれらのことが，戦争というものが野蛮で，不愉快なものであることを私に自覚させたのである。

　一部の占領軍は，大変横柄に物を取り扱った。たとえば赤星邸にいた司令官は，造りつけの寝台や家具を好んでいたため，移動の時簡単にとり外して持ち去ってしまった。心をこめてデザインされた家具，敷物，吊物などのほとんどが損害をうけ，こわされ，占有者の気の向くままにはずされもしたのである。

　ある日本人紳士の話がある。彼は自分の純和風の家が，占領軍の有名なアメリカ司令官の住宅に使われるというので非常に喜び，気もそぞろとなり，自分から友人たちに自慢するほどの喜びようであった。

　ある日，新しい居住者に敬意を表するためにその家に行った彼をびっくりさせたのは，家の全部が，内も外もすべて真白に塗られていたことであった。そのことが彼を半狂乱にさせた。次の夜，彼はその家に火を放ち投獄されるに至ったという。

　占領軍にはあらゆる部門があり，その仕事の中には文化的に重要なものを守り，破壊からも守ることを含んでいたという事実から考えると，以上のことははなはだ不思議に思える。一方では，ある占領軍部隊が抗議されることもなく，破壊に全力を尽していたことになるからである。

　占領軍ばかりでなく，日本の陸海軍も同様，時にはそれ以上に罪を作っていた。本当に良い建物の一つであった，東京ゴルフ・クラブは，日本の陸海軍の手で破滅させられた。彼らの意見によるとゴルフはやめるべきであり，土地は軍用に用うべきであった。その最高のゴルフ・コースの一部に飛行場をつくり，クラブ・ハウスは労務者用クラブとして用い，その専居者にふさわしいように変えてしまったのである。今でもクラブ・ハウスはアメリカ陸軍の労務者用に使われ，キャンプ・ドレーク（朝霞キャンプ）の真中に位置している。もとのデザインはもはやあまり形を留めてはいない。

　私たちがデザインした，東京女子大学および他の建物の多くは，日本陸軍の手でカモフラージュの目的で塗られ，もとのようにきれいにはできなかった。あらゆる美しい格子，手摺，電気器具，その他の金属類はもちろん徴発された。住宅周辺の垣も門も，同様の目にあっていた。

19. 日本の再建

　当時日本再建の仕事は，私には非常に大変なことに考えられたし，その破壊的な戦争以前の状態にもどすには，長い年月を要するように見えた。

　東京を離れて旅行すると，荒廃を目の当りにするのが普通であった。横浜に限らず，小都市でも，産業都市はどこもほとんど完全に払拭され，廃墟と化していて，その爆撃の正確さには舌を巻いた。たとえば東京では，すでに述べたようにアメリカ大使館がただ一度爆撃をうけただけなのに，まわりの建物は全部破壊されていた。

　私は依頼により，東京と横浜の中間の海岸にある，スタンダード・ヴァキューム石油会社と，シェル石油会社の施設がうけた損害を調査することになった。敷地にはねじ曲った鉄筋と，割れたコンクリート以外には何も残っていなかった。したがって敷地の片付け費の見積りは莫大な額にのぼったのである。海岸全線から，数マイルも内陸に入ったあたりまで，全滅同然であった。終戦直前，海岸線を上下したハルゼイ提督は，鑑隊の巨砲がとどく範囲は何でも砲撃したという。彼はまったく効果的な成果をあげたのであり，明らかに原子爆弾のみでなく多くの他の状態が，日本を屈服させたのである。

　確かにガソリンは尽き，食料は不足し，国家全体が困窮していた。それにもかかわらず頑強な抵抗者たちは，人びとに対して降服の間際まで，敵が侵入したら竹槍を含め，あらゆる武器をとって撃退せよと，軍事訓練を強いてきた。

　新しい建物，住宅群，産業施設等，何らかの再建が討議される前に，まず燃料と電力だけは供給されなければならないという絶対的な一つの確信が私にはあった。炭鉱やその地帯，また火力および水力発電能力に関して，できるだけ多くのデータを集め，またこの施設の再建を始めるために，日本の一流技師の意見を探った。

　これに関しては主に永年の友人である，白石基礎株式会社社長の白石多士良の助けをかりた。彼は，時の内閣総理大臣吉田茂の甥であった。白石と私は数回にわたり，吉田茂と彼の私室で会い，その基本計画の方策と意義を検討した。そして連合軍総司令部の高官，つまりマッカーサー元帥に，水力発電開発の必要性を理解させ，これによって両国の将来の関係が有利になると信じさせる方法を相談したのである。

　1948年10月24日付で，私がノエミに書き送った手紙に次のように書いている。
「お前が知っている通り，吉田，つまり白石の伯父上が首相になった。そこで私は，石炭採掘と水力発電開発に関する私の計画を提案したいと願い，白石はそれを吉田に伝えてくれた。吉田は多忙中にもかかわらず，われわれを官邸，旧朝香宮の住居に招いて昼食を共にした。私は以前，朝霞ゴルフ・クラブ設計の際，あそこで昼食をとったことを思い出した。初期モダニズムの醜悪な様式の，華美な御殿に再度お目にかかるのは妙なものだが，庭は整然としていて非常に美しかった。応接間には，凝った盆栽がいくつかあった。

　吉田首相は愛想よくわれわれを迎え，私の意見に興味を示し，援助を約束した。それか

ら彼は，謁見のため急いで出ていった。白石と私はそこを去る前に，庭にある素晴らしい茶室をゆっくり見てきた。岡が仲に立って朝香宮と夕食をとったことは，まだ書いてなかったと思う。あれはあまり面白くはなかった——ゴルフの話ばかりで……。」

私はその調査書類を手にアメリカにもどった。そして，アメリカ産業界の協力を得て，石炭採掘と水力発電の分野の，最高の専門家を日本に送り，これらのエネルギー源の急速な開発の妥当性について，報告書をマッカーサー元帥に提出しなければならなかった。

私と一緒に誰か日本へ送るのが，アメリカにとっても有利であることを，ウェスチングハウスの人びとに納得させるのにほとんど1年かかった。そして遂に彼らは資金を用意し，シカゴのエリック・フロアーという有能な水力発電技師を選んだ。そしてダムを，東京の北，只見川に建設する可能性について，会社やマッカーサー元帥に報告するため，彼とともに私を日本に派遣することになった。したがって方針をたてた白石に優先権を与えることになったのである。

私は1949年10月末に，エリック・フロアーと一緒に東京に来た。最初にすることはマッカーサー元帥を訪ね，奥只見行きについて説明し，奥只見がどんな状態にあるか，ダム建設の可能性があるか，そしてフロアーの調査に基づく科学的報告書をつくることについて彼の意見を求めることであった。

丸の内の第一生命ビルに元帥を訪ねたときのことは忘れ難い。彼がきわめて勤勉であることは有名であった。車に乗り，当時の住居であったアメリカ大使館から，彼の事務所までの時間をも非常に有効に使い，しかもマッカーサー夫人はいつ彼が帰るのか見当もつかなかった。それは司令官としての仕事の量にもよるのだが，もちろんのこと莫大な量であった。元帥自身，また当然ながら彼の補佐官たちも休暇をとったこともなく，うだるような夏の最中でさえ東京を去ることがなかった。戦前における日本人，外国人双方の習慣は全然対照的であった。東京のような亜熱帯性の都市では，夏もクリスマスのように長い休暇をとるか，長い週末ときわめて短い仕事時間をもつのがきまりであったのである。

マッカーサー元帥は，自分の事務室でわれわれに会ったが，そこには静隠そのものがあった。完全に整頓された一つの机，ソファーが一つ，革の椅子が数脚，それも使い古されたもの，それだけであった。

元帥は開衿シャツを着け，火をつけない空のパイプを右手に持っていた。彼は腰掛けるようにすすめ，われわれの意見を辛抱強く聞いた。時々彼は，問題について意見をはさんだが，それから判断してもわれわれの直面している工学問題に精通していることがわかった。彼はこの仕事に賛成し，われわれを援助するように指示した。

われわれは総司令部の技術顧問である数人の技師をも訪ねたが，彼らは，戦前の満州で炭坑を動かしていた，満州鉄道の高官や指導者からうけついだ，ある神話に魅せられていることがわかった。満州には無煙炭が豊富にあり，彼ら高官たちにとっては，日本に火力発電所を建設することを奨励するのが有利であった。だから彼らは，日本の山中には多くの沈泥があり，ダム建設は問題であるとしていた。それがまた地震と相俟って，ダム建設は不可能だと決めつける理論を鼓吹していたのである。フロアーの報告で，日本では疑いなくダム建設が可能であり，只見川の位置は大変好ましく，ことにロック・フィル構法に向いていることがのちに明らかになった。

11月初旬，われわれはその山岳地帯へ向かったが，季節外れのためまったく冒険になっ

てしまった。そこは深い雪や，雪崩や，吹雪が，今日でも冬の幾日かを通行止めにする地帯であった。当時は戦争が終った直後で，友人たちも，戦争でみな困窮していた。彼らの家族は，間に合わせに建てたバラックの中で，困難に耐えて住んでいた。そして主食を得るにも事欠き，子供を暖める燃料も十分にはなかった。適当な衣料もなく，寝るための布団さえも思うにまかせなかった。日本では毎日欠かしてはならぬはずの風呂もない生活，これも，水や燃料の欠乏により大変むずかしかった。

しかし日本人の途方もないバイタリティーは，直ちに急速な再建の仕事を始めていた。白石多士良のまわりの，私の日本の友人のグループは，特に基本産業の生産再開の重要性をよく承知していた。それにすぐ背後には，総理大臣吉田茂がひかえていた。

ともあれ，この奥只見調査に当って，一同は何か奇蹟的結論を期待し，行く先々のあらゆる手配をして，無事に進行するよう計らってくれた。連合軍総司令部はわれわれにジープを提供したが，何とかやりくりをつけて，彼らは乗用車を手配してくれたのである。

われわれは只見川の上流に至るために，その地方を横切って行かなければならなかったが，その間にアメリカのウェスティングハウスという大会社が，日本人の生活改善と産業復興のために，電力を供給するダムを無償で建設してくれるという噂が，国全体に広まってしまった。新聞までが，このおとぎ話を取り上げ，その結果東京から新潟まで，新潟から福島まで，さらには只見にいたるまで，われわれの行く先々の沿道では小学生やその教師たちが小さなアメリカ国旗をふりながら，自発的に歓迎するのだった。

私の胸の中を想像していただきたい。われわれがそこに行くという本当の理由は，商売以外の何ものでもないことを私は知っているのだ。その取引の結果が，よしんば日本に利益をもたらすとしても。だがその説明は新聞にも，関係諸県の知事にも，何らなされてはいなかった。そして，本来商取引をするのが目的であるのだと，われわれの来た理由を説明してみたところで，とうてい信じられはしなかった。

その調査はまた，こっけいな一面をも持っていた。数年前，フロアーはある仕事場で，致命傷に近い大怪我をした。彼は山積したコンクリート塊の上に落ちて，何箇所か骨折したが辛うじて生き永らえ，数年後恢復し，大きな体にしては幸運にも自由に歩くようになった。ただし，かがむことができなかった。もちろん日本では，ことに地方では，便所は床面に水平で，かがまなければならない。その矛盾を解決するために，私は折りたたみの携帯用便座をデザインした。美しくラッカーが塗られ，フロアーのそばを決して離れない日本人の使用人が管理し，常にこの発明品を彼の後から運んでいった。

われわれがようやく福島県の現場に到着し，山を登り始める頃には相当量の雪が積もり，道はジープでも通れないほどになっていた。そこでまったく別の交通手段がとられることになり，われわれは山人たちにかつがれて目的地に至ったのである。丸太と椅子を使って肩かごのようなものを作り，その上にフロアーを乗せて，十数人がかついだ。私は2人の男のかつぐ古い「駕籠」で運ばれた。駕籠はどこか博物館あたりから手に入れたものであったろうか，見た目には美しかったが，私にはあまりにも小さく，岩や川を渡って，歩いたり登ったりする方がまだましだとしばしば思った。つまりそのあたりには道が全然なかったのである。山人たちは非常にハンサムで，彼らも誇りにしているときいた。彼らは労賃を断って受け取らず，われわれを運ぶことが日本のためになるならばそれで十分嬉しいのだといった。われわれは使命としての調査を終え，できるだけ早く東京に向かって

只見川ダムの現場

福島県知事に迎えられた私

只見川調査を決定したエリック・フロアーと私を囲む技術者たち

ジープを乗り捨て 次の乗物の来るのを待つ一行

駕籠で運ばれる私　　軽便鉄道に乗るフロアーと私

下左
丁重なもてなしをうけて民家に一泊したフロアーと私
下右
只見川調査に参加した技術者の最終会合　私が初代社長となったパシフィック・コンサルタントの発足であった　エリック・フロアー　白石多士良　白石宗城　赤星四郎他

帰途についた。というのはすでに降り出していた雪から逃げなければならなかったからで，さもなければきっと5月頃まで閉じこめられるに違いなかった。

1951年4月11日のマッカーサー元帥の解任は，日本に猛烈なショックを与えた。私は日本に危機を感じた。会う人誰もが呆然として，吉田首相が失墜するのではないかと懸念した。危機が過ぎる前から，国民は政治的，財政的恐慌の瀬戸際に立っていた。

私は日本に来たがっていたノエミにこう書き送っている。

「事態が落ち着くまで来日を考えないでくれ。これは最大級の危機であり，どんな事態をも起こしかねないと考える。私の間違いであればよいが。」

奥只見調査の結果の一つは，私を第一代の社長とする，技術会社の結成であった。これが現在，強大になったパシフィック・コンサルタンツ株式会社の出発であり，国内や外国で，水力発電のダム，鉄道，トンネル，ケーソンなど，主要な土木工事におけるコンサルタンツとして活躍している。白石多士良は，死ぬまでこの関係事業のバックボーンであったが，現在（1966年）では，彼の弟，白石宗城が社長となっている。

私が顧問となり，ほとんど作り上げたといっていいもう一つの会社は，白石建設株式会社である。アメリカ大使館の館員宿舎の建設中に，その会社の2人の技師に会ったときに始まる。私はこの2人に，われわれの技術を身につけさせようと努め，宿舎の完成後は，私の仕事のほとんどの工事を彼らに廻した。その都度，新しい人びとを訓練する手間が省け，一流の正直な仕事を確保することができたのである。

朝鮮戦争の間，われわれは再び軍事施設の仕事にとび込んだ。その頃には息子クロードが東京のわれわれに参加し，朝鮮の交戦地帯に至るまで，たびたび調査旅行にでかけて行った。アメリカ陸軍の要求に基づき，この仕事に手をつけたのであったが，予測できない種々の困難に面していった。仕事は滑走路，軍用キャンプなど，ほとんどが土木工事の設計や現場監督であった。私は現地のアメリカ人所員のために，京城に別の事務所を設置した。そして責任のとれるマネジャーをアメリカで見つける必要があった。

パン・アメリカン・ホテル株式会社の主任技師で，信頼に足る私の友人が，Xをこの地位に推薦してくれた。私はXを信頼し朝鮮の事務所が始められた。彼は気分のいい男で素晴らしい社交性をもち，早速，アメリカ陸軍技術部の幹部や，李承晩を含めた朝鮮政府の高官たちと，親しい関係をもつようになった。しかし，どういう理由か私には分らないまま，Xは私にそむく結果になったのである。彼がアメリカを発つ前，私はサンフランシスコにいる友人，ビル・ポメロイの父親をXに紹介した。時を移さずしてXは老ポメロイにかなりの信望を勝ち得て，ついに彼が若い頃にアラスカで掘り当てた大きな金塊をXに託すまでになった。物腰の柔らかなXは，老ポメロイから手に入れた金塊の威力で，朝鮮にある「金鉱」をかの節度ある友人李大統領に，実際に売りつけようと試みた。彼は見かけにかかわらず，また京城の事務所の経営の失敗を別にしても，まともに資金の責任者に私の名前を流用して，私を極端に困難な立場に陥し入れた。

まったく金のかかった経験で，私に起こるなどとは夢にも思わなかった。彼の朝鮮での脱線中，私は東京にいた彼の妻君が気の毒で起訴はしなかった。何年か後，私は別の妻君を連れたXに，東京でばったり出会った。おそらく彼は，別な会社を相手に似たようなゲームを試みていたのだろうと思う。

清水康男以下清水建設一家に迎えられた私

20. リーダーズ・ダイジェスト東京支社

　1949年，私は東京のリーダーズ・ダイジェスト社のマネージャーをしているデニス・マッケヴォイという，最も活動的な人物のひとりと会った。戦争直後，日本人の間には，アメリカ生活をもっと知ろうとする強い好奇心があり，それぞれの家庭にリーダーズ・ダイジェストの日本語版を持つのが，流行にまでなっていった。そして，その購読者数は目覚ましい伸びを示した。日本語の読み書きが達者なデニスや，彼の補佐である鈴木文史朗と親しくなった私は，当時東京で始まった事象の中で立役者となっていった。その友人たちの肝入りで，私がニューヨークに帰った際，リーダーズ・ダイジェスト誌の創始者のひとり，ドウィット・ウォレス夫人から，リーダーズ・ダイジェスト東京支社が入る新しい建物のデザインを依頼されたのである。

　リーダーズ・ダイジェスト誌の評判からいっても，ウォレス夫妻としては，戦後の東京に最初の，恒久的な建物の建設着手が正当であると考え，その上に，現代建築としてアメリカが捧げ得る最善の建物とすべきであると考えた。そこで彼らは先ず，フランク・ロイド・ライトにデザインを依頼することになった。幾月か過ぎたが，ウォレス夫人の手紙に対して，ライトからは何の返事もなかった。そこで彼らが第2の候補者として選んだのが私であった。ちょうどわれわれが契約をすませた頃，フランク・ロイド・ライトから，仕事を受ける旨の手紙が届いた。私がその建物の建築家として指名されたのを知って，彼は大変憤慨したのである。

　その敷地は濠に面した美しい場所で，竹橋と皇居の石垣と，美しい城門の一つに対していた。有名なフランスの詩人，ポール・クローデル，フランス大使が，その石垣を詩にうたったことはすでに述べた。リーダーズ・ダイジェスト東京支社が完成した時，封建日本の技術の典型である魅力的な城門が，最も現代的なアメリカ技術の典型と向かい合ったのである。その両者が，共通の永遠の原則に従って，デザインされ，建築されているのを一望に見るのは感慨深いものであった。

　敷地は1923年の関東大震災以前，フランス大使館によって占有され，ていていとした樹木や立派な石，小さな社のある，古い美しい庭園の中心に，ややおっとりとした建物があった。その建物は地震によって燃え落ちてしまい，そこに私は，友人ポール・クローデルを大変喜ばせた，小さな仮の大使館の建物を建てた。その後，フランス大使館が現在の場所（麻布）に移ると，美しい庭はあとかたもなく壊され，無恰好な外国語学校が建てられた。これも戦争中に破壊されてしまった。こうして私は天災，人災の二つの大災の後，同一敷地に二つの建物を手がけることになった。両者とも建築的には実に重要であった。

　その竹橋の敷地は，戦前の東京の都市計画により公園に指定されていた。私はそれを知らなかったが，もしも知っていたら，この敷地を獲得しようとはしなかったろう。いったん敷地を得たからには私は建物を庭の中において，何かコルビュジエの「輝ける都市」の

ように，将来の都市計画の模範となるようにつとめ，ハンサムな橋や，皇居への通用門などと張り合うのをさけようとした。

日本の状態は筆舌をこえ，悲劇的なものであったが，その当時でさえも，私は都市や国全体を再建する，大変な機会であることを認識していた。それは1920年以来，日本における先駆者としての私が抱いていた精神であったのである。戦前の18年間，私は日本の古典建築のデザイン原則が，創造的な現代の建築を導くべき原則と，緊密な関係を持っている事実を説いた。私の二つの本，すなわち「アントニン・レーモンド作品集1920—35」や，「建築詳細図集　1938」の成功にみられるように，欧米では耳を傾けられ真価を認められもした。しかし日本の建築家や大衆の間では稀な例外を除き，この説に対する反応や理解を呼び起こすことはなかった。だからその機会がもう一度与えられると，さらに力強く良いデザインの絶対的原則を，次の時代の日本の若い建築家に対して実証するために，しっかり摑まえたのだ。その理由と原則の明確な定義は，次の引用からわかるであろう。

建築家オーギュスト・ペレーはいった。「一つの建築が美に到達するのは，真理の輝きによる」「構造は建築家の母語である。建築家は構造を通して考え，自分を表現する詩人である」「建物のいかなる構造部分をもかくす者は，装飾を自ら奪いさっているのだ。柱をおおうのは誤ちを冒すものであり，偽りの柱を建てるものは罪人である」と。

哲学者フェネロンは，もっと以前に同じ見解を述べている。「人は単に装飾だけを目的とするものを，建物の部分に許してはならず，建物を支えるに必要な構造，つまり装飾に合わせて美しい均整を形作るよう，常に心がけなければならない。」

このように表現された原則は，過去，現在にわたって，西洋の最たる建物の中にはっきり証明されており，また，日本の初期の古典建築には一層はっきりうかがえる。

リーダーズ・ダイジェストの建物のデザインに当り，私は日本人の正しい方位観の尊重や，自然への親近感，それに基本的なものから自身を隠してしまわないように，材料を自然状態のまま用いるなど，日本人の気持を念頭においた。そのほかに私に示唆した日本の原則は，極度な単純さと奥床しさ，材料の経済性，軽さと優雅さであり，重量感や，部厚さや，虚飾よりは，むしろほとんど透明に近いものであった。

私はまた，人間的で実に民主的な日本建築の尺度，3尺×6尺を採用して建築計画をたてた。建物や彫像の尺度が非人間的になり，巨大になるやいなや，専制主義や崩壊の兆になることを，私が固く信じているからにほかならない。

日本の今日の建築の流行は何と変わってしまったことだろうか。多く今日の日本の建築家たちは，自然であるよりは煽情的なものにあやつられ，チューブ状の男のズボンとか，今年は短かくても，来年は長くなってしまう女の子のスカートのように，流行を追っているのである。しかし私は究極において，戦争後の衝撃や，西洋の技術の衝撃が消化され，彼らが絶対の原則にもどるであろうと確信している。

リーダーズ・ダイジェストの建物のデザインや建設に伴う，私の理念的な貢献に対して，讃辞に代わり，私は公に次のような批判によって責められた。例をあげれば東京大学の坪井善勝や竹山謙三郎は，自分たちの過去や標準的な経験の範囲内で印象をうけとめ，リーダーズ・ダイジェストの建物の欠点を探すのに熱心なあまり，この建物も，図面をも，確実に研究してはいなかった。

（批評）竹山氏「揺ってみたら面白いだろうな」（「建築雑誌」1951年11月号）

未完成のリーダーズ・ダイジェストの現場で
アメリカからの訪問客に指さして皇居を示す私

（事実）早稲田大学の内藤多仲博士と私は，建物の震動テストを広汎に試したが，結果は満足以上のものであった。

（批評）竹山氏「建物の梁行骨組は，1本の柱から梁が両側2段につき出された……」

（事実）ビルには片持ち梁はなく，竹山氏のそれは勘違いであり，梁は3本の柱に支えられた，1本の連続梁である。

（批評）坪井氏「基準法を適用すると，支柱は防火上から不可能になると思う」

（事実）外側の柱は耐火性であり，このことは発表された雑誌の中の図面からもはっきりしており，こうした異議には適応しかねる。

（批評）坪井氏「一般的に支柱はピンでなくても……」

（事実）またしても，簡単な事実の誤説である。柱はヒンジであり，非常に積極的に結合されている。

あれやこれやの批評は，この2氏や，他の人びとによる冗長な記事をつらね，同様につじつまの合わぬ，表面的なものであった。これらの攻撃の理由は，私にはやや不可解であったが，構造に関するものよりは，むしろ心理的なものであったと思う。

もちろん，反応の全部が批判的ではなかった。伊藤喜三郎は，このデザインを全面的にほめ，私の以前の作品が創造的ではないと思っていたから，驚きであると述べた。池辺陽は，あまり深い理由もなく，この建物の模倣を試みないよう建築家たちに警告を与えた。しかし多くの，むしろ有名な建築家たちまでが，内的意義もないまま，全般的な形やディテールにいたるまで，出来悪く模倣をしたのである。

リーダーズ・ダイジェストの建物の，基本計画はニューヨークでなされ，細部計画は東京で行なわれた。私のパートナーであるラディスラフ・ラドと，構造家のポール・ワイドリンガーが，私と完全な協力態勢を組み，この作品を分かちあった。

事務所はその建築現場におかれ，私は自ら詳細に至るまで監督し，毎日，建設を指図した。われわれの所員たちは，比較的遠方から事務所に通ってきていた。当時，事務所の付近には食物を買う所もなく，乏しい弁当を持参しなければならず，そしてまた長距離を超満員の交通機関で帰らなければならなかった。その一方，建設業者にわれわれの新しい方法を習熟させるため，つききりで監督したり協力するためには，いつも現場にいることが必要であった。この状態を救うために，その敷地の中に建てた臨時の事務所は，安い不揃いな丸太材でまったくのバラックであった。東京のどこにも，恒久的な事務所をおく場所を見つけることは不可能であった。しかしわれわれは，次のアメリカ大使館の館員宿舎の仕事のために，その事務所を畳まざるを得ず，辛い思いをした。逆境のもとでわれわれの組織を一体化するのには，そのバラックは効果があったからである。

建設業者や職人たちは，喜んで全面的な協力をしてくれた。われわれはコンクリートのプラント配置まで計画し，正式な研究所の科学的調合を主張し，コンクリートを重量比によって調合を決め，水，セメント比を正しく保つために絶えずテストを繰り返した。コンクリートは6フィート以上は打ち込まず，おそらく日本では最初であったろうが，バイブレーター（震動機）を用いた。コンクリートの平均4週強度は1 cm^2 当り270kgであった。

コンクリート打放し仕上げの場合は，コンクリートの補修はさせなかった。各鉄筋はあるべき位置におかれ，壁面から等間隔でなくてはならなかった。すべてのこの手順は今日では常識であるが，当時は建設業者にはあまり知られず，時には行なわれていなかった。

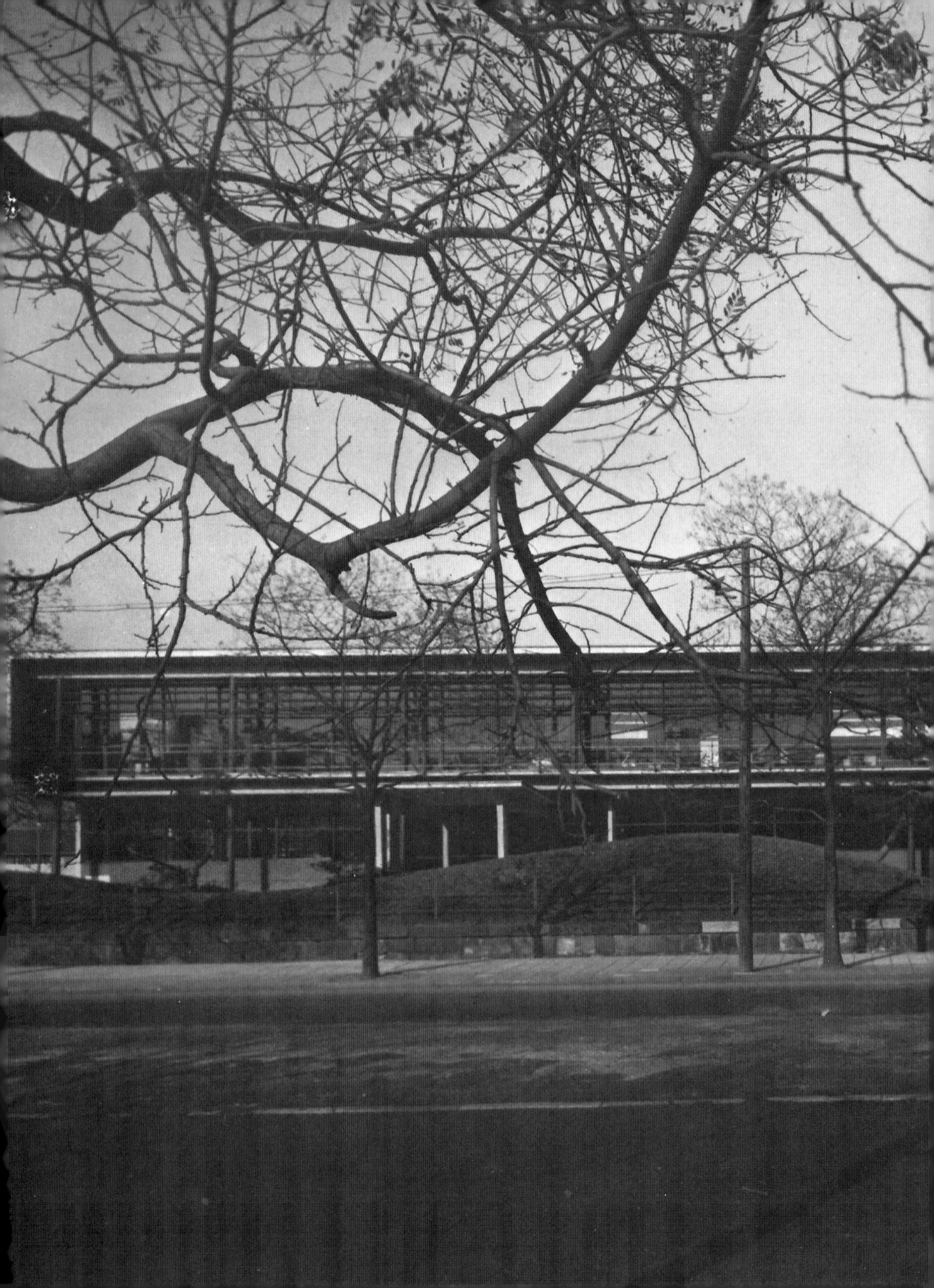

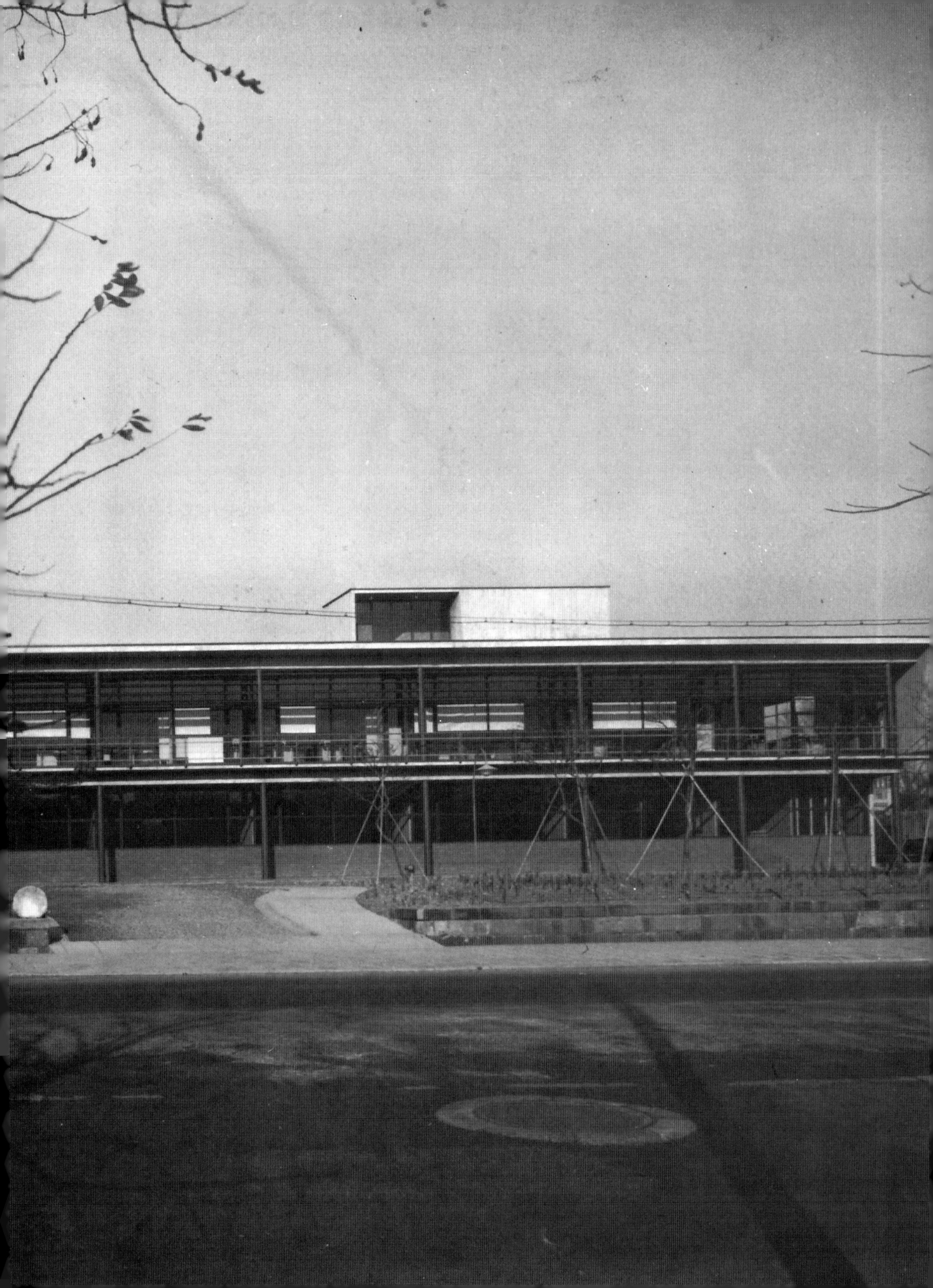

前ページ
　　リーダーズ・ダイジェスト東京支社　南側からの全景
　　1949年～1951年
左ページ
　上　濠越しに見たダイジェスト社の全景
　下　玄関ホールと断面詳細

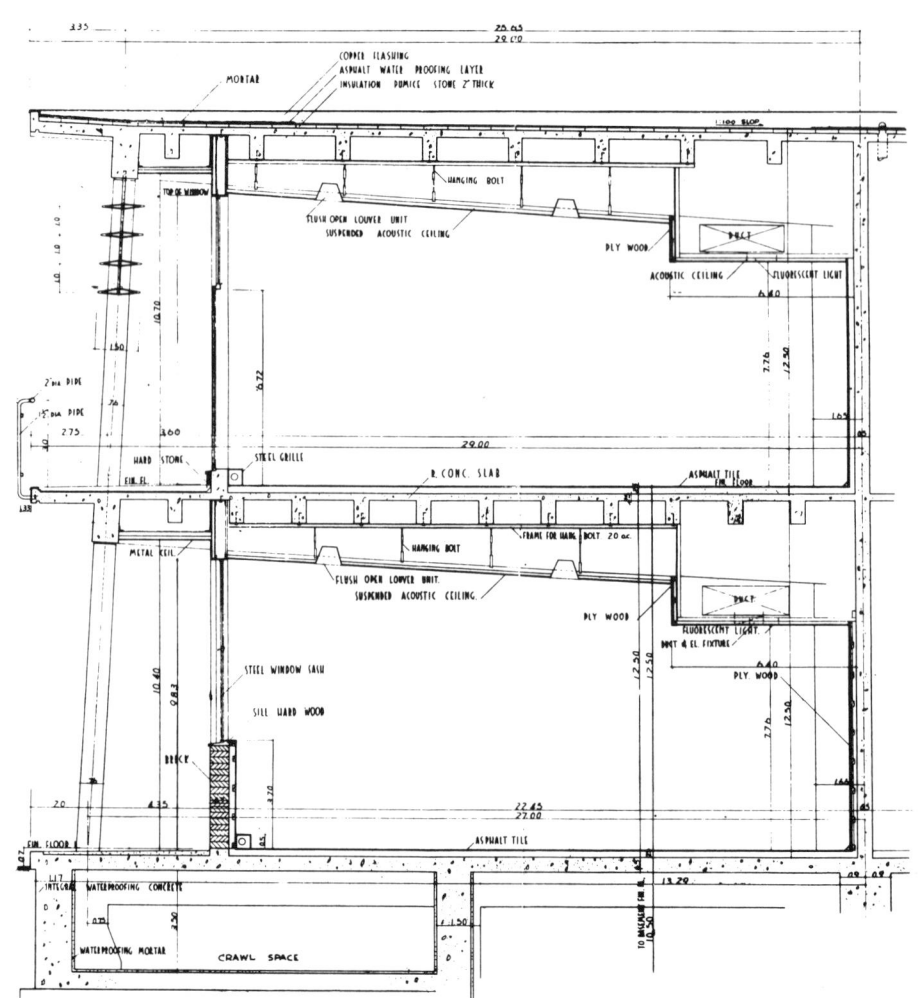

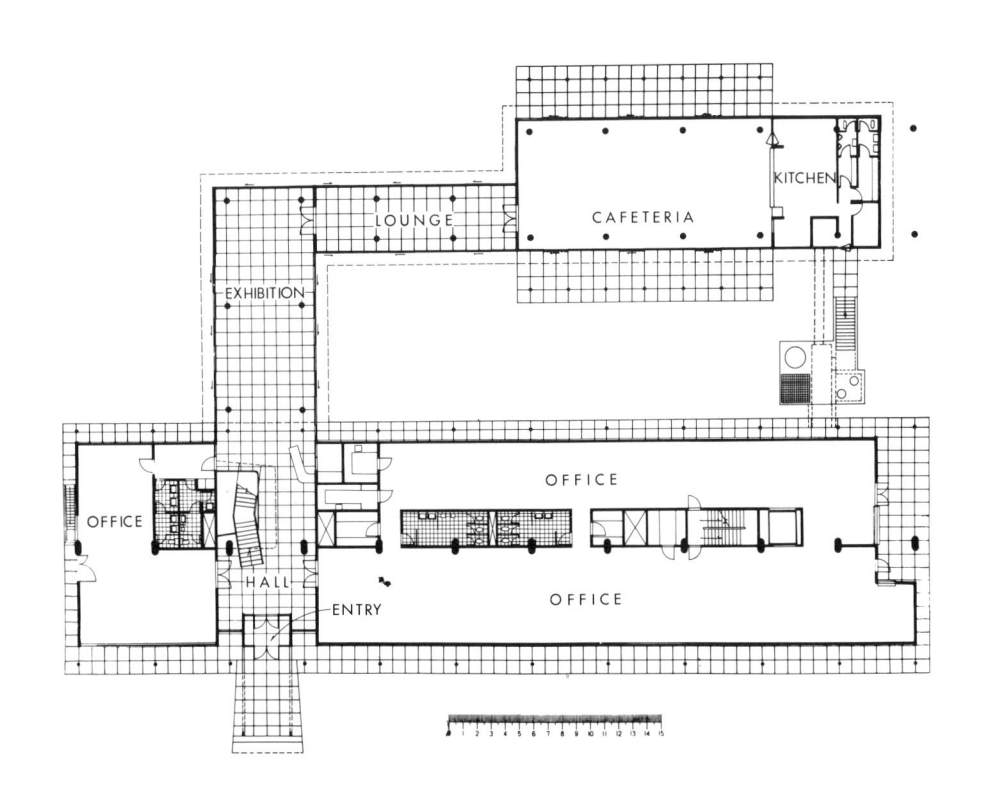

上は1階平面と南側外観詳細
下は北側の庭よりキャフェテリア部分をみる
下右はスチールパイプの柱の詳細

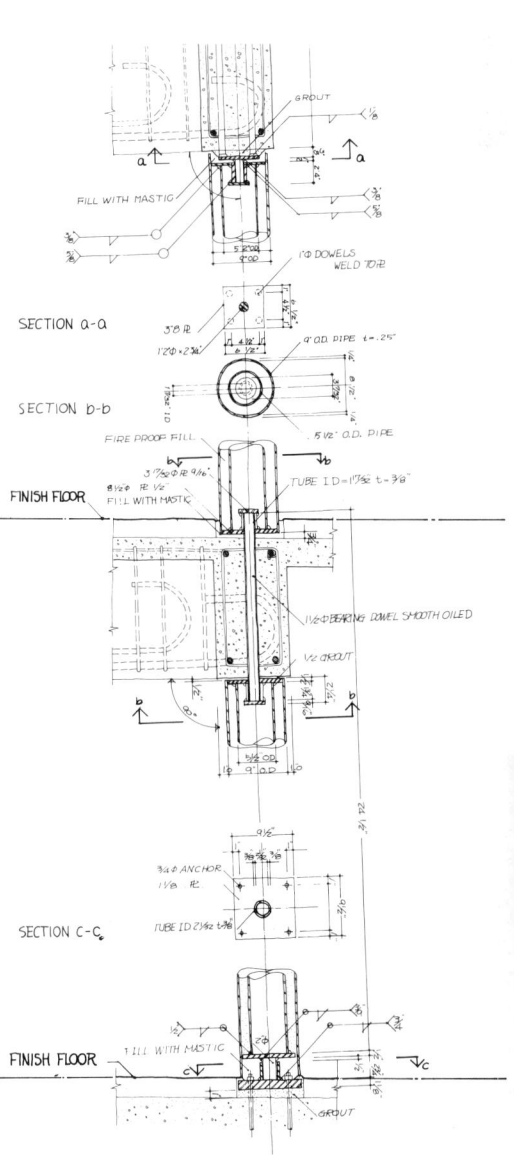

上　2階より玄関ホールを見る
下　支配人室の家具と調度

　私はアメリカからたくさんの新製品を持ちかえり，デザインをやりなおして，この仕事のために新しく生産できるように手配した。その中には現代的な照明器具も含まれていた。当時とりつけた螢光灯も，おそらく日本では初めてのものだったと思う。小木曾定彰は，この建物の照明に払った私の苦心に深い理解を寄せ，こういっている。「いろいろな点で，この建物の照明には指導的なものが多くあることを認めねばならないであろう」と。つまり時の経過が，彼の正しさを証明した。照明，通信装置，電話等のための床下ダクトも，アメリカの見本を参考にして日本で初めて使った。今日では世界中に受け入れられているが，天井から床までガラス張りだというので，逆に批判されたのである。もう一つ日本で初めてだったのは，手づくりで，しかもドリルで一つづつ孔をあけて作った天井用の吸音テックスであった。アスファルト・タイルも，アメリカの見本をもとに，日本ではじめて手作りされたものを使った。ノエミと私は，この建物のために，素晴らしく現代的な家具や織物等を特別にデザインし，日本で製作した。また私は階段の下に巨大な活け花を置くために勅使河原蒼風に依頼したが，彼は華道の先駆者としてまことに立派な作品を残したのである。真に考案といえるのはヒート・ポンプであったろう。当時，暖房用の

石油はほとんど入手できず，電気も高価についたが，後になれば十分供給があるという確信があったからである。庭園計画ではイサム・ノグチに協力を求めた。われわれは法規の許す範囲で敷地いっぱいに建てる代わりに，一部分に建築し，周辺に十分な庭を残し，美しい都市のデザインのためにも，非利己的に土地を利用する例になろうと望んでいた。

遂に建物は完成し，その落成式は吉田首相，アメリカ大使シーボルド，ウォレス夫人，それに支配人のデニス・マッケヴォイ等，内外著名人によるスピーチが賑々しく飾った。

東京では，戦後初の恒久的な建物であった。日本建築学会は，最初の学会賞によりそれを認めた。しかし同じ学会賞が，やや特質をもつ，あるホテルのために竹中工務店にも与えられていた。これにより学会が，実際にはリーダーズ・ダイジェスト東京支社の長所を，本当に理解していなかったのではないかとわれわれは感じた。

だがさらに大きな失望は，その建物と庭園が終焉にいたったその運命であった。その両者とも，広遠な精神と，今まで述べてきた相当な努力の結晶であったのだが……。

時がたつにつれて，日本の雑誌が出版されるようになり，日本人の眼にも，「リーダーズ・ダイジェスト」よりはるかに面白く，立派なものに見えるようになった。「リーダーズ・ダイジェスト」の出版部数は，急速に減っていった。実際に完成された本当に美しい建物や，美しい環境とを創り出そうとしたあの高邁な精神は，事業不振の前でその出版社自身から早くも忘れられていった。手始めに庭の一部が自動車会社に売られ，その会社はこの敷地に接して，醜悪な建物を建てた。第2は支社の建物に不恰好な増築をして，全事務所はいくつもの貸事務所に分けられ，当初のスペースは台なしになった。第3の，最終的な全面的破壊への段階は，リーダーズ・ダイジェストの事業を引き取った，日本の会社の設立であった。アメリカ人の支配人が去ると，建物は破滅に向かって急いだのである。私はその建物がたちまちに商業主義的で，無意味な大きな建物に入れかわるに違いないと予想した。この想定は1958年頃に書かれたものであるが，のちにあまりにも真実となってしまった。1964年の「ジャパン・アーキテクト」の論評は，この日本建築の一里塚に起こった顛末を明確に掲載している。

イサム・ノグチの彫刻のある西側の外観

リーダーズ・ダイジェスト・ビルの終焉（Japan Architect 1964年1月号より）
「日本の経済成長は，東京のリーダーズ・ダイジェストの建物を凌駕してしまったかにみえる。1951年に建てられた時は，日本の建築界の驚異であった。各新聞は，建物が近く取りこわされ，マンモス事務所建築に置き換えられるとみている。そこにはリーダーズ・ダイジェスト東京支社，毎日新聞社，および東京不動産株式会社が入ることになる。

戦時中，それと戦争前の日本の一般の建築様式は，概して新日本調ともいえるものであった。記念碑性に重きがおかれ，建築家たちはしばしば伝統的な瓦屋根や，歴史的なモチーフに逃げ込んでいた。戦時中の切り詰めや，材料不足が，ほとんどの主要な建築活動を文字通り窒息させ，1945年，再び平和が取りもどされてからでさえ，数年間というもの木造以外には建てられなかった。この困難な時期に，日本の建築家たちは西欧で開発された新しい方法を学びはじめていたが，適用する機会は限られていた。唯一の金持は進駐軍であり，彼らの必要としたものは，どちらかといえば一時的なものであった。しかし，そのうちに，米貨とともにすぐれたアメリカの建築家が，リーダーズ・ダイジェスト東京支社

階段下におかれた勅使河原蒼風による活花

開館式で祝辞を述べる吉田首相　シーボルド・アメリカ大使　ウォレス夫人　デニス・マッケヴォイ

シーボルド大使と夫人と共に

を建てるためにやってきた。その結果は革命的であった。レーモンドは比較的小規模の作品を作ってきたが，1951年に，可能な限りの解決を日本の建築家に示したのである。

　第1に，コア・プランとして便所や階段を中央部にまとめ，残りの部分を可動間仕切りにする方法を紹介した。中心コアには耐震壁があり，残った部分はそこから平均に片持梁で持ち出されていた。建物はカーテン・ウォールやガラスで囲まれ，採光はルーバーによって制御された。これらはすべて漸新であったが，レーモンドはその上に，打放し仕上げのコンクリートや，プレキャスト・コンクリート・パネルをも用いた。

　ビル完成にあたって議論が起こった。専門家たちは，コア構造が地震に耐えるかどうか，大きな全面ガラスの開口が事務所に適当だろうかといぶかった。しかし，専門家の議論にもかかわらず，一般の建築家たちはこれを受け入れ，取り込み始めた。リーダーズ・ダイジェストの建物の中に具現された新しい考案が，日本の建築用語として受け入れられるまで，一般の経済復興とともに，僅か2，3年しかからなかった。

　もし今日の日本建築に，何か明瞭な出発があるとすれば，この建物がそれに当る。

　不幸にして，この建物は皇居の濠の向い側の手ごろな場所にあり，東京のビジネス・センターに隣接していた。そして大分以前から土地所有者は，ここに大建築を建てなければならないと決定していた。その結果，指名設計競技を行ない，日建設計，山下寿郎事務所，それに二つの大きな建設業の設計部が参加した。日建が入選し，林昌二がこの建物の設計にあたることになると発表されたが，それがパレス・サイド・ビルであった。

　このすべてにわたり不思議なことは，所有者からその決定につき，アントニン・レーモンドに何の挨拶もなかったことである。リーダーズ・ダイジェスト社はただ一度レーモンドに，土地のより功利的な利用法について示唆するよう依頼した。レーモンドは計画を送ったのだが，これに関する回答を彼が受取る以前に，新しい建物は日建に委託されるという記事が，新聞に発表されてしまった。レーモンドは当然の抗議として，リーダーズ・ダイジェスト社，並びに毎日新聞社へこの高飛車なやり方は，建築家個人の職業的地位を軽蔑するものであることを指摘し，抗議したのである。

　レーモンドの指摘はうなづける。一般建築家たちも疑う余地なく同意されるであろう。レーモンド以外にも，多くの日本の建築家たちは，リーダーズ・ダイジェストの建物がとりこわされることを遺憾だと述べている。日本の古代建造物の保護についてはきびしい法律があり，過去数年間に初期の現代建築のいくつかが政府の保護のもとに置かれてきた。しかし，今までのところ，現代建築の傑作のとりこわしについては，何ら法的規制がもうけられてはいない。東京の帝国ホテルはフランク・ロイド・ライトの設計による日本では唯一の建物であるが，今日でさえ，とりこわしの話でおびやかされている。古くまた老朽した建物を，新しく取り換えたいという持主の気持は十分わかるが，現代の建築の発展に形成的役割を果したこれらの建物は，少なくとも保存のための何らかの処置がとられなければならない。建築家の社会においても，現存のより重要な建物を守るための運動に，一致団結する時が来ていると思う。業界全体の運動以下の単位では，大した効果はあがりそうにもないのである。」

　1966年，まさしく商業建築の怪物が，1949年設計のリーダーズ・ダイジェスト東京支社の建物にかわって現われ，私の高遠な思想も無駄に終ったことが証明されたのである。その新しい建物は，精神的にも美的にも，考慮されたとはいいがたいものであった。

21. 繁忙の時代

アメリカ大使館館員宿舎（1951－52）　アメリカ国務省は，東京のアメリカ大使館を朝鮮戦争以来拡大し続けた。その結果，大使館員にとって住宅事情の窮迫が特に性急な問題となり，館員たちの宿舎建設が必要と考えられた。当時，東京でアメリカ国務省派遣の建築家であった，ジョージ・キャラハンと共に，私は港区麻布今井町にある三井家の所有地，おそらくは都内で最高の住宅地を買うことに成功していた。

その土地は戦争中爆撃にあって，完全に荒廃してしまっていた。三井家の土地としてのあの栄光は，もはやほとんど残されてはいなかった。1922年，当時訪日中であったウインザー侯，プリンス・オブ・ウェールズを招いて，三井家が催したガーデン・パーティーには，私も招待客として出席していた。それは天皇主催のパーティーにも劣らぬほどの豪華さに彩られたものであった。

1950年，残されていたものは半ば焼けおちそれでも建っていた三井家の神社であり，それ以外には何もなかった。神社の前には着物をまとった三井家当主の悲しみに満ちた姿があり，この完全な破壊をなじっていた。

あの素晴らしい庭も残ってはいなかった。全滅の中に残っていた石さえも，許可を得た三井家が運び去った後であった。しかし，裂けた木の切株から新しい芽がふき，草は再びのびていた。それはまるで田舎にいる気分であった。

われわれは先ず館員宿舎をデザインし，2度目の現場事務所をそこに建てた。その時は足場丸太を用いて，大分ましな建物をつくったが，当時，東京で得られる何にもまして，居心地の良い快適なものとなった。帝都ホテルのうんざりする生活からすると，雑草と鳥が舞う戦災の土地は，よほど楽しいものであった。私は事務所につなぎ，小ざっぱりした生活の場を持った。庭の眺めは広く理想的な配置であった。私たちは藪の中に隠れていた宿なしの小犬を拾い，ポチと名付けた。ノエミは自分のスタジオをかまえ，すべては最高であった。アメリカ大使館から文句をつけられたのは間もなくのことである。疑いもなくねたみからの公式文書で，アメリカ政府私有地の居据りを難詰し，直ちに立ち退くように注意するものであった。

われわれは急いで近所を1週間ほど探し，有名な服部時計店の所有地を見つけた。樹木も住居も燃え落ちてしまっていた。西の眺めがひらけ，富士の全景が見えた。留守番は残った基礎の間にキャベツとねぎを育てていた。基礎はわれわれの建物に用いられ，なかの一つで金魚の池をつくった。今では内側になった外階段はキャフェテリアに通じていたが，キャフェテリアは長距離を餓えと疲れに負けず働きにきた所員たちに，その当所必要欠くべからざる自給自足の施設であった。

われわれの事務所とその一部にあたる住居は2カ月のうちに完成した。それが今の建物なのである。われわれは再び現場に居住して監督する機会を得たのである。その上またし

アメリカ大使館館員宿舎　ペリーハウスと
ハリスハウス　1952年
左上　玄関側の外壁詳細
　下　北面
右上　ペリーハウス詳細
　中　南側から見た2棟
　下　平面

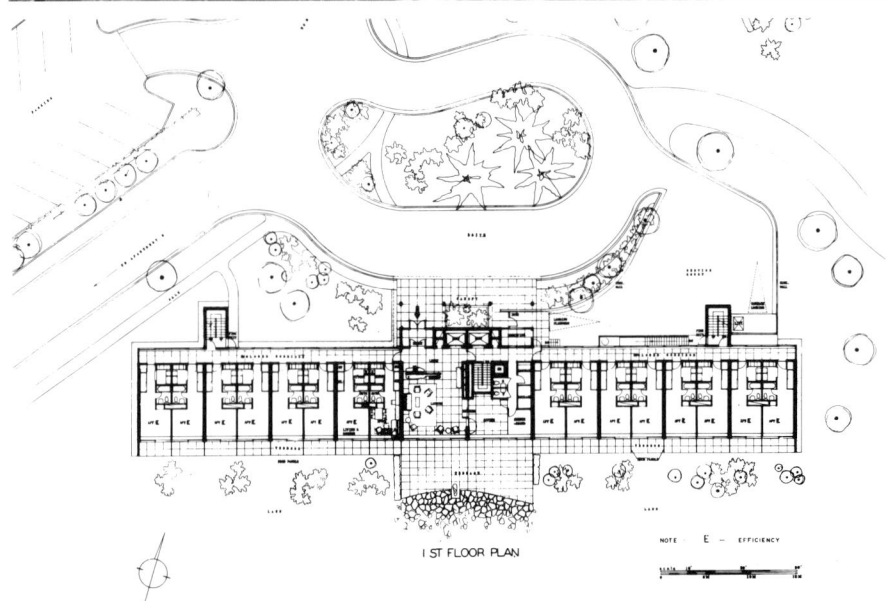

ても，建物の中に入るものほとんど全部のデザインをすることになった。

　日本の生産設備はまだ復興の初期段階にあり，既成品は皆無に等しかった。われわれの仕事をより困難にしたのは，外貨に交換できぬ円貨であり，そのためアメリカやヨーロッパからは，何も輸入できなかった。その結果，仕事に必要なあらゆるもの，建具金物，ペイント，機械設備に至るまで，もちろんすべての家具類，カーペット，織物類等を含めてデザインし，その指図をしなければならない羽目になった。

　リーダーズ・ダイジェスト支社の時と同様，日本の建設業者たちに知られていない方法や技術を，仕事に用いることになり，われわれの狙う高い水準に仕上げるためには，教師としての任務をも果さなければならなかったが，私たちはその労を厭いはしなかった。

　1953年10月，英字新聞「ニッポン・タイムズ」の1ページほとんど全面は，次の1節の要約を掲載した。「昨日，アメリカ国会の実情調査団の公開するところによると，アメリカ政府は，東京の大使館の館員を収容する24戸の小アパートを建てるために，最近完成したハリス・ハウスに各戸当り約3万ドルをつぎこんだ。」チャールズ・ブラウン，キャスリン・セント・ジョージ，ジョージ・モーダーの国会議員によって構成されたトリオは，政府の実務の浪費を調査する国会小委員会であった。彼らは熱心に，しかも恥かしげもなく，真に功績のあったわれわれの努力にけちをつけたのである。

　ボイラー室では，給水パイプに青，給湯用に赤いペンキを塗ってあった等の，きわめて些細な点をとりあげ，批判し，しかも写真まで撮った。トリオのひとりはペンキ業者であるにもかかわらず，その正当な目的を忘れていた。彼らは赤新聞にそそのかされ，その偽りと誤解の記事を，第一面に書きたてたのである。

　アメリカ大使ジョン・M・アリソンは，ノエミの義妹，ジャネットの離別した夫であったが，この侮辱行為に抗議をしなかった。国会議員トリオは，私が分別をとり戻さないうちに，輝かしい自分たちの活動の証拠書類を抱え，選挙区目指して東京から消えた。私は打撃をうけ，無念の涙をのんだ。被害をうけた以上，抗議は無駄であった。正直な開業者として，ふらちな政治家に対して，自分を守る方法がないのは明らかであった。ただ，完成してそこに残された仕事が，日本の建築家，および技術者によって高く評価され，今日でさえ，素晴らしい計画と技術の規範として役立っている。

　パン・アメリカン・ホテル計画　ニューヨークのパン・アメリカン航空が東京にホテルを持とうとして，興味を示したのは1951年のことであった。私は現在の大倉ホテルの敷地を提案し，比較的中庸な解決案を示したのである。結局，大倉と大成建設とは，数倍も大型で，世界最大の都市にふさわしい，現在建っているホテルに決定した。私の基本計画は，1951年当時の田園都市としての東京に対する私の考え方を反映したものであった。

　ヤマハ・ホール（1951）　日本楽器所属のヤマハ・ホール，楽器店，事務所の全体のデザインが，どうやって入手できたのか具体的にはほとんど記憶がない。建物は東京の中心，銀座に建てられたが，その当時はまだ焼けビルや粗末な修理を施したビルや，間に合わせのバラックなどの並ぶ，みすぼらしい光景であった。おそらくこの仕事こそ，戦後の銀座にできた恒久的な建物の最初の一つであった。銀座は最大の商店街と娯楽地域となり，ヤマハ・ホールは当時，文化の中心となった。

　このホールは特に音響の点で非常に成功したが，われわれは音響のために壁や天井に非常に独創的な処理を考えたのである。外部処理はカーテン・ウォールであり，両側の耐震

居間食堂　全家具・布地等はわれわれが特別にデザインした

上　銀座の日本楽器ビルとその最上階にあるヤマハ
　　ホール　1951年
下　初演奏会には高松宮　高松宮妃　そのほか多く
　　の芸術愛好家が参加された

壁から耐震壁までをスパンとして，その間には何の支柱もおかず，1階の店舗部分でさえも，柱も壁もない自由な空間が拡がった。

　初のコンサートには，高松宮をはじめ，その他貴賓の列席を仰いだ。有名なピアニスト，ワルター・ギーゼキングが初演の一つを担って，ここで演奏したが，彼はホールが非常に満足な音響効果をもっていることで，私に祝意を表した。ホールは500人を収容し，特に室内音楽に適していた。ギーゼキングは偉大なピアニストで，ドビュッシーの解釈については，彼の右に出る人はなかったが，不幸にもその日本訪問の数年後死亡した。

　ピアノのデザイン　　私は，ホテル・ニューヨーカーで楽器の展示会があった1938年に，教養ある技師，ウルリッツァーの副社長に会った。彼は，アップライト・ピアノの新型について私に意見を求め，しばらく話をした後，小さなアップライト・ピアノをデザインしてくれと私に依頼したのである。

　われわれの基本の考えは，チェロのような優雅さをもったピアノをデザインすることであった。ピアノの起源は，古く17世紀にさかのぼり，水平におかれたハープのようなクラビコードから発達してきた。アップライトは，グランド・ピアノの質をそなえながら，小さな部屋にも入るようにするため，当然の結果として生まれた。それが19世紀であったからデザインは必然的に品を失ってしまったのである。

　ピアノの構造は複雑になり，そのため優雅に外装するのがむずかしい。われわれは，ウルリッツァーの工場や，青写真による研究をすませ，利用されていないスペースを切り捨てて，最初の段階ですらデザインの改善ができた。

　やがて新しいデザインは完成し，標準モデルが営業部へ提示された。営業部ではこのアップライト・ピアノがあまりに単純で，あまりにも変っていて新しすぎると反対し，販売を拒否した。同年，それに代って譜面台にバラを浮彫りした，本立てつきのとんでもい新型が売り出されたのであった。

　私が，銀座の本店とヤマハ・ホールをデザインした日本楽器から，1955年，モダンなアップライトをデザインするよう依頼してきた。われわれはヤマハの在来のピアノの構造を注意深く研究した。ピアノはかつてのウルリッツァーのアップライトよりもごつかった

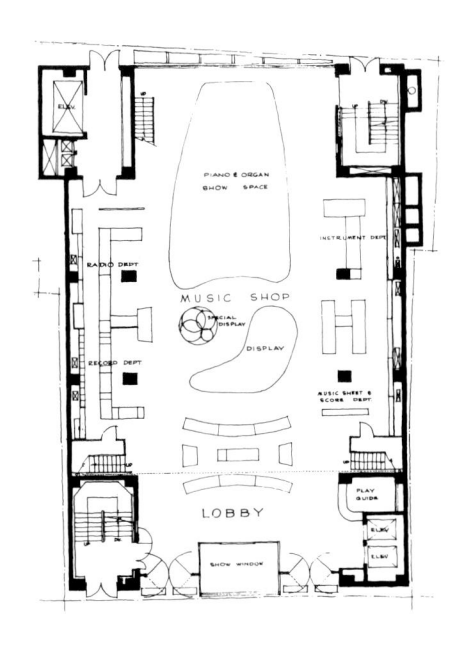

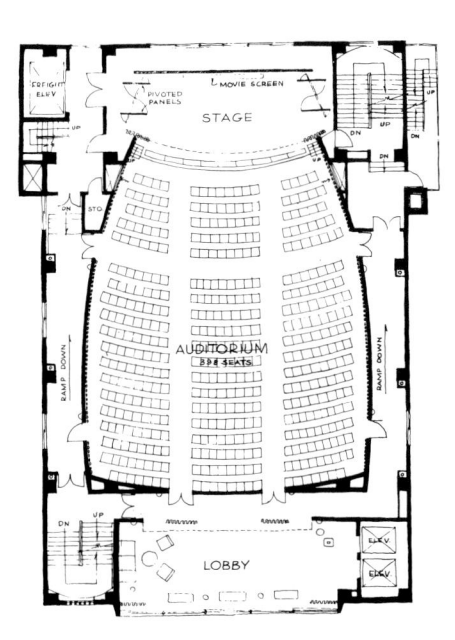

左及び中　日本楽器ビル1階平面とヤマハホール平面
右　ヤマハピアノのために私がデザインしたアップライト・ピアノ

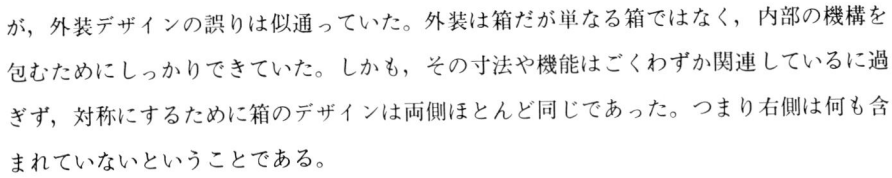

が，外装デザインの誤りは似通っていた。外装は箱だが単なる箱ではなく，内部の機構を包むためにしっかりできていた。しかも，その寸法や機能はごくわずか関連しているに過ぎず，対称にするために箱のデザインは両側ほとんど同じであった。つまり右側は何も含まれていないということである。

ピアノの後部にある音響板は，たった$4\frac{3}{4}$インチ（12cm）の厚みしかないのに，ケースは1フート（30cm）もあった。箱は音響板の効果とは関係がないから，このように大きな寸法をとっても，何の利点も持っていなかったのである。

無駄なスペースと不必要な部分を取り除くことが，われわれの研究の第一歩であった。鍵盤や，音響板のわずかな部分までも，厄介なもとの箱からいったんはずされ，改めて調和のとれた容れ物に具合よくおさめなければならなかった。見苦しい前脚はとりはずされ，必要な安定性を与えるために，新しい方法を見つけなければならなかった。前後にとりつけた合板には，共鳴を強めるための小穴をあけた。非常に単純で，実用的な譜面台をデザインし，鍵盤まわりの全構造は，強度を保つ範囲内でできる限り削りへらした。

これまでのアップライト・ピアノの唯一の場所は，壁に沿って置かれていた。新しくデザインされたピアノは，部屋のどこにでも置けるように裏側も良くした。肌ざわりと色の種類とは，旧型ピアノのごつさとは対照的に，軽い感じを強調するようになった。その結果，良い趣味をもつ人びとに送る，小型アップライト・ピアノができ上がったのである。

ハイ・アライ計画（1951）　1951年，アメリカ人の斡旋人が私のところに，2000人の観客席をもつハイ・アライ競技場を設計する案をもってきた。彼はペロタという古代バスク人の競技が，日本で大ヒットするだろうということに確信をもっていた。日本人は熱心なスポーツマンであると同時に，大ギャンブラーでもある。競馬，自動車レース，競輪があり，その上日本には，法律が許可するパチンコのような純粋な賭けがあるくらいだから，ペロタがいけないはずはない。これは賭けがなくとも十分人をひきつけるだろう。

斡旋人は，ある有名な日本のスポーツマンたちと組み，会社をつくりあげた。適当な場所が東京にあり，私は計画案と見積書をつくった。建築的には非常に面白い計画で，私はおおいに楽しみ立派な解決案ができた。しかし政府のその筋の高官たちを通しても，ハイ・

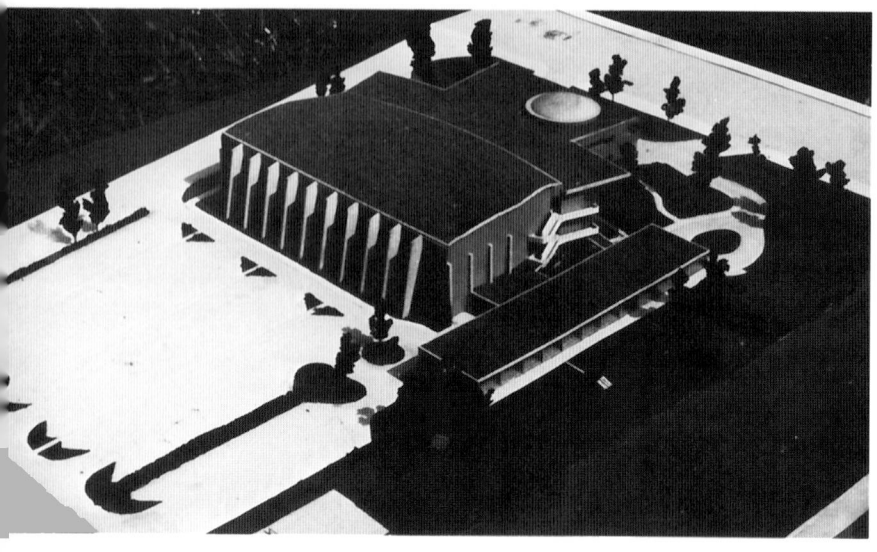

ハイ・アライ競技場計画　1951年
模型写真と平面

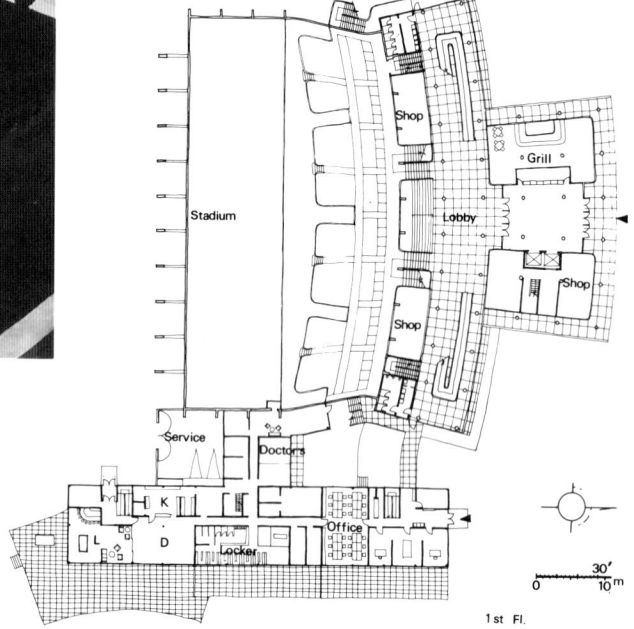

キャンプ・座間の俯瞰全景

　アライの競技場は許可が得られなかった。その理由は、また一つ賭博がふえることにより、公衆道徳が低下するからということであった。

　キャンプ・座間とキャンプ・ドレーク（1951—52）　もはや、くわしくは記憶にないが、当時、アメリカ陸軍第8軍の主任技師で、キャンプ・座間の司令部にいたオグデン司令官が、ある程度緊急事態だといって、私の援助を求めてきた。本部の建物や通信センターを含むキャンプ・座間は東京から約40マイル南にあり、かつてマッカーサー元師が、日本の降服を受諾するために降り立った、厚木飛行場の近くにあった。問題は極東第8軍の総司令部を入れる恒久的建築を、如何にデザインするか、またどのようにしてたった6週間以内に建設会社と契約できるかであった。6週間というのは、当時実施されていた占領下の規制に従って、日本円による基金を強制できる日時の限度である。

陸軍は恒久的な本部を緊急に必要とし，極東にある軍隊を全面的に指揮するために，最新の通信施設や他の施設を必要としていた。したがってその計画は総司令部の建物と，座間の通信センター，そして東京の北，キャンプ・ドレークの第2総司令部をも含んでいた。それは実に挑戦に値いする仕事であった。

　私はいくつかの異常な条件の下で，この仕事をうけて立った。第1に時間を短縮するため陸軍の技師による検査なしで，司令官がいきなり事務所にきて，建築機械設備，土木技術などに関する全図面に署名をする。第2に，最低額入札による契約という一般の入札形式に従わず，総合請負人として私が現場の総監督に立つ。さらに，陸軍は，私が最大速度で仕事をするのに十分な仕事場と，製図用具を提供してくれるというのである。当時，アメリカ陸軍を通ずる以外に日本では必要な大きな事務所や，十分な材料を得ることは全く不可能だからであった。

　この結果，私は各種約200人にのぼる日本人建築家や，技師の援助をうけることができた。28日間というもの，彼らとともに泊りこみ，昼夜兼行で働いた。満足すべき成果が得られたのは，次の手順によるものであった。

　デザインと建設の両方を早めるために，私はこの60万平方フィートの建物に，18フィート×18フィートの鉄筋コンクリートのスパンを一つ用いただけであった。つまり私は，ただ一つのスパンを計算すればよかったのである。しかし，耐震デザインの剛性理論による，日本政府の法規通りのデザインや一般形式に従わず，むしろ弾性限度に沿ってデザインすることにした。だが仕事はたやすくなかった。その特殊計算は，最高の構造技師でも時間がかかるものであるが，それによってより軽い建物をつくることができ，耐震壁を取り払うことができた。したがって，空間が自由に扱えるようになったのである。建物全体は打放しの鉄筋コンクリートで仕上げられ，その単純性，平静さ，恒久性の点で実に軍隊の建物にふさわしいものとなった。

　仕事には約46の下請業者が当った。私は仕事をいくつかの部門に分け，各部門を現在では優秀な建設業者の下につけ，各々が互いに速度や質を競いあうようにさせた。

　建物は，本来の美的感覚からいってもきれいであった。気取りのない純粋な方法で，内部機能を表現するという原則に厳格に従っていったから，デザインは本当に芸術的価値をもたらす結果になった。

　会計検査に国会調査委員会が現場にきた時，司令官が彼らに「最も単純で，最も経済的で，最も直截的でそして最も自然な，こうした仕事のやり方が，単に現代的なのではなく，真の現代建築なのである。」と語ったと，私は主任監督から聞かされた。明らかにオグデン司令官は私の言葉を繰り返したのであったが，私は充分に満足であった。この仕事は私の果した陸軍の仕事の中でも最高に満足すべき仕事であった。責任を遂行する司令官の怖れ気ない態度と，私の能力への彼の信頼に深く感謝している。

　キャンプ・ドレークの総司令部の完成に当り，開館式のために建物正面に集まるように命令をうけた。各種の会が適宜にひらかれることになっていた。われわれは総司令官の到着を待ち，バンドはドラムとトランペットを用意していた。バトンを手にした指揮者は，何時もの見なれた車によって合図をしようと，道路に向かって首を長くしていた。

　「それ来たぞ。」誰かが叫んだ。司令官の車のあらわれるにつれて，「わが祖国」をうたうラッパの音が高鳴った。2人の士官がドアを開こうと駆けよった。だが車の中には誰も見

キャンプ・座間の本部前

アメリカ映画会社の事務所　東京　1952年
下はフィルム倉庫

えず，後の席に司令官の犬がねそべっているだけだった。答は簡単。司令官は歩いてきたのである。

沖縄（1955）　座間の成功以来，私はオグデン司令官という素晴らしい，しかも恩義ある友人をもったが，われわれの関係は，彼が沖縄の上級将校になる時まで続いた。

1955年頃でも，沖縄の惨禍はいたる所にあらわれていた。しかし島は整備され，新しい設備がつくられ，高速道路網が構成されていた。ほとんどの仕事は，スキッドモア・オウイングス・メリル設計事務所の指導のもとに果されていた。メリルはトリオの中では技術者で，定住の責任者であった。私は総司令官の住宅と，彼の輩下の官舎，そして教会，また大工場の中，パン工場と牛乳加工場を設計する仕事を得た。

さらには二つの劇場をデザインしたが，一つは1000人，他は500人劇場で，後者は完成を見なかった。このような仕事に対しても，私は努力して創造的に，真に実用的手段をとっていたのであるが，小心な検閲や規則の制約によってその大部分はくじかれていった。しかしその苦労の中にも，座間の時のような何らかの収穫はあった。

アメリカ映画会社（1952）　15年間の断絶のあと，日本人は外国について熱心に知りたがり，戦後はアメリカ映画の熱烈なファンとなった。その気持がアメリカの映画会社，メトロ・ゴールドウイン・メイヤーズ，20世紀フォックス，ワーナー・ブラザーズ，コロンビア，R・K・O，リパブリックおよびユニバーサルなどを共同させ，彼らは事務所とフィルム倉庫を東京，大阪，名古屋，福岡と札幌に建てようとした。この総合的な仕事の管理にあたったのが，ハリス・モスコヴィツで，M・G・Mのニューヨーク事務所のマネジャーであった。私は彼から，日本におけるこのすべての建物をデザインし，監督をする一連の仕事の委託を受けたのである。東京への帰途，私はメイヤーとの会議のためハリウッドに立ち寄った。アメリカの映画会社は，日本に相当の収入を蓄積していたが，通貨管理のためその大部分が日本国外へ持ち出せなかったのである。ある割合で円をドルに換え，その残りは日本で土地か建物に投資するという，日本政府との協定ができていた。

当時，フィルムはまだ可燃材でできていた。したがってフィルムを大量に貯えておくことは，われわれとしても，消防署にとっても問題となり，フィルム倉庫がおかれることになった。われわれはこれらの建物を，内部からデザインし，表出する機能は外部に自由な形であらわしたのである。この問題を最も単純に解決した東京事務所は，戦後，昭和通りに建てられた最初の恒久的な建築であったろう。そして今日でさえ，日本の若い才人たちの最近作と肩を並べている。

ファースト・ナショナル・シティ銀行（1952）　ニューヨークのファースト・ナショナル・シティ銀行の最初の仕事は，丸の内にあった旧朝鮮銀行の古い建物を，完全に建て直す仕事であった。完成後間もなく，三菱地所がその銀行のある土地を獲得し，その一角全体を所有して，巨大なビルを自ら建てようとして，ファースト・ナショナル・シティ銀行と掛け合い，買い取った。そのビルの一部となった銀行部分を私がデザインしたが，同時に最終的な建築が完成するまでの臨時使用のための銀行も，デザインすることになった。私は三菱の貸事務所建築という，純粋な商業建築にデザインを合わせなければならず，デザインにはあまり自由はなかった。

この仕事の取りもつ縁が，小さいながら興味深い名古屋のファースト・ナショナル・シティ銀行の建物につながっていった。この銀行もかなり長い間，名古屋における唯一の恒

久的な現代建築であり，今もなお，正しい方向に向かう創造的努力の成功を代表する。

銀行は高価な大理石で覆われるべきだという古い概念に煩わされることもなく，構造的には清潔かつ簡素である。コンクリートが，そのまま型枠から出てきた形であり，どこにも自然の美しさが残った。ビルは空気調整設備を持たず，したがって窓の直射日光を防ぐ必要があった。水平ルーバーが東と南面に使われ，薄いコンクリート板のたてのルーバーが，西からの午後の低い日光を避けるために使われた。建物全体に行きとどいた素晴らしい技術が，これらのルーバーの表面や，正確なその端部にもあらわれ，建物と完全に調和するようになっていた。

その後私は，1966年11月に，銀行の経営者たちが内部をもっとおだやかにしたいと望み，ごく平凡な趣味でいい加減にコンクリートの表面を塗ってしまったことを知った。

またある噂も聞いた。そこの地価がきわめて高くなり，銀行の建物が2階建にすぎないので，私の手になる他の多くの建物のたどった運命のように，もっと営利的な建築のために，犠牲にならなければならないだろうというのである。

御木本真珠日本橋店（1952）　世界的に有名な，養殖真珠産業の開拓者，老紳士の御木本幸吉翁にいつ初めて出逢ったのか覚えはない。この老紳士は戦前，外国人社会，なかでもアメリカ人の間に多くの友人をもっていた。私も彼と大使館とか公使館を中心にした，むしろ小範囲の社交界の席上で会っていたにちがいない。

1951年，ノエミと私は，友人の白石多士良夫妻とともに伊勢参りをした。その途中，私たちが彼の自宅に敬意を表わすために立ち寄ると，御木本は私たちを迎えて大変喜んだ。その頃アメリカからの訪問客は少なく，彼は袴をはき，かの有名な山高帽をかぶり，皇后から下賜されたという杖をもって，私と一緒に記念撮影のためにポーズした。

彼は私たちが伊勢神宮を参詣する矢先であることを知ってきわめて喜び，自分の会社の加藤取締役に同行するように手配した。連合軍による占領の初期にあって，政治と軍事の両理由から，伊勢神宮に対する政府の助成金は，保留するように命令されていた。

神道は戦前，戦中を通じ，天皇崇拝と祖先崇拝を口実に，軍国主義者たちの宣伝の基本に用いられてきた。神道の真の性格である純粋な，絶対的な美的価値の礼讃は，遠くに追いやられてしまっていたのである。御木本は神道哲学とでもいうか，その敬虔な信仰者であり，政府の助成金が停止されると，彼の能力以上にその素晴らしい神宮の保全のための献納をしてきたのである。彼は自分の会社をほとんど破産させるところまできていたと，その取締役は私に打ち明けるのであった。

私たちは戦前にも伊勢神宮を何度か訪れていた。神宮それ自体も，その見事な環境一帯も，訪れるたびに優れた霊気で私を充たした。そして神宮は，過去，現在，未来を通じて持ちつづける永遠の価値を私に意識させるようになった。この接触を通して，私は伊勢神宮が日本のデザイン哲学の基礎を代表するものであると確信するに至った。そこには素晴らしい純粋性，人間の霊感の最高の展開があった。

戦前の整然とした神宮の秩序を知っている私たちのみたものは，明白に放置された状態と，無礼な酔っ払いどもの見せつけた神聖を汚す行為，そして散らされたごみであった。私たちの愕然たる有様を想像してほしい。ともあれ，萩原主任神官は私たちを礼儀正しく迎え，茶を出され，宝物の数々を見せ，天皇のアラブ産の白馬をつれ出してこられた。文化遺産の将来を案じ，建築の細部を知ろうと内宮の奥深く入る私たちを，誰も止めはしな

ファースト・ナショナル・シティ銀行　名古屋　1952年
下　その外壁ルーバーのディテール

御木本真珠店　東京　1952年　右はショールーム

かった。ほとんどすべての日本の寺にくらべると，伊勢神宮は中国の影響をまったくうけてはいない。20年毎の遷宮は1951年に取り行なわれる予定であったが，資金不足のため延期されていた。今日1966年，伊勢神宮は再び完全な秩序と尊敬を回復した。維持費は一般からの寄付によってまかなわれているのだろうと私は想像する。

　日本橋に御木本真珠店および事務所をデザインするように委託を受けたのは，伊勢参りの道案内であった加藤取締役の好意によるものであった。結果として美的観点からは良かったが，商業主義的にみれば明らかに良くはなかった。それはただ私が一般大衆に対して見栄をはったり，喜ばせたりできなかったからである。

　計画案三つ　　友人である社長の力で得た日本板ガラス大阪本社（1953）のための私のデザインは，真の長所をもっていた。各種の方法やディテールの点で，今日の事務所建築のはしりだったと思う。しかしその会社が住友資本になると，私に設計料を払い，丁重に断ってきた。その後，住友の傘下にある日建設計工務がその設計を引き継ぎ，典型的な商業建築となって出現したのであった。

　大阪の北尾書店の計画は（1954）特に興味のある仕事で，私は深みにはまっていった。この仕事で依頼主と私との間をとりもったのは，中川軌太郎であったが，財政的な理由により中断されてしまった。

　また森永ホールの計画案（1954）は森永乳業の粉ミルク製品に関する事件とも関係があり，事件のあったその当時では森永は，社会的にも，新しい建物を建てるわけにいかなかったのである。

老翁御木本幸吉をなかに私とノエミうしろは白石多士良夫妻

御木本真珠店　1階平面

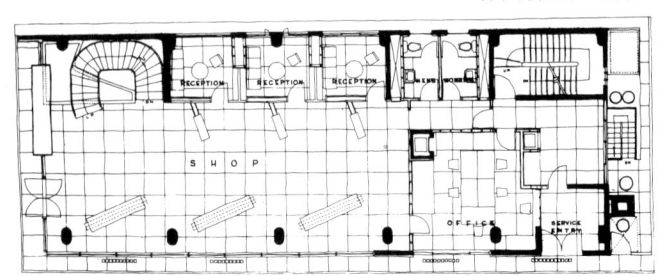

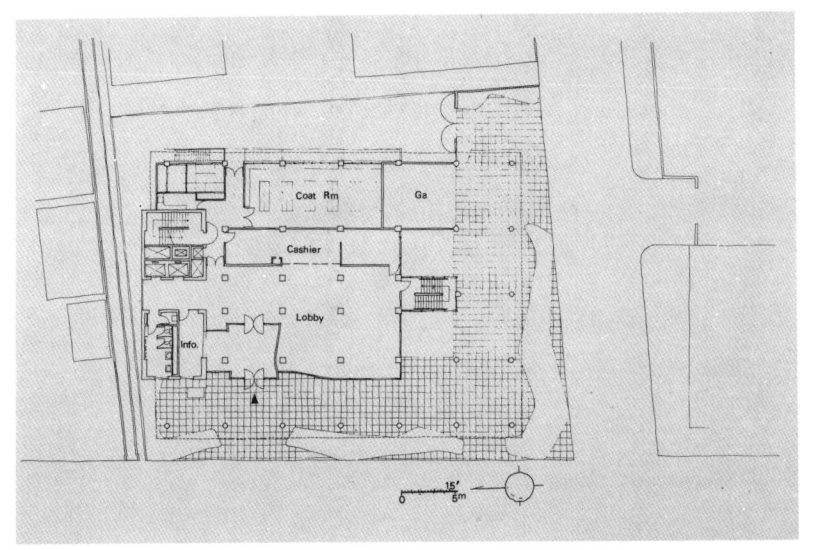

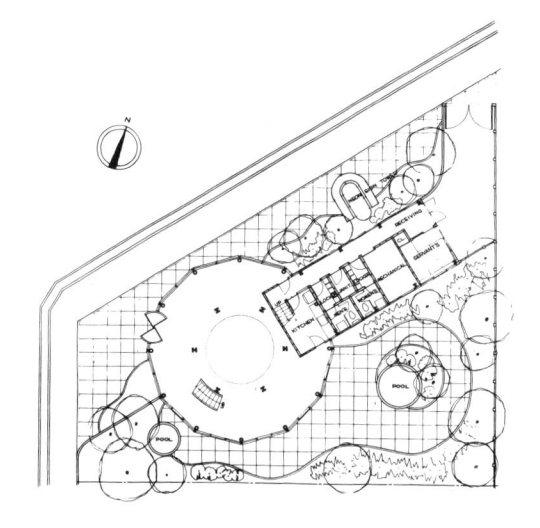

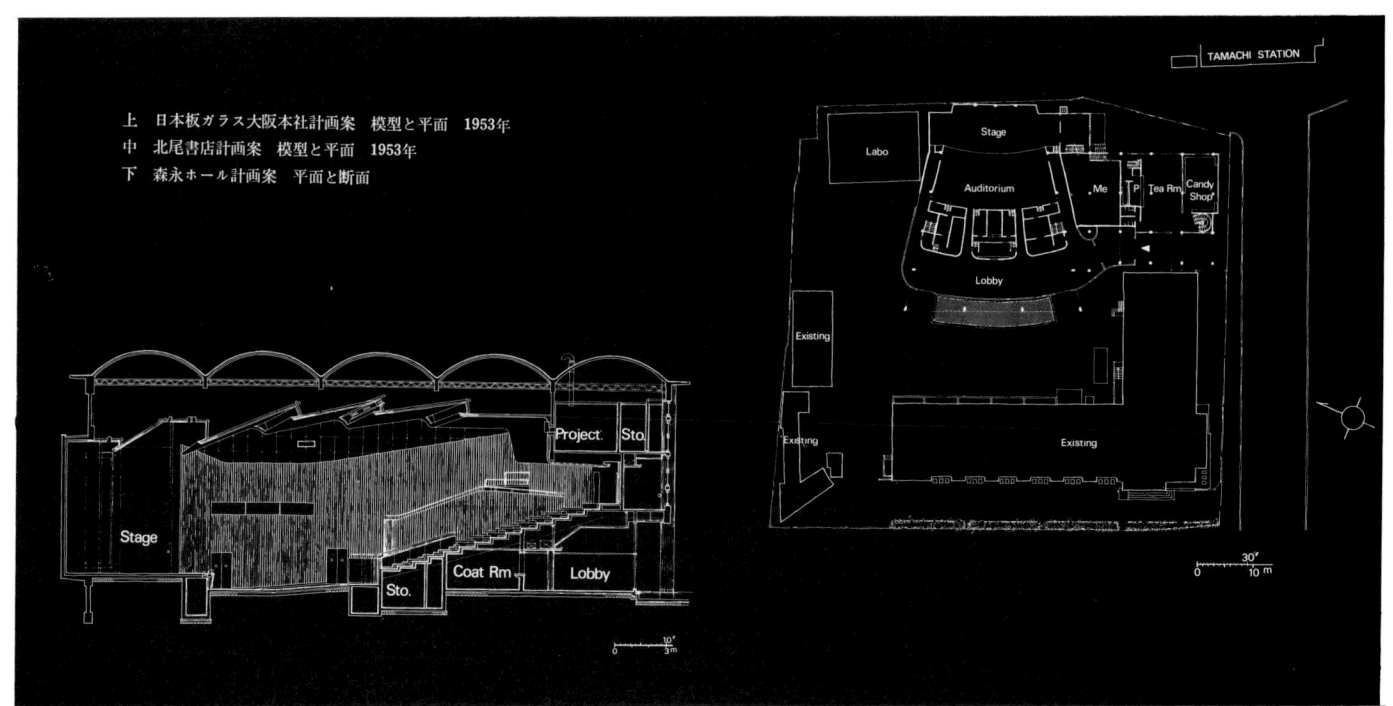

上　日本板ガラス大阪本社計画案　模型と平面　1953年
中　北尾書店計画案　模型と平面　1953年
下　森永ホール計画案　平面と断面

八幡製鉄体育館　九州　正面全景と平面　1955年

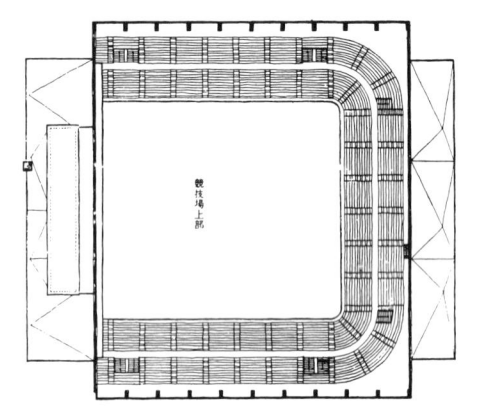

3階平面 Stand floor

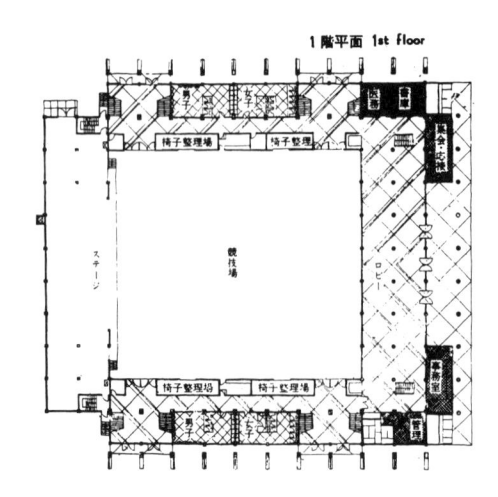

1階平面 1st floor

八幡製鉄体育館（1955）　九州の八幡製鉄所労働組合のための，記念ホールのデザインは，本格的に挑戦すべき問題であった。その大スパン構造がとりあげられた時，私は，いつも可能な限りの経済的解決を試みるべきであると主張した。だから同時に，できる限り軽くし，優雅なものとすべきであった。

要求によればこのホールは体操場，スポーツその他の運動競技会に使った場合，3000席を用意し，舞台劇や音楽演奏会のステージをもった講堂として使う場合には，8000人を収容できるものであった。この要求にはホールの音響的特質は要求されておらず，そのための研究や設計はしなかった。しかし，驚いたことは，東京フィルハーモニック・オーケストラがそこで演奏した時，音響的にははなはだ満足のゆくものであることがわかった。

ワイドリンガーによる構造デザインの第1の考え方は，引張りに対する圧縮であり，これが鉄骨と鉄筋コンクリートを組み合わせた形となったのである。こうした形の上に，軽い鉄骨の屋根をのせ，支柱なしのスパンは，222フィート（67.7m）であった。ホール内外はプラスターや，他の仕上げ材を使わず，型枠をはずしたままのコンクリートで，まったく補修をしなかったが，この方法が完全に遂行されたのは，日本の技術の貢献によるものであった。

これが八幡製鉄と私との初の接触ではなかった。おぼろげながらの私の記憶をたどってみよう。オハイオ州のヤングスタウンにあるトラスコン・スチールの日本支社のマネジャーで，私の友人でもあったボッブ・モスを通じて，八幡製鉄は工場生産された窓のスチール・サッシを含む，鋼構造材の輸入をしていた。それは1922年前後，少なくとも1923年の関東大震災以前のことである。その当時から考えると，八幡製鉄は何と驚異的に成長したことであろうか。

戦後の東京事務所　大使館宿舎の仕事も終りに近づいた頃，ある大使館員たちは，われわれが権利もないのにアメリカ政府の所有地の中に居据っていると，文句をつけた。彼らは当時，東京の中で適当な場所を求めて苦労していたから羨やんでいたにちがいない。大使館の土地に，私は事務所と連続した寝室，居間，厨房を持っていたからである。

八幡製鉄体育館の夜景とロビー

　私は事務所と，住居を建設する土地を探すことに決めた。結果はわれわれにはまことに幸運で，東京の真中の麻布に約600坪（1983m²）の土地を見つけたのである。

　首都のその部分には，見渡す限り一つのビルも残ってはいなかった。その土地はまだ壊われたコンクリートや，レンガ，庭石でおおわれアメリカ製の焼夷弾の殻がさびたまま残っていた。番人が1人焼け残った地下室に住み，荒廃の一部に野菜を作ろうとしていた。その無残な光景にもかかわらず，私にはその場所の利点と可能性が分ったので，相応な地代で入手したのである。その結果，現在の事務所の設定となった。これはわれわれの目的を立派に果しているばかりか，建築的な成果としてもごく重要なものになった。私は自分たちの生活のために，きわめて実用的で，しかも現代の建物を創造することに成功したと考える。全般に材料供給がほとんどないにひとしく，知るかぎりでは最も困難なその時代に，緊急用住宅問題の合理的な解決を求め，われわれは本当に日本の技術の新しい型を，自分たちの設営のために，形として創った。それは日本の大工のみが実現しうるものであった。われわれが，この目的成就のために，彼らの優れた技術と伝統の長所をとりあげたからである。トラスや母屋材には和風の丸太架構技術を使い，本来の正直さ，卒直さ，単純さ，特に経済性を取り込むことができた。これは，その当時の疲弊した日本にとって最も重要なことでもあった。

　建物全体に統一システムがあり，基準の6尺（1.81m）ごとの柱が，18尺（5.45m）スパンを架けるボルト緊結の足場丸太トラスを支えている。部屋を分ける構造壁は使わなかった。軽い金属屋根，安い合板を間柱に釘打ちした内部仕上げ。安価な標準窓や引戸のサッシュ，頭上の露出ダクトから吹き出す温風暖房，簡単な造りつけ家具，ペンキ塗りはおろか，何の仕上げもしなかった。内庭をとることにより，すべての部屋が南面するようになった。事務所は約70人の人間がこの長い間，激しく使った後でも補修もせず，どこも変化していない。一つだけ高価なのはその庭園で，日ごとの手入れの結果，すばらしく美しい。庭の小さなプールは私たちや所員の一つの楽しみとなっている。

　なおこの建物は，数え切れぬ例が示すように，次第に日本の建築家を刺激することになったのである。しかもわれわれ自身は，良い材料が入手できるようになってからも，技術

スタジオと住居の南側外観

スタジオと住居の南面全景

隣家の高い煙突からみた住居と庭　手前がプール

222

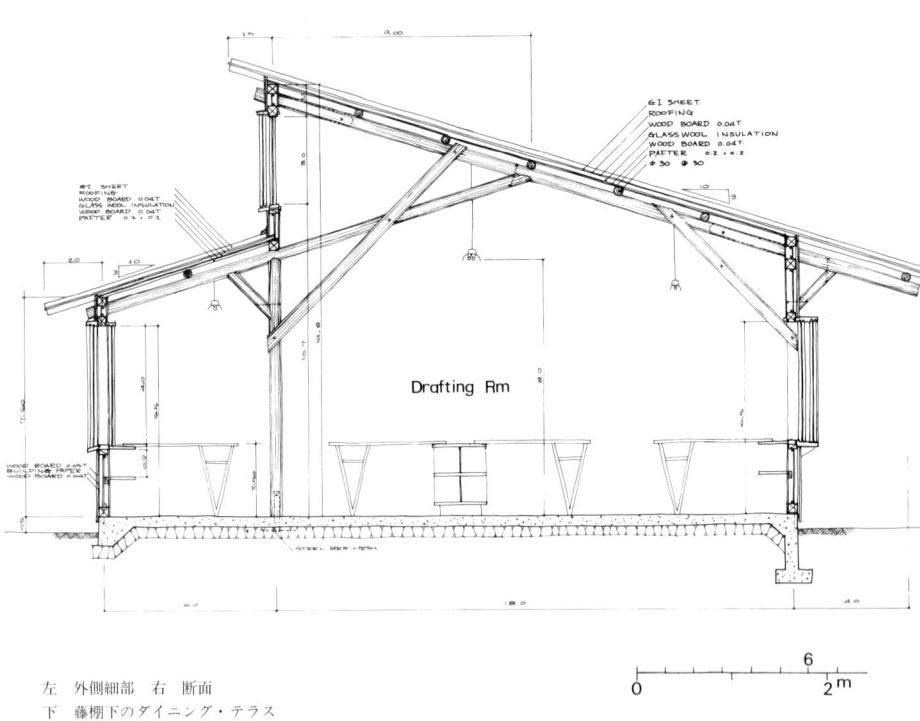

左 外側細部　右 断面
下 藤棚下のダイニング・テラス

右　居間からダイニング・テラスを見る
中　南面細部　下　納戸から居間を見る

224

左　スタジオを西側から見る
右　スタジオの暖炉
下　スタジオ部分の断面

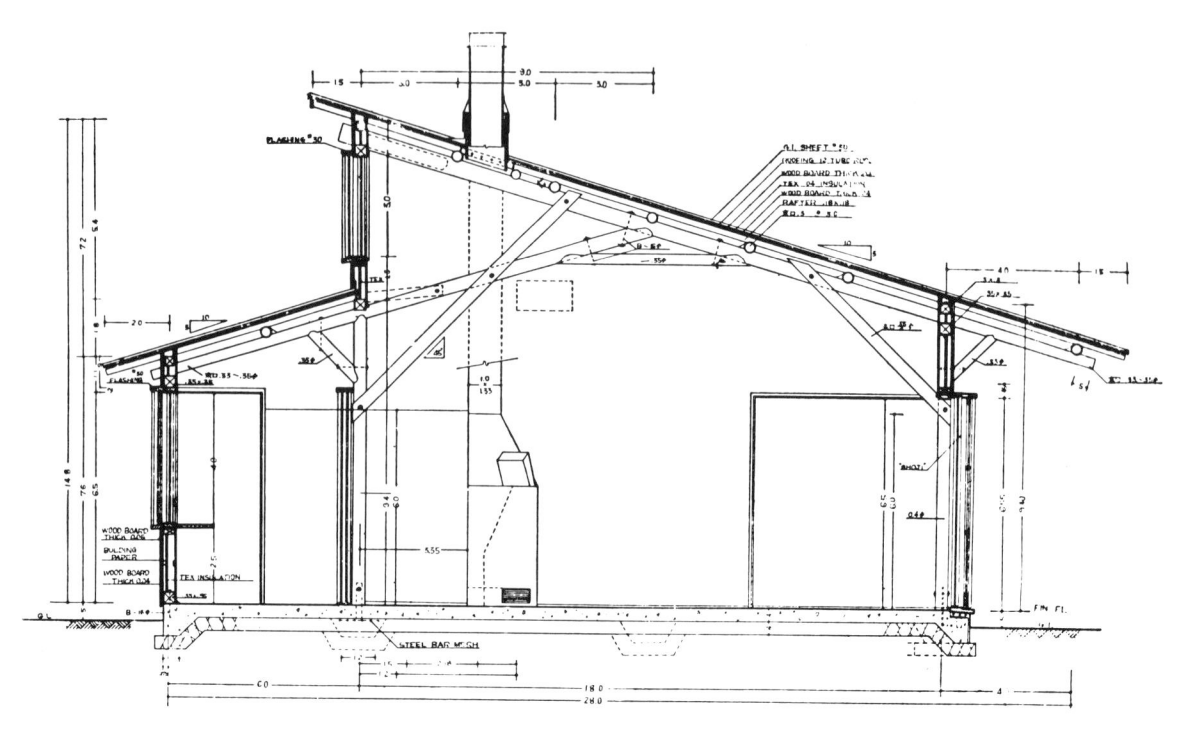

の洗練につとめ，今もその方向にむかって働き続けている。

　私たちが東京に帰った1948年，離日以来10年目，事務所は私の名のもとで動き，十分に組織化していた。そこには土屋重隆がいた。戦前のある時期以後独立して実業に携わっていたが，彼も旧来の協力者たちを援助しようとしていた。また木村秀雄は東アジアで憲兵としてほとんどを戦争に費していたが，総務部長として仕事を始めようとしていた。また建築家としては，杉山雅則，鷲塚誠一，天野正治，石川恒雄，構造技術者として小野禎三がいた。みな働くことに熱心で，何はともあれ，私が曲がりなりにも再び仕事につくことを望んでいた。当然，先ず物質生活を確保しなければならなかった。誰もが戦争の影響をうけていた。彼らもその家族も十分に食べてはおらず，衣類もほころびたままであった。仕事への往復と，食物や燃料を求めるために歩きまわってくたびれていた。これも当然のことながら，私は再び職業の中に美的な部分を恢復したかった。しかし，そのために起きた衝突は，鷲塚や他の人びとを組織から離す結果となった。

　その頃の事務所は，内幸町のなかばこわれたビルの中にあり，周辺はいずこの街とも同様，廃虚と塵芥，泥と悪臭にとり囲まれていた。だから最初にリーダーズ・ダイジェストの現場，次に大使館館員宿舎の現場の中の清潔な木造臨時事務所に移れたのは大変な救いであった。どちらも何らかの緑に取りまかれ，頽廃と廃墟の匂いはなかったからである。

　利益とは格別の関連なしに，実際の仕事をする自由が与えられるためにも，また同時に一定の所員たちが，ある程度の体面や福利を取りもどす，正当な欲望や要求をもつことを妨げないためにも，われわれは独特な方法で協力する組織をつくることに成功したのである。私はA・I・A（アメリカ建築家協会員）という肩書をもち，「株式会社レーモンド建築設計事務所」と平行させた。そして仕事の取得の出所に応じて管轄を分けた。私の得た仕事は私の名のもとで，また他の人の得た仕事は「株式会社レーモンド建築設計事務所」のものとなった。会社は私に必要な助力を提供し，そして会社の仕事については顧問としての私に支払うのである。この方法はこの20年間，何とか満足ゆくように運営されてきた。われわれの組織が他のあらゆる建築事務所と違っている点は，構造，機械設備，電気設備等，技術のすべてを自分たちの事務所で，自ら果してゆこうと決定したところにある。私がこの方法を強いてきた理由は，ほとんどの仕事が技術の段階から始めるべきであり，できる限り内から外へデザインすべきだからである。もう一つわれわれの事務所で目立つ点は，ただ監督し，報告するかわりに，手順を教え建設業者を現場で指導し，本当に詳細に至るまで厳重な監理をするように，私が主張していることである。本当の建築家は，建設家であるべきであり，建設業者同様またはそれ以上に建設の科学を知るべきであると思う。そしてそれだけが，労働者たちの信頼を獲得しうるものであり，彼らとともに今日の技術の新しい可能性を展開させることができるのである。

　メキシコ（1954）　この忙しかった数年間の後，私たちはロサンジェルスを経由してメキシコへの旅行に向かった。その折，当時カリフォルニア州ガーデン・グローブに住んでいた息子クロードとその家族を訪ねた。メキシコの美術，建築，絵画，彫刻などの活発さは，私たちにとって天啓であった。そこには未来を怖れぬ生命があった。その太い神経に充たされた個性的な確信。このすべてを支配するものは，永遠の価値を意識する古来の伝統であった。それは日本人やインカ人のように，古い文明の保有者たちに属する財宝である。それが多分，今でも現代メキシコ人の中に現われているものではなかろうか。

上　設計事務所の内部
中　スタジオで開かれたパーティー　右から左へ　デヴィッド・レヴィット　吉村順三　前川国男　白石多士良　私　ノエミ　ヴィヴィアン　白石宗城
下　事務所の一部

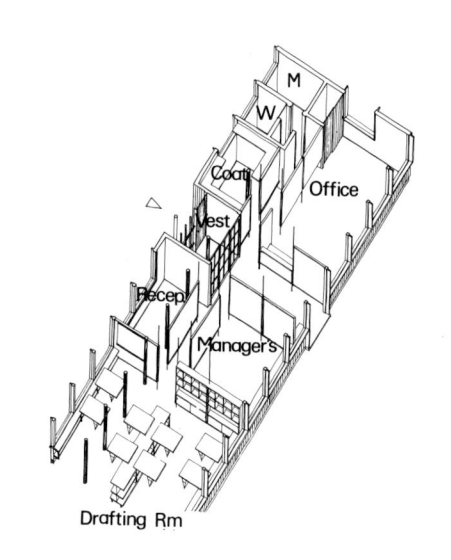

無題　ニューヨーク　1947年

アンティコリ・コラドの近くの山での踊り　イタリア　1914年

コンポジション　東京　1959年

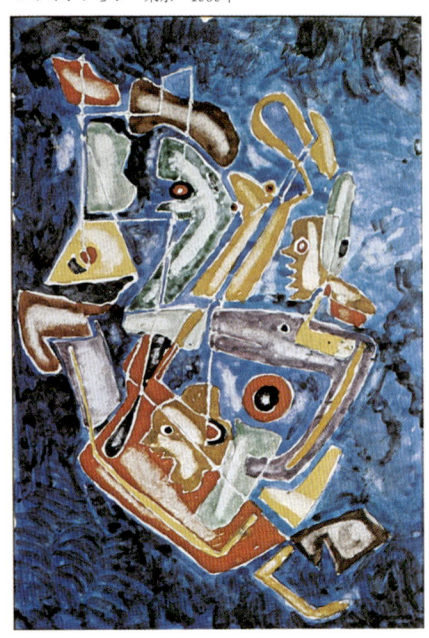

セミアブストラクト群像　ニューヨーク　1952年

詩情　ニューヨーク　1940年

スケッチ　東京　1954年

セミアブストラクト　東京　1951年

6
1954——

22 東西の建築家

23 教会，学校，その他

24 群馬音楽センター

25 戦後の住宅デザイン

26 終りに

22. 東西の建築家

　1954年，エドワード・ストーンが婚約者のマリア・エレナ・トーチとともに日本を訪れた。彼らとともに笄(こうがい)町の家で食事して，私たちのアトリエを礼讃した。話に熱が入るとエドは夢中になり，マリアにニューヨークへ帰り次第，2人のためにこのような環境をつくろうと約束した。彼は確かに実行したが，私たちとは精神が違っていた。

　ちょうどその頃，ワルター・グロピウスが日本を訪問していた。朝日新聞社が出版する「ジス・イズ・ジャパン」の編集長で，建築家である斎藤寅郎は，この機会を利用してグロピウス，ストーン，それに私の3人をあわせ，マリア・エレナ・トーチにインタビューをさせた。この結果はマリアによって書かれ，「3人の建築家，日本を観る」という題で，雑誌を飾った。そのインタビューの記事の一部を，ここにひろいあげてみよう。

　「レーモンド氏は庭に対する住居の関係を，日本人のような熱意をもって，自然が示すどのような機会をも利用する。彼は，日本の自然美は国の遺産であり，日本の造園は強制ではなくて，自然そのままの表現であることを認識している。また日本の庭園に，単なる好奇心を示しているのではなく，その使い方の点でも，その原則と本質とに従っている。彼は，日本人は永遠に自然との密接なつながりを望んでいると感じているし，彼の庭や住居にははっきりとそれが表現されている。……材料が自然であるほど，接触は密となる。住居が開放的であるほど，自然との融合はこまやかになる。日本人はわれわれよりもはるかに自然を熱愛し，われわれの考え及ばぬほどの犠牲をはらってそれを示す。庭と家は一体である。庭は家に入り，家は草むらの蛇のように庭に忍び込む。日本人にくらべると，われわれの自然への愛はきわめて表面的なのである。日本人にとって，自然は生存の奥義を解く鍵にも等しい。……日本家屋は自然の形が発表したものに近い。いずれの点においても，正確かつ適切な解決として求められた内的動機に関係づけられ，実用的であるばかりではなく，人生の真価の洞察を表現している。……グロピウス博士は『日本の古代建築の長所の一つは，空間の融通性である。家は開放的で庭とつながる。内部と既製の障子などは，私にいわせれば現代の統合の実現であり，この既製品の構造は誠に重要である。桂離宮の単純な美しさは，全く美のきわみである』といっている。……ストーン氏は日本にはじめてきたが，恍惚として次の観察をしている。『日本家屋の洗練は，一つの概念を数百年間改良し続けた結果であり，気候や，建築材料の高度な実用性の反映であることは見逃せない。この心像に対する忠実さの中に，日本の住居建築の力と美がある。一つの原型を忠実に完全にするこの気構えが，他の幾多の大建築の性格となってきた』……レーモンド氏はのべる。『西洋風の家や，あらゆる種類の建造技術は，急速に取り入れられてきた。新構法が次々に起こり，はびこるなかで，伝統的な日本の建築デザインの哲学的背景や，倫理的原則は，実際のところ完全に失われてしまった。建築家の教育は，構造技術と土木技術，機械技術，そして構法に限られてしまい，今日においてもそうなのである。…

帝国ホテルにて
私　斎藤寅郎　ワルター・グロピウス　マリア・エレナ・トーチ　エドワード・ストーン　1954年

…グロピウス博士はまた『住居建築において，ただ安易さと居心地よさとを求め，多くの文化的所産の犠牲のもとにつくられたアメリカのような馬鹿げた誤ちを，日本人は犯してはならない。日本には素晴らしい建物が建つに違いないけれど，その日がくるまで都市は同じ混乱を伴うであろう。今日の日本の至る所に，戦後出発した都市美の大変な混乱を発見することができる。日本の建築家は，単なる真似を繰り返すかわりに，自身の創造的才能を発揮すべきである』ともいっている。……またレーモンド氏は『日本で実際の仕事に携わってきた私にとっては，いわゆる現代建築の多くの局面や，今日の必要性や需要に立脚したものが，伝統的な日本建築のある局面に驚くほど似ており，特に住居については酷似していることが次第に明白になってきている。今日では，伝統的な日本建築が導いた古代の原則が，新しく西洋の建築家によって再発見された原則とほとんど同一のものであることは，認められた事実である』という。」

ル・コルビュジエが日本を訪れたのは，その翌年1955年であった。彼のインドの作品のような超人間的な記念碑は，日本の建築家に前例のないほどの影響を与え，時には良く，時には悪く，その両面にわたり，最近の多くの作品に感ずる。しかしそれは，世界中の全建築家に起こったことなのである。

私は彼を偉大な鼓吹者であると考える。第一次大戦直後に始まり現代デザインに与えた彼の影響は，実に莫大なものであった。現代技術，建物および現代生活様式の適用にいたる，彼の研究に影響されない創造的建築家は，この世界では稀であろう。

ル・コルビュジエは，生まれながらの芸術家であり，彼の研究は最高の美に導かれている。彼は人間の肉体と魂とに関連し自然の力の上に築かれた原則により，自然の力を非人間的に分析し，その絶対性を認めた。開拓者という意味では最も現代的ではあるが，妥協のない古代の創造芸術，永遠なる哲学に導かれている点では最も保守的である。この点では，日本ではアメリカにおけるよりも彼はたやすく理解され，よく評価される。それは，日本が幾世紀も前から芸術的伝統を持っていたからである。しかし，不思議に思えるのだが，私はコルビュジエが特に日本に興味を持ってはいなかったという印象をうけた。

ル・コルビュジエの衝撃的な考え方は，日本でもアメリカでもその当初拒否された。し

かし後になって，アメリカの建築家たち，特にアメリカの大企業は，それにより収入を得ながら，当人に何の報酬も出さぬまま，ほとんど熱狂的に受け入れたのである。

日本においては，私はコルビュジエの影響を受けた最初の建築家であったと思う。それは1924年，東京の霊南坂の家にあらわれた。つまり日本と，コルビュジエの両影響の組合わせであった。当時の日本の建築家はみなヨーロッパ，アメリカ両者の折衷的建築に影響され，それもほとんどは，フランスとドイツであった。1930年の初期に，朝霞に建てた東京ゴルフ・クラブは，私のコルビュジエによる影響が最高にあらわれたものであった。そして1938年出版の「建築詳細図集」を通しても，日本と欧米の建築家に大きな影響を与えることになった。

ル・コルビュジエの弟子で，私と同様チェコ人であるフランソワ・サメーは，1937年に東京の私の事務所で働いた。当然ながら日本における私のデザインに影響を与え，これがまた，第二次大戦前の若い日本建築家に影響を及ぼしたのである。サメーは私と組み，特にインドのポンディシェリーにあるスリ・オーロビンド・ゴーズの寄宿舎の仕事をしたが，これは日本で広く発表され，若い日本の建築家たちを大いに鼓舞したのであった。

もう1人，ル・コルビュジエの高弟，前川国男は今や日本の最先端をゆく建築家のひとりである。コルビュジエのもとで働いた後，数年間私の事務所に入った。もちろん彼の仕事も，私の事務所の中にコルビュジエの影響を与えることになった。

さて第二次大戦前のル・コルビュジエの影響は，日本の建築家に，最も優れた一つの方法，つまり当時流行していた非創造的なヨーロッパのビクトリア時代にも酷似する折衷主義から，彼ら自身を解放する方法を示したことである。そしてコルビュジエの影響がさらに支配的なものになったのは，ようやく戦後のことであった。戦後も，若い日本の建築家がコルビュジエのアトリエで働くためにパリに行き，彼の精神を吹き込まれてきた。このすべてが当初は有益であり，私の精神にも共通なものを建築家たちに示していた。

不幸にもル・コルビュジエの後期の作品，教会（ロンシャン）とか，インドのチャンディガールの作品とか，マルセイユ（ユニテ・ダビタシオン）の仕事でさえ，日本の建築家たちに驚くほど悪い影響を及ぼした。戦前，初期のコルビュジエの仕事は，ほとんどが鉄筋コンクリートの開発であり，それに基づくものであった。そして彼は，柱や梁の表現は鉄筋コンクリートに限ると信じていた。しかし，教会の仕事の頃から急激に離れてゆき，鉄筋コンクリートを塑性材と考え，彫刻的効果に合わせていった。これは新しい概念であり，彼の後期の作品には十分に表現されている。

日本の建築家はそれにヒントを得て，その方向に表現を誇張した。私はこの人びとの努力の，ある結果を「ごてごてしたもの」とよぶ。その超ブルータリズムはアメリカにいくつか例があるとしても，ヨーロッパにはその例をみないものである。

東京にはコルビュジエの作品が一つある。上野の西洋美術館は彼によるものであるが，ひかえめにいっても優れた仕事ではない。彼はそのために幾つかのスケッチをしたが，不幸にも彼の考えが十分生かされているとは私には思えない。照明は貧しく，ディテールが悪く，玄関は巨大な煙突で台無しになるなど，諸事が混乱している。それにつけても，趣旨である松方コレクションに合っていない。このコレクションはほとんどが，60年以上も前に薄暗いアトリエの中で，フランスの画家たちによって描かれたもので，固く親しみにくい美術館の雰囲気は何の役にも立っていないのだ。

東洋芸術と能衣裳の有名な蒐集家　畠山一清とノエミ
1956年

一つだけ私に確かなのは，コルビュジエがもし再び日本を訪れて，現在のこの超ブルータリズムをみたとしたら，おそらくぞっとしたであろうということである。

吉村順三は大変例外といえる。1955年頃，吉村はニューヨークの近代美術館の中に日本住宅をデザインし，熱狂的に受け入れられた。それは1958年の同じく成功した「山の上のモーテル」となり，日本人の文化生活に対する見識をアメリカ大衆にある程度深める役目をした。吉村順三の評価は日本の国内にも国外にも確立されたのである。彼は，今でも永年過した私の事務所の精神を持ち続け，幾多の興味深い仕事をしている。それは日本的なものと，優雅で軽い現代的なものとの組合わせであり，おそらく彫刻的ではあっても，ごつい重苦しさはない。吉村は，過去の日本芸術や，建築を熟知していて，現代作品との組合わせの中で最高に発揮する。そして彼もまた疑いもなく，ある意味でコルビュジエの影響を受けている。彼はごく最近，新宮殿のデザインという非常に重大な仕事の委託を受けた。その基本スケッチの完了までに，3年間を要求して仕事を始めたことから推しても，すばらしい仕事をするであろうことを疑わない。

以上は1961年4月に書かれたものであるが，1967年8月，私は次を書き加えなければならなくなった。吉村順三の新宮殿のデザインは，基本設計の段階では快く受け入れられたが，実施設計とその施工に至って裏切られた。宮内庁の超保守主義は，平凡な折衷主義擁護のために，デザインと方向を覆えし，ある口実を設けて吉村を締め出してしまった。おそらく，史上最後に建設される宮殿は，文化的にも美学的にも無価値となるのであろう。最近建てられた，皇太子の御所もその例であるが，同じく宮内庁の復古調の作品である。悲しむべきことだ。

その間に前川は違う方向に向かって行った。コルビュジエの愛弟子として，現代フランスと古代日本とを調和させることに成功し，それを現代技術で表現した。彼は上野の東京文化会館や，他の傑出した作品の中にその信条を示したのである。私は彼らの作品をおおいに興味と満足をもってみる。その創造的生活の初期の重要な部分で，私と直接関連をもち，親しく交流していたからである。彼らの貢献ははるかに日本の前線を超え，影響はヨーロッパやアメリカにも感じられる。前川は戦後，自分の事務所を開き，大きなしかも重要な委託をうけてきた。他のコルビュジエの弟子，坂倉準三も同様な過程をたどった。

丹下健三に私が注目したのは，広島計画のデザインをした年のことであった。彼がリーダーズ・ダイジェスト東京支社の影響をうけたと私は感じたが，それは外観のみにひきつけられ，リーダーズ・ダイジェスト社のような，構造的理由によるものではなかった。しかし年がたつにつれて，丹下は益々興味ある真の創造的な建築を作るようになり，私は彼を偉大な幅をもつ建築家だと結論づけるに至った。遅かれ早かれ，日本に建築家が出現するであろうと，私が予言していた通りであった。

丹下は真に芸術家であり，日本の過去を理解し，あらゆる芸術を理解している。彼は筆も立ち，ハーバード大学その他で講義もする。その作品はきわめて面白い反面，確かにブルータリズムの犠牲者であり，それを鼓吹する人でもある。丹下の考えによれば，日本の建築家は伝統から抜け出さなければならないのであり，その伝統とは，アメリカやヨーロッパの建築家の理解している伝統のことである。彼はある時，私は「日本調」をつくり出し得るが，彼にはできないと語ったことがある。彼は日本人としての仕事をしなくてはならず，そして現代的，創造的な精神をつくるために新しい伝統を創りださなければならな

吉村順三　私　友人　1955年

前川国男　ノエミ　私　1955年

いのだ。私はその伝統というものが，何か新しいものであるということには同意しかねる。伝統とは，長い年月にわたり蒐集された宝のような知識そのものだと考えるからである。

　私は短波放送で，彼とともに放送をした時の討論を思い出す。日本の歴史の中には，モニュメンタルな尺度によるよい建造物は存在しなかった。つまり人間的尺度の建造物は，神社や，あらゆる民芸の形にあらわれているように，自然，単純，経済的かつ直接的なものを目標にしていて，永年の伝統に向かって，これらのものがきわめて健全に自然のデザインにつながり，すべてを共有し，また内に統合され表現されていると私は論じた。

　また，最近の日本の建築は，その絶頂期へと導く原則に背き，その上単純性，自然性，経済性という概念に逆らい，否定への努力のかわりに重厚で，複雑な，冗長なものとなりつつある。コルビュジエの記念碑的創造が有害な方向に，若い人たちの作品に影響するのを許してはならないとも論じた。私はファサード・デザインである，外から内へというデザインの方法にも反対した。それは材料を浪費し，機能を欠く結果となり，流行を追うに過ぎない。厚い蛇腹，重いバルコニー，ピロティ，のちにアメリカの影響により生産されたカーテン・ウォール，ステンレス・スチール，アルミニウム，その他あらゆる商業主義の落し穴について語った。

　ストーンやグロピウスの滞日中，われわれは3人で丹下を彼の自邸に訪ねた。その家には美しいディテールとプロポーションの極致があり，その技術は伝統的な日本風でありながら，一つの点を除いては実に現代的であった。一つの点とは厨房とその配置が中世的であったことである。家は今日の生活を明白に反映すべきものであるべきだ。女中はもう使えない時代で主婦は1日の大半を台所で過ごす，とすれば厨房は最適な，楽しく，よく陽のあたる，涼しい場所に置かなければならない。私のデザインしたほぼすべての住宅では厨房を西南の方角に配置したが，それは優れた規律の中でも必須条件の一つである。

　しかし彼の作品はきわめて興味深く，創造的であり，他の若い建築家のブルータルなところも彼の作品に共通していた。ともあれ彼らは若い。彼らには勇気がある。そして驚くべきことは，日本の建主である市も，県も，大企業も，なんら妨害することなく，自由に建築家のなすままにまかせていることである。これは芸術家の尊敬の必要性や，芸術家の最高の仕事に必要な自由度を理解することが，日本人の身についているからである。

　　F・L・ライト擁護　　1958年，ちょうど私が群馬音楽センターのデザインに手をつけた頃であった。フランク・ロイド・ライトの帝国ホテルに新館が増築され，そのデザインをたたえる宣伝記事が，和文英文の両新聞に掲載された。しかし，この新館がまさしく商業主義的産物であることは，素人目にも明らかな事実であった。フランク・ロイド・ライトは当然のことながら，それを非難し，タリアセンで行なわれたインタビューで酷評している。その幾つかをここにあげてみよう。

「私は日本のために建てた建物の感情や特性に対する，これ以上の無礼な侮辱を考えたこともなかった。この増築はその感情や特性に対して，まるで死人を扱うが如くに建てられてしまった。西洋風にである。帝国ホテルは，西洋人のために建てられたものではなかった。日本全体のために建てたものであり，私は日本の伝統に脱帽した最初の西洋人のひとりであった。しかしその当時から，日本人によるホテルの評価は，このいわゆる『西洋化』によって影響をうけてきていた。私はその増築が，不毛化に向かう建築の傾向の一つ

丹下健三との対談　1960年

をしるすものだと考える。国際様式という名を持ちながら，国際的でもなければ様式でもないものなのである。」

　彼は日本人が外国において，常に模倣屋とされてきたこと，西洋の国際派によってゆりうごかされていると述べ，「日本人は自分のものをひどく程度のわるいものとして受けとっている」といっている。彼は日本独自の伝統とともに歩を進めようとして，帝国ホテルのデザインに6年の年月をかけたのである。

　「帝国ホテルは，不毛という公式をどこへでも待ち歩き，西洋化をはかる建築家たちにより，文字通り零落してしまった。彼らは世界中をきどって歩く。私にはそれが文化的悲劇として見えるのだ。」

　帝国ホテルは，引張力と柔軟性の原則に基づいて地震に耐えるように建てられた。だが新館の基礎は「押し込み Squeeze」のかたちで地上に置かれたと彼は判断し，その方法だと「帝国ホテルの孔雀の間もろともに沈下させることになる」と予言した。また，新館はその宴会ホールに対抗して建てられたように見えるともいっている。ライトはそれまで新館の写真を見たことはなかったが，「日本でこんなものが作られたとは，まったくもってふらち千万だ」といい，また，1903年の彼のシカゴの建物のデザインに似ている新館の窓の形を指摘して「なるほど，日本は私の行き方ではなく，もはやここに行きついたのか……」ともいっている。帝国ホテルは外国人をもてなすために建てられ，そして「アメリカ人は，むしろ日本のためではなく，彼らのために建てられるべきだと思っていた。それが，アメリカ人旅行者の影響を受けている日本のホテルの宿命なのだ」。帝国ホテルは，電気暖房と間接照明を待つ，最初の建物であった，とライトは指摘し，「どの細部にわたっても素晴らしい発明であった。しかし日本人はそれを十分生かし切れなかった。今回の事態が起こらなければならなかったとは，単なる悲しみだけでは過されないものを感ずるものである」とのべている。

　ライトのホテルと新館のこの問題を，日本の大衆に表明することが義務であると感じた私は，次の手紙を「英文毎日」に書き，掲載された。

　「私と妻が美しい着物姿の日本の夫婦を始めて見たのは1916年である。場所はタリアセン，帝国ホテルをデザインしたフランク・ロイド・ライトの住居兼スタジオであった。その日本人が林愛作夫妻であった。林は当時，旧帝国ホテルの支配人として，東京の新帝国ホテルをデザインする建築家を求めて，アメリカやヨーロッパに派遣されていた。林は，世界中に数多くあるような商業的なものではなく，日本の芸術的伝統に価する建物を建てたいと望んでいた。彼は文化人の集まる場所，そこで講義を聞き，音楽を聞くのにも役立つ，本当の文化への貢献を考えていた。彼は豊富なアイデアを持ち，真の文化や芸術の理解者でもあった。その偉大なる建築家がまだ自国で認められてもいなかった時代に，林はライトを認めるほどの眼識を示したのである。1916年，ライトはすでにホテルのための無数のスケッチや，計画を持っていた。1919年12月，第一次大戦直後の，私がアメリカ軍の制服を脱いで間もなく，ライトはその頃までにすでに契約が成立していた帝国ホテルの建設のため，私たち夫婦に，彼と一緒に日本へ行こうとたずねてきた。

　当時の東京は確かに人力車の町であった。車は稀であり，洋風の高い建造物や建物はわずかであった。道路は舗装されておらず，泥道ではあったが，町は美しかった。狭い道に沿って，低い灰色の瓦をのせた家々が並ぶ統一性，美しい寺の優雅さ，たくさんの公園，

庭に囲まれた住居，並木通り等，忘れがたい印象を私たちに残した。

最初の大事務所建築である丸ビルは，ちょうど建築中で，日本郵船の建物も同様であった。両者とも，その当時の典型的なアメリカ様式で，鉄骨を石で覆ったものであった。これらは1923年の関東大震災では，ひどく損傷し，ほとんど崩壊に近かった。

普通の建築家と違って，ライトは町の一律の高さを尊重し，痛む親指をつき出したような高い建物は建てぬという，優れた判断力をみせた。彼はただ背後の中央部分を平均よりも持ち上げただけで，ホテルを低く保った。彼が鉄筋コンクリートを用いたという事実が，どうして1923年の大震災にも建物がもちこたえられたかを説明している。

鉄筋コンクリートの技術は，衛生工学や衛生器具と同様，当時の日本では実際には知られていなかった。ライトはこれらの点や，その他多くの方面で真の開拓者であった。

ホテル建設中には，克服すべき多くの困難に会った。予算や見積り等々がライトと建主の間に溝を作り，新しい型の建設工事におこり得る困難があった。仕事の費用が増大して悪評がつのった結果，恩知らずな支配方針により，ライトも，林愛作も解雇された。林愛作は忘れられ，貧困のうちに死んだ。戦後間もなくのことであった。

南棟内部は新幹部のもとで建てられ，したがって他の部分にくらべ美的感覚に乏しい。これが占領軍時代に続く，破壊行為のはじまりであった。破壊的な卑俗化の継続は，現在の支配下で，何の妨害もなく正当として続けられてきた。この野蛮行為に対して，日本の建築家がひとりとして抗議の声をあげなかったことは驚きである。

戦後，アメリカ占領軍がホテルを没収し，それを上級客用ホテルとして用いた。支配人とホステスが指名され，占領軍に使われた，他の多くのホテルや，住宅で起こったのと同じことが起こった。自然の木材や，刻まれた大谷石までがペンキで塗られ，ホテルの全部分が，どこかアメリカの田舎モーテルのように変ってしまった。宴会ホール頭上の有名な天井は爆撃で破壊されていたが，最も悪趣味の俗悪なものに取り替えられてしまった。

アメリカが提供しうる創造物として，何にも増して高度な，弾力的な文化の成果であった，アメリカ最大の建築家の作品を，アメリカ陸軍がこれほどにはげしく破壊したことは実に残念であった。無知が善意とともに働いて，破壊の方向に至るという過程は，実に見事であった。今日，ライトのホテルを見ても，誰もその当初の美しさを想像することはできない。計画の素晴らしさ，空間にみられる面白さ，材料，色などを描写するのには時間があまりかかり過ぎる。そのすべてが次第にこわされ，ペンキで塗りたくられ，安物が飾られ，そしてすっかり冒瀆された混乱に陥ってしまったのである。

フランク・ロイド・ライトはほとんど90歳になる（訳註・1958年当時）が，以前にもまして精力旺盛で，活躍している。ちょうど現在，彼は巨大な作品，たとえばニューヨークのグッゲンハイム美術館，あるいは他の多くの重要な仕事を手がけている。ライトは常に，建築と同様，すべての芸術に遠大な理想を捧げてきた。そしてこれらを常に高く掲げてきた彼の勇気は，見上げたものであった。彼は現在，十分に認識され，アメリカ建築家協会の金メダル受賞者であり，英国王立建築家協会の金メダル受賞者でもあり，世界の建築家協会のほとんどの金メダル受賞者でもある。彼は高位の英国皇室勲章を受け，その他，芸術家としての建築家に与えられる世界中のあらゆる勲章を受けた。彼の初期の作品は，1910年の古い昔に，ベルリンのワスムス社によって出版され，2冊の素晴らしい本となった。彼のデザインに同意するかしないかは別として，真の建築家すべてに尊敬されている

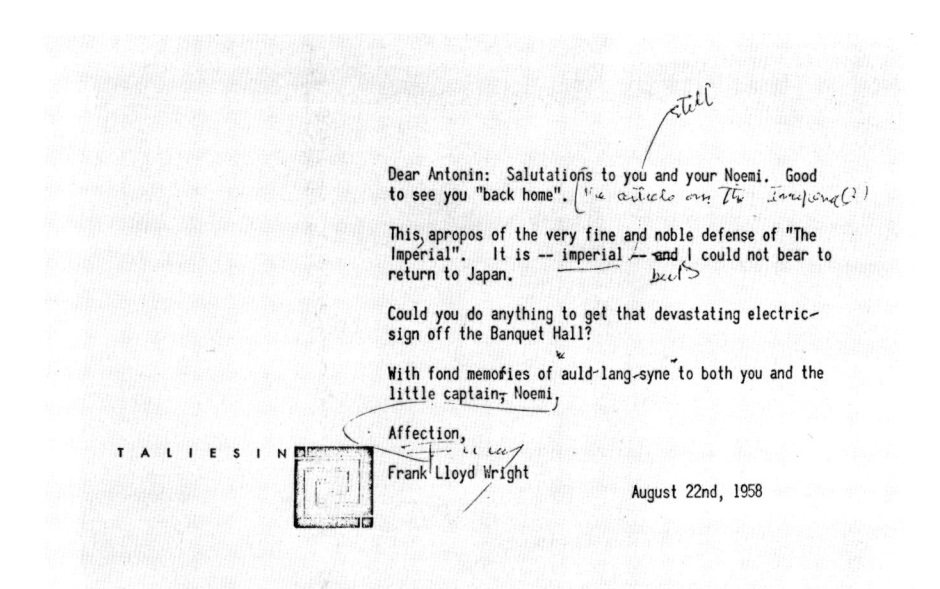

```
Dear Antonin: Salutations to you and your Noemi.  Good
to see you "back home".  (re article on The Imperial (?))

This, apropos of the very fine and noble defense of "The
Imperial".  It is -- imperial -- and I could not bear to
return to Japan.                      but

Could you do anything to get that devastating electric-
sign off the Banquet Hall?

With fond memories of auld-lang-syne to both you and the
little captain, Noemi,
              Affection,
TALIESIN      Frank Lloyd Wright
                                    August 22nd, 1958
```

still (annotation)

フランク・ロイド・ライトからの手紙

のである。彼は，ひるみないアメリカの開拓者精神をもって彼らと終始闘い続ける故に，その彼ら皆に愛されている。

　アメリカ流に卒直にいえば，帝国ホテルを地図にのせ，またある意味では，東京や日本をのせた人こそ，フランク・ロイド・ライトであった。日本に到着したアメリカ人で，ライトがデザインし，だからユニークになったという理由で，帝国ホテルへ長蛇の列を作らない旅行者は稀であった。悪評が高かったにもかかわらず，帝国ホテルはまさに大当りであったことを立証したのである。

　ホテルはライトの天才と想像力なしには，人に知られることもなく，評判にもならずに終ってしまったであろう。日本を訪れるアメリカの旅行者の多数は，主として世界的に有名な帝国ホテルを見にきている。フランク・ロイド・ライトと林の両人は，日本が切望していた観光を鼓舞した業蹟によって，日本政府から勲章を受けるに価いしよう。

　貴紙に載ったライトの記事の中で，私の同意できないことが一つある。彼は帝国ホテルが大変日本らしい感じだと信じているけれど，決してそうではない。ホテルはいかなる意味においてもアメリカ的である。フランク・ロイド・ライトは唯ひとり，真の『アメリカの建築家』である。彼は誰からも，またどこの国からも何も借りはしなかった。しかし彼は，粗野なアメリカの個人主義にふさわしく，常に彼個人の意見を表明してきた。

　帝国ホテルの新しい増築部分は，日本の建築や芸術の偉大な伝統に対して，本当のものではない。むしろ日本調ではある。たとえば，建築家堀口捨巳による美しい名古屋の八勝館のような，真に日本的なものではない。帝国ホテルの新館は，平均的中流階級の旅行者の低級な趣味を充たすものにすぎず，フランク・ロイド・ライトの帝国ホテルは，芸術と美をもって高くそびえており，だからこそ建築であったのである。」

　毎日新聞社の編集者宛のその手紙の切り抜きを，誰かがライトに送ったものとみえる。1958年8月23日付けで，私は彼から次の手紙を受取った。
「親愛なるアントニン。君とノエミにあいさつを送る。君が家に戻ってきた（帝国ホテルの記事の意味）ことは嬉しい。『帝国ホテル』に関しての大変立派な高尚なこの弁護は適切だ。ホテルは今も尚インペリアルだ。しかし私はもう日本に行くのは耐えられぬ。君の

手で何とか，あの荒れ果てた宴会ホールのネオンサインをおろさせてくれないだろうか。

お好みの『螢の光』の記憶を，君と小さなキャプテン・ノエミに送りつつ。

愛をもって　　　　　　　　　　　　　　　　　　　　　　　フランク・ロイド・ライト」

1952年，私はアメリカ建築家協会名誉会員になった。それは私にある程度の満足を与えた。同年，私の友人，ＡＩＡワシントン州支部の会長をしているポール・サーリーが，協会の金メダル候補として私を推薦し，さらに1953年の２月にも，再び推薦した。彼の書いた推薦状自体が私には名誉であるが，一部を抜粋しよう。

「アントニン・レーモンドの作品は，機能的であるばかりでなくて，美しい。彼の詳細設計は優れ，その建築の各々の部分は完全に働いている。仕事範囲は，住宅，教会，学校，病院，工業とデザイン全域に及び，彼は手仕事，材料，構法についても手本を示している。今日の世界で彼に匹敵する者はいない。

もしも誰か，西洋の建築に影響を与えたものがいるとしたら，それがアントニン・レーモンドである。シアトル会議の『新しい国，新しい建築』の提案主題に従って，われわれ協会の最大の名誉を授けるのに最も適した人は他にはいないと考える。

建築に対する優れた貢献により，またデザインと構造の哲学により，彼は世界的に影響をひろめた。彼は新建築の開拓者であり，アメリカと日本ばかりでなく，地上のあらゆる場所の多くにも開拓していった。彼は建築の完全なる意義の擁護者のひとりであった。それは機能にとどまらず，構造や材料，用い方，方針，そして生活方式ばかりでなく，統合された，分けることのできないこれらすべてのものである。

彼の作品の大部分は一つの国にあり，その物象的条件や地理条件が，わが西北部に同一であるため，彼に格別な親しさを感ずるのである。われわれはこの会議において，その精神が太平洋を超えて真実であり，休みなき霊感を持つこの建築家に栄誉を望む。

この手紙が貴下の良心と，候補である彼の長所を補足しうることを切望してやまない。」

もちろん私はポール・サーリーのような人のこの讃辞を大いに感謝した。しかし，私が当初から察知していたように，彼の努力は実らなかった。1953年のゴールド・メダルは一介の企業家に与えられたのである。（訳註1953 medalist William Adams Delano, New York）

1956年，ＡＩＡのニューヨーク支部は私に名誉賞を授与した。その賞状には私の生涯の努力を実にうまく述べているが，おそらく友人ヒュー・フェリスの書いたものに違いない。彼との交友は1912年のカス・ギルバートの事務所に始まった。他に誰もそれほど理解してはいまいと考える。

「建築家アントニン・レーモンド，ＦＡＩＡは，芸術における絶対価値をおさめることにつくし，あらゆる価値あるデザインの源泉が心であることを信じ，正直さと卒直性と単純性のみが成就することを信じ，現代の建築技術に従って，建築の中に最高の審美性を達成しようと努めた。また，芸術と自然の間に，建築の基本的関係を適要することをわきまえている。

貴下は心をもって，譲歩を許さぬ言葉で目的を守り，老若の会員たちと同じ思想を分かちあった。貴下の作品が多くの地で，高遠な目的や，立派な建築のため，不屈の探求の足跡を残しているからである。

ここにアメリカ建築家協会ニューヨーク支部は，貴下を表彰して名誉賞を授与する。」

23. 教会，学校，その他

　戦時中のアメリカ軍基地から，戦後日本の総司令部にいたる変遷の間にあってさえ，私は教会のデザインという特別な問題に，再び深くかかわりあうことになった。その最初の仕事は，1948年，私をフィリピンのネグロス島へ連れて行った。

　聖ジョセフ教会（1948）　まだニューヨークにいる間に，われわれはフィリピンの砂糖王オソリオ家のために，ネグロス島に教会をデザインした。教会建立は若いフレデリック・オソリオの案で，一つには，彼の家の砂糖きび農場のあるネグロス島に広まりつつある，共産主義思想を予防するためであり，人びとの間にカトリックへの意向をよみがえらせ，熱心な宗教的精神を強めさせようとするものであった。私はただその問題に携わり，働くことのみを喜んだ。そして興味ある建物を建てるのに成功したと信じている。

　もちろん教会は，彫刻家，画家，その他の芸術家たちの寄与が必要であった。ニューヨークでデザインしたタベルナックル（聖櫃）のために，私は東京で一流の職人をみつけ，同時に燭台と，祭壇の十字架をも作らせた。モザイク画と絵に関しては，オソリオがロード・アイランド州プロビデンスにいたアデ・ド・ベスーンの興味をひくことに成功し，彼女がモザイクや彫刻，その他の装飾のデザインに驚くほどの腕を示したのであった。これらの仕事は，ネグロス島で彼女が見出した，単純な職人の手で果された。

　不幸にも，聖壇背後の壁面全体を覆う主要な絵は，オソリオの弟の手にゆだねられ，私が日本とアメリカの仕事のために，島を去った後に描かれた。オソリオの弟と，ド・ベスーン嬢の両人の熱心さが，むしろ端麗だった内外の打放しコンクリート面，梁など，いたる所に描き，飾り，ほぼ全体を覆いつくし，そのため建築の表現を曖昧なものにしてしまったのである。

　聖アンセルム教会（1955）　日本のベネディクト派の院長ヒルデブランド神父のもたらした仕事は，真に挑戦を要するものであった。最低500人を収容する教会，修道院つまり寄宿舎，神父たちの事務室，集会室，図書館および幼稚園がその内容に含まれていた。これらすべてを，多くの規則によってしばられた，困難な狭い場所に建てなければならなかった。私は幾つかの模型をつくりながら，この難問を2年がかりで研究したのである。

　その最大限の経済性の意義，影響度の大きい新しい構造デザインなどからみて，結果は満足のゆくものであった。私は断面で50尺×50尺（15.15m），平面図ではその倍の50尺×100尺（30.30m）という教会の寸法をつくりあげ，デザイン上決定的な制御をすることができたと思う。この寸法は驚くほどの空間と，美しい比例をもたらした。壁と天井の折板は，鋼板型枠による打放しコンクリートが仕上りとなった。

　教会の長手方向の両側は，厚さ6寸（18cm）のジグザグの折板の壁をつけ，屋根は厚さ2.7寸（8cm），内部は断面が三角形の穴をもつ，三角梁の連続で構成された。壁のジグザグ部分のそれぞれは梁とかみ合い，強固な門型の枠を形成した。この枠型構造は屋根の荷

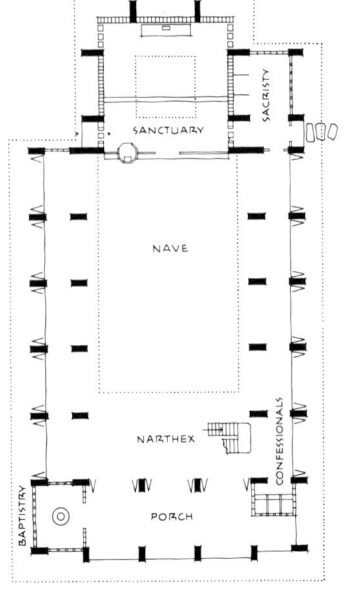

240

SANCTUARY

SACRISTY

NAVE

NARTHEX

CONFESSIONALS

BAPTISTRY

PORCH

Scale 0   25'

241

左ページ
ネグロス島のカソリック教会　1948年
上より教会側面　バルコニー
正面側廊　平面
右ページ
東京のアンセルム教会　1955年
左　現場打ちの折板とプレキャストによる窓枠
右上　通りから見た正面
　下　バルコニーに通ずる階段

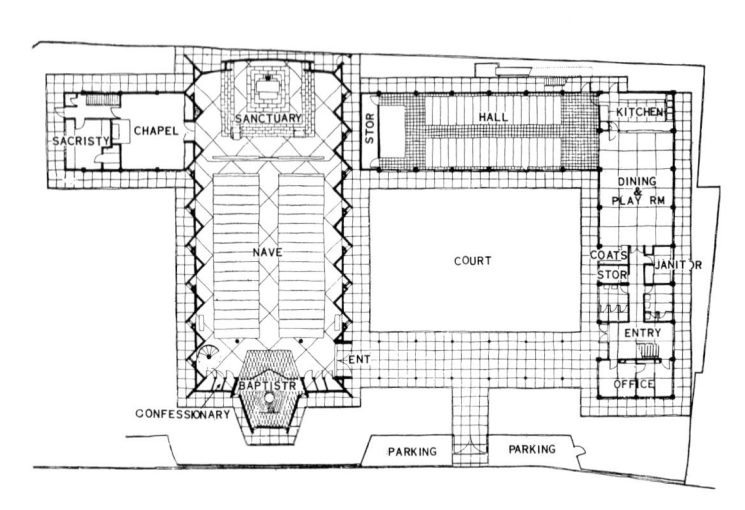

聖アンセルム教会
上左　平面
　右　鍛鉄の燭台・鍛鉄と七宝焼による聖櫃のある聖壇
下右　聖壇を見る
　左　鍛鉄とコンクリートの洗礼盤　下は洗礼所

重を支え，地震によっておこる横方向の応力を食い止める。日本の建築法規では，建物の要する地震力の係数は0.2以上であるが，この教会の地震力の係数は0.22と計算された。すなわち，0.22の震動に耐えうる強度をもつのである。

　私は祭壇とそれに付属するもの一切，つまりタベルナックル（聖櫃），燭台などもデザインした。できる限り独創的に，鋳鉄や七宝焼など，優れた日本の職人だけができる方法によって作った。祭壇の上にはコンクリートの天蓋をつくり，厚い金箔をはり，そこから十字架を下げた。壁にある14のキリストの「道行き祈り」は，ノエミがデザインし，鍛鉄とさび鉄で作った。各「道行き祈り」の意味を象徴的にあらわすような「手」を用いている。聖水盤，洗礼所の格子，洗礼盤は，非常に細心に研究し，首尾よく実施された。ノエミのデザインした，手描きのたくさんの大窓の絵は，本来ステンド・グラスが予定されていたものである。ステンド・グラスのような高価なものを入手する資金がなかったため，しばらくの間でももつように願いながら，着色プラスチック材で実施されたが，大変悲しいことながら長持ちはしなかった。

　ヒルデブランド神父は，実に優れた精神と知性をもった人であったが，この野心的な仕事をするにあたり，逆境の中にあった。仕事を完成させようとする私たちの努力も，新しい宗教儀式に合わせるために基本計画を変えようとすることでも，なかなか折り合わなくなってしまった。祭壇の背後，東の壁にかかれた黒線による四角は，私の周期的な外国渡航の留守の間に，ヒルデブランド神父によって私の描いた円の上に描き添えられたものであり，円は企画したフレスコ画ができ上るまでの，臨時処置としておかれたものであった。四角形では何の意味もなく，ただ邪魔なのである。

　神言修道会（S・V・D）のH・V・ストラーレン神父は，1956年10月，この教会について熱心な記事を書き，他にもいろいろと述べながら次のようにいっている。

　「祈りの中から生まれたこの教会は，すべて祈りである。また大切な伝えをももたらしている。教会が現代の人間にめぐり会えたのである。つまりこの教会はわれわれの時代のものであり，その形は何かユニバーサルで，1956年の人々に受け入れられるものなのだ。」

　聖アルバン教会（1955）　　教会のデザインには，財政的な制限がしばしば起こる。東京のど真中に，礼拝堂と日曜学校を，2万3千ドル以下で建てるようデザインするのは困難なことであった。成就できる唯一の方法は，丸太の皮をむき紙やすりをかけ，そのほかの部分には何も塗らず何の仕上げもせずに，普通の日本の技術をとり入れることだった。その目的のため，私は二重柱と二重トラスを図面上でのみ説明できるような方法で，複雑に入り組ませ，きわめて軽快な構造にすることを思いついた。再び私たちは，家具，祭壇，それに諸道具を含め，関係するデザイン一切を果たした。美的にもなかなかよかったが，稀なのは教会の評判として成功をおさめたことである。

　1966年，道路幅拡張のため，現状より4メートルほど建物を後方へずらさなければならなかったが，現在でも素晴らしい状態を維持している。

　聖パトリック教会（1956）　　この教会のデザインは楽ではなかった。因習に慣れてしまったアイルランド系の神父に，古い秩序の真似が致命的なものであると納得させるのは困難であった。今日的意義をもってやりとげることが何か価値があるのだと，このデザインが彼らを納得させたとは考えられない。神父の協力が得られなかったため，私はあぶはちとらずになってしまった。教会奉献式にはスペルマン司教がニューヨークから来たが，

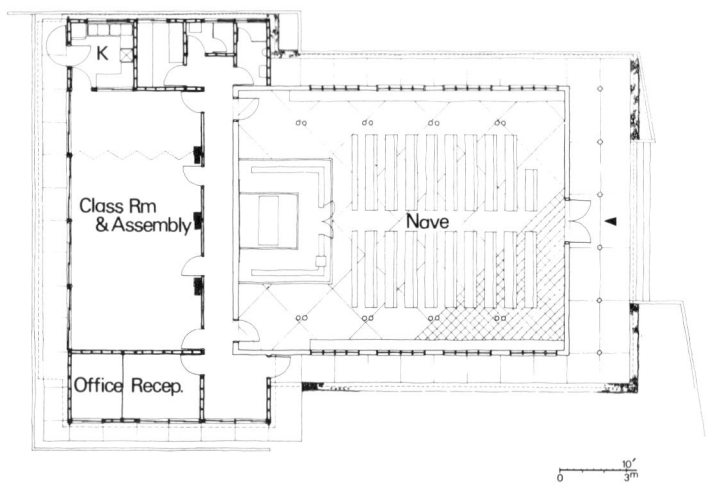

左　通りから見た聖アルバン教会　1955年
右　教会内部と平面

熱の入らぬ式であった。慣習的な儀式の進行中,彼は教会を見ようともしなかったようにさえ私には思える。

　幾つかの教会 (1957—63)　　1957年以後,われわれは九州から北海道に至る日本中に,カトリックのために,プロテスタントのために,そして一つは仏教の寺まで——四国,高松の小さな正安寺——をデザインした。九州の延岡ルーテル教会,札幌の聖ミカエル教会は,自然かつ経済的な材料によって,土地柄を表現するという魅力を持っていた。窓は,私たちが1934年にデザインした軽井沢の教会に範をとり,はり紙デザインを繰り返している。

　日本におけるどのキリスト教も,普通の伝導教会は,形の上でヨーロッパやアメリカの真似だとされていた。いつも財政難と創造性の乏しさのために,いたましいほど安手な真似ごとなのである。その反面,神社や仏閣は,時には良く,美しくもある。一般の日本人はほとんど意識していなくても,生まれながらにして美的価値の理解力をもっている。だから彼らは私たちのデザインした教会を,感謝と喜びを表わして受け入れてきた。

東京の聖パトリック教会　1956年
右はコンクリートの天蓋　下は平面図

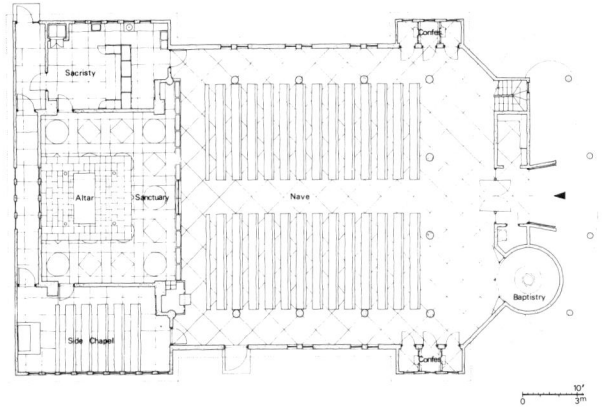

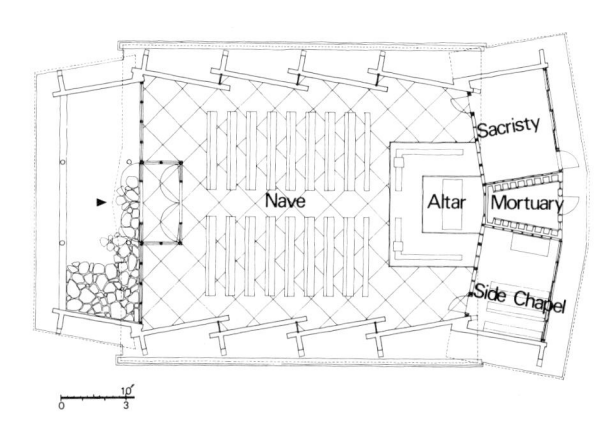

札幌の聖ミカエル教会　1961年
教会内部と外観と平面図

神言神学院，名古屋（1964）　　神学院の中心でもあり，魂でもある礼拝堂は，平面的に四方を囲まれて，敷地の最高所に置かれ，大きく廻廊の巡る，囲まれた内庭をつくる。西棟の受付部分，東棟の食堂と娯楽室部分とが低層であるため，礼拝堂はその建物を超えて聳える。北棟には修道士と神学生，神父たちの部屋があり，病室も同様に，すべてが南側におかれた礼拝堂と内庭に面している。東棟は年少の神学生が入り，図書館と教室を備え，南の庭や運動場が見渡せる。日本ではどこにあっても，太陽に面することが重要であり，大学のようにこの神学院でも主要な部屋の大部分が南面しているのである。

　その玄関は丘の頂上にあり，大きなロビーに続き，そのまま直接に礼拝堂の主軸と重なって主入口に導かれる。ロビーのはずれには受付と事務所と夜の詰所。また幾つかの面会室がつながり，ガラス張りの廊下が南棟と北棟へ閉鎖された扉を通じてのびる。ここには外部からの教授や生徒用の部屋も用意されている。このロビー，礼拝堂入口，廊下には，礼拝堂の聳えたつ内庭の美しい眺めがあるが，この際立った眺めは，角度や距離の違いはあっても，神学院のあらゆる部分から見られる眺めでもある。

　礼拝堂の平面は礼拝の正式の儀式を将来の神父たちに授けるための機能が発展したものである。この要求が特別に大きな内陣を必要とし，100人位の生徒や礼拝者が聖壇にできるだけ近寄れるように円形になり，その結果，周辺をとりまく扇形の外陣ができあがった。

　内陣の設備は，最近おこなわれたローマの全体会議に従って配置された。可動の説教台が一つあるだけで，それも必要に応じて持ちだされるが，主教の椅子は永久的に固定された。聖壇は鐘楼の直下，礼拝がどちら側からでもできるように，背後の壁に固定させずに置かれた。十字架はその上に吊られ，聖櫃は背後の壁から突き出した別の聖壇の上の凹みの中におかれた。

　鐘楼は組み合った二つのコンクリートの大小の半円筒で，両側のたての隙間から入る光が，その円筒の内側となる聖壇背後の壁に反射するようにつくられた。その鐘楼は，その上に高くプレキャスト・コンクリートの十字架をのせ，神学院全体の焦点として1マイル（1.6km）四方から見える。自然光も外気も聖壇の上から降りるが，両側の小さな窓からも，また外陣背後の高窓からも，取り入れられる。外陣の屋根は放射状の円筒が連続し，そのまま壁となって大地に降りる。この構造の考え方は，耐震的に強固ながら，薄膜の板構造であり，全体に梁と柱とを必要とせず，きわめて経済的である。

　人工照明の器具は，その扇形の円筒の谷部分にあり，間接照明となって視野には入らない。外陣の背後には合唱とオルガン用の狭いバルコニーが壁から突出されている。そこには，礼拝者席も含まれ，他の部分をまわることなく，入口の屋根に上る階段を抜けて楽に入って来られる。また，塔の背後の半円部分が，聖器室となっていて，階段によって合唱用の準備室と他の二つの聖器室に導びかれている。そこにある階段室は入口に通じ，屋根の上にも下のクリプトにも通ずる。クリプトは，中央に一つの聖壇をもち，神学院の人びとの日曜以外の礼拝用として，実際には補助礼拝堂となっている。また周辺の八つのサイド・オルターは神父たちの毎日の礼拝に用いられる。

神言修道院，東京（1963）　　この建物は実に規制された土地にあるが，常住と客員の神父のために作られたものである。また，その土地は古い庭園の痕跡を留め，墓地に続いている。また礼拝堂は最上階におかれている。

右ページ　名古屋の神言神学院教会　1964年

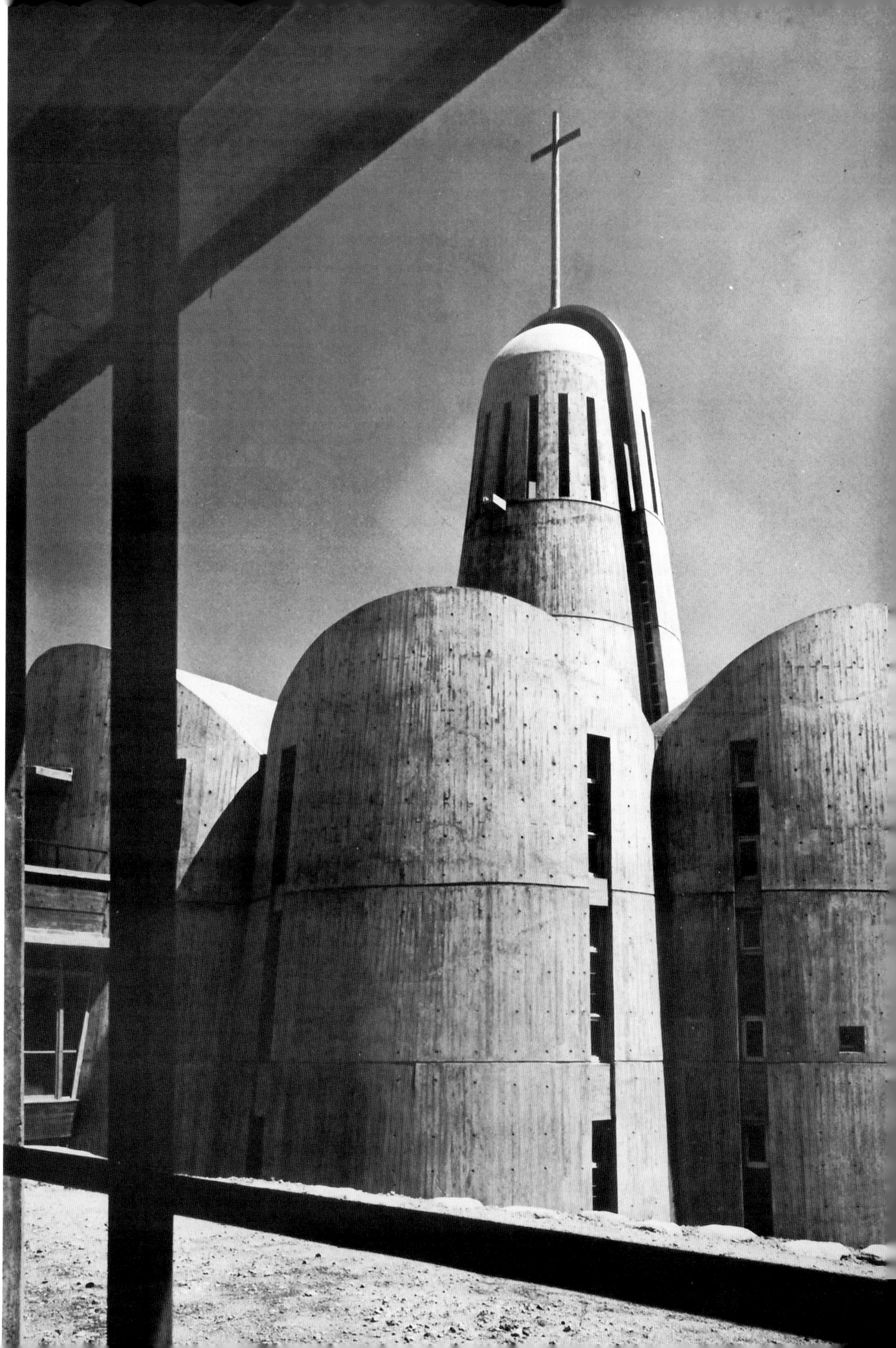

左ページ
上　神言神学院と教会の全景
下　平面
右ページ
上　西側からの全景
下　修道院の内庭

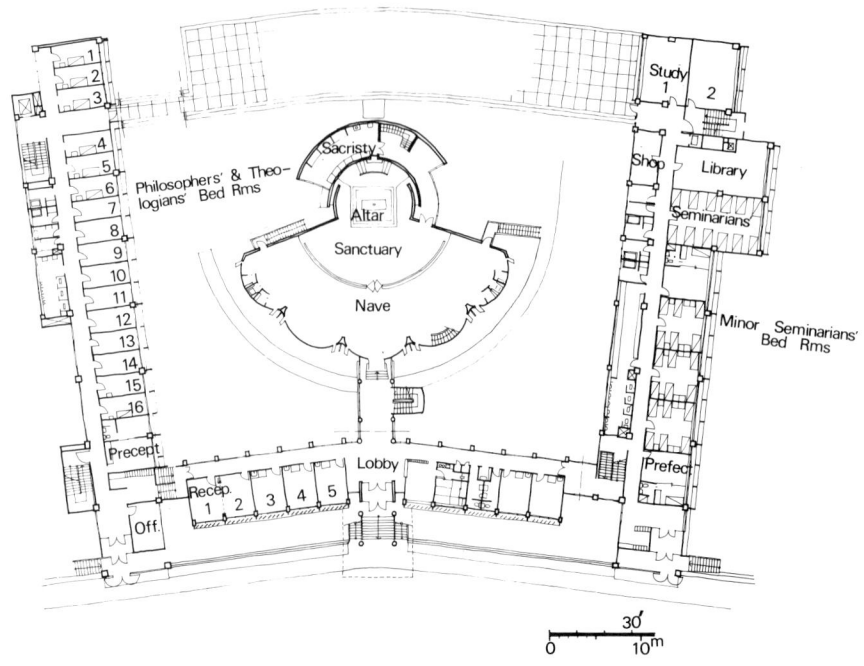

249

神言神学院教会の内部
地下礼拝所の一部

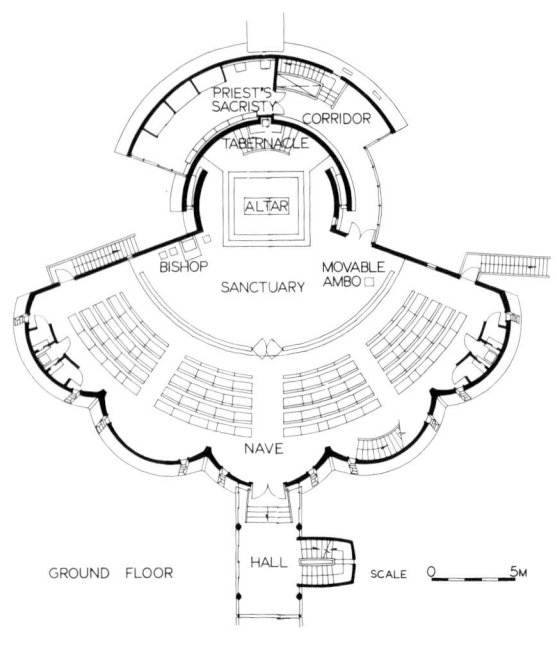

PRIEST'S SACRISTY
CORRIDOR
TABERNACLE
ALTAR
BISHOP
SANCTUARY
MOVABLE AMBO
NAVE
GROUND FLOOR
HALL
SCALE 0 5M

教会の祭壇ニッチと黒大理石の祭壇

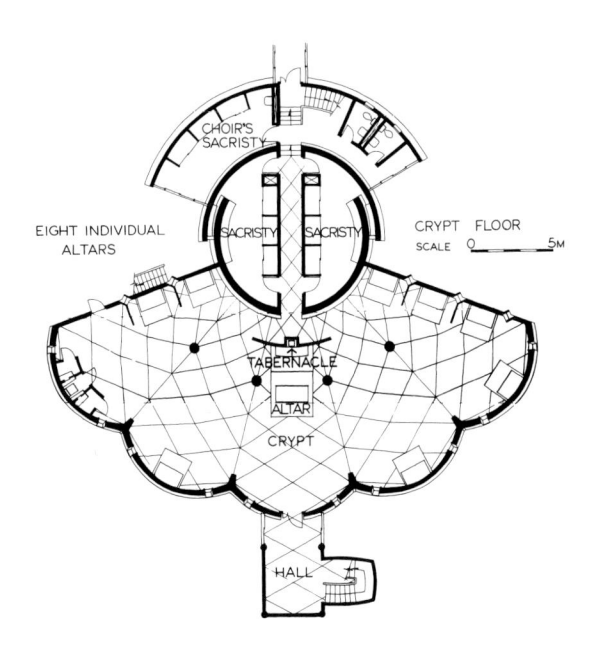

東京の神言修道院 1963年
上は南側 下は通りからの全景 中は平面

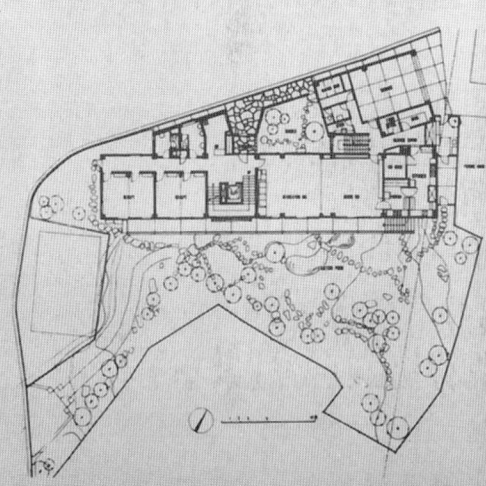

EIGHT INDIVIDUAL ALTARS
CHOIR'S SACRISTY
SACRISTY SACRISTY
CRYPT FLOOR
SCALE 0 5M
TABERNACLE
ALTAR
CRYPT
HALL

252

立教高校聖ポール教会の全景　1961年

中左　コンクリートにはめ込まれた色ガラス　右　教会内部
下左　教会正面と鐘楼　右　教会平面

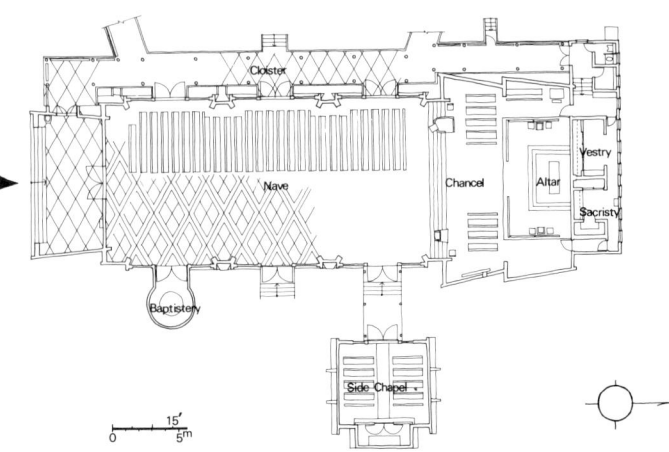

聖ポール教会（1961） 埼玉県志木の立教高等学校の，聖ポール教会は，多くの人を喜ばせる。そのロマンチックな所が，大抵の人に中部ヨーロッパのやや厚味がかった後期ゴシックの，穹窿状屋根を思い起こさせるからである。私は当初，軽いコンクリート・シェルを集成しようとした。しかし想像力に欠ける技術者の手で規制され，意図したものよりも厚いものになってしまったのである。

窓は全部，コンクリートに直接埋め込まれた色ガラスで，原色をまばらに散らせてあるが，普通の労働者とノエミの手によって実施された。音響効果は素晴らしく，そして事務所に囲まれた中庭の中心には鐘塔がある。塔のデザインは，丹下健三による関口台町の東京カテドラルや，フランク・ロイド・ライトが計画したマイル・ハイ・タワーを思い出させるような自由な形のものではない。静的なデザインは，教会自体の感じに合ったものなのである。

新発田カトリック教会（1966） 1966年完成をみた，新潟県新発田のカトリック教会では，新しい教会儀式に対応するという問題が，さらに満足に解決されている。教会の形は儀式から直接にあらわれたものであり，その土地柄を生かしたところが人びとをひきつけ，一般の賞讃を得たのである。例によって予算はあまりにも乏しかった。にもかかわらずまったく統一のある作品として成功したのは，全体にわたり，あらゆる細部，家具等をわれわれがデザインし，それが地方の質朴な職人の手で施工されたからである。

新発田カトリック教会　1966年
上は教会南面全景と鐘楼部分　下は祭壇側をみた内部と平面

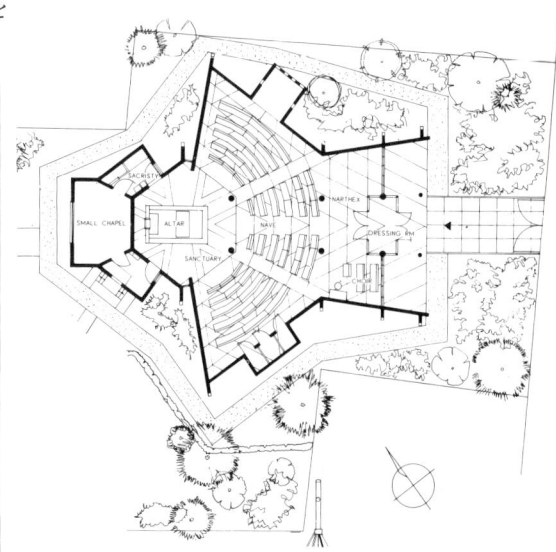

アングリカン・エピスコパル・カテドラルの模型　1966年

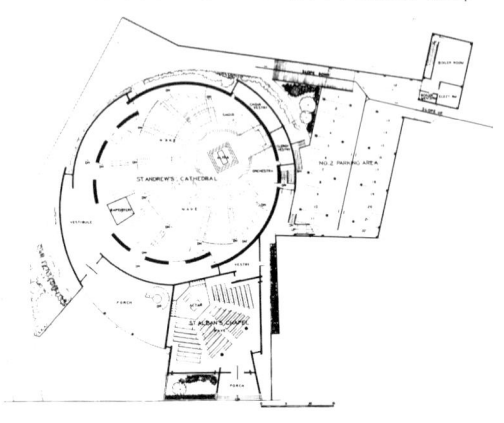

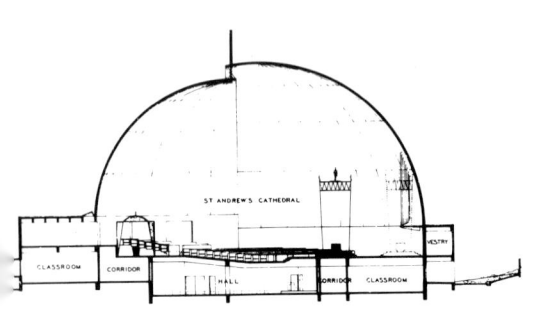

上よりカテドラル基準階平面　断面　外観スケッチ

日本聖公会東京カテドラル計画　　アングリカン・エピスコパルのカテドラルの計画に当り，私は新しい教会儀式に基づく機能をデザインすることから始めた。今日の教会が精一杯に，しかも創造的にそのサービスができるようになり，容易にするための機能である。礼拝に参加する人すべてに，その儀式の進行がみえ，同等に聞えるという目的のために，聖壇に面するのでなくて，囲むのである。この成就のために，デザインは劇場と同じように勾配の床になる。プラットフォームの上の聖壇，高い天蓋と十字架をいただく聖壇自体は，簡単に背面の壁に可動で，パイプオルガンを背負って立つ。その両側はオーケストラや，合唱に十分なほどあけられている。プラットフォームから聖壇が移された場合，そこではキリスト受難劇の上演も，テレビで放送しうる他の活動も自由なのである。

洗礼盤はやや慣習的に，聖壇の反対側に置いたが，通常のものにくらべて広い場所をしめる。日本では成人の洗礼式の際に大勢の人びとが参加する習慣があるので，それを収容できるようにした。また説教台は一つ，可動で聖壇に匹適する重要な場所におけるようにした。同時に欠点のない音響効果は儀式や合唱等を完全に聞くために特に重要であった。

複合体としての機能でさらに研究を必要とするのは，第1に聖アルバン教会の処理である。そのデザインは300席を要すると示されている。カテドラルの本山として新しい儀式に応ずるために注意すべきことは，儀式を観察できることである。カテドラルの直接の進入路は，外国人参加者がクリスマスやイースター祭のような厳粛な祭式に，日本人と和していけるように考えられなくてはならない。聖アルバン教会への入口は，重要なかつ定められた位置である現在の地になくてはならない。

次に日曜学校であるが，一つは日本人，他は外国人のためにおかれる。その二つは約800人の子供たちで，ホールの周辺にまとめられた。広さの点では現在よりも余裕のあるものが予定され，玄関は別に直接入れるように考えられている。

巧みな自動車の動線が計画され，楽な駐車と二層分の場所ができた。その他，既存の管理事務室，余裕のある住居とが主教と管理者に与えられる。

計画されたカテドラルは，疑う余地なく東京の中で重要なランドマークの一つとなるであろう。日本人の文化程度は極めて高度で，創造的表現に対する理解と希望は，性格の一部分であり，提案されたこのカテドラルの複合建築の機能分野での考え方は，もっぱら後藤主教の霊感と，彼の励ましによって進められてきたのである。

学校のデザイン　私が仕事を始めた頃の学校デザインを考えると、郷愁の念にかられる。その最初が1921年、ライシャワー前アメリカ大使の父君、カール・ライシャワー博士と協力した東京女子大学である。おそらく、日本では最初の大教育施設の総合計画であったろう。計画は第二次大戦後まで、何ら変更もなく忠実に押し進められてきたが、日本人の管理により、例の混乱した方法で学園を拡張するようになると、美的価値もない建物を置くようになった。

東京女子大学と同じ頃、星商業学校がデザインされ、建設された。両方とも鉄筋コンクリート造で、当時ではまったくの実験であり、清水組は、よく知られていなかった鉄筋コンクリート技術を私と一緒に探究したのである。

その後、年毎に学校建築が多くなり、あるものは東京聖心学院、宝塚に近い清心女子学院、大阪の聖母学院等、一連のノートルダム尼僧修道院および学校のように大きいものもあった。戦後は国際キリスト教大学があり、立教中学や立教高校、そして1962—64年の南山大学や南山神学校等となる。南山大学では、体育館、学友会クラブの建物、それに水泳プールが1967年にデザインされた。さらにはセブ島のサンカルロス大学計画、ダブリンの神言修道会神学校、ハワイ大学のパン・パシフィック・フォーラムのデザインがある。

私たちの最近作の一つに、名古屋の国際学園がある。それは研究を進めるうちにまたもや創造が始まった。先例の真似には絶対に満足せず、学校職員の協力によって実行できる創造的カリキュラムの範囲内で、常に三つの基本的条件である、適切な方位、単純性、経済性を追求したのである。

国際キリスト教大学（1958）　この大学計画の主任建築家に指名されたことは悦ばしいことであった。病気のため働けなくなった先任建築家の事務所の若い人びとも、相手さえ承知すれば、私は喜んで協力するつもりであった。しかしそうはいかず、私が引き継ぐことになった。

I・C・Uの敷地は、面積も場所も壮大であった。そこにはかつて飛行機工場だった建物の残骸とか、道路、水道本管、下水路、その他工場施設などがごった返し、先任建築家の、無秩序で弱気な努力の結果があった。新しい建物はでたらめに配置され、教会のような植民地スタイルから、建築事務所の実習生による準現代風なものまで、合理的な総合計画の跡はなかった。管理施設、図書館、教室などが旧工場の事務所の建物に入り、体育館や集会場は、廃棄された鉄骨の工場の中に計画されていた。すべては善意と節約によるもので、物を大きく見ることができない布教的な気分に支配されていた。何か本当に卓越したことのできる素晴らしい機会にめぐまれていることを、認識してはいなかったのである。

私はその誤りを矯正しようと最善をつくしたが、そのつど小心な無知によって妨害された。同じく無知な教師夫人たちの、受け入れる余地もない、馬鹿げた要求にも出会った。業者と陰謀をくわだてる施主、その狭量の典型により私は片隅に追いやられ、辞任を迫られたが、私は本来図書館の専門家であった建築家、ボブ・オコーナーと協力し、図書館だけはやってしまわなければならなかった。

I・C・U図書館は、東洋で最初の開架式図書館であった。そこには高橋たね女史という大変すぐれた図書館員がいて、東洋での図書館の歴史を残しつつある。

改築されたI・C・U教会　1959年

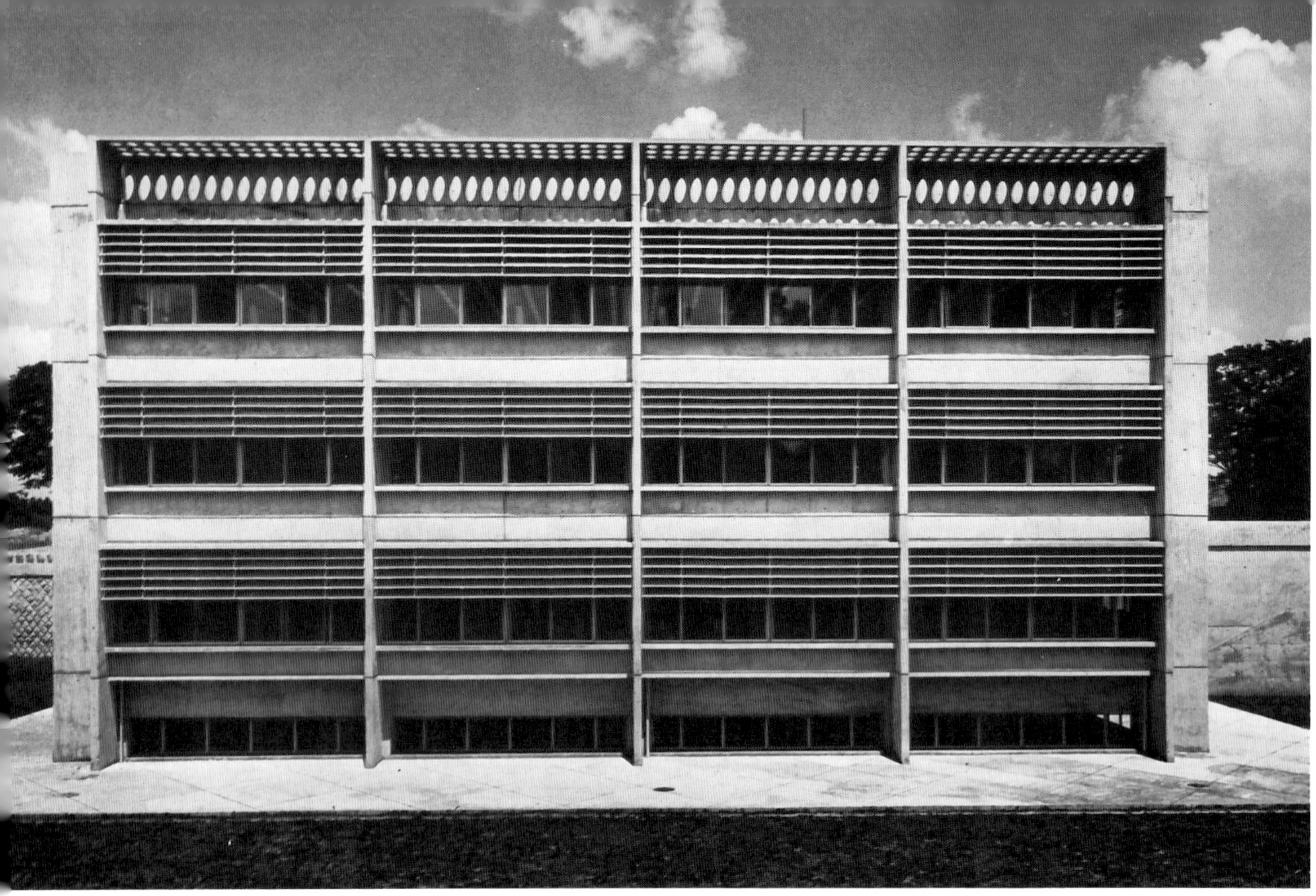

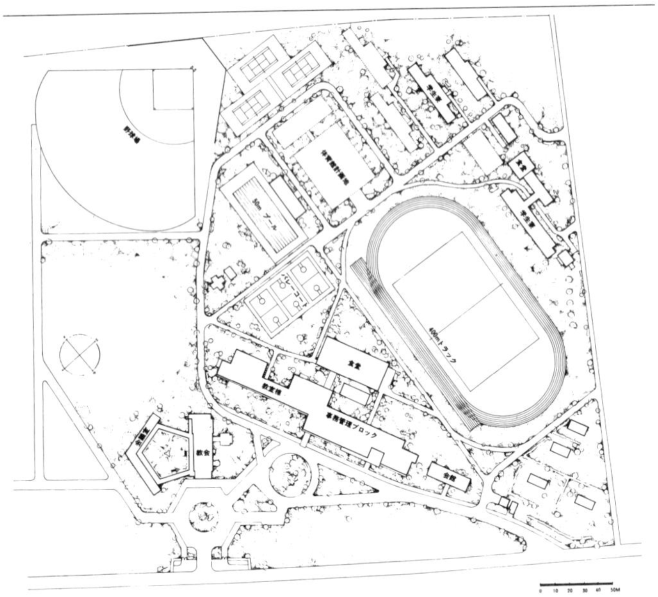

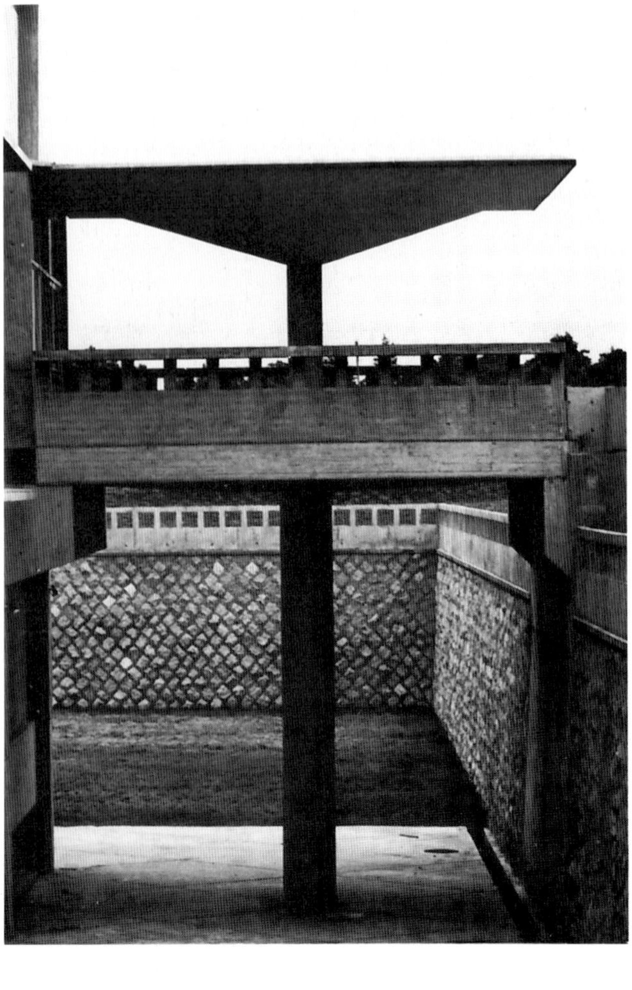

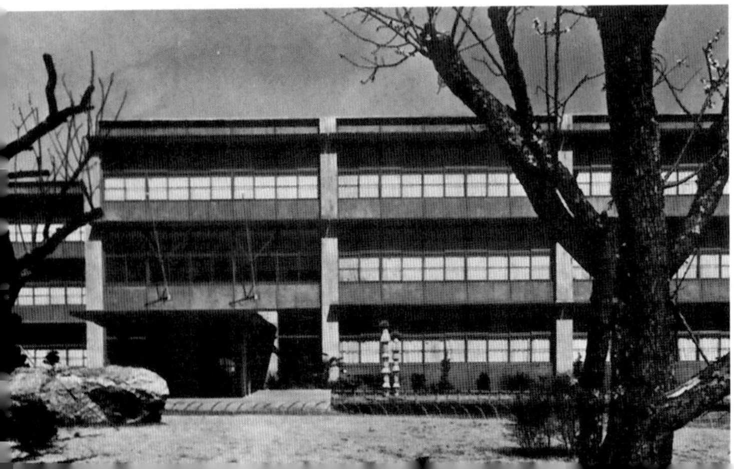

立教高等学校，埼玉県志木（1960）　立教高校のデザインは，その敷地の自然の特徴からひきだされた。すなわち，その地勢と気候，そして建主の現在，および将来の必要性である。隣接の敷地を早急に手に入れること以外にこの高校の直接の問題は，将来の非常に大規模な大学の一部とすることであった。またそれは立教という家族の中にあって，しかも施設は一部か，またはまったく共有することなく，高校からはっきりと分離して確保することであった。それが高校の計画案の中で留意されなければならないことであった。

われわれは独自の哲学を保持しながら，一般原則を求めていった。その原則とは全課題条件の調査によって得たもので，条件と完全に調和し，しかもある程度自由で，だからこそ弾力的な配置に，十分融通がきくものであった。その基本的考慮から離れた，固定観念は受け入れなかったのである。

高校も大学も，スポーツを重視して配置された。特に体育の日に催される運動会は，全生徒がこれに参加する。したがって一般原則として，現在と将来の全建物を，中央の大空間のまわりに組織することにした。最適な日照と通風条件の考慮が正確な配置決定に役立った。たとえば，学生寮は各室南向きで学園の北端におかれ，正確な気候への対応と，中央の庭と運動場への視界が与えられた。教室も南向きで，関連する実験室，実験講義室等は北側に置いた。これにより南端に配置する可能性が示された。職員住宅，クラブ室等はそれぞれに応じて配置された。

もう一つの大切な決定は，高校と大学の運動場を，たとえ別の管理下にあっても，一般陸上競技場として並列させたことである。その運動場が北におかれた理由は，全体の中央入口が南にあり，高校用と大学用の象徴的焦点としてつくられる礼拝堂が，容易に目に止まり，かつ行きやすい位置に置くという配慮にあった。またある幾何学的な考慮もあり，堅い矩形的な構成を極力避けることにした。こうして各建物は正しく配置され，隣り同士また全計画に関連するようになった。

南山大学（1962—64）　1960年，私はスロヴァキア人のパブリック神父に会った。彼はアメリカ市民ではあったが，中部ヨーロッパ人の親切さとあたたかさをもち，広く旅行してどこをもわが家と考えていた。われわれは交友を始め，やがて名古屋に彼の住宅をデザインすることになった。中部ヨーロッパ人の生活習慣をもつパブリック神父は，家のデザインには自由を一切許さず，私はただ単に物理的に手伝ったにすぎなかった。

しかし一方，彼を通じて神言修道会のシュライバー神父に紹介されたのである。パブリック神父にくらべると彼は特別な啓発精神の持ち主で，人生や芸術の絶対価値について驚くべき理解力をみせた。そしてシュライバー神父は，非常に限られた予算ながら，名古屋の神言修道会による南山大学のデザインで，ほとんど無限の自由を私に与えてくれたのである。彼は長年中国にあって，古代中国の芸術作品を収集し編集していたが，それが東洋人についての知識を与え，絶対価値の意義について共鳴するようになった。

日本が教えてくれた絶対価値について，私は個人的には今も忠実である。それは私が，日本やアメリカ，ヨーロッパの仲間と語る時，常にその輪郭を確認している，次に示すようなものである。

私は，この宇宙の中に何か不思議な秩序があり，宇宙の万物はこの秩序の絶対価値に従って創られていると信じている。これらの価値は今も将来も永遠に同じであり，不変のものであろう。ある創造的芸術家は，さまざまな形の中に現われた，この宇宙と密に接する

I・C・U図書館外観ディテール　下は平面

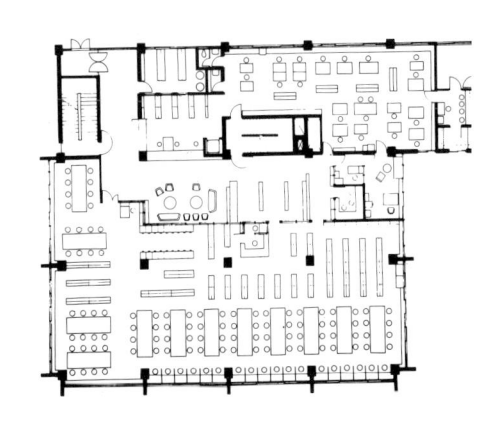

左ページ
I・C・U図書館　1959〜60年
上は南面全景　右下は主玄関の庇
立教高校　1960年
左下は正面入口　中は平面

ことにより，絶えずこれらの価値の把握に努力し続けるに違いない。

人生には変化とか，一時的な場面はあるが，永遠の価値という一つの知識こそ，われわれの追求することなのである。変化は不可避であり，それ自体が解決するであろう。われわれは偽りの価値，つまり流行，傾向，商業主義等，現代生活の中にわれわれをとりまいている多くの不純な影響に惑わされてはならない。

その指導原則は，デザインする行為の中に密着させた厳格な規則へと自らを導くことであろう。人間が純粋性を求めるのは，創造の最も望ましい特質なのである。純粋とは単純性であり，事物の核心に至り，すべてを取り去ることが力強い表現への道に通ずる。

私の最近の作品，名古屋の南山大学で，私は日本のデザイン哲学からひき出された原則を，次のような方法できびしく採用していった。

1961年8月，はじめて敷地を訪れた時でさえも，私はきわめて魅力的なその風景と草木を，できる限りそのままにしておかなければならないと考えていた。もしその風景，草木をとり払うことを許したら，再びもとのようにするまでには何年もかかることであろう。そしてほとんど誤ちをおかさない自然の巧妙なやり方に，決して適合することはないであろう。土地の性格そのものが，水平と垂直の両方向の弾力的な解決に向かえることを示唆していたが，これは日本のデザイン哲学のなかに端的にあらわれる。そして，平凡な，ど

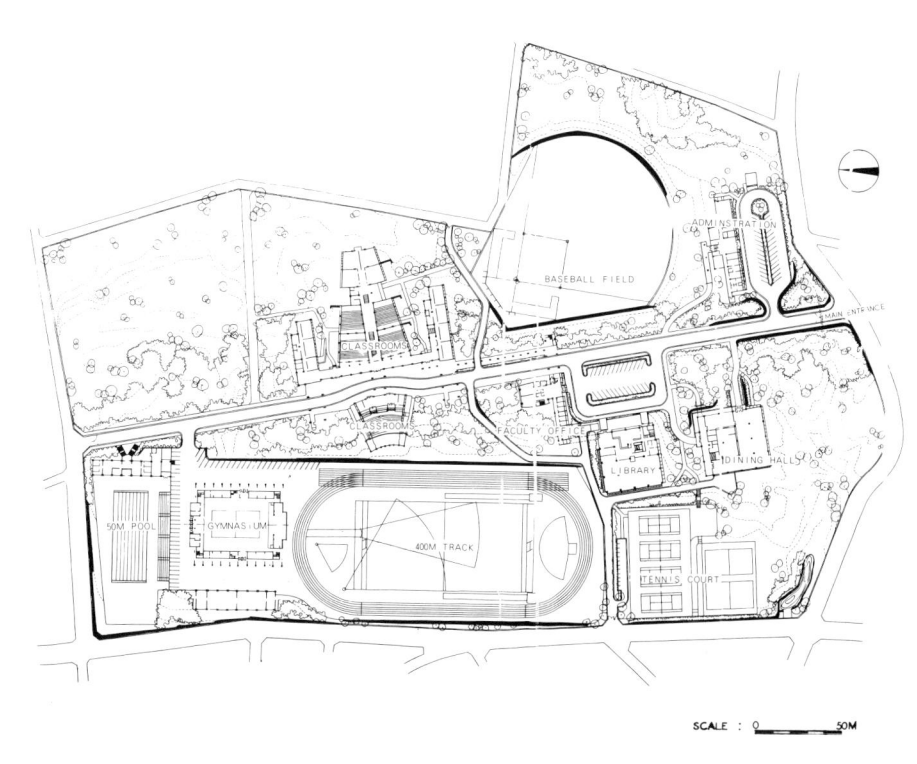

名古屋の南山大学　1962〜64年　俯瞰全景と配置図

こにもある，退屈で，無意味な，広場の偽記念性とか，列柱，広い階段，その他の高価な装飾など，世界中ほぼすべての大学にあるものはやめたのである。

　もし私が真の日本の伝統を，記念碑的でなく人間的尺度として維持しうるならば，また真に機能的なデザインを保てるならば，もしもあらゆる意味で単純で，直截で，経済的に保てるならば，そしてまた装飾といえば構造自体であるといえるデザインをした時こそ，私は何か本当に価値のあるものを創り出したのである。中心軸に対称であることに頼るような重苦しい静的デザインの代わりに，その土地そのものが非対称性を示し，高低変化を示していたから，土地に適応して草木が大地に育つが如くに，根を張らせてその土地にとりつけたのである。非対称性と弾力性は，陶器，絵画，庭園，建築，すべての民芸のようにあらゆる日本の古代芸術の性格の一つである。私はその敷地計画において，ことさらに伝統に忠実であったつもりである。ともあれ，統一した尺度と統合的な処理によって，背骨，すなわち尾根の両側にある全部の建物が，あたかも一つの建物であるかのような，ある程度壮大な印象を造り上げたと信じている。

　個々の建物の計画は完全に自由で，内的機能が何ら偽の形式に妨げられないようにしたことが，全建物に明瞭にあらわれている。その結果，教室群，図書館，食堂等，前例に頼らず，現代的機能と要求とを強調し，新しい形をつくり解決したのである。

食堂棟屋上から見た図書館と研究室棟の一部　下は研究室棟外観

上は教室群の俯瞰　下は西方から見た図書館と食堂棟

上　南山大学　管理棟から野球場を越えて見た研究室棟と教室群
右　図書館屋上からの教室群の眺め
下　体育館南面

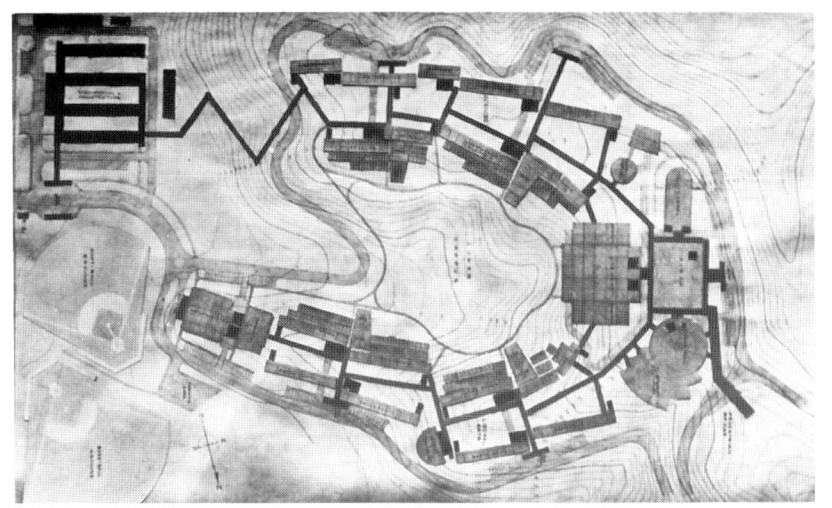

左　セブ島のサン・カルロス大学計画案　1965年
右　アイルランドの神言修道会寄宿舎　1966年

　内外の建築計画　1965年，神言修道会の指令による大学建設のため，フィリピンのセブ島に行き，その総合計画の調査をするようにという話があった。当時私は，あまり身体の調子が良くないこともあり旅行を恐れていた。その上に前回のフィリピン旅行が，暑さや他の好ましくない状況により，楽しい思い出がなかったこともある。そこで代わりにデヴィッド・レヴィットを送った。

　神父たち自身の間でも，まだカリキュラムに同意がなく，それがことを面倒にした。彼らは科学系の大きな建物を，将来の他との関連も考えず，まったくでたらめな配置で，正に建て終えたところでもあった。いろいろの状況の制約は，われわれにとっては非常に興味のある問題となったが，結局かなり満足のゆく案を提出したのである。目下この計画の実施は，明らかな財政上の理由や，内部の政治的理由で中止されている。

　次の神言修道会の指令は，アイルランドに行き，ダブリン市の近くにある現在の神学校の寄宿舎の敷地を視察し，そこに新しい寄宿舎をデザインすることであった。受けたのは1965年であったが，旅行は翌年まで延期しなければならなかった。

　私はニューヨークで手術を受け，前立腺をとったのである。私は急速に回復に向かい，その後数週間ニューホープの農場で過ごしていた。そして旅行できる程度によくなって仕事にもどった。それより以前の1959年，私は同じニューヨークのプレスビテリアン病院で，椎間軟骨辷り症の手術を受けていた。病院のベッドからハドソン川やジョージ・ワシントン・ブリッジが見え，その変らぬ眺めは，1914年の私たちの結婚を思い起こさせた。ニューヨークのリバーサイド・ドライブの，ブルックス家のアパートで行なわれた式の間に見ていたハドソン川の眺めであった。

　アイルランド行きは実に面白かった。私たちはいろいろな理由でこの旅行を楽しんだのである。先ず，これがアイルランドへの最初の旅であった。この美しい国には，たくさんの古代の記念碑があった。寒くはあったが目のさめるような緑があり，興味のある仕事の見込みがあり，しかも珍らしい人びとに逢っていた。ネルソン提督の記念碑の傍を通り過ぎた時，ダブリンにイギリスの英雄の記念碑があることは，はなはだ場違いであるといって，連れのアイルランド人に注意をうながした。記念碑がその数日後に爆破されてしまったのは不思議な偶然であった。

　最初の敷地訪問の折，すでにその解決策ははっきりしていた。大きな建物群はせいぜい二層以下に押え，魅力的な美しいまわりの田園風景の中に，親指を立てたように突き出した高層建築は向かないということは分っていた。驚いたことに，アイルランドの積算技師

名古屋国際学園の全景　1966年　下は平面図

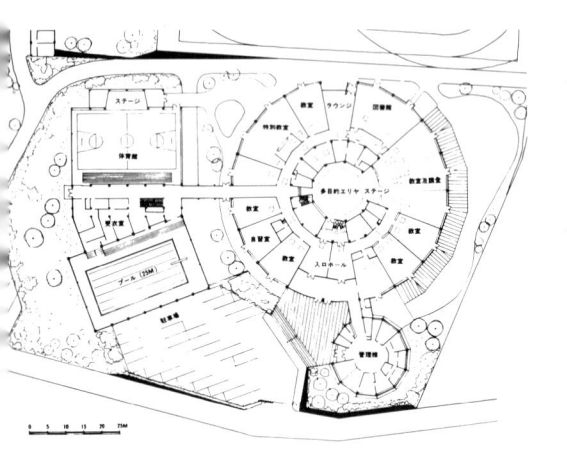

による基本設計の見積額は，日本の見積額をはるかにこえた。結局私はダブリンの建築家ディヴェーンと協定し，最終図面に持ち込み，監督をさせることにした。仕事は1967年に始まり，2年後完成した。

　名古屋国際学園（1966）の場合は，きわめて制限をうけた敷地と大きな要求とが，空間節約のための研究を余儀なくさせ，その結果，円形の教室棟となったのである。たくさんの小さい群に形式張らずに生徒をあつめるという，まったく新しい方法にあわせようとしたデザインは，完全に古い教室の観念を改めさせることになった。多用室は種々の機能を助け，その中には給食室も含まれている。

　南山大学体育館，学生クラブ（1967）では，最大の経済性が計画全要素に十分結論を導いた。体育館は大集会場にも用いられ，補助席4000を入れることができる。付属してオリンピックサイズの水泳場があり，学生クラブの方には柔道場，剣道場を含む40のクラブ室が作られている。

　銀座松坂屋（1964）　　松坂屋デパートの全改装と正面改装は，かなりの研究を要することになった。銀座に面したショウウインドウは最大に重要であり，最高の輸入ガラスによる大きさを必要とした。2階から最上階まで外部は総て陶器張りで，見る角度によって黄色から緑，または黒に変化するように表面を処置した。各陶器は高さ2尺3寸（70cm）。近江の信楽の工場から送られてきた。

　陶器は美しく作られ，大自然の敵，スモッグにもかかわらずその魅力を保っている。

　われわれは良い照明と，簡単な配置と，品物の展示をよくする背後装置の内装に十分な研究を続けた。エレベーターの入口上部の欄間には私のデザインした，動きと色と，面白さとをとりあげたパネルがとりつけられている。

　イラン大使館，東京（1960）　この大使館の一般計画は，普通の大使館計画に都合の良いようにできた敷地によって運ばれていった。つまり北側の住居は南に傾斜する庭園に面し，事務棟は敷地南側にあり，別々の玄関となった。

　われわれはその敷地の各部に十分な時間をかけ，樹木を保存し，また植樹し，傾斜面を利用し，古い木造の家を残し，さらに上段には魅力のあるプールまで設けた。

　内部は大使館からの多くの註文により，家族の私生活，特殊な社交生活の必要に応じようとした。外装にはモザイクタイルによるイラン調をとり入れ，古代イランのモチーフがあらわれている。

　ハワイ大学，汎太平洋域会議場（1966—69）　この敷地は私の選択水準に一致した。

下にひろがる環境にくらべ，立ち上った山陵に気分をひきたてるものがあったからである。その丘の涼しさと純粋さ，見廻わせる視野の拡がりは別の誘因となった。

ほぼ50年に及ぶ私の東洋との接触の結果，この汎太平洋会議場の計画に対しても厳格な特色をもつ指導原則に従ってデザインを進めようとして，私はあらゆる要求を合理化した。

すなわち大自然にわれわれ自身を同化し，また対抗するのを押え，自然の力を自由に使うほどの大自然の表現に対する敬意と愛。ハワイではことさらに，熱帯の自然が，明るさと潤沢な空気により，太陽の光と陰の鮮かさにより，自然物の生長により，風や雨や虹により，また海や山のつきあげるような壮大さによって彩られている。

このすべての力に自由の手綱を与えるため，人間の造る構造はできるだけ軽快で，気候の変化にも容易に適応して建てられるべきであろう。すなわち，現代横行の傾向があるコンクリートによる重々しさや，記念碑性とは逆なのである。

このことが現地盤の最少限の阻害と，自然土壌と植物の寄与の受入れ態勢へとわれわれを導いていった。構造は，環境と一体のように土から生育したものである。つまり，建物は高床（ピロティ）の上におき，土地と考え合わせ，しかも過度の高低差をつける必要性をさけることになろう。

ハワイでは太陽はほぼ垂直に当たるから，日除けの傘が建物の上につくられた。直射日光をさけると同時に，傘と平屋根の間に完全な空気の対流をもたらし，最高の熱遮断ともなるのである。傘は全計画のモジュールにもなった64フィートに従い，コンクリートのＨ・Ｐシェルによる軽構造である。また，中空の柱の上におかれ，雨水を捌き，分割されて機械設備用のパイプシャフトにもなる。全設備は機能を満足するように内側から外側へとデザインされ，記念碑性や，見栄や，装飾性なしに表現される。

駐車場は地下におかれる。中の柱は地上の柱と同調し，64フィートまたは要素である全体のモジュールに合わせている。これが駐車場に発生する熱と，見苦しさを除いている。このようなやり方が，建設費，維持費の最大の経済性，単純性，自然性，統一性をもたらし，したがって全体の美をつくりあげるのである。

万国博イスラエル館（1969）　流浪の民であるイスラエル人は，主要構造計画でもある中心軸に吊られた天幕によって象徴された。三層の床は相対しておかれる，二つの組み合わされた螺旋形の斜路によってつながっている。壁は一部分プラスチック，一部分は鏡であるが，この鏡は強い日光を反射するためにおかれる。そのうちの一層は日本におけるユダヤ人の歴史を描く展示場になる予定である。

銀座松坂屋デパート外観　1964年

EXPO'70 のためのイスラエル館の模型　大阪　1969年

上　イラン大使館住居部分の全景　1960年
下左　イラン大使館の北東隅
　右　イラン大使館の北側

24. 群馬音楽センター

　1961年に建設された群馬音楽センターは，独自の創造と，独自の問題提起を持ち，かつまた独特な解決でもあった。2,000人を収容する劇場は，古代の大扇形劇場を思い起こさせる。しかし時として，あるいは同時にシンフォニー・ホールとして，バレー劇場として一般劇の舞台として，また伝統的な歌舞伎劇場にもなり，ワイド・スクリーンを用いた映画館ともなり得る。建築のマイル・ストーンとして，ヨーン・ウッソンのシドニー・オペラ・ハウスのように「技術の驚異」とよばれる建築の範疇にはいるであろう。

　群馬音楽センター計画の委託は井上房一郎を通して得られた。私たちの生活に井上があらわれたのは戦前のことであった。彼は民芸品，ことに高崎方面のものを売る店を東京で始めていた。彼は高崎の町，その町の漆芸家，陶芸家，紙細工師，他の民俗芸術家に興味を持っていたからである。この店は1920年代に西銀座に開かれていた。われわれは親友となり，ノエミは妹のジャネット，後のアリソン大使夫人と，その店にしばしば通い，見たり買ったりしたのである。

妙義の山の近くで石をさがすノエミと井上房一郎

　群馬県では一般的に，芸術的才能がよく伸ばされている。職人の家伝として何世紀もの間受け継がれた民芸の技術に，ドイツの建築家ブルーノ・タウトの影響が加わった。彼はここに住む間に，この手細工の伝統の発展を勇気づけたのであった。

　この辺の人びとは音楽好きでもある。高崎は東京から北にわずか100キロ。15万の人口をもつ市であり，超満員の都より良い環境に恵まれ，快適な環境を求める音楽家たちをひきつける。文化的な進歩の一つのあらわれとしては，幾多の困難をのり越えて，群馬交響楽団が結成されたことでもわかる。その過程は映画「ここに泉あり」で有名になった。

　井上は若い頃，8～10年の間フランスに留学していた。思うに，彼は素晴らしく自由に過ごしたのだろう。父親が彼をよびもどし，日本式に結婚して落着かせ，家業である建設業を継ぎ，責任をとるようにしむけたのである。

　その頃のことであろうか，井上の父親は高崎市を見下す丘の上の，有名な観音像の建立のために力を注いでいた。その動機はおそらく信心のためばかりではなかったろう。というは，彼がバス会社の設立も目論み，観音参詣客や，観光客を運ぼうともしていたからである。生命の物質的現実と精神面とが，東洋では時として混乱しているのを私は感ずる。キリスト教徒の国々にも同じ状態を見出し得るが。

　しかし，井上がどんな精神の持ち主であったか，また今も持ち続けているかを示したのは，創造心を持つものは誰彼となく，われを忘れて援助したことである。私たちは，リーダーズ・ダイジェスト東京支社の完成のころ再び彼に会った。1951年完成直後の建物で，私たちは陶器の展示会を催したことがある。その目的は戦後の苦難の時代に陶工の作品によって大衆の興味をかきたて，老若の陶工たちを援助することにあった。その中には，今は大変有名になった荒川豊蔵のような人びとがいたが，当時の彼らは生活に事欠くありさ

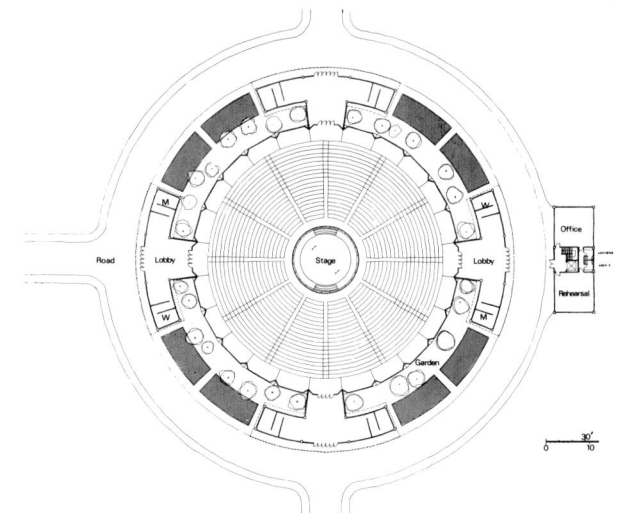

群馬音楽センター　第1案とその模型　1955年

まであった。井上はこの展示会にあらわれ、私たちの努力に興味をもったのである。

　彼は東京の笄町に私たちを訪ねてきた。その家は戦争直後に建てた家だが、大変彼の気に入り、同じ家を高崎に造ろうと考え、大工をよこして正確な寸法をとっていった。

　彼の父の家は火事で焼失したが、庭園はまだそのまま残っていた。それは非常に美しい庭で、彼はその造園に格別の興味を抱き、さらに発展させていた。井上はまことに熟達の士で、ものに対する批判の熱心さはきわめて開放的であり、日本人としては稀な存在である。卒直に良いとか悪いとかをのべ、そのことに何らためらいもしない。

　われわれは次第に親交を増し、そして終局的に、彼は私が高崎に音楽ホールをデザインすべきであると考えるようになった。それは音楽のみに貢献する音楽ホールそのものであり、彼がそこで育てあげた交響楽団のためのものであった。彼らがそこで練習したり、音楽会を開いたり、高崎市民と、その付近の人びとのために有名な交響楽団を招待し、演奏することができる場所でもあった。

　したがって、最初の計画は演奏会中心で、第1案は中央にオーケストラを持つ、円形の建物となった。その資金は一般から公債を募集し、県も支出することになった。

　予定された敷地は理想的であった。旧高崎城跡で、濠や石垣がそのまま完全に名残りをとどめていた。かつては連隊があった敷地は、今や文化センターとして発展すべく将来に期待をかけられ、コンサート・ホールはこの発展の中心と考えられた。だが井上はさらに野心的な可能性をもち出した。彼は東西の古典的な演劇公演も可能な、一つの建物を想定したのである。これはきわめて困難な問題となった。というのは、二つの違う形式のステージ・デザインは、既存のものでは相容れない点が多かったからである。たとえば、歌舞伎劇団が今まで通りの舞台で演ずるとすると、種々必要なものの中でも、観客席側からの花道を設置する必要があった。したがって、第2案の平面計画が始められたが、結局現在建っているような第3案の平面となったのである。

　オペラ、演劇、バレーのための劇場の歴史は、古代ギリシア文明にすでにその源を発した。これに比べれば日本の劇場の歴史は浅く、最初の劇場は15世紀、能に用いられたのにはじまる。新たに劇場が日本に発生したのは、17世紀の歌舞伎の発展によるものであった。つまり歌舞伎は、グランド・オペラやコメディー・フランセーズと同時代に発生したが、規模の上では遙かに小さかった。19世紀初頭その舞台が発達し、廻り舞台の原型ができ、そして歌舞伎劇場の伝統を引継いで、現代に至ったのである。

　ヨーロッパの劇場は、オペラやミュージカルの公演に用いられてきたが、日本の劇場は

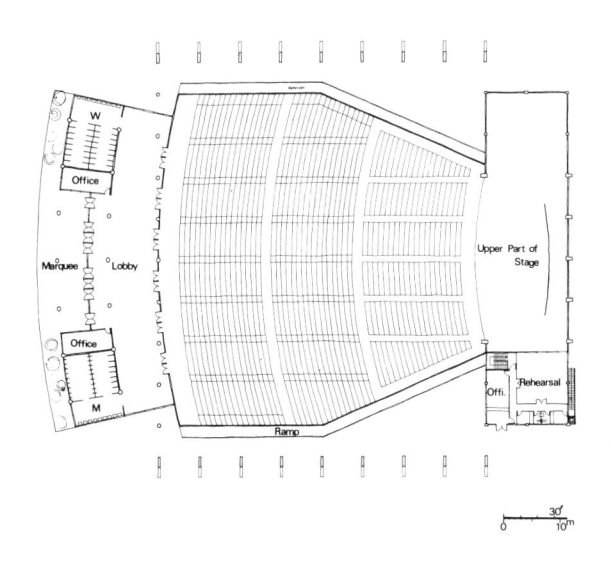

第2案とその模型　1957年

もともと歌舞伎のためのものであったので，20世紀に至るまで，ミュージカルや演劇の劇場をもたなかった。歌舞伎劇場ではその舞台の性格上，映画やミュージカルに転用せず，歌舞伎も，ミュージカルのためにデザインしたステージの上では，有意義に演じ得なかった。歌舞伎は完全に別のものとして続いていたのである。

戦後，日本の都市生活の現代化が急速に進み，より世界的な関心を表現するために，劇場にも新しい解決を求める意欲を与えた。新しいタイプの劇場として，娯楽と集会のために洋風劇場と，歌舞伎劇場とを調和させることが益々必要と感じられてきたのである。したがって，群馬音楽センターの最大の成果は，二つの異なったタイプの劇場を一つにまとめ，この複雑な要求を満足する統合デザインを生みだしたことである。

伝統的な西欧の劇場の標準型は，初期産業革命以来，鉄とコンクリートが建築材となった機械時代の影響により，かなり変容を示してきた。人間環境の要求は，新しい形の社会的娯楽に至り，ついにラジオ・映画・テレビを含むに至った。新しい娯楽要素に歩調を合わせるために，またわれわれの物質的環境の改良を達成しようとする技術の力をもって，複雑な現代社会の要求を統合するために，多くの実験的デザインや多くの研究がなされてきた。

その実験の成果の一つが，折板コンクリート構造であった。最初の理論は1934年に，W・フリュッゲによって発表された。1950年代アメリカでは研究や模型作製がなされた。この構造を利用した最初の成功例は，1952年P・L・ネルヴィによるパリのユネスコ・ホールである。その翌年，M・ブロイヤーはミネソタ州のセント・ジョン礼拝堂で同じ構造理論を応用し，5年後完成した。

群馬音楽センターは，端的にいって折板構造である。うすいコンクリート板が，ボール紙のように折りたたまれ，壁と屋根の構造として用いられている。垂直の折板が壁に使われ，屋根の高さに至り，その壁の同一面が水平に流れて折板の屋根構造を作っている。

1954年に私は初めてこの型の原型を，東京の聖アンセルム教会で用いた。折板となった打放しコンクリートが，教会の内外に使われ，型枠の繊細で単純な線がコンクリートの打放し表面となり，どのような仕上材をもってしてもできない実質を伴った。

同じ構造概念は，前川国男による世田谷公会堂，また1959年，丹下健三による今治市公会堂に用いられた。聖アンセルム教会のように，世田谷公会堂では打放しの折板が内外の表面に使われ，建物は音楽堂としても有効に利用された。しかし今治公会堂の場合は，外部の折板が内部で貫徹せず，折板の概念をこわしている。

上　群馬音楽センター全景　1961年
下　正面

右ページ　上　敷地計画
　　　　　下　側面

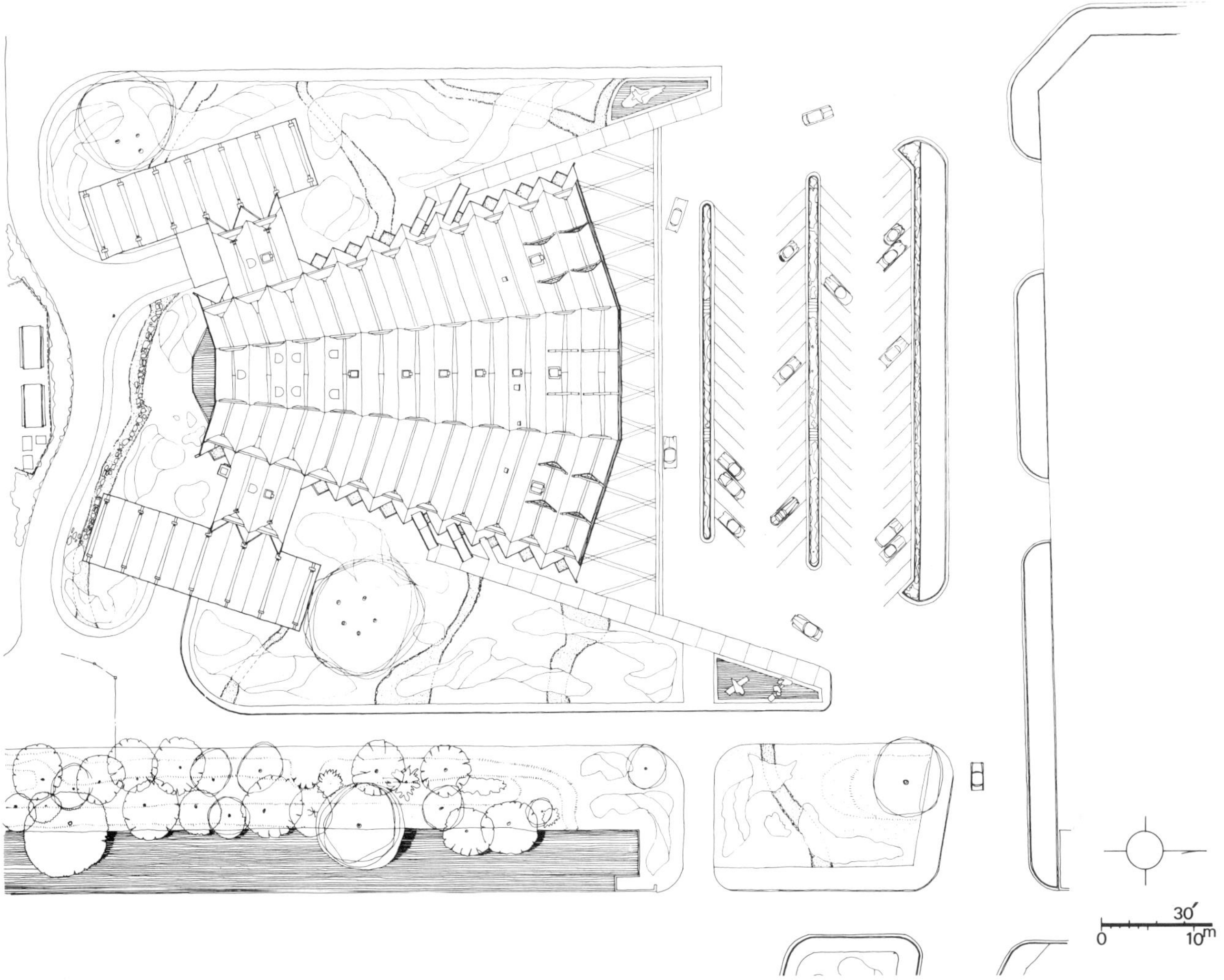
30′
0
10m

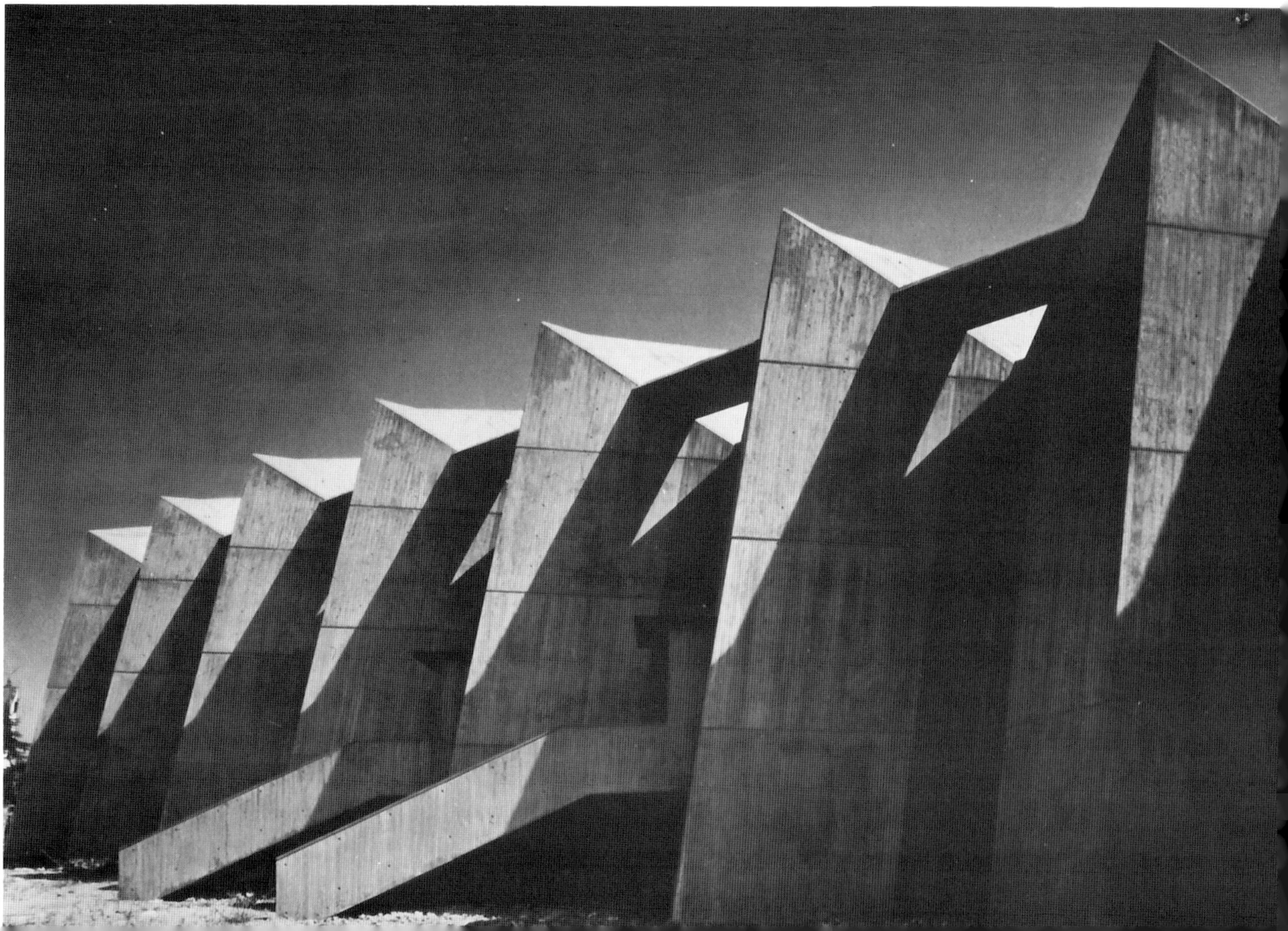

群馬音楽センター背面

　垂直，水平折板の理論に対して，スペース・フレームの形で折板があらわれたのは1955年，ベネズエラのカラカスであった。アレハンドロ・ピエルティによるケーブル・カーの終着駅であった。けれどもコンクリート折板構造のいろいろな実験の後，連続折板を使って最初に成功したのは，群馬音楽センターであっただろう。正面はその幅200フィート（60m）のスパンをもつ。側面は長さ220フィート（66m）で，Ｖ型折板が連続11ヵ所，全構造にわたり，そこに見られるのは連続した律動のパターンである。屋根にある11の巨大なＶ型を安定させ，前方への転倒を止めるために，長手方向には4本のつなぎ梁がＶ型の折板を串ざしにつらぬいている。

　この仕事で私は，地震が著しい国での，折板構造の可能性を紹介したばかりか，実証もしたのである。コンクリート建築の膜応力形，または被膜構造の概念は聖アンセルム教会で成功し，日本の建築家や技術者にその新しい構造の，本質的可能性を再考させることになった。

　この理論を実現させようとして，デザイナーを助けた構造家は，多大に評価されなければならない。構造家小野禎三(1905—57)と，岡本剛の聖アンセルム教会における分析は，認められて然るべきであろう。

　Ｐ・Ｌ・ネルヴィはマルセル・ブロイヤー設計の，パリのユネスコ本部によって，キャンデラはシェル構造によって，カタラノはＨ・Ｐ・シェルによって，オブ・アラップはウッソン設計のシドニー・オペラ・ハウスによって認識される。同じように，群馬音楽センターの構造デザインを担当した，岡本剛の実力はあらためて認識されてよいのである。

　音楽センターのデザインは次第に熟し，その野望は機能上も構造上も，ますますふくれあがっていった。そして遂に，井上や，高崎市当局によって，最終案が受け入れられる時がきた。さて，建設業者を詮衡するに当り，われわれは，井上のもっている小さな会社では，仕事ができないのではないかと，非常に懸念したのである。この構造はあまりにも細かく，面倒なデザインであった。折板の厚さは，私の考えでは絶対に最少であり，だから仕事も完璧であるべきであった。私は，小さな地方の建設業者が，そんな完璧な仕事はできないと考えていた。たとえば私は，これに似た仕事をあえてニューヨークでやってみよ

うとは思わない。この仕事ができそうに思われる唯一の会社で，私が管理できるのは，永年私が指導してきた，東京にいる建設業者であった。

しかし，最終的には井上工業に決めた。しかし幸運な決定であった。社員や職人はもっぱら高崎市の人びとで，きわめて献身的であり忠実であった。なかでも彼らは私の指導を信頼し切っていて，指図に正確に従い口出しもしなかった。東京の大建設業者では，かかる無私な態度は振舞えなかったろう。井上工業との仕事は私の喜びそのものであった。

建物としての劇場は，機能とその配置双方が，きわめて複雑である。私のアプローチはこの種々の複雑な機能を，打放しコンクリート，木，テラゾーのような一般的で単純な材料で単純化し，統一することであった。内外を調和させる一方，細部デザインにも全体的な統制をした。しかも私は2層分の高さのロビーに，私のフレスコ画を考え，緞帳には半抽象的なモチーフで音楽を表現した。

日本では普通，緞帳はスポンサーによって寄付される。建物の建設作業の方はいったん終ってしまっていても，その他の仕事と一緒に緞帳をデザインしなければならなかった。小さなスケッチから私は90cm×360cmの水彩画をつくりあげ，それから魔術のように群馬音楽センターの大緞帳が，有名な京都の賞美堂の手によって製作された。その製作工場はプロセニアムの大きさを有する緞帳をひろげる，広い床面積をもっていた。この場合プロセニアムは高さ8.8m，長さ28.7mであった。

直ちに仕事が開始された。床の上に描かれた小さな詳細が正確にわりだされ，職工たちは男女がグループになり，床に坐りこんだ。原画のデザインと色に厳格に従って，縫い，刺繍し，織られていった。

そのほか，私は劇場の外部に調和するような造園の基本案をもつくったのである。

劇場の概念では，普通フライ・タワーが見えているが，私は群馬音楽センターで取り除いてしまった。それはファサード・デザイン建築の脱皮であり，劇場建築における革新的な考え方となったろう。

私は1917年，ニューヨークで旧ガリック劇場をテアトル・デュ・ビュー・コロンビエに改装した時，有名な演劇家ジャック・コポーや，俳優ルイ・ジュベに協力し，新しい方向への先駆の仕事をはじめた。私は内部のあらゆる装飾をはぎとり，プロセニアムを開放し前舞台をつけた。舞台にはトレトーとよばれる恒久的な壇をつけ，モリエールやシェークスピア劇が18世紀の形式で上演されたのである。1917年7月の「クリスチャン・サイエンス・モニター」紙は，次のような論評を掲げた。

「ジャック・コポーは，当市の旧ガリック劇場を改装し，テアトル・デュ・ビュー・コロンビエとしたが，注目すべき特徴はコポー氏の考えに従い，アントニン・レーモンドがデザインした，気品のある舞台である。さし絵に示されたようにこの舞台は，固定の張り出しや，プラット・フォームや，バルコニーをもち，シェークスピア時代の演壇と多くの共通点をもっている。」

群馬音楽センターのプロセニアムは，幅35メートル，高さ10メートルであり，この種のものでは，日本で最大といわれる。廻り舞台は，日本の古い劇場と同様に舞台中央におかれ，二つの可動花道を配した。これらが主舞台を客席に延長し，初期のシェークスピア劇場の理論と同様に，俳優と観客との密接なつながりをつくりだす。

建物が，音楽堂として使われるために，音響効果には十分な研究が行なわれた。その結

入口の庇

左ページ
上左　群馬音楽センター　1階のロビー
　右　2階から見た階段
下　　ロビー
右ページ
上　断面図
下　平面図

果，舞台上の交響楽団の定位置の背後に，可動大型反響板を設置して，使用しない時は舞台の上部と背後に動かすように考えた。これはかつて用いられたことのない，独創的な考えであり，主として交響楽団の演奏会に使われ，歌舞伎とか他の上演では移動する。さらにバレー上演用にオーケストラ・ピットがあり，映画用にはシネマスコープのスクリーンが設置された。

われわれは良い音響効果を得るために大変な努力を払った。以前からの経験で学んだのは，音をうみだす策略は絶対に予見できないということであった。八幡製鉄のために建てた巨大な体育館は，合唱にもオーケストラにも完全な結果を示していた。

群馬音楽センターに初めて人々が坐り，指揮者がオーケストラの前でタクトを振り上げた時，私たち2人はホールの中央，やや後方に立ち上り，息をこらして互いの手を握りしめていた。その最初の1小節の音で，私たちは音響効果が良いことを知ったのである。何と嬉しく，そして安心したことか。群馬音楽センターにはもう一つ，民主主義本来の姿がある。それは2500人に共通の空間でありそこに一体感がある。

ホールの後部の付属棟には衣裳室と，150席の小講堂がある。形と構造を一貫してつなげるために，この部分は本屋と同じスパンで，V型スラブ構造とした。目立つ点は均整ある統一性と，本屋および付属棟間の感じ，内外とも打放しコンクリートを使ったことである。

群馬音楽センターには，古い表現の影響や，新しい流行など，現代建築に滲透している模倣はないが，現代の優れた建物を創ろうとする個性をもった，真の開発精神から出発したのである。現代建築の最近の革新時代が，種々の新しい形を試みをし，創り出したのは事実であるが，その多くは単に形のための形である。形自体はあたかも構造のルネッサンスが進行中であるかのように讃美される傾向にある。こうした不消化な新奇さは，実験的分析としては面白いかも知れないが，根がその大地に生えない限り，そのような構造は，真の開発から生まれた結果としての性格，すなわち恒久性を欠くのである。

建築は原則として社会的芸術であり，人間の要求に緊密につながり，各時代はその社会の要求をもっている。建築家は上手なデザインをする前に，今日の複雑な社会構造の中の個人の欲望と，需要を知らなければならない。

275

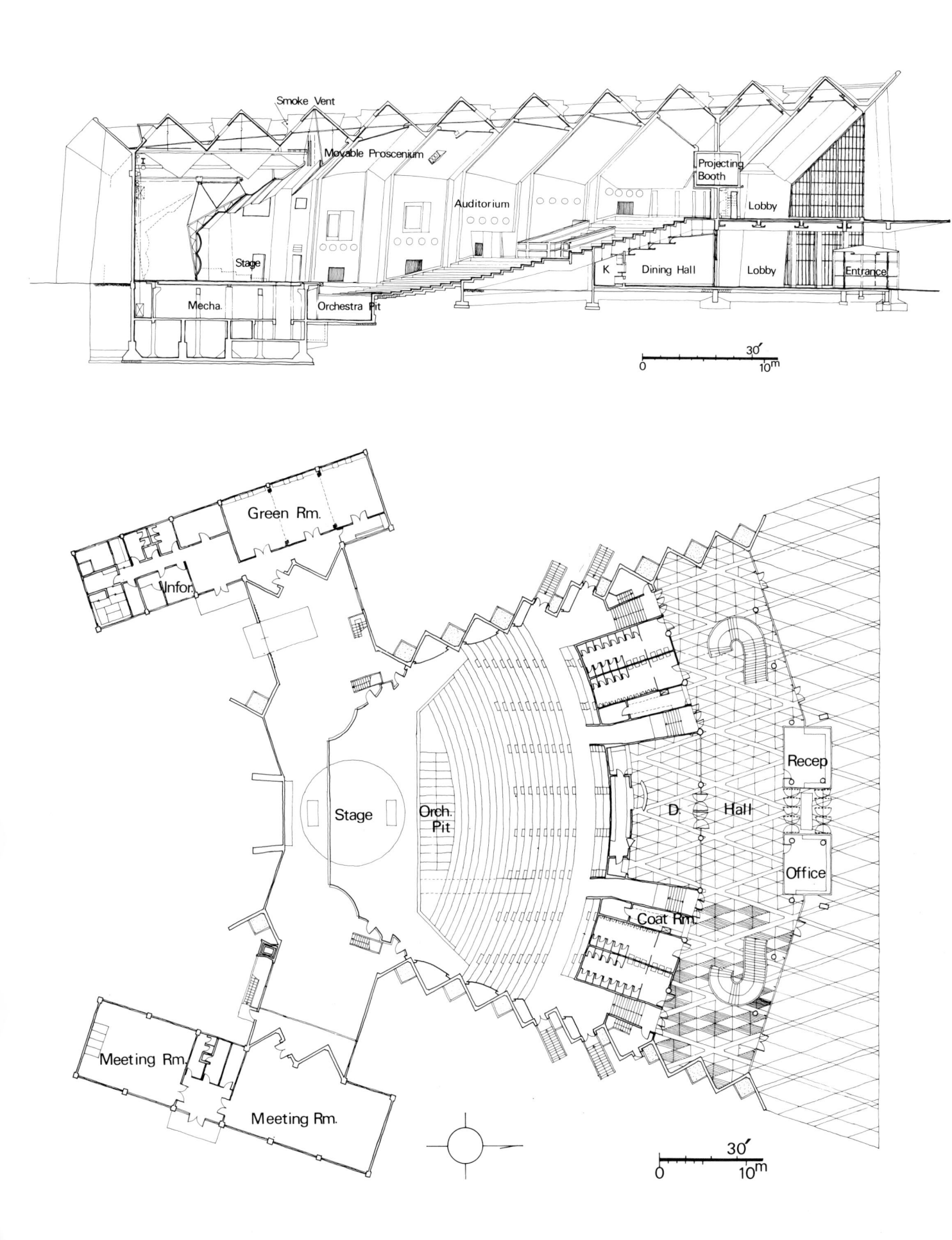

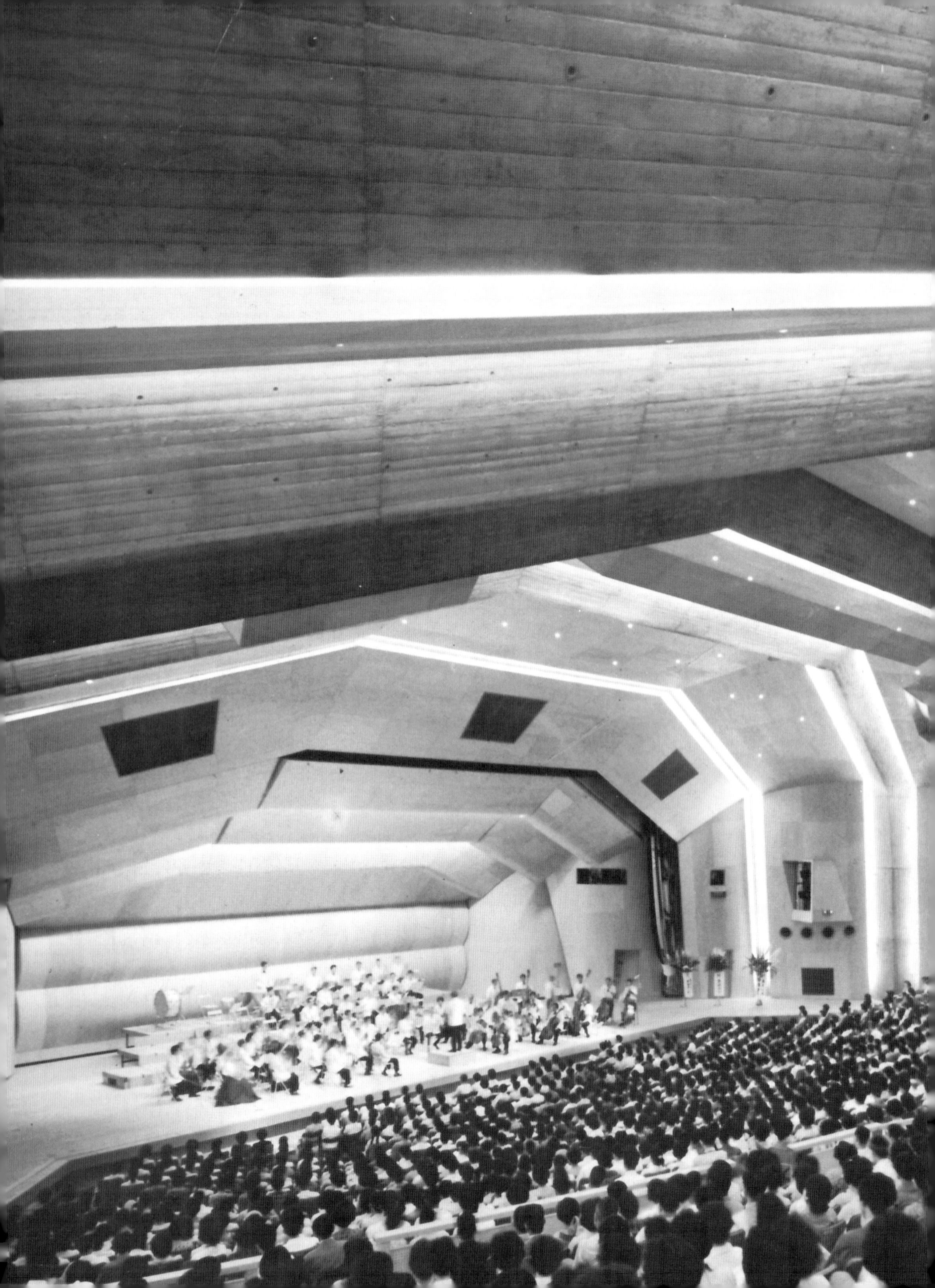

満員の客席

ステージを見る

ステージから客席を見る

25. 戦後の住宅デザイン

1949年，私たちの事務所が動き出すと，戦前からの多くの施主から，住宅，事務所，その他の建物の修理，修復の仕事がやってきた。その多くは全面的に破壊されており，われわれはその敷地に住居を建てるのを援助した。その他，爆弾や火災で被害を受けたものはわれわれの力の及ぶ限り修理をしたのである。

東京の人びとは次第に恢復しはじめ，廃墟やバラックの中から，自分自身を掘り起こしていた。したがってよりよい住居の欲求は，ようやく激しくなってきていた。その当時では個人住宅を建てる欲求に応ずることに，われわれの試みがあったのである。

次の原則は，厳格に守られていった。つまりこの国における経済の一般状態が，労働力にせよ，材料にせよ，その寸法にせよ，極力経済的であるようにさせたのである。鉄筋コンクリートは一般の人びとにとって高価であり，入手する方法もなく論外であった。れんがはなく，あったとしても地震のことを考えると不向きであった。製材された木材は品不足と，製材所の不足により高価過ぎた。ただし，旧来，足場に使われてきた小寸法の丸太材は，あまり高価ではなかった。

また一方，太陽や風のように，方位は自然の力として十分に活用された。暖房とか空調が，ほとんどの建主には手が届かなかったからである。小住宅の暖房器具はなく，当時まだ作られていなかった。また給排水器具もなく，浴槽も，給湯ボイラーもなかった。また唯一の保温材はセロテックスであった。だから頼みの綱は，日本古来の材料としての，安価で伝統的な窓，扉，床材，断熱を考えた障子等であった。地震のために，屋根は大抵の場合，トタン板を使って軽くした。従来の日本の職人の手腕は，なお取り入れることができたから，長所として大工の高い技術が導入された。

その結果，すでに述べたが，私たちの笄町の建物と，所員用の2軒の家，外国人のためには，ヒーレイ邸，ハーマン邸，ケラー邸，プライス邸，ブラワー邸，カウフマン邸，ボイル邸，サロモン邸，ブラウン邸等の家がこの努力の実りとなった。

また一方では，多勢の日本人の建主のために家をデザインした。事務所に近い速田邸，高松宮妃のためのノエミの室内装飾，軽井沢の鍋島家別荘の増築，高崎の井上邸等である。どの家も西欧と日本を，うまく融合するという性格では同一である。このすべてが力を発揮し，今でも日本の住宅デザインに強い影響力をもち，レーモンド・スタイルとよばれている。その住宅は模倣もされ，永年商業的にも利用されて今に続いているのである。1949年以来今日まで，われわれは非常に多数の住宅をデザインしてきた。そのほか東京で私が自分の息子家族のためにデザインした2軒の木造住宅は，滞日中には彼が住んでいたが帰米後売却した。その1953年以来，幾多の変化はその住宅を大いに傷めてしまった。

ピーター・ドーランス邸 (1954) も，ベルギー大使館の敷地内の興味ある家 (1954) も，旧友ブレークのためにデザインした家 (1954) も同様であった。すばらしい家をデザイ

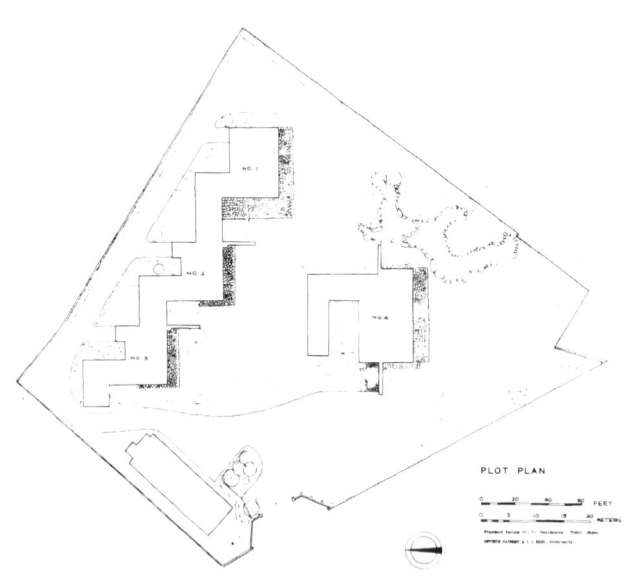

上　伊皿子のスタンダード石油社宅群とその敷地計画　1950年
中　横浜本牧のスタンダード石油社宅とその1階平面　1950年
下　横浜本牧のスタンダード石油社宅の階段ホール

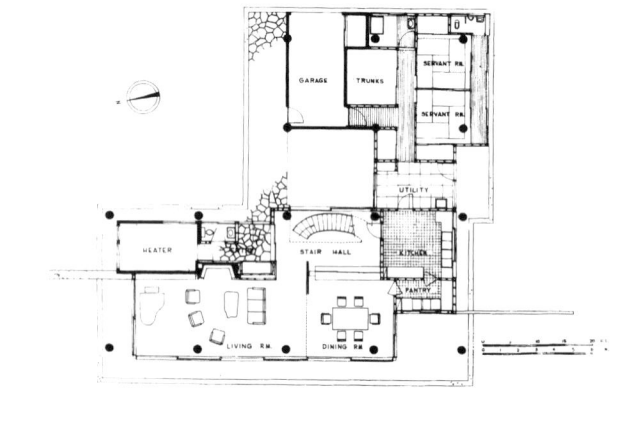

　する機会が訪れたのは，1958年のことであった。鉄筋コンクリート平屋建，庭と完全に一体化した白金の伊藤邸である。
　山下邸（1954），西園寺邸（1955），ヒョース邸（1956），ケステンバウム邸（1959）をはじめとして現在に至るまで，その後の住宅はほとんどノエミがデザインしたものといっても偽りではない。おそらく最も成功したのは，軽井沢のジェームズ・アダチの別荘であろう。家そのものが劇的な環境とうまく融けあっている。
　スタンダード石油社宅（1950）　戦争直後，私が日本にもどった頃，すでにスタンダード石油は東京と，横浜の本牧と山手に，社員住宅のデザインを私に委託していた。
　当時の東京や横浜の状態はあまりにもひどく，完全に破壊されていて，自分の家をのぞくと，くつろいだり客をもてなす場所がなかった。だから会社としてはこれらの家をかなりぜいたくなものにするよう，また当然，防火，耐震であることを強調していた。
　もちろんのこと，この仕事をするために材料を入手するのは困難であった。当時の日本の工業は，必要な材料，器具の生産のための再起がむずかしかったのである。機械器具，

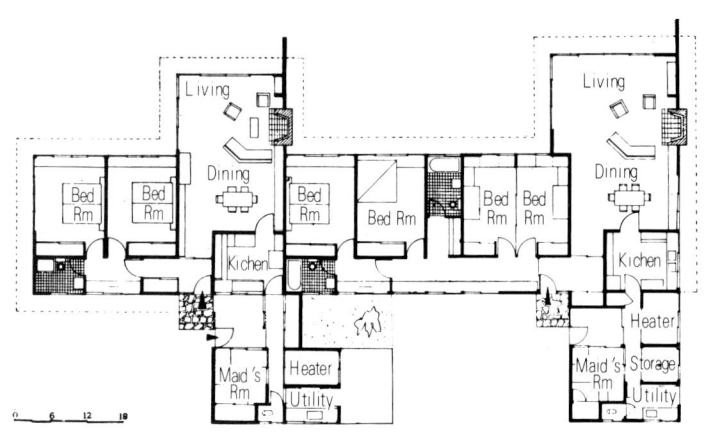

電気器具，それにペンキ等の仕上材さえも，輸入しなければならなかった。家を建てるということ自体が，非常にむずかしかったのである。日本の建設業者の大部分は，政府と契約を結び，占領軍のために数知れぬ建物を建てていた。その半恒久的な仕事が業者の能力を低下させ，本当に腕のいい大工や石工は，占領軍に求められた仕事をするよりは，むしろ田舎に帰ってしまった。しかしながらわれわれは，今日みてなお優れた住宅をデザインし，建てることに成功した。20年後でもりっぱに現代生活に合致している。

横浜の本牧の崖上にある一群の家は，相模湾の美しい眺めと，涼しい海風とを享受していた。現在では崖下の湾が，工業用地として干拓されたため，その場所は最も不適当になり，かつての効果は失われてしまっている。

東京のスタンダード石油社宅は伊皿子におかれた。その社宅の構造は鉄筋コンクリートであったが，仕上げは部分的に木材を用い，建物が直接自然に接しているような柔かな感じを与えた。その社宅も20年後，なお新築同様の状態にあり，最高の住宅群として役立っている。全建物の環境は，住宅そのものと同様に慎重に計画されたのである。

ハーマン邸 1951年
上 庭からの全景とテラス
中 居間と平面 下は敷地計画

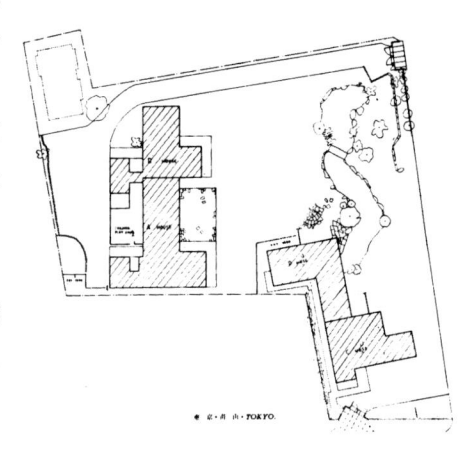

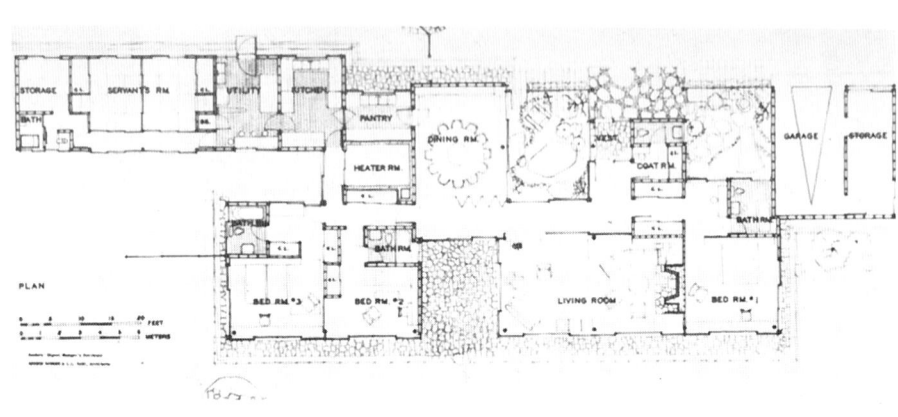

左ページ
上左　リーダーズ・ダイジェスト社宅の北側　1952年
　右　食堂から見た居間と庭
中左　庭からの眺め　右は平面
下左　サロモン邸　寝室と居間を望む　右は平面　1952年
右ページ
上左　速田邸南側外観　右は居間　1952年
中左　速田邸平面　右は寝室
下左　B邸　食堂兼居間　右は平面　1953年

リーダーズ・ダイジェスト社宅（1952）　リーダーズ・ダイジェスト東京支社の建物に引き続き，私はその社宅のデザインをしたが，その際も，低額住宅のデザインと同様な精神で原則を貫いた。すなわち，日本の自然を愛する態度と，西欧文明の結晶とを融合させ，優れた材料と最高の技術を用いて，住宅をデザインする機会であった。

社宅の敷地は充分その家に適し，われわれに美しい環境を創作させたのである。のちにリーダーズ・ダイジェスト社の経営状態が悪化し，その住宅はナショナル金銭登録機に売られていた。そして新支配人の趣味に沿って，たちまち平凡な上海風のスタイルに変貌していったのである。

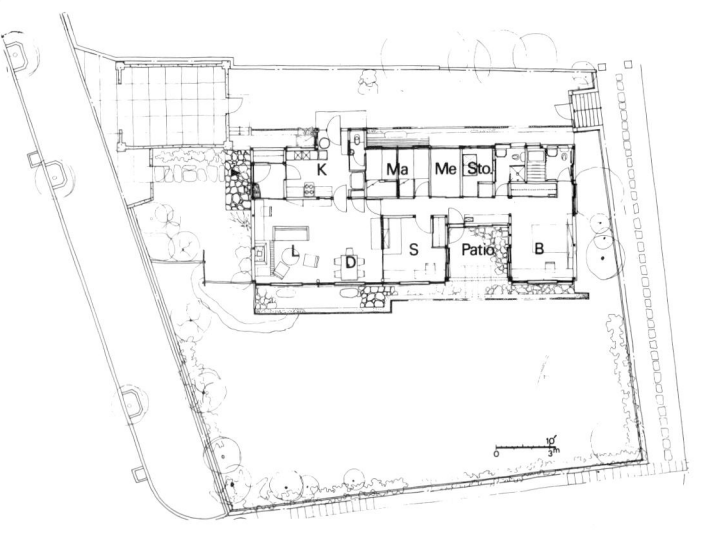

B House   A House

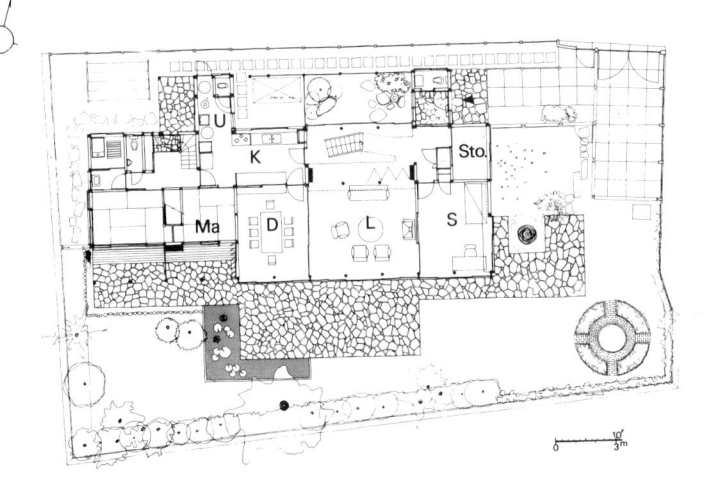

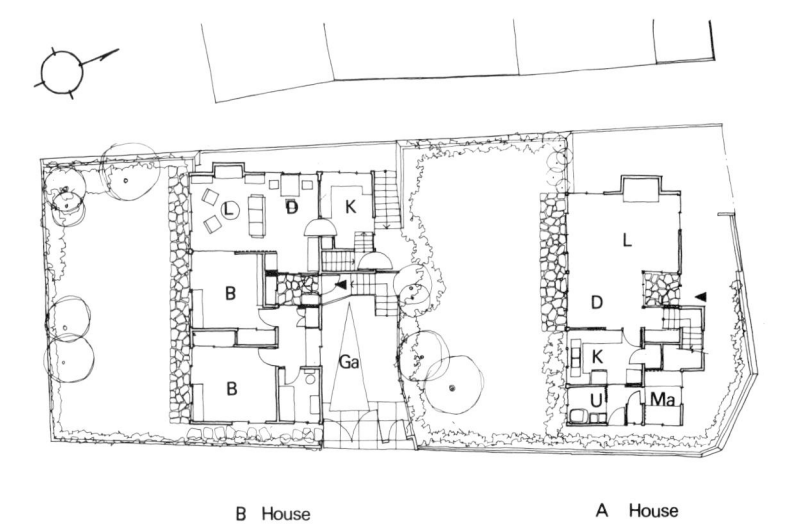

エロイーズ・カニンガムのスタジオ　1954年

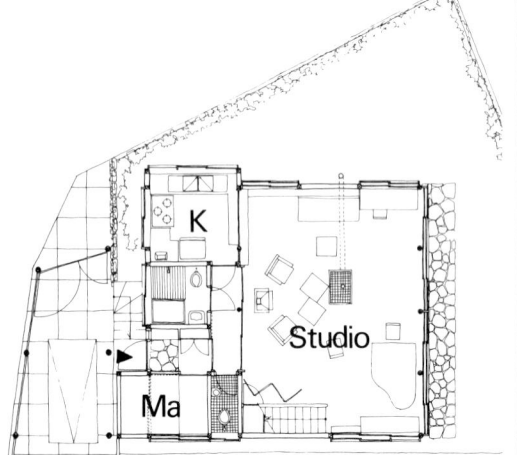

カニンガム邸　平面

カニンガム邸外観

カニンガム邸（1954）　カニンガム女史の家は，1954年に建てられた。ここに英文「新建築」から拾ってみよう。

「経済性のため，この住宅は最も簡単な柱と梁からなり，遮熱材のルーフィングを入れたトタンの屋根，外部はたて板張り，内部はラワンのベニヤ板そのままで，薄いグレーのアスファルト・タイルの床からなる。木材は音響効果がよく，高く傾斜した天井は共鳴を助け，フスマは音を吸収する。フスマの本数は多く，スタジオの北側全部を覆い，表面の和紙は色や形の変化によって，広い合板部分の単調さを破り効果的である。色の範囲は自然の灰色から，種々のブルー，そして暗い赤にまで至る。

　カーテンよりも障子の方が好まれ，美しい。同時に寒さをよく遮断し，経済的で，見事に拡散した光をとり入れている。また，紙はそれほどの出費なく貼りかえられるし，少なくともカーテンのドライ・クリーニングより高くはない。レーモンド夫妻は，ペンシルベニアの自邸にも障子を使用しているが，それは1728年，クエーカー教徒によって建てられた大きな石造の家である。」

　葉山の別荘（1958）　私たちは幾つかの理由により，最初の葉山の家に大変愛着をもっていた。震災直後，1924年に霊南坂の敷地に建てられた仮小屋は，はしけに積まれてその葉山の海岸に送られた。その地方では最初の，鉄筋コンクリートの防波壁の上で組み立てられ，永年，東京の夏の暑さからの避暑地として役立ったが，戦争中，維持資金の欠乏が理由で，ついに手入れの施しようもなくなったのである。

　信用のおける私たちの友人，隣人でもある漁夫の鈴木夫婦は，新しい小屋を建てようという私の決心を喜んだ。私の息子クロードに水泳や船漕ぎを教えてくれた初代の鈴木老人は終生，静隠で落着きを失わなかったが，ついに老衰で死んだ。彼の妻も彼に従うことに決めたのか数日して後を追った。

　彼は，葉山の昔の話を種々語るのが常であった。なかでも得意なのは，大きな海亀の話であった。毎年きまって同じ頃やってきては，海辺で卵を産み，そのあと彼の小屋の扉を叩いて，海へ帰る前にかなりの量の酒を飲んでいったという。

　葉山の新しい家のために自ら課した建築の問題は，私自身をとりこにしたが，それが家のテーマともよぶべきものになった。地震や，台風の多い場所における構造としては理想的な支柱によって作られた空間に，私に合う生活に必要なものをとり込んだのである。あらゆる手仕事のための仕事場の空間，また食事や寝る空間などである。

　外からも見えるその空間は，第一義である構造の内容に合致するように二義的に決定された。しかし，最初のアイデアが本当に必要にせまられ，その目的を追求した時しばしば起こるように，二義的な問題は多くの場合，予期しないところに解決を見出すものだ。

　たとえば葉山の家の例では，突き出した2階の床によって作られたバルコニーと，傾斜した柱であるが，これに広幅の手摺をつけると，理想的な食事の場となり，高い腰掛にすわれば，富士のある海が見え，時には獲物を運んでもどる漁夫の姿を望むことができた。

　1階の仕事場は，絵のためや彫刻や陶器造りのろくろを置くのに理想的であり，冬もあまり寒くはなかった。1924年，ノエミがクロードを産むためニューヨークに行っている間に，私の作った庭のほとんどの部分は救われて，再び美しくなっている。

　現在は次代の鈴木家が，その場所の管理をじているが，その鈴木二世は，理想的な環境におかれた和風の東屋（あずまや）で，漁網の補修をしながら過している。

ドーランス邸　1954年　南面と平面図

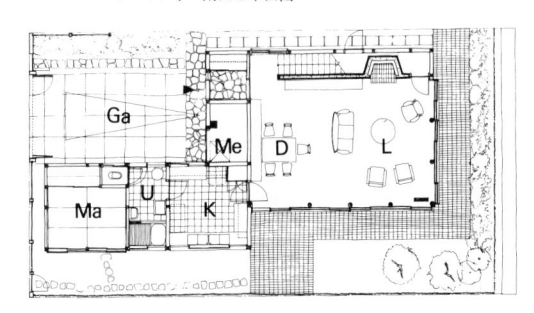

葉山の別荘　1958年
上　東側よりの外観
下左　バルコニーの眺め
右　入口と北側バルコニー

右　庭側よりの外観
左　入口部分下は平面

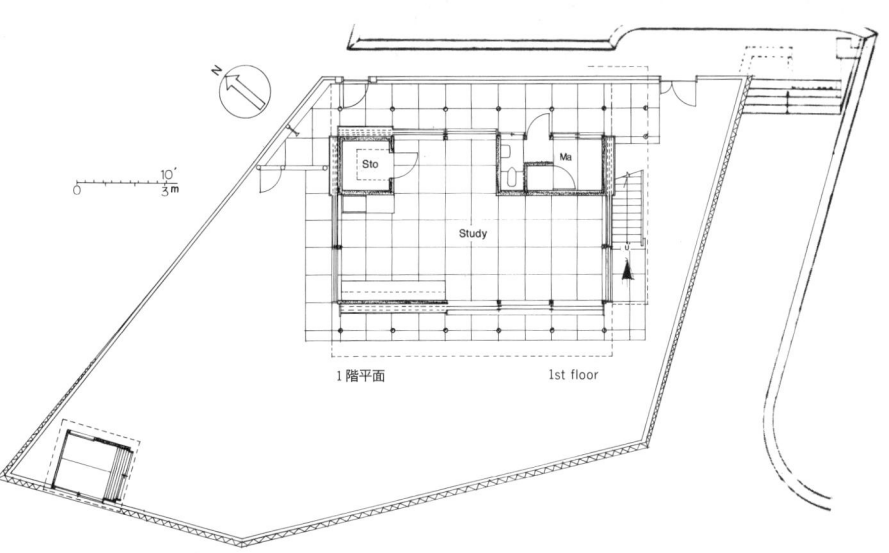

2階平面　　2nd floor

1階平面　　1st floor

左上　葉山の別荘　2階の居間
　下　階下のスタジオ
右上　2階バルコニー
右下　近所の人たちと

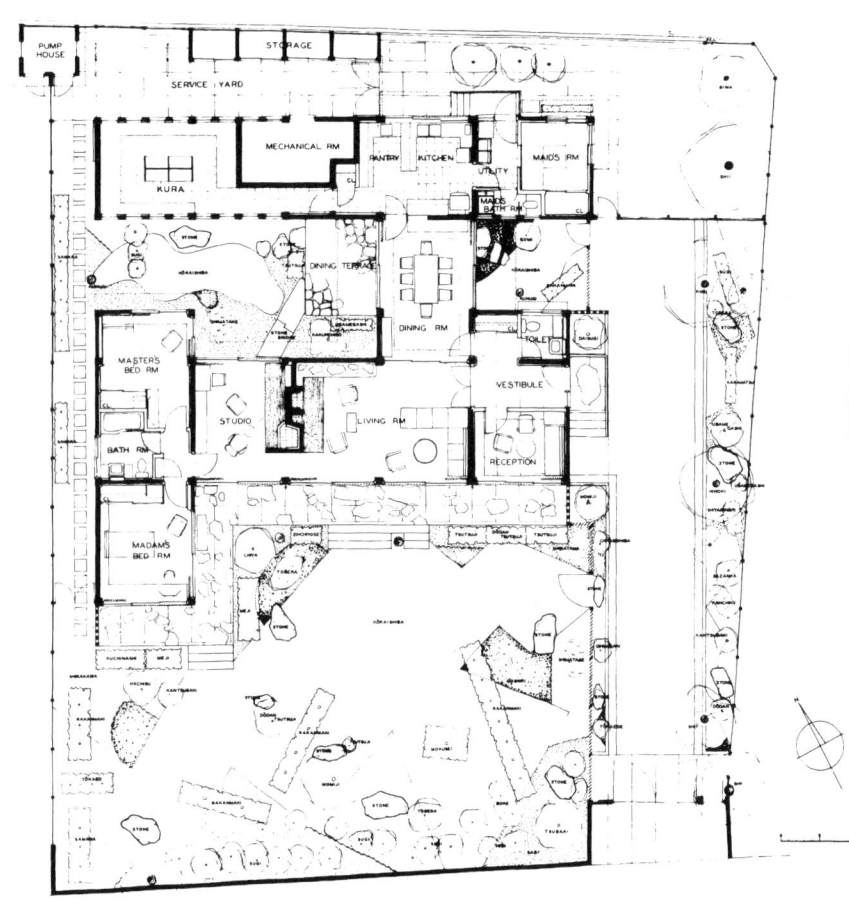

伊藤邸　1959年
左上は南側外観　右上は中庭の石橋　左下は平面

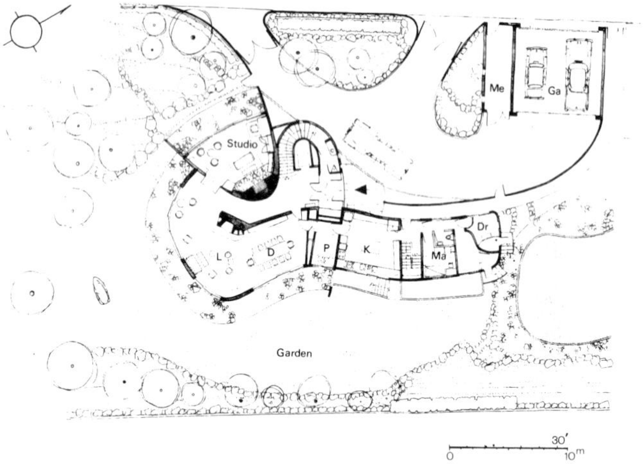

左ページ
上左　宝塚のプライス邸　庭からの眺め　1962年
　右　居間の夜景
下左　門　階段塔　玄関
　右　平面図

プライス邸，宝塚（1962）　私は，何か自由な形に従い，彫刻的な塑性があり，機能的には合理的なものを創ろうとする野心があったように思う。ポール・クローデルの書いたものの一つには，「今日の建物は窓をあけ，間仕切で囲い，材料を縦に積み重ねたものではない。ある種の均質な材料である鉄筋コンクリートは，ちょうど陶工の手になる粘土のように，われわれの手に従う。山積による均衡への疑問はもはやないのだ。それはいれもの，つまり花瓶を創るという問題なのである。」

私は，建主のことを除けば，ほぼ成功していた。彼は非常に有能な実業家で，アメリカからたくさんのテレビの機械等を輸入して，何が何でも室内にテレビを取り付けるように強いた。彼は自分の業務をテレビのコマーシャルとして流すのに，年額約百万ドルを払い，家の各部屋や，あらゆる所にテレビを置くのを好んだ。しかしその家には自由があり，彼はそこに住んで退屈はしないのである。

軽井沢の新スタジオ（1962）　かつて，ル・コルビュジエが剽窃であるといってなじった，最初のスタジオは，軽井沢ゴルフ・コースのほぼ中間にあり，私が自分のために建てたものの中でも最も楽しんだ建物であった。

戦争直前，私は滞日生活が終ったと考えて，不幸にも売却してしまった。それを継いだ所有者は例の野蛮な方法で，その美しさをこわし，その終末を迎えたのである。

私はそのゴルフ・コースの外れで，田園や，森や，山を広く望むやや小高い所に，小さな土地をみつけた。第1の考え方は12辺形のスタジオが，暖炉を中心とするものであった。建物は大地を覆い，その高い方の部分には地平線をぐるりと見渡せるすばらしい眺めをそなえた，小さな寝室を兼ねたスタジオが占めることになった。

軽井沢の新スタジオ　1962年　浅間山を望む全景　下は北側からの外観

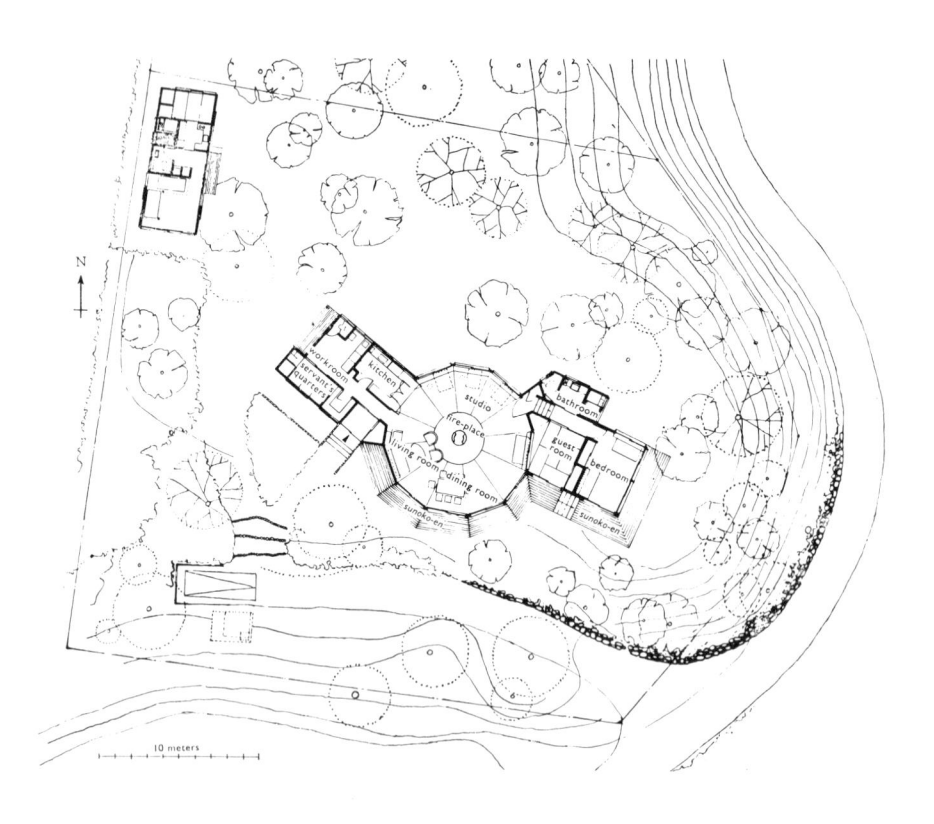

軽井沢の新スタジオ
左ページ
上　平面
下　平原と山が見える寝室
右ページ
上　スタジオとぬれ縁
下右　スタジオの暖炉　天井　製図台
　左　断面

section detail

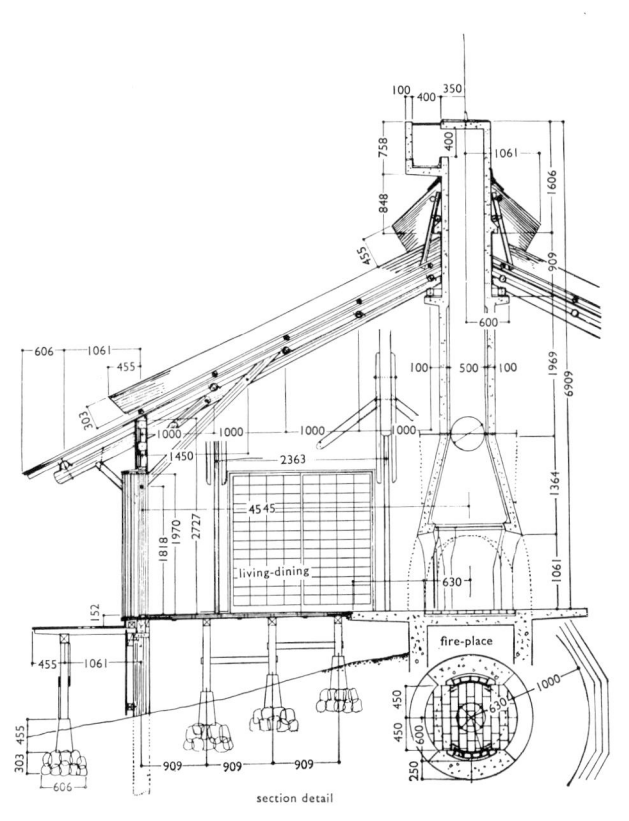

足立邸南面　1965年

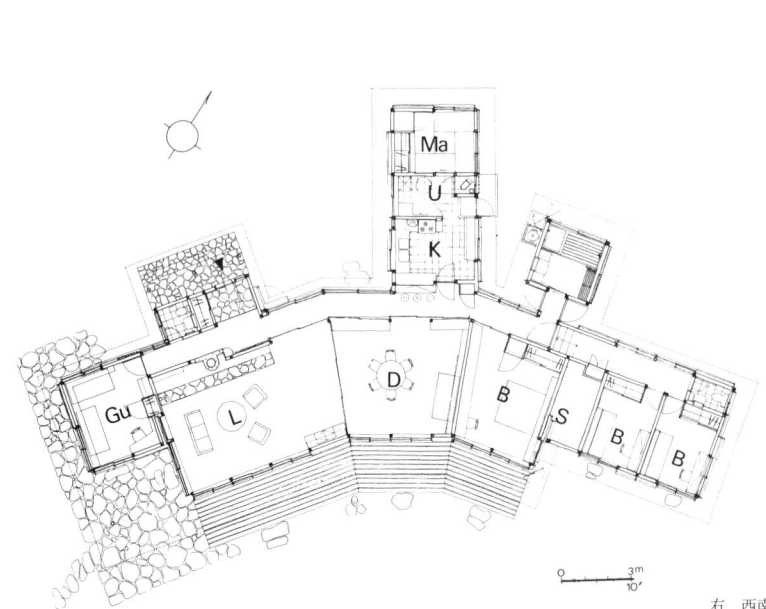

右　西南から見る

上は居間　下は北側の廊下と居間

26. 終りに

結婚直後，ノエミは自分の創造への努力を私に合わせようとした。1914年，マンハッタンのグリニッチ・ビレッジにあった私たちのスタジオで，製図板を中にして互いに向き合い，朝早くから夜遅くまで仕事をしていた。

爾来ノエミは，どんな小さな仕事でも自分の手をつけ，1970年の今日に至るまでなおも続けている。彼女の古典的なヨーロッパの教育，その家族の伝統，そしてフランス，アメリカ，日本における全般的な絵画，芸術の研究が，いささか不思議ではあるが，堅実でしっかりした美的知識と，精神的理解の基礎を築いたのである。彼女は私の霊感の源泉であり，教師であり，また永遠の価値の探求に向かって結ばれた，最も忠実な友となった。

創造力を常に高く保ち，真の統一を果すために，建築家はすべての関連する美術，工芸，絵画，彫刻，陶芸，テキスタイルデザイン，家具，調度，照明器具や，庭園，環境を含めて，まじめに習熟し自分を調える必要があるであろう。ノエミと私は今も昔もここにあげたすべての調整と統一のために身をついやし，わずかながらは音楽も加えてきた。私はひまがあればいつでもチェロを弾こうとしているのである。

外部と内部は一体化したものであり，したがってインテリア・デザインは，技術と同様，建築家の領域を十分に占めるべきものである。いわゆるインテリア・デザイナーの登場は，芸術家的建築家とは相容れないのである。必然的に結果が不調和となり，全体統一の破壊とならざるを得ないからである。

タリアセンで私たちが経験するまで，若い頃を過したヨーロッパの美的に優れた古い家具の良さを知り，いわゆる時代物の家具の模倣の短所をも知っていた。F・L・ライトは食器棚や物入など最も重い家具は，構造の一部として造りつけるべきだと教え，移動家具は動きを助けるために軽くすべきだと教えた。私たちの最初の作品集「レーモンド作品集1920—1935」や，次の「詳細図集」その後の全作品に示されているように，私たちは常にその考え方を家具のデザインに活かし続けてきた。

ノエミと私は，子供の頃から永い間描いてきた，たくさんの鉛筆画や絵画が示すように，心から絵が好きなのである。結婚以前のノエミの職業活動と，結婚した当初の短い期間を除いて，私たちは絵の個展をひらいたり，売ったりしたことはない。

絵画や彫刻は単体であることを目標にして建築の中に存在すべきではなく，表面や空間を目的をもって活かしたり，強調するような，はっきりした力をもつことができる。

私はまた，数々のフレスコ画による壁画に手をつけた。それは群馬音楽センターのロビーの全壁面に始まり，南山大学の教室棟と600人収容の講義室のロビー，銀座松坂屋のエレベーターの扉上部の小壁をうめた。南山大学の研究室棟玄関脇のコンクリート壁面はもう一つ，別のレリーフとしての，表面の活かし方である。最近の例は1967年につくった上智大学研究室棟の大壁面用の，四つのレリーフの模型である。また，信楽焼の数種のすば

コンポジション 東京 1935年

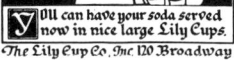

上　広告美術に尽したノエミの作品例　ニューヨークの新聞で
　　シリーズとして紙面を飾った　1913～5年
中　ノエミによる織物と暖炉用具　1935年
下左　ノエミによる家具　東京　1950年
中右　ノエミによる絨毯と家具　東京　1930～35年
下右　ノエミによる絨毯　中国で製作　東京　1932年

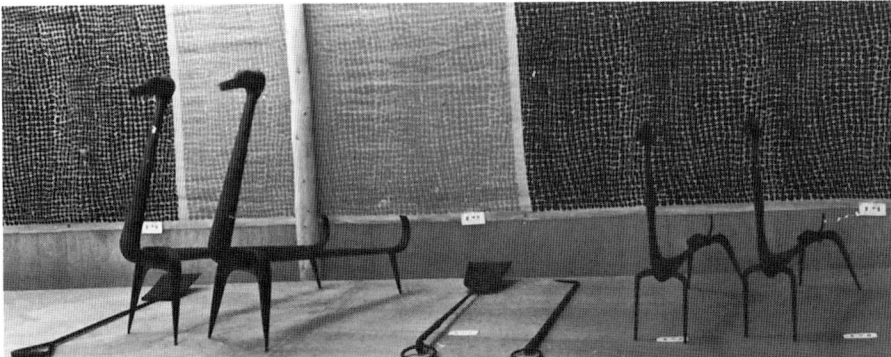

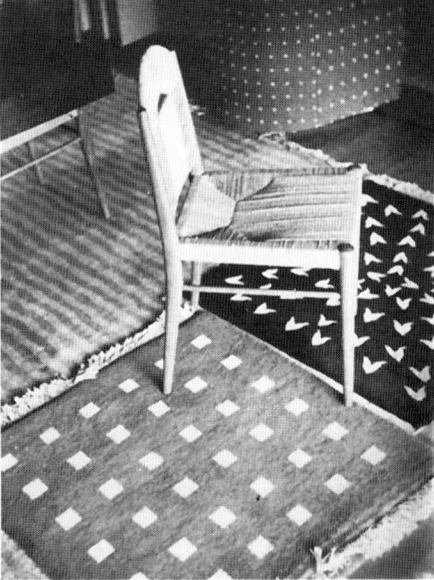

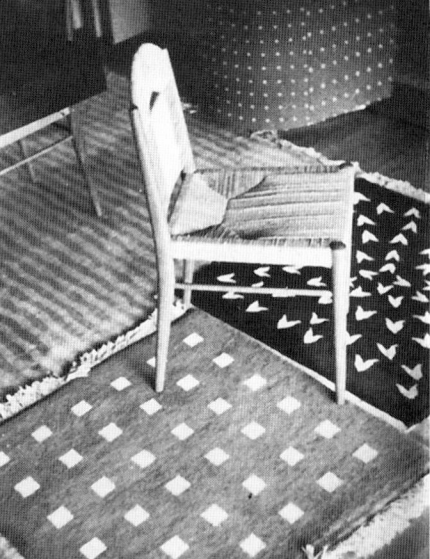

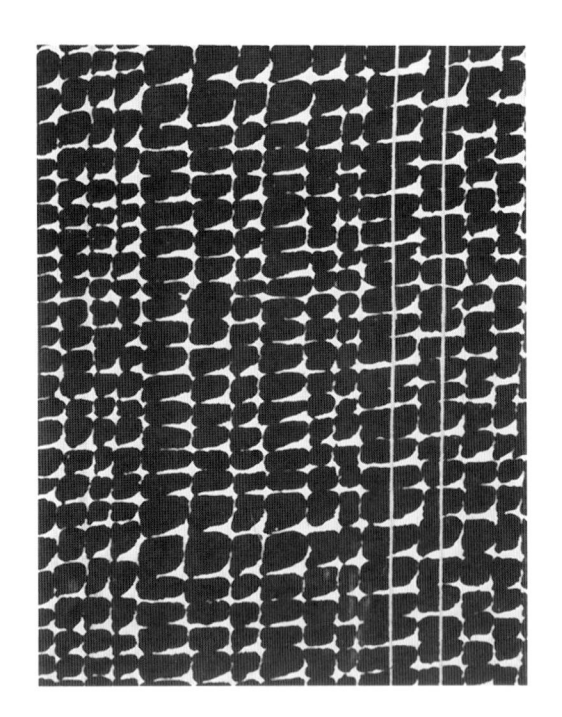

ノエミによる織物3点　1955〜56年

らしい色をつかった松坂屋の全正面は，工芸として私たちがデザインした一例である。

　学校時代以来，ノエミは二次元のデザインにとりつかれ，のちにニューヨークでは劇場広告用の24枚大のポスターをつくり，タバコ会社用のポスターを制作し，実際に建物の屋根や，鉄道や地下鉄の沿線に見られる巨大な版画となった。二次元の美術を生みかつ今でも広く行なわれている日本に彼女は永い間好意をよせ，その日本を本当に居心地の良い所と感じてきた。彼女は日本紙や日本の織物を用いて襖や壁をデザインしているが，私たちは今も多くの自分たちの建物に，同じデザインの手法をとり入れているのである。

　来日直後，私たちは日本古来の建築の美を知り，それが現代建築の原則の目指すものと同じであることを知るに至った。自然のままの材料を用いた構造の，各部分のデザインを学び，常に素晴らしさだけを狙うのではなく，決定的な機能の上に基礎をおいていることを学んだ。私たちはまた，日本風の生活の上に西洋の影響をうけた新しい構造や，日本の調度や環境を創りだすために，日本の材料と職人や労働者の腕を用いた。

　もちろん当時は，適当な費用でいかなるデザインをもこなす，高度の技術をもった職人がいた。私たちは織物や家具，他の無数の細部のデザインをすすめ，製作の指示をした。1922年から1937年の間の日本で，最初に成功した現代的とよべる織物は，ノエミがデザインしたものであったと私は信じている。織物は1947年のニューヨーク近代美術館の競技で1等賞を獲得した。この競技の主な意向は，適切な値段で良い現代織物を生産することにあった。幾つかの大メーカーは入賞作を製作し，販売することを約束していた。美術館側は1等入賞者ノエミと，メーカーの販売員との会合をひらいたが，不幸にもメーカー側は入選作品のおかしさと，新奇さを理由に製作を拒否しようとした。

　「何故だといわれるのですか。ここにもってきたのは値段は高いが何百万ヤードでも売れる，私たちの品物の見本です。これにひきかえあなた方のデザインによる色は，今季の流行ときめられたものにくらべて，まったく珍腐なんですよ。」彼らは自分たちの織物のデザインに協同してくれれば，喜んでノエミに支払って良いといった。

　「とんでもない」彼女は受入れなかった。そしてメーカーの約束をいったん，美術館側に預けたが，その織物は後に多くの他のデザイナーに模倣されるほど影響を与えた。このノエミの作品の模倣はしばらくの間は流行し，ついには日本の影響をもたらすにいたった。

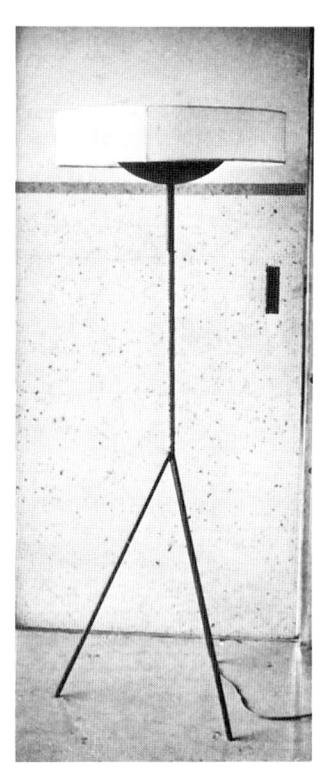

上左　ノエミによる家具　1960年
上中　ノエミによる家具　1960年
上右　鍛鉄製のフロア・ランプと紙張りの襖
　　　どちらもノエミ　東京　1955年
　左　ノエミによる家具　東京　1955年
下左　ノエミによる家具　1951年
下右　ナショナル・シティ銀行の机　1952年

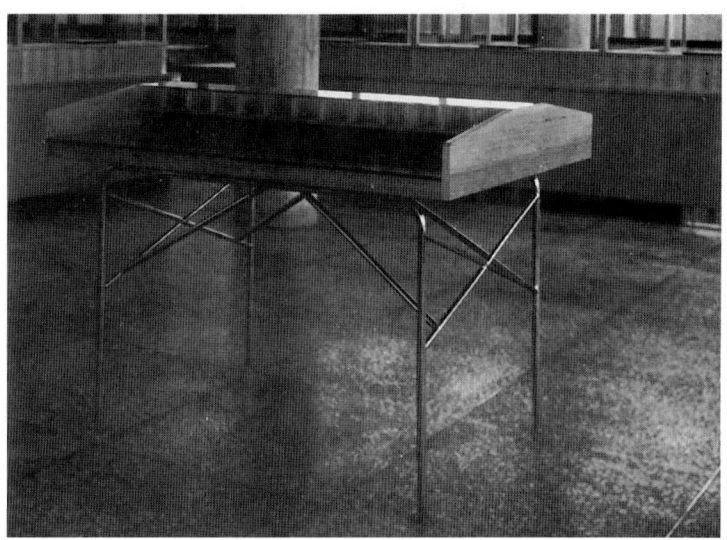

私の作ったレリーフのある陶器　東京　1957年

陶器のレリーフ　東京　1959年

田中耕太郎とノエミ　東京　1961年

　そのころ，私たちはニューヨーク近代美術館にいたフィリップ・ジョンソンからの呼びかけで，現代日本陶芸による食器のあるものを展示することになった。食卓が整えられてみると展示作品は白と黒のものものばかりなので驚いた。ジョンソンの説明によれば白と黒が流行していたから選ばれたのだという。フィリップ・ジョンソンは的外れであったのである。

　第二次世界大戦以前の日本の鍛鉄，鋳鉄の職人はまことに腕が冴えていた。私はボヘミアにいた小さい頃から，この種の物を多く見て知っているために，鉄に対する感情は格別であった。不幸にして私たちのデザインになる戦前の作品の多くは，戦争のために供出され，帝国陸軍によってこわされてしまった。聖アンセルム教会にはそのような職人の手になる幾つかの例があるが，そこには十字架として鋳鉄のキリスト像があり，鍛鉄の燭台あり，コンクリートの天蓋と鍛鉄に琺瑯メッキした聖櫃がある。また立教高校の聖ポール教会その他にはコンクリートとステンドグラスによる窓がある。

　古くは吉祥寺の東京女子大学チャペルの聖水盤，説教壇，その他の教会用調度，加えては鉄の門もある。東京のフランス大使館，東京の川崎邸には門と同時に，住宅や生活の場のために照明器具，暖炉，暖炉金物などがおかれている。

　第二次大戦前には，私たちが建物に向けていたような創造的精神をもってデザインされたものは市場には見当らなかった。職人と製造業者は有能で，喜んで開発し，応分な価格で私たちと経験を積んだ。このような状態は第二次大戦まで続き，多くのデザインの分野で私たちが先駆者になる機会を与えてくれたのである。

　ところが戦後，私たちの基本デザインによって実施された調度品は，試作段階で高くつき，最も単価の高い計画のみに限られてしまった。

　来日以前から私たちは日本，韓国，中国の陶器に深い関心を持っていた。前にも述べたが，1922年に，日本と韓国の陶器を研究していたヒンズー教徒の陶芸家グルチャラン・シンと会い，彼を通して私たちは荒川豊蔵，濱田庄司，河井寬次郎らを含む，日本の一流の陶芸家たちに会ったのである。

　戦争直後，私たちは彼らの作品をアメリカで売って援助しようとした。その当時，陶器のようなぜいたく品を買う金を持つ人は，日本にいなかったのであり，陶芸家も生きて行かねばならなかったからである。そのことが特に荒川豊蔵との交友となり，互いに仕事場を訪ねるうちに，私が本気で陶器作りをする結果となり，窯を作ったのである。週末のほとんどの時間はろくろを廻して働らき，同時に粘土で彫塑して過した。

　私はまた，幾つかの窯を試してはみたが，今では東京にある窯で十分満足している。そして作品の大まかな部分を援けてくれている助手たちに，大いに感謝しているのである。果して私が注目に価するものを一つでも生み出したかは疑わしいけれど，陶器作りは建築のためにはすばらしい調整となる。絵画も同様，この両分野は美の追求においては自由の機会を与えてくれる。建築には多くの制限があるが，絵画，彫刻，陶芸は物質主義から自由な芸術家に何らの制限をも与えないのだ。

　私たちの絵画への愛と，絵の会における活動は，時の最高裁判所長官の田中耕太郎夫妻に近付くことになった。彼はアマチュア画家としても卓越しているが，夫妻は私たちのあらゆる芸術分野における活動を評価してくれたのである。

301

陶芸家荒川豊蔵（中央）　ノエミ　私　多治見にて　1959年

陶芸家濱田庄司と私　益子にて　1959年

陶器の庭園装飾　東京　1959年

ブロンズのキリスト像　1956年

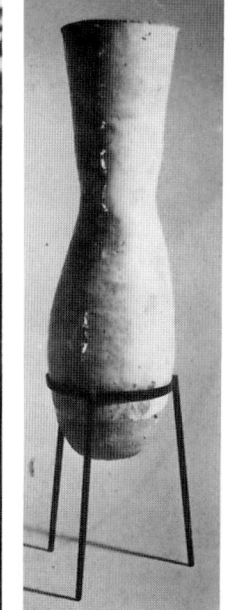

陶器の庭園装飾　東京　1959年

コンクリート壁画にはめこむ装飾作品
2点　釉薬陶器　1960年

花瓶　志野仕上げ　1963年

上　私のデザインしたプレキャスト・コンクリート・パネル　上智大学のキャンパス入口の大壁面を飾る予定　1968年
中　彫刻のためのスケッチ　東京　1960年
下　テラコッタによる人形　1956年

　日本の芸術界で，最も好奇心と興味をそそる個性の持主のひとりに岡本太郎がいる。彼は自分でもいうように，常に不可能なことを試みようとする。非常に愛すべき人格で，その芸術の評価は，思想家としての彼と十分知り合ってからでなければ分るものではない。彼の芸術は大胆かつ個性的で，彼のいうように「不可能」である。丹下健三と組んで幾多の作品を作ってきたが，私とはただ一度だけ，デップズ邸の茶室にある浴室を作ったことがある。一つの成功。彼の熱心さはいつも刺戟的だ。われわれは普通，フランス語で会話をかわすが，彼の会話は流暢で，その口からパリの名残りを聞き，未来にかける最近のすばらしい思想を聞けるのは楽しい。

　1964年，井上豊次を中心とする日本の友人たちが，私の76回目の誕生日に嬉しい驚きをもたらした。彼らの推薦により，私は天皇から勲三等旭日中授章を与えられたのである。ことに賞状は私を非常に感激させた。以下，それを抜粋してみよう。

「天皇は，貴下の現代日本建築の発展に対する，35年余に及ぶすぐれた貢献を認め，勲三等旭日中授賞を授与する。
　貴下は，1919年フランク・ロイド・ライト氏とともに，帝国ホテル建設のために来日し，爾来，現代芸術精神と，伝統的日本建築の洗練した結晶である，多くの建築物を日本で設計された。
　また，本日列席された吉村順三氏を含む，今日の日本の優れた建築家を多く指導された。ここに，その名が日本建築界に永久に記憶される貴下に対し，心からの祝詞を送り，勲章ならびに証書を授与する。」　（英文から直訳）

　さらに1966年，日本建築家協会から私に対し終身会員とする名誉が与えられた。

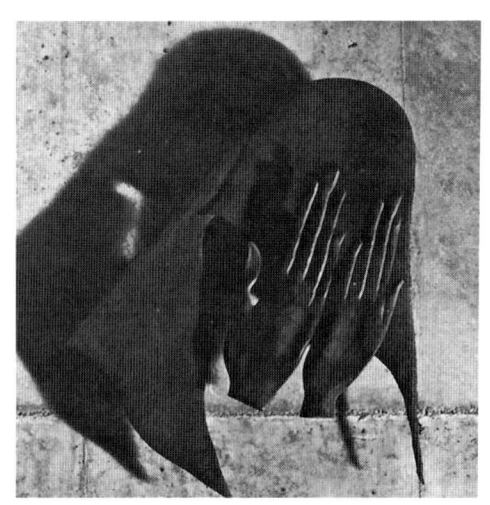

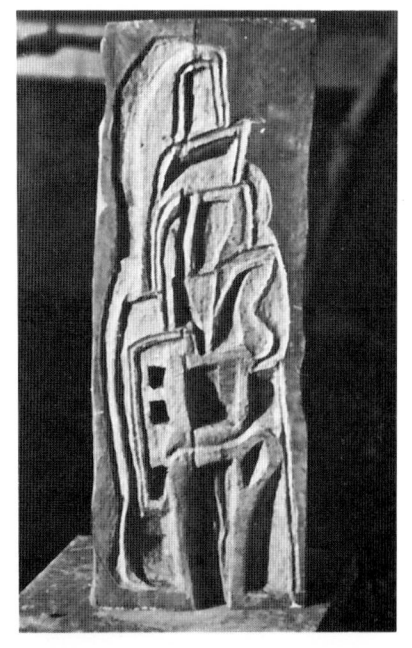

上左　詩と機械の両者をはらむ現代の
　　　象徴として人格化した建築的彫
　　　刻の釉薬陶器　1970年
上中　憩う人間　素焼きの陶器　1969年
上右　彫刻　素焼き　1960年
中左　ブロンズの花瓶　東京　1955年
中央　ノエミによる聖アンセルム教会
　　　の道行き祈りの一つ
中右　木彫　東京　1957年
下左　南山大学の教室棟の廊下におか
　　　れたフレスコ画　1964年
下右　ブロンズの像　1952年

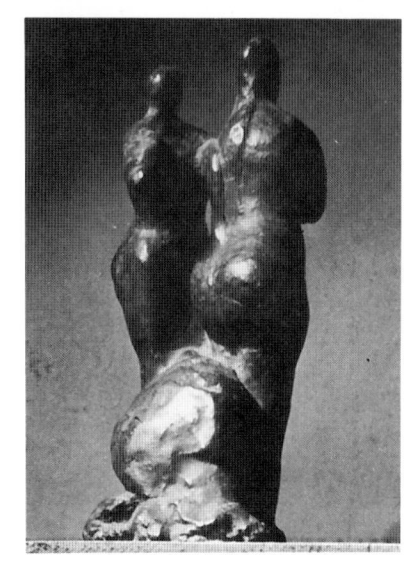

コンクリート壁画にはめこむ装飾作品　1960年

軽井沢の秋に想う，1968年：日本人のあらゆる創造への努力には神秘的な直観力が含まれている。時には最も評価された人の周囲にあらわれるある種のむさくるしささえも，遮蔽物を通して見ることができるのは明白である。世間には悪臭を放つむさくるしさがあるが，それは原生植物の美しさの中に混って，雑草のあらわれるに似たむさくるしさなのだ。

　秋は今まさに始まろうとする。靄は私たちを包み，農家の藁屋根も，樹々をも包み，そのあたたかな，柔かい灰色の中に輪郭を浮ばせている。靄のとばりが，いつもはそこにある山々を隠してしまう。

　日本の秋草，その繊細に入り組んだ穂の全体が，その自然の奏でる交響曲の中で，唯一の高音の譜となる。

　私はチャールス・チャップリンの自伝と，ハールのアーネスト・ヘミングウェイの伝記とを同時に読んでいる。そして私は，書くという未知の分野に分け入って，自伝の一部を書き留めようと心掛けている。

　チャーリーも，アーネストも私に語る勇気を吹き込んでくれた。私は他の人びとのように勇敢に，かつ堅実に私の真実の姿のために戦ってきた。だがおそらくは失格だろう。私が十分な大声で叫ばなかったから，多くの人びとに知られないまま，過ごしてしまったのだ。

　チャップリンも，ヘミングウェイも，現実の生活に酔いしれていた。ひとりは家父長の凡庸に堕し，もうひとりは銃弾で自らを断った。

　烈しい闘争の永い年月，その間の多くの友人たちは，ひとりまたひとりと私たちを置いて去ってしまう。

　この自伝の結びとして，友人オザンファンの著書の序文を引用したいと思う。

　　男　女　すべての人
私の生涯のどこかにあらわれた人々
その欲望が彼の創造にふさわしき
わが教え子　そして未知の人に
しかも　無意味な低迷に災いされた人
その文明最後の言葉を投げつけられて
　　わが祖先に敬意を
　　　若者には信頼を

A celles et à ceux qui jouèrent

un rôle dans ma vie.

A mes élèves et aux inconnus

qui veulent créer de belles choses

mais que troublent

tant de niaiseries

présentées comme le fin du fin

de la civilisation

et qui ne sont

rien.

Hommage à nos ancêtres

confiance aux jeunes.

(Amédée Ozenfant "Art" Jean Budry Co. 1928より)

東京のスタジオにて　1961年

再版にあたって

　約40年を経て再版された本訳書の刊行はまことに感無量である反面，当時の稚拙さも甦ってきて辛い。だがそれを超えて，当時の事実などを書き残すことも，必要だと思うに至った。

　かつてニューホープの農場のレーモンドの許で働いた，カリフォルニア大学のマイケル・チャヤ教授は，1961年にフルブライト基金を得て来日。多くの資料に彼の論文を加えて，英国の『建築協会ジャーナル』1962年8月号の「レーモンド特集号」に仕立てた。

　この快挙は建築評論家ケネス・フランプトンに評価され，おくれて2006年，ペンシルベニア大学に始まる世界回遊の「レーモンド展」の図録の巻頭文「遅ればせの認識（Belated Recognition）」の名文を書かせた。英国雑誌の特集が遅まきであれ，世界の建築史家の，レーモンドへの認識を高めたことは否めない。

　そのチャヤ教授の資料集めを手伝ったことから，かれの紹介で同大学バークレー校の，チャールズ・ムーア建築科長を通じて，1963年夏に，私はそこの常勤講師に採用された。着任に当たっては，当然勤務していたレーモンドの許可を求め，かつ旅費も借りた。慣れぬ教師生活の3年目，レーモンドから再三「日本に戻れ」と催促がきた。

　渡米前に手をつけた『自伝』の完成のために，私は再びレーモンドの許で，『自伝』の編集と翻訳を手がけた。当時の鹿島研究所出版会の，編集担当は二瓶譲二氏。彼は苦労してレーモンドの要求に応えた。

　レーモンドがファサードデザインした，銀座松坂屋の改修工事完成を記念し「レーモンド展」（1970年10月）が開かれ，それに間に合わせた『自伝』出版だった。開催当日の朝，腰を痛めたレーモンドは車椅子にのり，ノエミ夫人と共に入口で，二瓶氏が最初の一冊を持ち込むのを待った。

　届いた本を開いたレーモンドは，例の癇癪玉を爆発させ，「写真はtoo dark（暗すぎ）！切手サイズの写真とは小さすぎる！」とページを繰る毎に私に怒りをぶちまけた。二瓶氏は傍らで恐縮していたが，今回改めて較べてみて，その後に暗すぎた写真をできるだけ明るくして，2ヵ月後に発行したことがわかった。

　今回の再版は長い間の懸案であったが，同時に幾つかの問題があった。

　第1，原著が無いのに翻訳書の出版が先行したのは異例であった。英文『自伝』がチャールズ・タトル社から出版されたのは3年後の1973年である。

　第2に著作権。今回はアメリカに住むレーモンドの孫，ヴィクターの諒解が得られた。第3，初版は各ページ毎原寸大のフィルムで，同じレイアウトで英文版も出版したが，今回はそのフィルムが見つからず，最新技術での複写となった。第4，初版はB4変形314ページ，今回は普及版としてA4変形に縮小した。第5，恥ずかしいことに誤字，説明の誤りが数十ヵ所あり，それを極力訂正した。第6，基本的誤りのうち，戦後のレーモンド再来日が，初版では彼の記憶で1947年だったが，その後の調査で1948年に正した。

　第7は，初版は二重函入り，内側の化粧函はレーモンドの肖像全面の印刷，さらに上製の厚い表紙はノエミ夫人好みの荒目の布張りにビニールカバー。しかし今回は上製カバー付きにした。第8に，レーモンドを悩ませた暗い写真の取り換えはできず，ほぼそのまま残された。第9は，初版は巻末に写真撮影者名のみを列記しただけで，各写真を特定していなかったが，今回も同じく特定できず，写真家には申し訳ないことになった。第10は，平面など図版の中に見にくいものがあったが，すべての取り換えは無理で限られたものになった。

上記したように初版の装丁，造本などの美しさは格別で，これは道吉剛氏によるデザイン。今回も装丁は，初版を基本として装いを改めた。

　このように心残りの幾つかはそのままでも，できるだけ改善して，鹿島出版会のご意向通り，普及版という目標に応えるようにした。再版には編集部の川嶋勝氏と渡辺奈美氏の世話になった。問題点について，このように恥を忍んでのべてきた理由は，「後学のための書誌情報が大切である」との，仕事熱心な担当者の言葉に沿ったものであることを，改めて記しておきたい。

2007年7月　三沢 浩

訳者略歴
三沢 浩（みさわ・ひろし）
建築家／新建築家技術者集団・全国代表幹事
1955年東京芸術大学建築科卒業，レーモンド建築設計事務所入所。1963年カリフォルニア大学バークレー校講師。1966年三沢浩研究室設立。1991年三沢建築研究所設立。
おもな作品に，平塚聖マリア教会，吉祥寺レンガ館モール，深大寺仲見世モール・水車館，柴又寅さん記念館，松代平和祈念館（基本設計），東京大空襲・戦災資料センターほか。
おもな著書に，『アントニン・レーモンドの建築』鹿島出版会，『A・レーモンドの住宅物語』建築資料研究社，『フランク・ロイド・ライトのモダニズム』彰国社，『A・レーモンドの建築詳細』彰国社ほか。　訳書に『私と日本建築』（A.レーモンド著）鹿島出版会ほか。

写真撮影（ABC順）

荒井政夫
イースタン写真
F・ハー
平山忠治
石元泰博
川澄明男
村井 修
村沢文雄
小川泰祐
小山 孝
佐藤翠陽
渡辺義雄

自伝 アントニン・レーモンド［新装版］
ANTONIN-RAYMOND AN-AUTOBIOGRAPHY

発行	2007年9月20日　第1刷 ©
著者	アントニン・レーモンド
訳者	三沢 浩
発行者	鹿島光一
発行所	鹿島出版会
	〒100-6006
	東京都千代田区霞が関3-2-5　霞が関ビル6階
電話	03-5510-5400
振替	00160-2-180883
印刷	三美印刷
製本	牧製本

無断転載を禁じます。落丁・乱丁本はお取替えいたします。
本書の内容に関するご意見・ご感想は下記までお寄せ下さい。
ISBN978-4-306-04488-3　C3052
Printed in Japan
e-mail：info@kajima-publishing.co.jp
URL：http://www.kajima-publishing.co.jp